offcn 中公教师

江西省教师招聘考试专用教材

学科专业知识
中学数学

中公教育江西教师招聘考试研究院◎编著

世界图书出版公司

北京·广州·上海·西安

图书在版编目（CIP）数据

学科专业知识.中学数学／中公教育江西教师招聘考试研究院编著. — 北京:世界图书出版公司北京公司,2014.7（2021.7重印）
江西省教师招聘考试专用教材
ISBN 978-7-5100-8067-8

I.①学… Ⅱ.①中… Ⅲ.①中学数学课-教学法-中学教师-聘用-资格考试-教材 Ⅳ.①G451.1

中国版本图书馆 CIP 数据核字（2014）第 122699 号

书　　名	江西省教师招聘考试专用教材·学科专业知识·中学数学
	JIANGXI SHENG JIAOSHI ZHAOPIN KAOSHI ZHUANYONG JIAOCAI · XUEKE ZHUANYE ZHISHI · ZHONGXUE SHUXUE
编　　著	中公教育江西教师招聘考试研究院
责任编辑	夏　丹
特约编辑	宋　帅
出版发行	世界图书出版公司北京公司
地　　址	北京市东城区朝内大街 137 号
邮　　编	100010
电　　话	010-64038355（发行）　64037380（客服）　64033507（总编室）
网　　址	http://www.wpcbj.com.cn
邮　　箱	wpcbjst@vip.163.com
销　　售	各地新华书店
印　　刷	三河市海新印务有限公司
开　　本	889 mm×1194 mm　1/16
印　　张	22
字　　数	528 千字
版　　次	2014 年 7 月第 1 版
印　　次	2021 年 7 月第 10 次印刷
国际书号	ISBN 978-7-5100-8067-8
定　　价	50.00 元

如有质量或印装问题，请拨打售后服务电话 010-82838515

前　言

　　江西省从 2010 年起统一组织全省中小学教师公开招聘工作,通过考试与考核相结合的办法,面向社会公开招聘热爱教育事业、有高度责任感、能力强的专业人才。

　　江西省教师招聘考试采用笔试和面试相结合的方式进行。笔试内容包括教育综合基础知识和学科专业知识。其中,学科专业知识又分为语文、数学、英语等学科。笔试结果作为新任教师公开招聘录用面试的依据。面试由各地教育部门以及人力资源和社会保障部门组织进行,依据岗位特点,选取说课、试讲、答辩等形式进行。

　　江西省教师招聘考试笔试的情况相对稳定,主要呈现两个特点:一是题量较大,题型多样,且知识点覆盖范围广;二是理论和实践相结合,注重考查教育理论和教学实践能力。考生要及时关注考试公告,进行有针对性的备考。

　　本书是针对江西省新任教师公开招聘笔试初中数学和高中数学科目的复习教材,其主要特色表现为以下几个方面。

特色一:精准归纳和细致讲解核心考点

　　本书编者在深入研究考试要求和历年考题的基础上,确定了图书的核心内容,精准归纳和细致讲解了中学数学的核心考点,又增设了大学数学的相关知识作为选学内容,既最大限度地保证了知识体系的完整,又突显了考试的重难点。

　　例如:2021 年江西省中小学教师招聘考试初中数学科目考试的单项选择题中考查中学数学阶段学习的"函数"所涉及的知识点,有单调性、定义域、反比例函数图像等。本书第一部分第二章专门对中学数学阶段学习的有关函数的基础知识进行了细致梳理。

　　再如:江西省中小学教师招聘考试历年考试题目中经常考查考生"教学设计"方面的能力,本书第三部分第三章"数学教学设计能力"对这部分内容进行了有针对性的讲解。

特色二:精心设置图书内容结构和版块

　　本书编者在图书的主体内容之前设置了备考指导,以便考生整体把握考试特点。备考指导包括考情分析和题型解读两个部分的内容。考情分析部分介绍了江西省教师招聘考试的简单情况。题型解读部分按照题型的不同(单项选择题、计算与解答题、材料分析题、教学设计题)介绍了每种题型的考查内容,同时针对每种题型的特点进行总结,并给出了相应的复习策略,为考生备考梳理了大致的方向,以帮助考生更加系统地进行复习。

本书的主体内容包括中学数学学科知识、大学数学学科知识、中学数学课程与教学论三部分。本书编者在图书的主体内容部分设置了"考题再现""强化练习"等版块。其中,"考题再现"是在重要考点处放置的历年考题中的代表性试题,帮助考生加强对考点的理解;"强化练习"是在考点讲解结束后,设置的一定数量的练习题,帮助考生查漏补缺,强化知识要点。

特色三:多种细节设计提升学习效率

本书采用双色印刷,重要知识点后配有例题讲解或示意图。

本书中设置的"例题"是对知识点在内容上的延伸,帮助考生更好地理解知识点。

本书在讲解知识点和试题时配有很多示意图和表格,帮助考生具体形象地了解相关知识。

本书"考题再现"版块中的一些题目配有视频讲解,考生扫描二维码即可进行在线视频学习。

本书所用考题来源于网络或根据考生回忆整理。期待考生为我们提出更多意见和建议,使图书更好地帮助更多的人。同时,我们也相信各位考生通过努力,定能顺利通过考试,早日圆梦三尺讲台,做一名优秀的人民教师。

中公教育江西教师招聘考试研究院

2021 年 7 月

备考指导

根据江西省教育厅、省人力资源和社会保障厅相关文件精神,江西省从 2010 年起在全省范围内推行中小学、幼儿园新任教师公开招聘,统一进行招聘考试。

2019 年,江西省教育厅、江西省人力资源和社会保障厅对考试大纲进行了修订。修订后的中学数学大纲从指导思想、试卷结构与题型、考试内容及要求三方面对考试进行了详细的说明。大纲中指出,试卷由客观题和主观题两部分组成,客观题为单项选择题,主观题有解答、材料分析、案例分析、教学设计等题型,涉及考点和题型结构与往年真题基本一致,往年真题仍然有较大的参考价值。

我们在深入研究江西省教师招聘考试真题的基础上,总结了江西省教师招聘考试的命题特点,并结合江西省教师招聘考试的整体发展变化情况,帮助大家从整体上认识江西省教师招聘考试,把握考试方向,提升学习效率。下表是 2021 年江西省教师招聘考试学科专业知识中学数学试题的具体分布情况。

题型	题量(题)	每题分值(分)	总分(分)	合计(分)
单项选择题	50	1	50	
解答(计算)题	2	10 ~ 12	22	100
材料分析题	1	14	14	
教学设计题	1	14	14	

题型解读

中学数学考试大纲明确指出:江西省教师招聘考试主要题型有选择题和非选择题两大题型,各占 50% 的分值。第一部分选择题为单项选择题,共 50 题,每小题 1 分,共 50 分。重点考查考生的数学基础知识、基本技能和数学素养及数学教育教学基础理论知识。第二部分为非选择题,包括四道大题,共 50 分。一般以计算题、解答题、材料分析题和教学设计题等形式呈现。试题总体难易程度适中,容易题、中等难度题和较难题的占分比约为 5 : 3 : 2。

（一）单项选择题

单项选择题是江西省教师招聘考试中学数学的主要题型之一。近几年考试总题量为 50 ~ 60 道,总分值为 50 分。选择题的目的是检验考生对所学知识的掌握程度和辨别分析能力。题干在情境设计和设问上多种多样,部分题目的选项也往往似是而非,迷惑性较强,稍有疏忽就会选错。每题只有一个正确的选项,其他选项或者不合题意,或者错误。要求考生把四个选项进行比较,选出正确且最符合题意的一项。

1. 考查初中数学课程内容的选择题

【2021 年江西初中真题】一组数据为 4,5,5,6,若添加一个数据 5,则发生变化的统计量是( )。

A. 平均数　　　　　　　　　　　　B. 众数

C. 中位数　　　　　　　　　　　　D. 方差

参考答案:由题意知,添加数据 5 之前的平均数、众数、中位数、方差分别为 5,5,5,0.5;添加数据 5 之后的平均数、众数、中位数、方差分别为 5,5,5,0.4,所以发生变化的统计量是方差。故本题选 D。

【2021 年江西初中真题】两个正五边形按如图所示的方式摆放。若 $\angle 1 = 30°$,则 $\angle 2 = ($)。

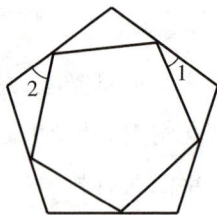

A. 30°　　　　　B. 35°　　　　　C. 42°　　　　　D. 45°

参考答案:如图所示,已知正五边形每个角的度数为 108°,所以 $\angle 3 = 180° - 108° - \angle 1 = 42°$,$\angle 4 = 180° - 108° - \angle 3 = 30°$,$\angle 2 = 180° - 108° - \angle 4 = 42°$。故本题选 C。

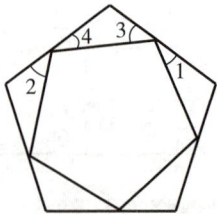

【2020 年江西初中真题】关于 x 的二次方程 $mx^2 + 4x + m - 3 = 0$ 有实数根,那么 m 的取值范围是( )。

A. $-1 \leq m < 0$ 或 $0 < m \leq 4$

B. $-1 < m < 0$ 或 $0 < m < 4$

C. $-1 \leq m \leq 4$

D. $-1 < m < 4$

参考答案：因为方程 $mx^2 + 4x + m - 3 = 0$ 是关于 x 的二次方程，且有实数根，所以

$$\begin{cases} m \neq 0, \\ \Delta = 16 - 4m(m - 3) \geq 0, \end{cases}$$

解得 $-1 \leq m < 0$ 或 $0 < m \leq 4$。故本题选 A。

题型小结：初中数学课程内容是江西省教师招聘考试初中数学的主要考查内容，历年真题考查的知识点牢牢立足于考纲要求，主要涉及"数与代数""图形与几何""统计与概率"等方面的知识，以及用所学知识解决实际问题的应用题。大部分题目难度不大，只要考生对基本概念、基础知识掌握扎实、准确，就能够轻松应对。此外，还有少量具有一定难度的综合性题目，考查考生灵活应用所学知识的能力。

2. 考查高中数学课程内容的选择题

【2021年江西高中真题】函数 $y = x^2 + ax + 6$ 在 $\left[\dfrac{5}{2}, +\infty \right)$ 上单调递增，则 a 的取值范围是(   )。

A. $(-\infty, -5]$

B. $(-\infty, 5]$

C. $[-5, +\infty)$

D. $[5, +\infty)$

参考答案：因为函数 $y = x^2 + ax + 6$ 在 $\left[\dfrac{5}{2}, +\infty \right)$ 上单调递增，所以其图像的对称轴 $x = -\dfrac{a}{2} \leq \dfrac{5}{2}$，整理得 $a \geq -5$。故本题选 C。

【2021年江西高中真题】设等比数列 $\{a_n\}$ 的前 n 项和为 S_n。已知 $S_3 = 8, S_6 = 7$，则 $a_7 + a_8 + a_9 = ($ $)$。

A. $\dfrac{1}{8}$

B. $-\dfrac{1}{8}$

C. $\dfrac{57}{8}$

D. $\dfrac{55}{8}$

参考答案：设等比数列 $\{a_n\}$ 的公比为 q，则 $q^3 = \dfrac{S_6 - S_3}{S_3} = -\dfrac{1}{8}$，所以 $a_7 + a_8 + a_9 = (a_1 + a_2 + a_3)q^6 = S_3 \cdot (q^3)^2 = \dfrac{1}{8}$。故本题选 A。

【2020年江西初中真题】已知非零向量 $\boldsymbol{m}, \boldsymbol{n}$ 满足 $4|\boldsymbol{m}| = 3|\boldsymbol{n}|, \cos\langle \boldsymbol{m}, \boldsymbol{n} \rangle = \dfrac{1}{3}$，若 $\boldsymbol{n} \perp (t\boldsymbol{m} + \boldsymbol{n})$，则实数 t 的值为(   )。

A. 4

B. -4

C. $\dfrac{9}{4}$

D. $-\dfrac{9}{4}$

参考答案：若 $\boldsymbol{n} \perp (t\boldsymbol{m} + \boldsymbol{n})$，则 $\boldsymbol{n} \cdot (t\boldsymbol{m} + \boldsymbol{n}) = 0, t = -\dfrac{|\boldsymbol{n}|^2}{\boldsymbol{n} \cdot \boldsymbol{m}}$。因为 $4|\boldsymbol{m}| = 3|\boldsymbol{n}|, \cos\langle \boldsymbol{m}, \boldsymbol{n} \rangle = \dfrac{1}{3}$，所以 $|\boldsymbol{m}| = \dfrac{3|\boldsymbol{n}|}{4}, \boldsymbol{n} \cdot \boldsymbol{m} = \dfrac{|\boldsymbol{n}|^2}{4}$，进而 $t = -\dfrac{|\boldsymbol{n}|^2}{\dfrac{|\boldsymbol{n}|^2}{4}} = -4$。故本题选 B。

题型小结:高中数学课程内容是江西省教师招聘考试高中数学的主要考查内容,从历年真题分析来看,单项选择题考查的高中数学知识内容分布全面,知识点多,难度适中,考生备考时要全面复习高中知识,不能有遗漏,同时考生要进行一定量的练习来掌握常用的数学解题技巧。此外,高中数学课程内容还是江西省教师招聘考试初中数学的考查内容,题量在 10 道左右,试题难度不大,考生只要对高中知识进行了全面复习就不难应对。

3. 考查数学课程与教学论的选择题

【2021 年江西初中真题】评价既要关注学生数学学习水平,也要重视学生在教学活动中所表现出来的(　　)。

A. 情绪与态度　　　　　　　　　　　B. 情感与情绪

C. 态度与习惯　　　　　　　　　　　D. 情感与态度

参考答案:《义务教育数学课程标准(2011 年版)》指出,评价既要关注学生数学学习的水平,也要重视学生在数学活动中所表现出来的情感与态度,帮助学生认识自我、建立信心。故本题选 D。

【2021 年江西高中真题】在确定(　　)时,要把握好学生数学学科核心素养发展的各阶段目标之间的关系,合理设计各类课程的教学目标。

A. 教学目标　　　　　　　　　　　　B. 教学重点

C. 教学设计　　　　　　　　　　　　D. 教学难点

参考答案:《普通高中数学课程标准(2017 年版 2020 年修订)》指出,在确定教学目标时,要把握好学生数学学科核心素养发展的各阶段目标之间的关系,合理设计各类课程的教学目标。故本题选 A。

【2020 年江西初中真题】《义务教育数学课程标准(2011 年版)》中提出的十大核心概念不包括(　　)。

A. 符号意识　　　　　　　　　　　　B. 几何直观

C. 抽象思维　　　　　　　　　　　　D. 模型思想

参考答案:《义务教育数学课程标准(2011 年版)》提出的十大核心概念是:数感、符号意识、空间观念、几何直观、数据分析观念、运算能力、推理能力、模型思想,以及应用意识和创新意识。故本题选 C。

【2020 年江西高中真题】通过高中数学课程的学习,学生能进一步学习以及未来发展所必需的数学基础知识、(　　)、基本思想、基本活动经验。

A. 基本能力　　　　　　　　　　　　B. 基本方法

C. 基本技能　　　　　　　　　　　　D. 基本知识

参考答案:《普通高中数学课程标准(2017 年版 2020 年修订)》中指出高中数学课程的课程目标为:通过高中数学课程的学习,学生能获得进一步学习以及未来发展所必需的数学基础知识、基本技能、基本思想、基本活动经验(简称"四基");提高从数学角度发现和提出问题的能力、分析和解决问题的能力(简称"四能")。故本题选 C。

题型小结:数学课程与教学论的相关知识是江西省教师招聘考试初中数学和高中数学的必考内容。分析历年真题,江西省教师招聘考试初中数学考查的内容涉及《义务教育数学课程标准

（2011 年版）》和数学课程与教学知识的相关内容,而江西省教师招聘考试高中数学考查的内容涉及《普通高中数学课程标准(2017 年版 2020 年修订)》和数学课程与教学知识的相关内容。考生在备考时要熟记课程标准的相关内容,熟悉课程与教学论的相关知识,重点内容需要识记与理解。对于这一部分知识,考生可参考本书第三部分进行学习。

（二）计算与解答题

此类题型是考查知识、方法和能力的综合性题目,具有知识量大、解题方法多、能力要求较高、凸显数学思想方法等特点。解此类型题目是分步骤给分的,如果不能够完全解答,一定要把自己会的步骤都写在试卷上,阅卷老师看见答案中有相关步骤,都会给相应的分数。答题时一定要注意条理清楚、字迹工整,使阅卷老师一目了然。做此类题的时候一定要控制好时间,不能无限制地拖延,毕竟后面还有更大分值的综合题。

【2021 年江西初中真题】已知二次函数 $y = mx^2 - (3m-1)x - 4m + 1$ 与 x 轴有两个不同的交点,分别为 A,D（点 D 在点 A 的右边）,与 y 轴交于点 C。

（1）求 m 的取值范围;

（2）证明该二次函数一定过非坐标轴上的一点 B,并求出点 B 的坐标;

（3）当 $m = 1$ 时,二次函数在第四象限的图像上是否存在点 E,使得 $\triangle CDE$ 的面积最大,求出点 E 的坐标和面积的最大值,若不存在,请说明理由。

参考答案:（1）由题意知,$\begin{cases} m \neq 0, \\ \Delta = (3m-1)^2 - 4m(-4m+1) > 0, \end{cases}$ 解得 $m \neq 0$ 且 $m \neq \dfrac{1}{5}$。故 m 的取值范围是 $\left\{ m \mid m \in \mathbf{R}, m \neq 0 \text{ 且 } m \neq \dfrac{1}{5} \right\}$。

（2）由于 $y = mx^2 - (3m-1)x - 4m + 1 = mx^2 - 3mx + x - 4m + 1 = m(x^2 - 3x - 4) + x + 1 = m(x-4)(x+1) + x + 1$,所以不管 m 取何值,该二次函数的图像必过点 $(4,5)$ 和 $(-1,0)$（在坐标轴上,舍去）,故点 B 的坐标为 $(4,5)$。

（3）假设在第四象限存在点 E,使得 $\triangle CDE$ 的面积最大。设点 E 的坐标为 (x_1, y_1),当 $m = 1$ 时,$y = x^2 - 2x - 3 = (x-3)(x+1)$,易知点 C,D 的坐标分别为 $(0,-3)$,$(3,0)$,则 $CD = 3\sqrt{2}$,CD 所在的直线方程为 $y = x - 3$,又点 E 到直线 CD 的距离为 $\dfrac{|x_1 - y_1 - 3|}{\sqrt{2}} = \dfrac{|x_1 - x_1^2 + 2x_1 + 3 - 3|}{\sqrt{2}} = \dfrac{|x_1(3 - x_1)|}{\sqrt{2}}$,因为点 E 在第四象限,所以 $0 < x_1 < 3$,故当 $x_1 = \dfrac{3}{2}$ 时,点 E 到直线 $y = x - 3$ 的距离最大,最大距离为 $\dfrac{9\sqrt{2}}{8}$。此时 $\triangle CDE$ 的面积也取得最大值 $\dfrac{1}{2} \times 3\sqrt{2} \times \dfrac{9\sqrt{2}}{8} = \dfrac{27}{8}$。

【2021 年江西高中真题】已知函数 $f(x) = \ln x$,$g(x) = \dfrac{1}{2}ax + b(a,b \in \mathbf{R})$。

（1）若 $f(x)$ 与 $g(x)$ 在 $x = 1$ 处相切,求 $g(x)$ 的表达式;

（2）在（1）的条件下,若 $y = xf(x) - g(x) - m - 3$ 在定义域内有两个不同的零点,求实数 m 的取值范围。

参考答案：（1）因为函数 $f(x) = \ln x, g(x) = \frac{1}{2}ax + b$，所以 $f'(x) = \frac{1}{x}, g'(x) = \frac{1}{2}a$，又 $f(x)$ 与 $g(x)$ 在 $x = 1$ 处相切，所以 $f'(1) = g'(1), f(1) = g(1)$，即 $\begin{cases} 1 = \frac{1}{2}a, \\ 0 = \frac{1}{2}a + b, \end{cases}$ 解得 $\begin{cases} a = 2, \\ b = -1, \end{cases}$ 故 $g(x)$ 的表达式为 $g(x) = x - 1$。

（2）由（1）知 $g(x) = x - 1$，所以 $y = x\ln x - x - m - 2, x \in (0, +\infty), y' = \ln x$，当 $x \in (0, 1)$ 时，$y' < 0$，函数单调递减；当 $x \in (1, +\infty)$ 时，$y' > 0$，函数单调递增；所以要使函数 $y = xf(x) - g(x) - m - 3$ 在定义域内有两个不同的零点，需要满足条件：$\begin{cases} y(1) < 0, \\ \lim\limits_{x \to 0^+} y > 0, \\ \lim\limits_{x \to +\infty} y > 0, \end{cases}$ 解得实数 m 的取值范围是 $-3 < m < -2$。

【2020 年江西初中真题】 在 $\triangle ABC$ 中，角 A, B, C 所对的边分别是 a, b, c，且满足 $(\sin A - \sin C)^2 = \sin^2 B - \sin A \sin C$。

（1）求 $\angle B$ 的度数；

（2）若 $S_{\triangle ABC} = 16\sqrt{3}, a + c = 16$，求证 $\triangle ABC$ 为等边三角形。

视频讲解

参考答案：（1）因为 $(\sin A - \sin C)^2 = \sin^2 B - \sin A \sin C$，所以由正弦定理可得 $a^2 + c^2 - b^2 = ac$，又由余弦定理知，$\cos B = \frac{a^2 + c^2 - b^2}{2ac} = \frac{ac}{2ac} = \frac{1}{2}$，所以 $\angle B = 60°$。

（2）因为 $\angle B = 60°, S_{\triangle ABC} = \frac{1}{2}ac\sin B = 16\sqrt{3}$，所以 $ac = 64$，又由题意知 $a + c = 16$，所以可解得 $a = 8, c = 8$。于是，$\triangle ABC$ 是以 a, c 为两腰的等腰三角形，结合 $\angle B = 60°$ 可知，$\triangle ABC$ 为等边三角形。

题型小结： 这一部分的题目多是综合类题目，侧重考查一类知识点或者多类知识点的综合应用，解答此类题目时，首先要做的是细致"审题"，以求正确、全面地理解题意，在整体上把握试题的特点、结构，以便找到合理的解题思路。解决这类题型，考生需要熟练掌握数学知识，并经过一定量的习题训练来掌握常用的解题方法。

（三）材料分析题

材料分析题是给出教学片段，然后提出问题，在问题中要求考生阅读分析给定的资料，依据一定的理论知识，或做出决策，或做出评价，或提出具体的解决问题的方法或意见等。材料分析题是考查考生运用有关知识解决教学实际问题的能力的集中体现。从表面上看，案例所描述的是一组教学场景，但实际上其实蕴含着许多知识和规则，而在这些知识和规则的背后又支撑着大量的知识运用。所以，考试中考生不仅要从给出的教学案例中找出这些知识点和规则，而且要能熟练地运用自己找出的知识点或规则来解决实际教学中的问题。材料分析题属于综合性题目，考查的是高层次的认知目标，不仅能考查考生了解知识的程度，而且能考查考生理解、运用知识的能力，更重要的是能考查考生综合、分析、评价方面的能力。

【2021年江西初中真题】案例一:"一元一次方程的解法"的教学片段

师:解$0.5x=1$时,先两边除以0.5,把左边变为$1x$,即x,这时右边变为$1\div0.5=1\times2=2$,所以$x=2$。

生1:两边同时乘以2,马上得到$x=2$,更简单。

师:结果对的但书上步骤是两边除0.5(一次项系数),要按书上格式和要求来。

师:再看一个方程$x+\dfrac{1}{3}=\dfrac{1}{3}x+1$如何解?(思考……)一个学生举手。

生2:老师,不用计算就看出$x=1$。

师:光看不行,要按步骤进行计算。接着教师让另一名学生到黑板按书上要求完成了此题,并表扬了这名学生。

案例二:探究"一元二次方程的求根公式"的片段

师:对于一般的一元二次方程$ax^2+bx+c=0(a\neq0)$,该如何求解,解的个数情况又是怎样?(学生想到了解方程的所有方法,如开平方法、配方法等)

师:我们要研究这样一般的方程的求解方法和解的个数无从下手,该怎么办?

生:举具体例子。

师:非常好!请同桌互相出一个一元二次方程,写出求解过程并判断根的个数,然后小组交流。

探究解方程的通用方法,挑选有代表的予以展示。师生列出方程解的个数情况以及配方法的通用性,并请大家试着用配方法解一元二次方程

$$ax^2+bx+c=0(a\neq0)$$

生:我利用配方法导出$\left(x+\dfrac{b}{2a}\right)^2=\dfrac{b^2-4ac}{4a^2}$的形式,然后该怎么办?(陷入困境)

师:(展示另一个学生的做法)$\left(x+\dfrac{b}{2a}\right)=\sqrt{\dfrac{b^2-4ac}{4a^2}}$是否正确?

生:不对,应该是$x+\dfrac{b}{2a}=\pm\sqrt{\dfrac{b^2-4ac}{4a^2}}$。

教师:很好!还有不同的做法吗?问题的关键在哪?

……(师生共同归纳出一元二次方程解的一般情况)

师:请大家快速写出有两个不等实数解、两个相等实数解和无实数解的一元二次方程。

根据以上实例,回答下列问题:

(1)分析案例一,教师处理生1、生2回答时有哪些地方存在不足,面对这种情况你会如何处理?

(2)分析案例二,你认为接下来的重点是什么?难点是什么?体现了什么数学思想?

(3)结合新课程标准,阐述如何培养学生的数学创新意识。

参考答案:(1)《义务教育数学课程标准(2011年版)》指出,学习评价的主要目的是全面了解学

生数学学习的过程和结果,激励学生学习和改进教师教学。评价既要关注学生学习的结果,也要重视学习的过程;既要关注学生数学学习的水平,也要重视学生在数学活动中所表现出来的情感与态度,帮助学生认识自我、建立信心。

案例中教师在学生1提出更简单的解题方法时,过于片面的否定了学生的答案,没有及时鼓励和肯定学生的想法,限制了学生创造性思维的发展,不利于学生建立学习数学的信心。在学生2提出不用计算直接能看出答案的解法时,直接否定了该学生的提议,并且让另一名学生上黑板按要求完成,还予以其表扬,这伤害了学生的进取心与自尊心,不利于学生创新意识的培养,严重阻碍了学生数学思考的发展。

面对这种情况,教师首先应该对学生给予肯定的评价,应该看到学生身上善于思考、积极参与课堂活动的优点,同时对学生的新想法或者解法进行引导,让学生分享他的观点,或者让全班同学一起来分析讨论这种新方法,充分发挥学生的主动性和积极性,让学生培养敢于质疑、善于思考、严谨求实的科学精神,使学生不仅掌握数学学习的方法,而且在学习过程中发展相应的数学思想、情感态度与价值观等。

(2)教学重点:分类讨论,得出一般的一元二次方程的求根公式。

教学难点:对方程解的三种情况的分类。

案例二体现了转化、类比、分类讨论等数学思想。

(3)《义务教育数学课程标准(2011年版)》指出,创新意识的培养是现代数学教育的基本任务,应体现在数学教与学的过程之中。学生自己发现和提出问题是创新的基础;独立思考、学会思考是创新的核心;归纳概括得到猜想和规律,并加以验证,是创新的重要方法。因此,培养学生的创新意识,教师要做到以下几点:注重启发式教学。教师要给学生足够的思考时间和空间,善于引导,让学生能够主动学习,探索知识,发现问题,为创新打下基础;注重让学生动手实践,参与课堂的探究活动。学生在多种感官参与的学习过程中,更容易产生学习兴趣,从而碰撞出思维的火花,这是创新的基本途径;鼓励质疑,疑是思之源,思是智之本,提出一个问题比解决一个问题更重要,教师在教学过程中要鼓励学生大胆质疑,让学生敢想、敢说、敢问,为学生创新营造一个宽松、自由、开放的学习氛围。

【2021年江西高中真题】在"求二面角"的教学中,教师给出如下问题。

如图1,边长为2的正方形$ABCD$所在的平面与半圆弧$\overset{\frown}{CD}$所在的平面垂直,M是$\overset{\frown}{CD}$上异于C、D的点,当三棱锥$M-ABC$体积最大时,求平面MAB与平面MCD所成二面角的正弦值。

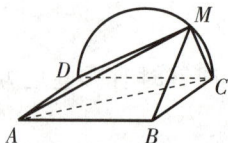

图1

现有甲、乙两位学生分别给出以下两种解法:

学生甲:如图2,当三棱锥$M-ABC$体积最大时,M为$\overset{\frown}{CD}$的中点,过点M作$l \parallel CD$,则l为平面MAB与平面MCD的交线,由于$BC \perp$半圆弧$\overset{\frown}{CD}$所在的平面,过点C作$CH \perp l$于点H,连接BH,

则 $\angle BHC$ 为平面 MAB 与平面 MCD 所成二面角的平面角，由 $BC=2,CH=1$，得 $BH=\sqrt{5}$，$\sin\angle BHC=$ $\dfrac{2\sqrt{5}}{5}$，所以平面 MAB 与平面 MCD 所成二面角的正弦值是 $\dfrac{2\sqrt{5}}{5}$。

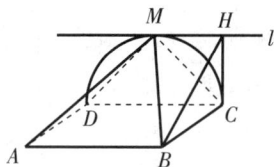

图2　　　　　图3

学生乙：以 D 为坐标原点，$\overrightarrow{DA}$ 的方向为 x 轴的正方向，建立如图 3 所示的空间直角坐标系，当三棱锥 $M-ABC$ 体积最大时，M 为 $\overset{\frown}{CD}$ 的中点。

由题设得 $D(0,0,0),A(2,0,0),B(2,2,0),C(0,2,0),M(0,1,1),\overrightarrow{AM}=(-2,1,1),\overrightarrow{AB}=(0,2,$ $0),\overrightarrow{DA}=(2,0,0)$。设 $\boldsymbol{n}=(x,y,z)$ 是平面 MAB 的法向量，则 $\begin{cases}\boldsymbol{n}\cdot\overrightarrow{AM}=0,\\ \boldsymbol{n}\cdot\overrightarrow{AB}=0,\end{cases}$ 即 $\begin{cases}-2x+y+z=0,\\ 2y=0,\end{cases}$ 可取 $\boldsymbol{n}=(1,0,2),\overrightarrow{DA}$ 是平面 MCD 的法向量，因此 $\cos\langle\boldsymbol{n},\overrightarrow{DA}\rangle=\dfrac{\boldsymbol{n}\cdot\overrightarrow{DA}}{|\boldsymbol{n}||\overrightarrow{DA}|}=\dfrac{\sqrt{5}}{5},\sin\langle\boldsymbol{n},\overrightarrow{DA}\rangle=\dfrac{2\sqrt{5}}{5}$。所以平面 MAB 与平面 MCD 所成二面角的正弦值是 $\dfrac{2\sqrt{5}}{5}$。

（1）以此题为例，说说"一题多解"的意义和作用；

（2）结合《普通高中数学课程标准（2017 年版 2020 年修订）》分析这两位同学的解题过程。

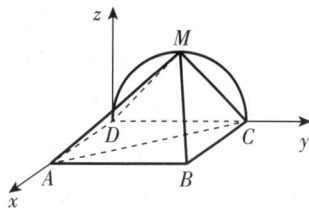

视频讲解

参考答案：（1）一题多解能够培养学生从多角度分析问题、解决问题的能力，打破解题方法单一的思维定式，有利于学生拓宽解题思路，发展学生的发散性思维和创造性思维。

通过一题多解，既能加深学生对基础知识的理解，促进对基本技能的掌握，提高解题能力，也能够培养学生从多角度思考和分析问题，形成良好的思维品质，提高学生的创新思维能力。

本题中，在求二面角时用到了两种方法：一种是几何法，另一种是向量法。这两种方法是解决几何问题时常用的方法，通过运用这两种方法解题，一方面可以让学生对两种方法进行比较，感受几何法和向量法的联系与区别，体会两种方法各自的优势，理解方法背后的数学思想方法；另一方面，可以使学生感受"一题多解"的思维过程，从而有助于加深学生对基础知识的理解，对基本技能的掌握，提升学生从多角度分析、解决问题的能力。

（2）学生甲从二面角的定义出发，通过作辅助线的方法找出二面角的平面角（$\angle BHC$），再根据几何关系，在 $Rt\triangle BHC$ 中求出 $\angle BHC$ 的正弦值，即为所求二面角的正弦值。学生甲的解题过程，体现出其具有较好的数学抽象、直观想象能力，能够在复杂的情境中，借助空间形式认识事物的位置关系，构建数学问题的直观模型，运用数学抽象的思维方式思考并解决问题。

学生乙根据题中的垂直关系建立空间直角坐标系，再分别求出平面 MAB 和平面 MCD 的法向量,通过向量数量积的相关知识求出两个法向量夹角的余弦值,进而得到所求二面角的正弦值。学生乙的解题过程,体现出其具备有数学建模和数学运算的数学学科核心素养,能够在情境中构建合理的数学模型,分析问题,并在明晰运算对象的基础上,有效借助运算方法最终解决问题。

题型小结:

材料分析题的解题可以分为四步,即看点、审题、找规则、答题。看点,要求考生先看题干最后提出的问题,弄清楚考什么,找准考点是解题和得分的关键,重在准确、明晰。审题,要求考生逐字逐句地阅读以帮助全面、准确地掌握材料重点,防止遗漏,重在快速、全面、准确和理解。找规则,要求考生在审题后应根据题干所提出的问题和给定的材料,思考所要考查的知识点,根据罗列的知识点找出一般规则。答题,要求考生将材料事实与理论的有机契合,要做到完整准确,简明扼要,在答题过程中,一定要答到要点,同时要采用专业语言,简洁明了。

（四）教学设计题

教学设计就是给出一个课题,按要求进行设计。教学设计一般包含三个问题:写出教学目标,写出教学重点、难点,写出教学过程(及设计意图)。教学设计题是考查考生运用有关知识进行教学设计能力的集中体现,属于综合性题目,考查的是高层次的认知目标。它不仅能考查考生了解知识的程度,而且能考查考生运用知识的能力。

【2021 年江西初中真题】如图所示,矩形 $ABCG$ $(AB < BC)$ 和矩形 $CDEF$ 全等,点 B,C,D 在同一条直线上,$\angle APE$ 的顶点 P 在线段 BD 上移动,当点 P 在什么位置时,使得 $\angle APE$ 为直角?

要求:(1) 撰写解题教学的教学设计;

(2) 至少写出三种解题方法的设计及对应环节的设计意图。

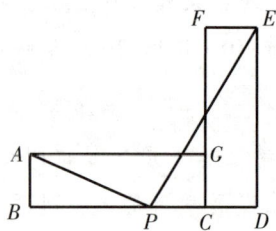

视频讲解

参考答案:

一、教学目标

知识与技能目标:综合利用图形与几何、函数等知识解决开放性问题,学会一题多解。

过程与方法目标:经历探索一题多解的过程,发展学生的创新思维和推理能力,提高学生综合运用所学知识解决问题的能力。

情感态度与价值观目标:在探索解题方法的过程中,培养学生的积极探索精神,使学生养成良好的数学思考的习惯,建立学好数学的信心。

二、教学重难点

教学重点:综合运用所学知识从多个角度思考和解决问题。

教学难点:多种方法的探索。

三、教学过程

1. 复习旧知

教师带领学生复习三角形全等、相似以及相关的图形与几何知识。

【设计意图】通过复习相关旧知，为学生接下来做相关习题提供思路和理论基础，使学生更容易进入学习状态，发挥出想象力和创造性。

2. 问题探究

教师课件出示例题，并给学生充足的时间独立思考。（教师在此过程中进行巡视，如果多数学生不能够独立地想出解题方法，教师应进行相应的引导）

教师随机请几位学生说说他的解题思路。预设学生有以下几种解题思路：

(1) 连接 AE，若 $AP^2 + PE^2 = AE^2$，则 $\angle APE$ 为直角。

(2) 若 $\triangle ABP \sim \triangle PDE$，则 $\angle APE$ 为直角。

(3) 设 PE 与 CF 交于点 H。若 $\triangle ABP \cong \triangle EFH$，则 $\angle APE$ 为直角。

教师对例题的条件进行补充，设长方形 AB 长为 a，BC 长为 b，请学生利用前面的几种解题思路，求出当 BP 长为多少时，$\angle APE$ 为直角。

先让学生独立尝试解答，然后再小组合作，探讨有疑问的地方或者更简便的解题方法。

各组汇报探究结果，教师同时请几位同学上台板演解题过程。

预设学生的解题过程如下：

(1) 设 BP 长为 x，连接 AE，那么 $AP^2 = a^2 + x^2$，$PE^2 = b^2 + (a + b - x)^2$，$AE^2 = (a + b)^2 + (b - a)^2$，当 $AP^2 + PE^2 = AE^2$ 时，解得 $x = a$ 或 $x = b$。

(2) 设 BP 长为 x。当 $\triangle ABP \sim \triangle PDE$ 时，有 $\dfrac{AB}{PD} = \dfrac{BP}{DE}$，所以 $\dfrac{a}{a + b - x} = \dfrac{x}{b}$，解得 $x = a$ 或 $x = b$。

(3) 设 BP 长为 x。当 $\triangle ABP \cong \triangle EFH$ 时，$FH = BP = x$，此时 $\triangle EFH \sim \triangle PCH$，有 $\dfrac{x}{b - x} = \dfrac{a}{b - x}$，解得 $x = a$；当 $x = b$ 时，P 点与 C 点重合，H 点不存在，此时 $\triangle ABP \cong \triangle PDE$，$\angle APE = 90°$。所以 BP 长为 u 或 b。

教师对学生的回答进行评价，并对学生的板演进行订正，对于学生有疑问或者掌握的不好的地方进行重点讲解。

【设计意图】通过教师引导，学生在自主探索、合作学习的过程中，学会有条理的思考，能比较清楚地表达自己的思考过程与结果，获得分析和解决问题的一些基本方法，体会解决问题方法的多样性，学生的数学思考能力和创新意识能够得到进一步发展。

3. 课堂练习

变式习题：若条件不改变，点 P 在什么位置时，使得 $\triangle APE$ 为等腰直角三角形？

【设计意图】通过创编的变式习题，能够进一步强化学生对多种解题方法的理解与应用，使学生能够根据情况灵活应用所学知识，锻炼学生的发散思维。

4. 课堂小结

(1) 在解题的过程中，你运用了哪些知识？

(2) 哪种解题方法更加简单快捷？

【设计意图】通过教师提问,让学生主动回顾、总结本节课的重要知识,培养学生自主学习、归纳总结的习惯。

【2021 年江西高中真题】以下素材选自北师大版数学必修1。

1.1 利用函数性质判定方程解的存在

实例分析

例1 判断方程 $x^2-x-6=0$ 解的存在.

解 考察函数 $f(x)=x^2-x-6$,其图像为抛物线(如图 4-1).

容易看出,$f(0)=-6<0,f(4)=6>0,f(-4)=14>0$.

由于函数 $f(x)$ 的图像是连续曲线,因此,点 $B(0,-6)$ 与点 $C(4,6)$ 之间的那部分曲线必然穿过 x 轴,即在区间 $(0,4)$ 内至少有一点 x_1,使 $f(x_1)=0$;同样,在区间 $(-4,0)$ 内也至少有一点 x_2,使 $f(x_2)=0$. 而方程 $x^2-x-6=0$ 至多有两个解,所以在 $(-4,0)$ 和 $(0,4)$ 内,方程 $x^2-x-6=0$ 各有一解.

我们可以用学过的解方程的方法来验证这个结论.

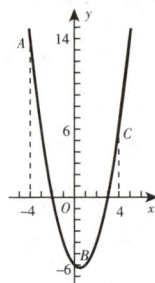
图 4-1

抽象概括

我们把函数 $y=f(x)$ 的图像与横轴的交点的横坐标称为这个函数的零点.

$f(x)$ 的零点就是方程 $f(x)=0$ 的解. 这样就为我们提供了一个通过函数性质确定方程解的途径. 函数的零点个数就决定了相应方程实数解的个数.

若函数 $y=f(x)$ 在闭区间 $[a,b]$ 上的图像是连续曲线,并且在区间端点的函数值符号相反,即 $f(a)\cdot f(b)<0$,则在区间 (a,b) 内,函数 $y=f(x)$ 至少有一个零点,即相应的方程 $f(x)=0$ 在区间 (a,b) 内至少有一个实数解.

我们所研究的大部分函数,其图像都是连续的曲线.

例2 已知函数 $f(x)=3^x-x^2$. 问:方程 $f(x)=0$ 在区间 $[-1,0]$ 内有没有实数解? 为什么?

解 因为 $f(-1)=3^{-1}-(-1)^2=-\dfrac{2}{3}<0$,

$$f(0)=3^0-0^2=1>0,$$

函数 $f(x)=3^x-x^2$ 的图像是连续曲线,所以 $f(x)$ 在区间 $[-1,0]$ 内有零点,即 $f(x)=0$ 在区间 $[-1,0]$ 内有实数解.

例3 判定方程 $(x-2)(x-5)=1$ 有两个相异的实数解,且一个大于5,一个小于2.

解 考虑函数 $f(x)=(x-2)(x-5)-1$,有

$$f(5)=(5-2)(5-5)-1=-1,$$
$$f(2)=(2-2)(2-5)-1=-1.$$

又因为 $f(x)$ 的图像是开口向上的抛物线(如图 4-2),所以在 $(-\infty,2)$ 内存在一点 $a,f(a)>0$,在 $(5,+\infty)$ 内存在一点 $b,f(b)>0$. 所以抛物线与横轴在 $(5,b)$ 内有一个交点,在 $(a,2)$ 内也有一个交点.

所以方程 $(x-2)(x-5)=1$ 有两个相异的实数解,且一个大于5,一个小于2.

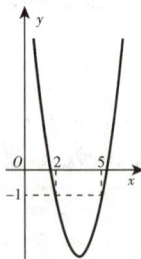
图 4-2

这里说"若 $f(a)\cdot f(b)<0$,则在区间 (a,b) 内,方程 $f(x)=0$ 至少有一个实数解",指出了方程 $f(x)=0$ 实数解的存在,并不能判断具体有多少个实数解.

问题:

(1)请设计本节课的教学目标;

(2)本节课的教学重、难点是什么?

(3)写出教学过程(只写导入新课、求知、探索、应用等过程)以及设计意图。

参考答案:(1)教学目标

① 正确认识函数与方程的关系;理解函数零点的概念;体会函数零点与方程根的关系;会利用函数性质判定方程解的个数和所在区间。

② 经历零点存在定理的发现与探究过程,培养学生观察、分析问题的能力以及探究意识,发展学生的数学抽象、数学运算等数学学科核心素养。

③ 让学生在探究的过程中,体会函数与方程、数形结合、转化与化归思想在解决数学问题时的意义与作用,培养学生勇于探索的精神,激发学生对数学学习的热情。

(2)教学重点:函数零点与方程根的联系及零点存在的判定定理;

教学难点:利用函数图像和性质及零点存在定理判断方程解的存在性。

(3)教学过程

一、问题导入,引入新课

教师课件出示以下问题:方程 $\lg x + x = 0$ 是否有实根,有几个?

学生尝试解答,教师巡视课堂,观察学生作答情况(预设学生无法用一般方法求出方程的解),引出新课——函数与方程。

【设计意图】通过出示特殊方程,让学生意识到有些方程的解无法用一般的求解方法得到,引起学生的认知冲突,激发学生对学习新课的热情。

二、探究思考与掌握新知

课件展示例题:判断方程 $x^2 - x - 6 = 0$ 解的存在。

探究一:方程与其对应函数的关系

请学生用初中学过的解一元二次方程的方法求出方程 $x^2 - x - 6 = 0$ 的根,再画出函数 $f(x) = x^2 - x - 6$ 的图像,引导学生观察方程的根与函数和 x 轴交点的坐标之间有什么关系。

学生小组交流、讨论,教师巡视指导,最后师生共同得出结论:方程的根等于其对应函数图像与 x 轴交点的横坐标,教师顺势介绍零点的概念:函数 $y = f(x)$ 的图像与横轴交点的横坐标成为这个函数的零点(注意强调零点不是一个"点",而是一个实数)。所以 $f(x)$ 的零点就是方程 $f(x) = 0$ 的解。

探究二:方程解的存在区间

提问:观察函数 $f(x) = x^2 - x - 6$ 的两个零点,其零点附近两端的函数值有什么特点?

请学生完成下列表格。

x	-4	-3	-2	-1	0	1	2	3	4
$f(x) = x^2 - x - 6$									

通过计算零点附近的函数值,易发现函数零点两端的函数值异号。

教师结合图像讲解函数值异号的两点间至少有一个零点,这是因为函数的图像是连续曲线,所以异号的两点间的函数曲线必然穿过 x 轴。并板书零点存在定理:若函数 $y = f(x)$ 在闭区间 $[a,b]$ 上的图像是连续曲线,并且在区间端点的函数值符号相反,即 $f(a)f(b) < 0$,则在区间 (a,b) 内,函数 $y = f(x)$ 至少有一个零点,即相应的方程 $f(x) = 0$ 在区间 (a,b) 内至少有一个实数解。

【设计意图】由浅入深地让学生自主探究分析,易于学生对新知的理解;同时通过结合图像,联系旧知等方式,有效发展了学生数形结合、转化与化归等数学思想。

三、应用练习

已知函数 $f(x) = 3^x - x^2$,问:方程 $f(x) = 0$ 在区间 $[-1, 0]$ 内有没有实数解?为什么?

【设计意图】通过新知讲授后的当堂练习,能有效巩固学生对新知的掌握,加深学生对新知的理解及运用。

题型小结:教学目标设计、教学重难点设计、教学过程设计是教学设计的关键。教学目标包含三维教学目标,答题时要一一列举。教学目标的表述并不是随意书写的,而是具有一定规范和要求的。答卷时,要注意教学目标要全面。知识与技能,过程与方法,情感、态度与价值观三维目标要均衡。教学目标要明确、具体、恰当。要防止教学目标"高大全",有的甚至是"假大空",目标远大空洞,形同虚设。

教学中的重点是指在学习中那些贯穿全局、带动全面、应用广泛、对学生认知结构起核心作用、在进一步学习中起基础作用和纽带作用的内容。通常教材中的定义、定理、公式、法则、数学思想方法等都是教学的重点。

教学中的难点是指学生接受起来比较困难的知识点。在数学中,一般而言,概念课的难点通常是"对定义的理解";原理课(定理、公式、性质)的难点通常是"相应原理的证明(推导)或原理的形成过程及其运用";应用题的教学难点是"分析应用题的数量关系,掌握正确解法"。

教学过程要紧紧围绕教学内容、目的要求、重点、难点和学生实际去精心安排。不同的教学任务、不同的教学目的,应有不同的教学安排,不同的课型也应有不同的教学过程。教学过程中的各个具体环节都应有明确的目的,环节与环节之间的衔接要自然流畅,环环相扣,形成一个有机的整体。

目　录

第一部分　中学数学学科知识

第二部分 大学数学学科知识

第三部分　中学数学课程与教学论

第一部分 中学数学学科知识

　　本部分为全书的第一部分，由五章内容构成，其中第一章"预备知识"由"集合与映射""简单逻辑用语"两节内容组成；第二章"函数"由"函数的概念及性质""常见的基本函数""导数及其应用""函数与方程""不等式""数列"六节内容组成；第三章"图形与几何"由"平面几何""立体几何""解析几何"三节内容组成；第四章"概率与统计"由"计数原理""二项式定理""概率""统计"四节内容组成；第五章"中学数学补充知识"由"复数""极坐标系与参数方程""推理与证明""算法"四节内容组成，是对前几章内容的补充。

　　本部分内容为江西省教师招聘考试中的重点考查内容，常以选择题、解答题的形式进行考查。

第一章 预备知识

第一节 集合与映射

一、集合的概念及表示方法

考点1 集合的概念

一般地，我们把研究对象统称为元素，把一些元素组成的总体叫作集合，简称为集。我们通常用大写的拉丁字母 $A,B,C,\cdots$ 来表示集合，用小写的拉丁字母 $a,b,c,\cdots$ 来表示集合中的元素，如 $B=\{a,b,c\}$。

给定一个集合，它的元素必须是确定的，即对于给定的集合，那么一个元素在或不在这个集合就确定了。如果 a 是集合 A 的元素，就说 a 属于集合 A，记作 $a\in A$；如果 a 不是集合 A 中的元素，就说 a 不属于集合 A，记作 $a\notin A$。此外，给定集合中的元素还必须是互不相同的。

数学中常用集合及其记法：$\varnothing$ 表示空集（不含任何元素的集合），$\mathbf{N}$ 表示自然数集，$\mathbf{N}^*$ 和 $\mathbf{N}_+$ 表示正整数集，$\mathbf{Z}$ 表示整数集，$\mathbf{Q}$ 表示有理数集，$\mathbf{R}$ 表示实数集，$\mathbf{C}$ 表示复数集。

我们常用平面上封闭曲线的内部代表集合，这种图称为韦恩图，如图 $1-1-1$。韦恩图可以直观地呈现出集合间存在的一些关系。

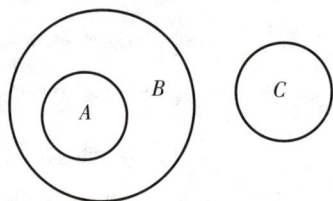

图 $1-1-1$

考点2 集合的表示方法

自然语言法：用自然语言的形式来描述集合。如 $A=\{$小于5的所有自然数$\}$。

列举法：把集合中的元素一一列举出来，并用花括号"$\{\ \}$"括起来表示集合的方法叫作列举法。如 $A=\{0,1,2,3,4\}$。

描述法：用集合所含元素的共同特征表示集合的方法称为描述法。如 $A=\{x\in\mathbf{N}\mid x<5\}$。

二、集合间的基本关系

考点1 相等关系

如果构成两个集合的元素是一样的，即集合 A 中的任意一个元素都是集合 B 中的元素，集合 B 中的任意一个元素都是集合 A 中的元素，那么称集合 A 与集合 B 相等，记作 $A=B$。

【例题1】已知集合 $M=\{x^2,1\}$，$N=\{x,1\}$，且集合 $M=N$，则实数 x 的值为_____。

【答案】0。解析：根据集合相等的定义可知，$M=N$，则有 $x^2=x$，解得 $x=0$ 或 1。容易验证，$x=0$ 时，$M=N=\{0,1\}$，满足集合的定义；$x=1$ 时，$N=\{1,1\}$ 不满足集合元素互不相同的性质。因此，实数 x 的值为0。

考点 2　包含关系

对于两个集合 A,B，如果集合 A 中任意一个元素都是集合 B 中的元素，那么称集合 A 是集合 B 的子集，记作 $A \subseteq B$（或 $B \supseteq A$），读作" A 含于 B"（或" B 包含 A"）。韦恩图表示如图 $1-1-2$。

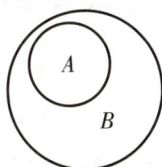

图 $1-1-2$

注: 根据集合相等的定义可知, $A = B \Leftrightarrow A \subseteq B$，且 $B \subseteq A$。

子集的性质:(1) $A \subseteq A$;(2) 若 $A \subseteq B, B \subseteq C$，则 $A \subseteq C$。

对于两个集合 A,B，如果集合 $A \subseteq B$，但存在 $x \in B$，且 $x \notin A$，那么称集合 A 是集合 B 的真子集，记作 $A \subsetneqq B$（或 $B \supsetneqq A$）。

对于任意一个集合 A（可以是空集），都有 $\varnothing \subseteq A$（因为不存在元素 x 满足 $x \in \varnothing$，且 $x \notin A$）。对于任意一个非空集合 B，都有 $\varnothing \subsetneqq B$。

如果集合 A 有 $n(n \in \mathbf{N}^*)$ 个元素，那么它有 2^n 个子集, $2^n - 1$ 个真子集。

三、集合的基本运算

表 $1-1-1$　集合的基本运算

运算类型	交集	并集	补集
定义	由所有属于 A 且属于 B 的元素所组成的集合叫作 A,B 的交集，记作 $A \cap B$（读作" A 交 B"），即 $A \cap B = \{x \mid x \in A$ 且 $x \in B\}$	由所有属于 A 或属于 B 的元素所组成的集合叫作 A,B 的并集，记作 $A \cup B$（读作" A 并 B"），即 $A \cup B = \{x \mid x \in A$ 或 $x \in B\}$	设 U 是一个集合, A 是 U 的一个子集，由 U 中所有不属于 A 的元素组成的集合，叫作 U 中子集 A 的补集（或余集），记作 $\complement_U A$，即 $\complement_U A = \{x \mid x \in U$ 且 $x \notin A\}$
韦恩图示			
性质	$A \cap A = A$ $A \cap \varnothing = \varnothing$ $A \cap B = B \cap A$ $A \cap B \subseteq A$ $A \cap B \subseteq B$	$A \cup A = A$ $A \cup \varnothing = A$ $A \cup B = B \cup A$ $A \cup B \supseteq A$ $A \cup B \supseteq B$	$(\complement_U A) \cap (\complement_U B) = \complement_U(A \cup B)$ $(\complement_U A) \cup (\complement_U B) = \complement_U(A \cap B)$ $A \cup (\complement_U A) = U$ $A \cap (\complement_U A) = \varnothing$

考题再现

【2021 年高中真题】 已知集合 $A = \{1,2,3,4\}, B = \{y \mid y = 3x - 2, x \in A\}$，则 $A \cap B = ($ 　　 $)$。

A. $\{1\}$　　　　　　　　　　　　　　　B. $\{4\}$

C. $\{1,3\}$　　　　　　　　　　　　　　D. $\{1,4\}$

【答案】 D。解析:因为 $A = \{1,2,3,4\}, B = \{y \mid y = 3x - 2, x \in A\} = \{1,4,7,10\}$，所以 $A \cap B = \{1,4\}$。故本题选 D。

视频讲解

四、映射

1. 映射的定义

设 A,B 是两个非空集合,如果对于集合 A 中的任意一个元素 a,按照某种确定的对应关系 f,在集合 B 中都有唯一确定的元素 b 和它对应,那么就称 f 是从集合 A 到集合 B 的一个映射,记作

$$f:A \rightarrow B,$$

$$a \mapsto b,$$

其中 b 称为 a 在 f 下的象,a 称为 b 在 f 下的一个原象。

2. 单射与满射

设 A,B 是两个非空集合,f 为从集合 A 到集合 B 的一个映射,

如果集合 A 中不同的元素在 f 下有不同的象,那么称 f 是单射;

如果集合 B 中的每一个元素在 f 下都有至少一个原象,那么称 f 是满射。

如果映射 f 既是单射又是满射,那么称 f 是一一映射(双射)。

【例题2】设集合 $A = \{1,2,3,\cdots,10\}$,$B = \{1,2,3,\cdots,100\}$,下列哪个对应法则是集合 A 到 B 的映射?(   )

A. $f:n \rightarrow n - 1$ B. $f:n \rightarrow n + 1$

C. $f:n \rightarrow n^2 - 1$ D. $f:n \rightarrow n^2 + 1$

【答案】B。解析:A 项中,$f:n \rightarrow n - 1$,集合 A 中的元素 1 在集合 B 中没有对应的象,不满足映射的定义;C 项中,$f:n \rightarrow n^2 - 1$,集合 A 中的元素 1 在集合 B 中没有对应的象,不满足映射的定义;D 项中,$f:n \rightarrow n^2 + 1$,集合 A 中的元素 10 在集合 B 中没有对应的象,不满足映射的定义。只有 B 项中的映射 $f:n \rightarrow n + 1$,对于集合 A 中每一个元素在集合 B 中都有对应的象。故本题选 B。

第二节　常用逻辑用语

一、命题的定义与四种命题

考点1　命题的定义

一般地,用语言、符号或式子表达的,可以判断真假的陈述句叫作命题。判断为真的语句叫作真命题,判断为假的语句叫作假命题。我们常用小写字母 $p,q,r,\cdots$ 来表示命题。

考点2　四种命题

对于大部分命题,我们都可以将其改写成"若 m,则 n"的形式,如"垂直于同一条直线的两个平面平行"就可以改写成"若两个平面垂直于同一条直线,则这两个平面平行"。我们把命题"若 m,则 n"中的 m 叫作命题的条件,n 叫作命题的结论。

如果一个命题的条件和结论恰好是另一个命题的结论和条件,那么这两个命题叫作互逆命题。如果把其中一个命题叫作原命题,那么另一个叫作原命题的逆命题。

如果一个命题的条件和结论恰好是另一个命题的条件的否定和结论的否定,那么这两个命题

叫作互否命题。如果把其中一个命题叫作原命题,那么另一个叫作原命题的否命题。

如果一个命题的条件和结论恰好是另一个命题的结论的否定和条件的否定,那么这两个命题叫作互为逆否命题。如果把其中一个命题叫作原命题,那么另一个叫作原命题的逆否命题。

综上,设"若 m,则 n"是原命题,那么

"若 n,则 m"是原命题的逆命题;

"若 ¬m,则 ¬n"是原命题的否命题;

"若 ¬n,则 ¬m"是原命题的逆否命题。

考点3 四种命题间的相互关系

一般地,原命题、逆命题、否命题与逆否命题这四种命题之间的关系,如图1-1-3所示。

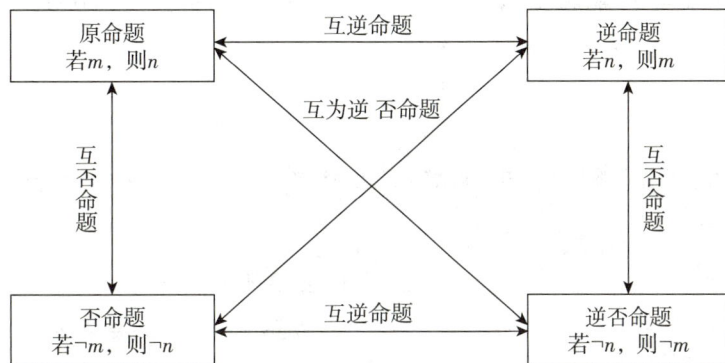

图 1-1-3

两个命题互为逆否命题,它们有相同的真假性;两个命题为互逆命题或互否命题,它们的真假性没有关系。

考题再现

【2021年初中真题】命题 p:"若 $x^2 < 1$,则 $x < 1$"的逆命题为 q,则 p 与 q 的真假性为(　　)。

A. p 真,q 真　　　　　　　　　　　　B. p 真,q 假

C. p 假,q 真　　　　　　　　　　　　D. p 假,q 假

【答案】B。解析:已知命题 p 为"若 $x^2 < 1$,则 $x < 1$",则其逆命题 q 为"若 $x < 1$,则 $x^2 < 1$"。易判断,命题 p 为真,命题 q 为假。故本题选 B。

二、充分条件与必要条件

考点1 充分条件与必要条件的定义

一般地,"若 m,则 n"是真命题,是指由 m 通过推理可以得出 n。此时,我们称,由 m 可推出 n,记作

$$m \Rightarrow n,$$

并说 m 是 n 的充分条件,n 是 m 的必要条件。

如果"若 m,则 n"是假命题,那么称由 m 推不出 n,记作

$$m \nRightarrow n,$$

并说 m 不是 n 的充分条件，n 不是 m 的必要条件。

如果既有 $m \Rightarrow n$，又有 $n \Rightarrow m$，那么称 m 等价于 n，记作

$$m \Leftrightarrow n,$$

并说 m 是 n 的充分必要条件，简称充要条件。

显然，如果 m 是 n 的充要条件，那么 n 也是 m 的充要条件。概括地说，如果 $m \Leftrightarrow n$，那么 m 与 n 互为充要条件。

【例题 1】"$x = 0$"是"$xy = 0$"的（ ）。

A. 充要条件　　　　　　　　　　　　B. 充分不必要条件

C. 必要不充分条件　　　　　　　　　D. 既不充分也不必要条件

【答案】B。解析："$x = 0$"能推出"$xy = 0$"，而"$xy = 0$"只能推出"$x = 0$ 或 $y = 0$"，不能推出"$x = 0$"，所以"$x = 0$"是"$xy = 0$"的充分不必要条件。

考题再现

【2018 年高中真题】等比数列 $\{a_n\}$ 中，命题 p："正整数 m, n, k 满足 $m + n = 2k$"是命题 q："$a_m a_n = a_k^2$"成立的（ ）。

A. 充分不必要条件　　　　　　　　　B. 必要不充分条件

C. 充要条件　　　　　　　　　　　　D. 既不充分也不必要条件

【答案】A。解析：如果正整数 m, n, k 满足 $m + n = 2k$，$a_m a_n = a_1 q^{m-1} a_1 q^{n-1} = a_1^2 q^{m+n-2} = a_1^2 q^{2k-2} = (a_1 q^{k-1})^2 = a_k^2$，即 $p \Rightarrow q$。反之，如果 $a_m a_n = a_k^2$，$a_m a_n = a_1 q^{m-1} a_1 q^{n-1} = a_1^2 q^{m+n-2}$，$a_k^2 = (a_1 q^{k-1})^2 = a_1^2 q^{2k-2}$，则有 $q^{m+n-2k} = 1$，当 $q \neq \pm 1$ 时，有 $m + n = 2k$，当 $q = 1$ 时，$m + n - 2k$ 可以是任意整数，当 $q = -1$ 时，$m + n - 2k$ 可以是任意偶数，即 $q \not\Rightarrow p$。故本题选 A。

考点 2　集合关系与逻辑推理关系

对于条件 m 和条件 n，设 $A = \{x \mid x$ 满足条件 $m\}$，$B = \{x \mid x$ 满足条件 $n\}$。

① 若 $A \subseteq B$，则 $m \Rightarrow n$，即 m 是 n 的充分条件；

② 若 $B \subseteq A$，则 $n \Rightarrow m$，即 m 是 n 的必要条件；

③ 若 $A = B$，则 $m \Leftrightarrow n$，即 m 是 n 的充要条件；

④ 若 $A \subsetneqq B$，则 $m \Rightarrow n$，且 $n \not\Rightarrow m$，即 m 是 n 的充分不必要条件；

⑤ 若 $B \subsetneqq A$，则 $n \Rightarrow m$，且 $m \not\Rightarrow n$，即 m 是 n 的必要不充分条件。

【例题 2】设 $x \in \mathbf{R}$，则"$|x - 2| < 1$"是"$x^2 + x - 2 > 0$"的（ ）。

A. 既不充分也不必要条件　　　　　　B. 必要不充分条件

C. 充要条件　　　　　　　　　　　　D. 充分不必要条件

【答案】D。解析：由 $|x - 2| < 1$ 得，$1 < x < 3$；由 $x^2 + x - 2 > 0$ 得，$x > 1$ 或 $x < -2$。因为 $(1, 3)$ 是 $(-\infty, -2) \cup (1, +\infty)$ 的真子集，所以"$|x - 2| < 1$"是"$x^2 + x - 2 > 0$"的充分不必要条件。

三、逻辑联结词

考点1 "且""或""非"

用逻辑联结词"且"把命题 p 和命题 q 联结起来,得到一个新命题,记作

$$p \wedge q,$$

读作"p 且 q"。如命题 p:"3 是质数",命题 q:"3 是奇数",用"且"联结构成的新命题 $p \wedge q$:"3 是质数且是奇数"。

用逻辑联结词"或"把命题 p 和命题 q 联结起来,得到一个新命题,记作

$$p \vee q,$$

读作"p 或 q"。如命题 p:"$\triangle ABC$ 是锐角三角形",命题 q:"$\triangle ABC$ 是钝角三角形",用"或"联结构成的新命题 $p \vee q$:"$\triangle ABC$ 是锐角三角形或钝角三角形"。

对命题 p 全盘否定,得到一个新的命题,记作

$$\neg p,$$

读作"非 p"或"p 的否定"。如命题 p:"12 是 3 的倍数"的否定 $\neg p$:"12 不是 3 的倍数"。

考点2 $p \wedge q,p \vee q,\neg p$ 的真假

对于 $p \wedge q,p \vee q,\neg p$ 的真假,规定如下。

当 p,q 都是真命题时,$p \wedge q$ 是真命题;当 p,q 两个命题中有一个命题是假命题时,$p \wedge q$ 是假命题。

当 p,q 两个命题中有一个命题是真命题时,$p \vee q$ 是真命题;当 p,q 都是假命题时,$p \vee q$ 是假命题。

当 p 是真命题时,$\neg p$ 是假命题;当 p 是假命题时,$\neg p$ 是真命题。

【例题3】已知命题 p:若 $x > y$,则 $-x < -y$;命题 q:若 $x < y$,则 $x^2 > y^2$。给出下列命题:①$p \wedge q$;②$p \vee q$;③$p \wedge (\neg q)$;④$(\neg p) \vee q$。其中真命题是(   )。

A.①③   B.①④   C.②③   D.②④

【答案】C。解析:不等式 $x > y$ 两边同乘 -1 得,$-x < -y$,故命题 p 为真命题。当 $x = -1,y = 1$ 时,$x^2 = y^2$,故命题 q 为假命题。由此可知,$\neg p$ 为假命题,$\neg q$ 为真命题,进而 $p \wedge q$ 为假命题,$p \vee q$ 为真命题,$p \wedge (\neg q)$ 为真命题,$(\neg p) \vee q$ 为假命题,即②③为真命题。故本题选 C。

四、全称量词与存在量词

考点1 全称量词与存在量词

1. 全称量词

短语"所有的""任意一个"在逻辑中通常叫作全称量词,并用符号"$\forall$"表示。含有全称量词的命题,叫作全称量词命题。全称量词命题"对 M 中任意一个 $x,p(x)$ 成立"可用符号简记为

$$\forall x \in M, p(x)。$$

注:这里的 $p(x)$ 是含有变量 x 的语句,M 是变量 x 的取值范围。

2. 存在量词

短语"存在一个""至少有一个"在逻辑中通常叫作存在量词,并用符号"∃"表示。含有存在量词的命题,叫作存在量词命题。存在量词命题"存在 M 中的元素 $x,p(x)$ 成立"可用符号简记为

$$\exists x \in M, p(x)。$$

考点2　全称量词命题与存在量词命题的否定

一般地,对含有一个量词的命题否定,只需将量词替换(全称量词与存在量词替换),并将含有变量的语句否定。具体描述如下。

全称量词命题"$\forall x \in M, p(x)$",它的否定是"$\exists x \in M, \neg\, p(x)$";

存在量词命题"$\exists x \in M, p(x)$",它的否定是"$\forall x \in M, \neg\, p(x)$"。

【例题4】"$\exists x \in \mathbf{R}, x^2 - 2x + 1 < 0$"的否定是"_____";"$\forall x \in \mathbf{R}, |x| + x^2 \geqslant 0$"的否定是"_____"。

【答案】$\forall x \in \mathbf{R}, x^2 - 2x + 1 \geqslant 0$;$\exists x \in \mathbf{R}, |x| + x^2 < 0$。

强 化 练 习

1. 已知 $A = \{x \mid x > -1\}$,下列选项中正确的是(　　)。

A. $0 \subseteq A$

B. $\{0\} \subseteq A$

C. $A = \{0\}$

D. $A = \varnothing$

2. 设 $U = \{1,2,3,4,5,6,7,8\}$,$A = \{3,4,5\}$,$B = \{1,3,6\}$,则集合 $\{2,7,8\}$ 是(　　)。

A. $A \cap B$

B. $A \cup B$

C. $(\complement_U A) \cup (\complement_U B)$

D. $(\complement_U A) \cap (\complement_U B)$

3. 已知集合 $P = \{x \in \mathbf{R} \mid 1 \leqslant x \leqslant 3\}$,$Q = \{x \in \mathbf{R} \mid x^2 \geqslant 4\}$,则 $P \cup (\complement_{\mathbf{R}} Q) = (\quad)$。

A. $[2,3]$

B. $(-2,3]$

C. $[1,2)$

D. $(-\infty, -2] \cup [1, +\infty)$

4. 下列四个命题:①空集没有子集;②空集是任何一个集合的真子集;③空集中元素个数为0;④任一集合必有两个或两个以上的子集。其中正确的有(　　)个。

A. 0

B. 1

C. 2

D. 3

5. 命题"若 $x^2 + 3x - 4 = 0$,则 $x = -4$"的逆否命题及其真假性为(　　)。

A. "若 $x = -4$,则 $x^2 + 3x - 4 = 0$"为真命题

B. "若 $x \neq -4$,则 $x^2 + 3x - 4 \neq 0$"为真命题

C. "若 $x \neq -4$,则 $x^2 + 3x - 4 \neq 0$"为假命题

D. "若 $x = -4$,则 $x^2 + 3x - 4 = 0$"为假命题

6. 设 x,y 为实数,则"$x^2y < 1$"是"$y < \dfrac{1}{x^2}$"的(　　)。

A. 充分不必要条件

B. 必要不充分条件

C. 充分必要条件

D. 既不充分也不必要条件

7. 命题"$\forall x > 1$,有 $x > 0$"的否定为(　　)。

A. $\forall x > 1$,有 $x < 0$

B. $\forall x > 1$,有 $x \leqslant 0$

C. $\exists x_0 > 1$,有 $x_0 < 0$

D. $\exists x_0 > 1$,有 $x_0 \leqslant 0$

参考答案及解析

1.【答案】B。解析:$A = \{x \mid x > -1\}$,显然有 $A \neq \varnothing$,$A \neq \{0\}$,$0 \in A$,$\{0\} \subseteq A$。故本题选 B。

2.【答案】D。解析:$\complement_U A = \{1,2,6,7,8\}$,$\complement_U B = \{2,4,5,7,8\}$,所以 $(\complement_U A) \cap (\complement_U B) = \{2,7,8\}$。故本题选 D。

3.【答案】B。解析:根据题意知,$Q = \{x \in \mathbf{R} \mid x^2 \geqslant 4\} = (-\infty, -2] \cup [2, +\infty)$,$\complement_{\mathbf{R}} Q = (-2,2)$,$P \cup (\complement_{\mathbf{R}} Q) = (-2,3]$。故本题选 B。

4.【答案】B。解析:任何一个集合都是它本身的子集,空集也是它本身的子集,故 ① 错;空集是任何一个非空集合的真子集,故 ② 错;空集是不含任何元素的集合,它的元素个数为 0,故 ③ 对;空集只有 1 个子集是它自己,故 ④ 错。综上所述,正确的有 1 个。故本题选 B。

5.【答案】C。解析:命题"若 $x^2 + 3x - 4 = 0$,则 $x = -4$"的逆否命题是"若 $x \neq -4$,则 $x^2 + 3x - 4 \neq 0$"。因为当 $x = 1$ 或 -4 时,都有 $x^2 + 3x - 4 = 0$,所以该逆否命题为假命题。

6.【答案】B。解析:当 $x^2 = 0$ 时,由 $x^2y < 1$ 不能推出 $y < \dfrac{1}{x^2}$,因为此时 $\dfrac{1}{x^2}$ 无意义。而若 $y < \dfrac{1}{x^2}$ 成立,则一定有 $x^2 > 0$,进而可以推出 $x^2y < 1$。因此,"$x^2y < 1$"是"$y < \dfrac{1}{x^2}$"的必要不充分条件。

7.【答案】D。解析:对于简单命题和含有量词的命题,其否定的规则:否定结论,并将量词"置换"。"$\forall x > 1$,有 $x > 0$"的否定是"$\exists x_0 > 1$,有 $x_0 \leqslant 0$"。

第二章 函 数

第一节 函数的概念及性质

一、函数的相关概念

1. 函数的定义

设 A,B 是两个非空数集,如果对于集合 A 中的任意一个数 x,按照某种确定的对应关系 f,在集合 B 中都有唯一确定的数 y 和它对应,那么就称 $f:A \rightarrow B$ 为从集合 A 到集合 B 的一个函数,记作 $y = f(x),x \in A$。其中,x 叫作自变量,x 的取值范围 A 叫作函数的定义域,与 x 的值对应的 y 的值叫作函数值,函数值的集合 $\{f(x) \mid x \in A\}$ 叫作函数的值域。

如果两个函数的定义域相同,并且对应关系完全一致,那么这两个函数是同一个函数。

注:上述函数的定义是高中阶段学习的黎曼对应说定义,此外还有欧拉变量说定义和布尔巴基学派的关系说定义。欧拉变量说定义就是初中学习的函数定义,具体描述是:设在一个变化过程中有两个变量 x 和 y,如果变量 y 随着 x 的变化而变化,那么就说 x 是自变量,y 是因变量,也称 y 是 x 的函数。布尔巴基学派的关系说定义是基于集合论的完全数学化定义,具体描述是:设 f 是集合 X 与集合 Y 的关系,即 $f \subseteq X \times Y$,若还满足 $(x_1,y_1) \in f,(x_1,y_2) \in f$,则 $y_1 = y_2$,那么称 f 是集合 X 到集合 Y 的函数。

2. 区间的概念

设 a,b 是两个实数,且 $a < b$,规定:

① 满足不等式 $a \leqslant x \leqslant b$ 的实数 x 的集合叫作闭区间,表示为 $[a,b]$;

② 满足不等式 $a < x < b$ 的实数 x 的集合叫作开区间,表示为 (a,b);

③ 满足不等式 $a \leqslant x < b$ 或 $a < x \leqslant b$ 的实数 x 的集合叫作半开半闭区间,分别表示为 $[a,b),(a,b]$;

④ 满足不等式 $x \geqslant a,x > a,x \leqslant b,x < b$ 的实数 x 的集合,分别表示为 $[a, +\infty),(a, +\infty)$,$(-\infty,b],(-\infty,b)$。

注:这里的实数 a 与 b 都叫作相应区间的端点。第④条中的符号"$+\infty$""$-\infty$"分别读作"正无穷大"和"负无穷大",实数集 $\mathbf{R}$ 可以用区间 $(-\infty, +\infty)$ 表示。

考题再现

【2021 年初中真题】函数 $f(x) = \sqrt{x + 3} + \log_2(6 - x)$ 的定义域是( )。

A. $(6, +\infty)$ 　　　　　　　　　　B. $(-3,6)$

C. $(-3, +\infty)$ 　　　　　　　　　D. $[-3,6)$

视频讲解

【答案】D。解析:该函数的定义域为 $\{x \mid x + 3 \geqslant 0\} \cap \{x \mid 6 - x > 0\}$,解得 $\{x \mid -3 \leqslant x < 6\}$。故本题选 D。

3. 坐标系与函数图像

在平面内画两条互相垂直且原点重合的数轴,组成平面直角坐标系。水平的数轴称为 x 轴或横轴,取向右为正方向;竖直的数轴称为 y 轴或纵轴,取向上方向为正方向;两坐标轴的交点为平面直角坐标系的原点。建立了平面直角坐标系以后,坐标平面被两条坐标轴分成了四个部分,每个部分称为象限,右上的象限叫作第一象限,其余象限按逆时针方向依次叫作第二象限、第三象限、第四象限。坐标轴上的点不属于任何象限。

如图 $1-2-1$,取平面直角坐标系内一点 A,由点 A 分别向 x 轴和 y 轴作垂线,垂足 M 在 x 轴上的坐标 a 称为点 A 的横坐标,垂足 N 在 y 轴上的坐标 b 称为点 A 的纵坐标,有序数对 (a,b) 称为点 A 的坐标。

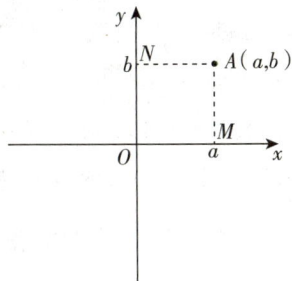

一般地,对于一个函数,如果把自变量与函数的每对对应值分别作为点的横、纵坐标,那么在坐标平面内由这些点组成的图形,就是这个函数的图像。

图 $1-2-1$

4. 复合函数

如果函数 $y = f(x)$ 的定义域包含函数 $u = g(x)$ 的值域,那么定义在函数 $u = g(x)$ 定义域上的函数 $y = f(g(x))$ 称为 g 与 f 的复合函数,通常称 $g(x)$ 为内函数,$f(x)$ 为外函数。例如,取 $f(x) = \sin x$,$g(x) = x^2$,则 $f(g(x)) = \sin x^2$,$g(f(x)) = \sin^2 x$。

5. 反函数

函数定义中,要求对定义域 X 中任意一个数 x,都有值域 Y 中唯一确定的 $y = f(x)$ 与其对应,但对定义域中不同的两个数,并没有要求它们对应的函数值也必须不同,如果加上这条限制,那么对值域中的任意一个数 y,按照 $y = f(x)$ 的对应关系都有唯一确定的数 x 与其对应,此时就定义了一个从 Y 到 X 的函数 $g(x)$,称这样定义的函数 $g(x)$ 与函数 $f(x)$ 互为反函数,记为 $g(x) = f^{-1}(x)$。

显然,反函数 $f^{-1}(x)$ 的定义域和值域分别是 $f(x)$ 的值域和定义域。同时,从函数图像上来看,如果点 $P(x,y)$ 是函数 $y = f(x)$ 图像上的一点,那么点 P 关于直线 $y = x$ 的对称点 $P'(y,x)$ 是函数 $y = f^{-1}(x)$ 图像上的点。因此,两个互为反函数的函数,它们的图像关于直线 $y = x$ 对称。

二、函数的基本性质

考点 1　函数的单调性

设函数 $f(x)$ 的定义域为 I,区间 $D \subseteq I$,

如果 $\forall x_1, x_2 \in D$,当 $x_1 < x_2$ 时,都有 $f(x_1) < f(x_2)$,那么称函数 $f(x)$ 在区间 D 上单调递增;

如果 $\forall x_1, x_2 \in D$,当 $x_1 < x_2$ 时,都有 $f(x_1) > f(x_2)$,那么称函数 $f(x)$ 在区间 D 上单调递减。

特别地,当函数 $f(x)$ 在它的定义域上单调递增(单调递减)时,我们称函数 $f(x)$ 是增函数(减函数)。

注:在大部分大学数学教材中,定义函数单调性时所使用的不等号是非严格不等号,即"$\leqslant$"和"$\geqslant$",而像上述定义中,使用严格不等号定义的单调递增和单调递减称为严格单调递增和严格单调递减。

对于复合函数,如果在区间 I 上内函数和外函数的具有相同的单调性,那么复合函数在这个区间上单调递增;如果内函数和外函数具有不同的单调性,那么复合函数在这个区间上单调递减。

考点2　函数的最值

设函数 $f(x)$ 的定义域为 I，

如果存在实数 M，对 $\forall x \in I$，都有 $f(x) \leqslant M$，且 $\exists x_0 \in I$，使得 $f(x_0) = M$，那么称 M 是函数 $y = f(x)$ 的最大值；

如果存在实数 m，对 $\forall x \in I$，都有 $f(x) \geqslant m$，且 $\exists x_0 \in I$，使得 $f(x_0) = m$，那么称 m 是函数 $y = f(x)$ 的最小值。

注：如果把上述定义条件中的 I 改为定义域的一个子集 D，那么满足条件的实数 $M(m)$ 称为函数 $f(x)$ 在区间 D 上的最大值（最小值）。

考点3　函数的奇偶性

设函数 $f(x)$ 的定义域为 I，

如果 $\forall x \in I$，都有 $-x \in I$，且 $f(-x) = f(x)$，那么称函数 $f(x)$ 为偶函数；

如果 $\forall x \in I$，都有 $-x \in I$，且 $f(-x) = -f(x)$，那么称函数 $f(x)$ 为奇函数。

由函数奇偶性的定义，结合函数图像可以看出，偶函数的图像关于 y 轴对称，奇函数的图像关于原点对称。

注：函数的奇偶性是函数在它的定义域上的整体性质，所以判断函数的奇偶性应先明确它的定义域是否关于原点对称，然后再根据 $f(-x)$ 与 $f(x)$ 的关系判定。

【例题1】若函数 $y = f(x)$ 与函数 $y = -f(x)$ 的图像关于坐标原点对称，那么 $f(x)$ 是（　　）。

A．奇函数　　　　　　　B．偶函数　　　　　　　C．非奇非偶函数

【答案】B。解析：因为函数 $y = f(x)$ 与函数 $y = -f(x)$ 的图像关于坐标原点对称，所以 $f(x)$ 的定义域 I 关于原点对称，且对 $\forall x \in I$，有 $-f(x) = -y = -f(-x)$，即 $f(x) = f(-x)$。因此，$f(x)$ 是偶函数。故本题选 B。

考点4　函数的周期性

设函数 $f(x)$ 的定义域为 I，如果存在一个非零常数 T，使得 $\forall x, x + T \in I$，都有 $f(x + T) = f(x)$，那么称函数 $f(x)$ 为周期函数，并称非零常数 T 为这个函数的周期。

如果在周期函数 $f(x)$ 的所有周期中存在一个最小的正数，那么这个最小正数就叫作函数 $f(x)$ 的最小正周期。需要注意，并不是每一个周期函数都有最小正周期。

考点5　函数图像的平移与伸缩变换

1. 平移变换

水平平移：将函数 $y = f(x)$ 的图像向左平移 $h(h > 0)$ 个单位，得到函数 $y = f(x + h)$ 的图像；将函数 $y = f(x)$ 的图像向右平移 $h(h > 0)$ 个单位，得到函数 $y = f(x - h)$ 的图像。

竖直平移：将函数 $y = f(x)$ 的图像向上平移 $k(k > 0)$ 个单位，得到函数 $y = f(x) + k$ 的图像；将函数 $y = f(x)$ 的图像向下平移 $k(k > 0)$ 个单位，得到函数 $y = f(x) - k$ 的图像。

2. 伸缩变换

将函数 $y = f(x)$ 图像上所有点的横坐标缩短（当 $\omega > 1$ 时）或伸长（当 $0 < \omega < 1$ 时）到原来 $\dfrac{1}{\omega}$

倍,得到函数 $y = f(\omega x)$ 的图像。

将函数 $y = f(x)$ 图像上所有点的纵坐标缩短(当 $0 < A < 1$ 时)或伸长(当 $A > 1$ 时)到原来的 A 倍,得到函数 $y = Af(x)$ 的图像。

【例题2】 为了得到函数 $y = 2\sqrt{2 - x}$ 的图像,只需将 $y = \sqrt{1 - x}$ 图像上的所有点(　　)。

A. 先向左平移 1 个单位长度,再把纵坐标伸长到原来的 2 倍

B. 先把纵坐标缩短为原来的 $\dfrac{1}{2}$,再向左平移 1 个单位长度

C. 先向右平移 1 个单位长度,再把纵坐标伸长到原来的 2 倍

D. 先把纵坐标缩短为原来的 $\dfrac{1}{2}$,再向右平移 1 个单位长度

【答案】 C。解析:因为函数 $y = 2\sqrt{2 - x} = 2\left[\sqrt{1 - (x - 1)}\right]$,所以为了得到函数 $y = 2\sqrt{2 - x}$ 的图像,只需将 $y = \sqrt{1 - x}$ 图像上的所有点先向右平移 1 个单位长度,再把纵坐标伸长到原来的 2 倍(或者先把图像上的所有点的纵坐标伸长到原来的 2 倍,再向右平移 1 个单位长度)。故本题选 C。

第二节　常见的基本函数

一、一次函数与二次函数

考点1　一次函数

1. 一次函数的定义

一般地,形如 $y = kx + b$(k, b 是常数,且 $k \neq 0$)的函数叫作一次函数。

2. 一次函数的图像及其性质

表 1 - 2 - 1　一次函数的图像及其性质

一次函数	$y = kx + b$(k, b 是常数,且 $k \neq 0$)					
k, b 的符号	$k > 0$			$k < 0$		
	$b > 0$	$b < 0$	$b = 0$	$b > 0$	$b < 0$	$b = 0$
图像						
与坐标轴的交点	与 x 轴的交点坐标为 $\left(-\dfrac{b}{k}, 0\right)$,与 y 轴的交点坐标为 $(0, b)$					
单调性	单调递增			单调递减		

【例题1】已知函数 $y = kx + b$ 的图像如图 $1 - 2 - 2$ 所示,则函数 $y = -bx + k$ 的大致图像是( )。

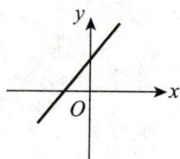

图 $1 - 2 - 2$

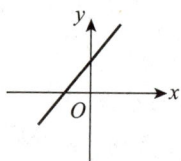

A

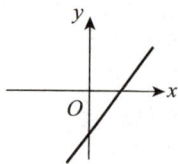

B

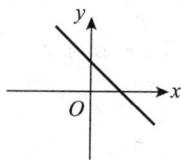

C

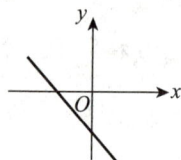

D

【答案】C。解析:根据函数 $y = kx + b$ 的图像可知,$k > 0$,$b > 0$,所以 $-b < 0$,函数 $y = -bx + k$ 的大致图像如选项 C 所示。

考点2 二次函数

1. 二次函数的定义

一般地,形如 $y = ax^2 + bx + c$(a, b, c 是常数,且 $a \neq 0$)的函数叫作二次函数。

2. 二次函数的图像及其性质

表 $1 - 2 - 2$ 　二次函数的图像及其性质

二次函数	$y = ax^2 + bx + c$(a, b, c 是常数,且 $a \neq 0$)	
a 的符号	$a > 0$	$a < 0$
图像		
性质	(1) 图像开口向上,并向上无限延伸 (2) 对称轴是 $x = -\dfrac{b}{2a}$,顶点坐标是 $\left(-\dfrac{b}{2a}, \dfrac{4ac - b^2}{4a}\right)$ (3) 在对称轴的左侧,即当 $x < -\dfrac{b}{2a}$ 时,y 随 x 的增大而减小;在对称轴的右侧,即当 $x > -\dfrac{b}{2a}$ 时,y 随 x 的增大而增大,简记为"左减右增"	(1) 图像开口向下,并向下无限延伸 (2) 对称轴是 $x = -\dfrac{b}{2a}$,顶点坐标是 $\left(-\dfrac{b}{2a}, \dfrac{4ac - b^2}{4a}\right)$ (3) 在对称轴的左侧,即当 $x < -\dfrac{b}{2a}$ 时,y 随 x 的增大而增大;在对称轴的右侧,即当 $x > -\dfrac{b}{2a}$ 时,y 随 x 的增大而减小,简记为"左增右减"

二、正比例函数与反比例函数

考点1　正比例关系与正比例函数

1. 正比例关系

两种相关联的量,一种量变化,另一种量也随着变化,如果这两种量中相对应的两个数的比值一定,那么这两种量就叫作成正比例的量,它们的关系叫作正比例关系。

注:对于成正比例的两个量,如果一个量扩大(或缩小)一定的倍数,那么另一个量随之扩大(或缩小)相同的倍数。

2. 正比例函数

一般地,形如 $y = kx (k \neq 0)$ 的函数叫作正比例函数。

注:由正比例函数的解析式可以看出,正比例函数是一类特殊的一次函数,所以它具有一次函数的相关性质。

考点2　反比例关系与反比例函数

1. 反比例关系

两种相关联的量,一种量变化,另一种量也随着变化,如果这两种量中相对应的两个数的乘积一定,那么这两种量就叫作成反比例的量,它们的关系叫作反比例关系。

注:与正比例关系相反,对于成反比例的两个量,如果一个量扩大(或缩小)一定的倍数,那么另一个量随之缩小(或扩大)相同的倍数。

2. 反比例函数

一般地,形如 $y = \dfrac{k}{x} (k \neq 0)$ 的函数叫作反比例函数。

3. 反比例函数的图像及其性质

表 1－2－3　反比例函数的图像及其性质

反比例函数	定义域	值域	函数图像	单调性	$\|k\|$ 与函数图像的关系
$y = \dfrac{k}{x}$ $(k > 0)$	$\{x \mid x \in \mathbf{R}, x \neq 0\}$	$\{y \mid y \in \mathbf{R}, y \neq 0\}$		在区间 $(-\infty, 0)$ 和 $(0, +\infty)$ 上分别单调递减	$\|k\|$ 越小,图像越靠近坐标轴
$y = \dfrac{k}{x}$ $(k < 0)$				在区间 $(-\infty, 0)$ 和 $(0, +\infty)$ 上分别单调递增	

1.【2021年初中真题】反比例函数 $y_1 = \dfrac{9}{x_1}$ 和 $y_2 = \dfrac{4}{x_2}$ 在第一象限的图像如图 1-2-3 所示,点 A 在函数 $y_1 = \dfrac{9}{x_1}$ 的图像上,连接 OA,交 $y_2 = \dfrac{4}{x_2}$ 的图像于点 B,则 $AB : BO = ($)。

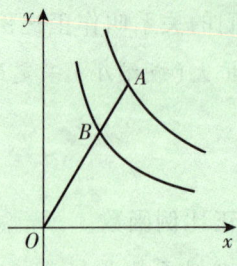

视频讲解

图 1-2-3

A.1 : 2　　　　B.2 : 3　　　　C.4 : 5　　　　D.4 : 9

【答案】A。解析:设点 $A\left(a, \dfrac{9}{a}\right)$,则直线 l_{AB} 的方程为 $y = \dfrac{9}{a^2}x$,与 $y_2 = \dfrac{4}{x_2}$ 联立,得点 B 的横坐标为 $\dfrac{2}{3}a$,所以 $AB : BO = \left(a - \dfrac{2}{3}a\right) : \left(\dfrac{2}{3}a - 0\right) = 1 : 2$。故本题选 A。

2.【2019年初中真题】如图 1-2-4,抛物线是二次函数 $y = ax^2 + bx + c$ 图像的一部分,图像过点 $A(-3, 0)$,对称轴为直线 $x = -1$,给出四个结论:①$b^2 > 4ac$;②$2a = b$;③$a + b + c = 0$;④ 若点 $B\left(-\dfrac{5}{2}, y_1\right)$,$C\left(-\dfrac{1}{2}, y_2\right)$ 为函数图像上的两点,则 $y_1 < y_2$。其中正确结论有( )。

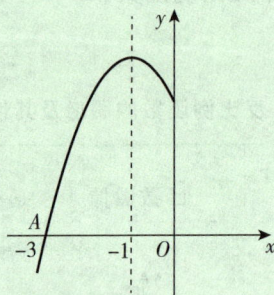

视频讲解

图 1-2-4

A.1 个　　　　B.2 个　　　　C.3 个　　　　D.4 个

【答案】D。解析:由图易知,二次函数图像与 x 轴有两个交点,所以有 $b^2 - 4ac > 0$,结论 ① 正确;二次函数图像的对称轴是 $x = -1$,所以有 $-\dfrac{b}{2a} = -1$,即 $2a = b$,结论 ② 正确;二次函数图像对称轴是 $x = -1$,一个零点是 $A(-3, 0)$,所以另一个零点是 $(1, 0)$,则 $a + b + c = 0$,结论 ③ 正确;$B\left(-\dfrac{5}{2}, y_1\right)$ 关于 $x = -1$ 的对称点为 $\left(\dfrac{1}{2}, y_1\right)$ 也在二次函数的图像上,二次函数在 $(-1, +\infty)$ 上单调递减,所以 $y_1 < y_2$,结论 ④ 正确。故本题选 D。

三、指数函数、对数函数与幂函数

考点1　指数运算

1. 乘方与整数指数幂

（1）乘方的概念

求 $n(n \in \mathbf{N}^*)$ 个相同因式的积的运算，叫作乘方，乘方的结果叫作幂。n 个因数 a 相乘，即 $\underbrace{a \times a \times \cdots \times a}_{n\uparrow}$ 就是一个乘方，简记为"a^n"，读作"a 的 n 次方"。式子 a^n 中，a 叫作底数，n 叫作指数，当 a^n 看作 a 的 n 次方的结果时，也可读作"a 的 n 次幂"。

根据实数的乘法规律可知，0 的任意次方仍是 0，正数的任意次方仍是正数，负数的奇数次方是负数，负数的偶数次方是正数。

（2）整数指数幂

乘方是把指数幂限制在正整数下的指数运算，对于负整数指数幂和零指数幂规定：

负整数指数幂的意义是

$$a^{-n} = \frac{1}{a^n}(a \neq 0, n \in \mathbf{N}^*);$$

零指数幂的意义是

$$a^0 = 1(a \neq 0)。$$

注：0 的负整数指数幂和零指数幂没有意义。

2. 根式与分数指数幂

（1）根式的概念

如果 $x^n = a$，那么 x 叫作 a 的 n 次方根，其中 $n > 1$，$n \in \mathbf{N}^*$。

根据乘方的运算规律可知，0 的任何次方根都是 0，正数的奇数次方根是正数，负数的奇数次方根是负数，正数的偶数次方根是两个互为相反数的实数，负数没有偶数次方根。

当 n 是奇数时，a 的 n 次方根用符号 $\sqrt[n]{a}$ 表示。式子 $\sqrt[n]{a}$ 叫作根式，这里 n 叫作根指数，a 叫作被开方数。特别地，$n = 3$ 时，$\sqrt[3]{a}$ 称为 a 的三次方根或立方根。

当 n 是偶数时，正数 a 的正的 n 次方根用符号 $\sqrt[n]{a}$ 表示，负的 n 次方根用符号 $-\sqrt[n]{a}$ 表示。特别地，$n = 2$ 时，正的二次方根用符号 $\sqrt{a}$ 表示，叫作 a 的算术平方根，负的二次方根用符号 $-\sqrt{a}$ 表示。

（2）分数指数幂

正数的正分数指数幂的意义是

$$a^{\frac{m}{n}} = \sqrt[n]{a^m}(a > 0, m, n \in \mathbf{N}^*, n > 1);$$

正数的负分数指数幂的意义是

$$a^{-\frac{m}{n}} = \frac{1}{a^{\frac{m}{n}}} = \frac{1}{\sqrt[n]{a^m}}(a > 0, m, n \in \mathbf{N}^*, n > 1)。$$

注：因为负数没有偶数次方根，所以这里的 a 的取值范围不包含负数。对于 0，规定 0 的正分数指数幂等于 0，0 的负分数指数幂没有意义。

3. 无理数指数幂

对于无理数指数幂 $a^{\alpha}(a > 0, \alpha$ 是无理数$)$，我们可以构造一个收敛于 α 的有理数数列，那么对于这个数列的每一项，我们都可以以它为指数、a 为底数进行指数计算，这时计算结果也构成一个收敛数列，这个数列的极限值就是我们所求的无理数指数幂。

例如，计算 $2^{\sqrt{2}}$，我们取 $\sqrt{2}$ 近似到小数点后第 n 位的近似数组成一个数列，$1.4, 1.41, 1.414,$ $1.4142, \cdots$，这个数列的极限是 $\sqrt{2}$，以数列中的每一项为指数、2 为底数可以得到新的数列 $2^{1.4}, 2^{1.41},$ $2^{1.414}, 2^{1.4142}, \cdots$，这个数列的极限就是 $2^{\sqrt{2}}$。

4. 指数运算的性质

$a^{r} \cdot a^{s} = a^{r+s}(a > 0, r, s \in \mathbf{R})$；

$(a^{r})^{s} = a^{rs}(a > 0, r, s \in \mathbf{R})$；

$(ab)^{r} = a^{r}b^{r}(a > 0, b > 0, r \in \mathbf{R})$；

$(\sqrt[n]{a})^{n} = a$；

当 n 为奇数时，$\sqrt[n]{a^{n}} = a$，当 n 为偶数时，$\sqrt[n]{a^{n}} = |a|$。

考点2　指数函数

1. 指数函数的定义

一般地，形如 $y = a^{x}(a > 0,$ 且 $a \neq 1)$ 的函数叫作指数函数。

2. 指数函数的图像及其性质

表 1 - 2 - 4　指数函数图像及其性质

指数函数	$y = a^{x}(a > 0,$ 且 $a \neq 1)$	
	$a > 1$	$0 < a < 1$
图像		
定义域	**R**	
值域	$(0, +\infty)$	
过定点	$(0, 1)$	
单调性	在 **R** 上单调递增	在 **R** 上单调递减

考点3　对数运算

1. 对数的概念

如果 $a^{x} = N(a > 0,$ 且 $a \neq 1)$，那么 x 叫作以 a 为底 N 的对数，记作 $x = \log_{a}N$，其中 a 叫作底数，N 叫作真数。

特别地,以10为底的对数叫作常用对数,把$\log_{10}N$记为$\lg N$;以无理数$e(e=2.71828\cdots\cdots)$为底的对数叫作自然对数,把$\log_e N$记为$\ln N$。

注:对数与指数密切相关,根据指数的运算规律可知,负数和0没有对数。

2. 对数的运算性质

$$\log_a M + \log_a N = \log_a(MN);$$
$$\log_a M - \log_a N = \log_a \frac{M}{N};$$
$$\log_a M^n = n\log_a M;$$
$$\log_a b = \frac{\log_c b}{\log_c a}(换底公式)。$$

考点4　对数函数

1. 对数函数的定义

一般地,形如$y = \log_a x(a > 0,且 a \neq 1)$的函数叫作对数函数。

2. 对数函数的图像及其性质

表1－2－5　对数函数图像及其性质

对数函数	$y = \log_a x(a > 0,且 a \neq 1)$	
	$a > 1$	$0 < a < 1$
图像		
定义域	$(0, +\infty)$	
值域	**R**	
过定点	$(1,0)$	
单调性	在$(0, +\infty)$上单调递增	在$(0, +\infty)$上单调递减

【例题2】已知$x = \ln\pi$,$y = \log_5 2$,$z = \log_2 \frac{1}{5}$,则(　　　　)。

A.$x < y < z$　　　　　　　　　　　B.$z < x < y$

C.$z < y < x$　　　　　　　　　　　D.$y < z < x$

【答案】C。解析:由对数函数的单调性知,$x = \ln\pi > \ln e = 1$,$0 = \log_5 1 < y = \log_5 2 < \log_5 5 = 1$,$z = \log_2 \frac{1}{5} < \log_2 1 = 0$。综上,$z < 0 < y < 1 < x$。故本题选C。

考点5　幂函数

一般地,形如$y = x^a$的函数叫作幂函数,其中x是自变量,a(幂指数)是常数。

注：幂函数 $y = x^a$ 中，x^a 前面的系数为 1，且没有常数项。

幂函数与指数运算有着密切的联系，根据指数的运算规律，我们可以得到幂函数的如下性质。

（1）所有幂函数在 $(0, +\infty)$ 上都有定义，且它们的函数图像都过点 $(1,1)$；

（2）$a > 0$ 时，幂函数 $y = x^a$ 在区间 $[0, +\infty)$ 上单调递增，且函数图像过原点；

（3）$a < 0$ 时，幂函数 $y = x^a$ 在区间 $(0, +\infty)$ 上单调递减。

常见的幂函数有 $y = x$，$y = x^2$，$y = x^3$，$y = x^{\frac{1}{2}}$，$y = x^{-1}$，表 1-2-6 中给出它们的图像及性质。

表 1-2-6　常见幂函数的图像及性质

幂函数	$y = x$	$y = x^2$	$y = x^3$	$y = x^{\frac{1}{2}}$	$y = x^{-1}$
图像					
定义域	**R**	**R**	**R**	$[0, +\infty)$	$\{x \mid x \in \mathbf{R}, x \neq 0\}$
值域	**R**	$[0, +\infty)$	**R**	$[0, +\infty)$	$\{y \mid y \in \mathbf{R}, y \neq 0\}$
单调性	在 **R** 上单调递增	在 $(-\infty, 0)$ 上单调递减，在 $(0, +\infty)$ 上单调递增	在 **R** 上单调递增	在 $(0, +\infty)$ 上单调递增	在 $(-\infty, 0)$ 和 $(0, +\infty)$ 上分别单调递减
过定点	$(1,1)$				

【例题3】若幂函数 $y = f(x)$ 的图像经过点 $\left(3, \dfrac{1}{9}\right)$，则 $\log_2 f(2) = ($　　$)$。

A. -4　　　　　　　　　　　　　　B. 4

C. 2　　　　　　　　　　　　　　　D. -2

【答案】D。解析：设 $f(x) = x^a$，因为 $y = f(x)$ 的图像经过点 $\left(3, \dfrac{1}{9}\right)$，所以 $f(3) = 3^a = \dfrac{1}{9} = 3^{-2}$，则 $a = -2$。于是 $f(x) = x^{-2}$，$\log_2 f(2) = \log_2 2^{-2} = -2$。故本题选 D。

考题再现

【2019 年高中真题】三个数 $a = 0.3^2$，$b = \log_2 0.3$，$c = 2^{0.3}$，则下列大小关系正确的是（　　）。

A. $\left(\dfrac{1}{2}\right)^a > \left(\dfrac{1}{2}\right)^c > \left(\dfrac{1}{2}\right)^b$　　　　　　B. $\left(\dfrac{1}{2}\right)^a > \left(\dfrac{1}{2}\right)^b > \left(\dfrac{1}{2}\right)^c$

C. $\left(\dfrac{1}{2}\right)^b > \left(\dfrac{1}{2}\right)^a > \left(\dfrac{1}{2}\right)^c$　　　　　　D. $\left(\dfrac{1}{2}\right)^b > \left(\dfrac{1}{2}\right)^c > \left(\dfrac{1}{2}\right)^a$

视频讲解

【答案】C。解析：因为 $0 < 0.3^2 < 1$，$\log_2 0.3 < 0$，$2^{0.3} > 1$，所以有 $b < a < c$，又指数函数 $y = \left(\dfrac{1}{2}\right)^x$ 在 **R** 上单调递减，所以 $\left(\dfrac{1}{2}\right)^b > \left(\dfrac{1}{2}\right)^a > \left(\dfrac{1}{2}\right)^c$。故本题选 C。

四、三角函数

考点1　任意角与角的度量

1. 任意角

角可以动态地表示为一条射线绕其端点旋转所成的图形,规定射线按逆时针方向旋转形成的角叫作正角,按顺时针方向旋转形成的角叫作负角。如果一条射线没有做任何旋转,就称它形成了一个零角;如果一条射线绕它的端点逆时针旋转一周,就称它形成了一个周角。

2. 角度制与弧度制

规定周角的$\frac{1}{360}$为1度的角,记作1°。这种用度作为单位来度量角的单位制叫作角度制。

长度等于半径长的圆弧所对的圆心角叫作1弧度的角,弧度单位用符号rad表示,读作弧度,有时也把弧度的单位省略。这种用弧度作为单位来度量角的单位制叫作弧度制。

弧度制与角度制的换算公式:$1° = \frac{\pi}{180}$ rad,1 rad $= \left(\frac{180}{\pi}\right)^{\circ} \approx 57.3°$。

3. 象限角

使角的顶点与平面直角坐标系的原点重合,角的始边与x轴的非负半轴重合,那么角的终边在第几象限,就说这个角是第几象限角。如果角的终边在坐标轴上,那么就认为这个角不属于任意一个象限。

第一象限角的集合为$\left\{\alpha \mid 2k\pi < \alpha < 2k\pi + \frac{\pi}{2}, k \in \mathbf{Z}\right\}$;

第二象限角的集合为$\left\{\alpha \mid 2k\pi + \frac{\pi}{2} < \alpha < 2k\pi + \pi, k \in \mathbf{Z}\right\}$;

第三象限角的集合为$\left\{\alpha \mid 2k\pi + \pi < \alpha < 2k\pi + \frac{3\pi}{2}, k \in \mathbf{Z}\right\}$;

第四象限角的集合为$\left\{\alpha \mid 2k\pi + \frac{3\pi}{2} < \alpha < 2(k+1)\pi, k \in \mathbf{Z}\right\}$。

考点2　锐角三角函数

如图$1-2-5$,在$Rt\triangle ABC$中,角C是直角,角A,B,C所对的边分别为a,b,c,则有如下定义。

(1) 角A的对边与斜边的比值叫作角A的正弦,记作$\sin A = \frac{a}{c}$,$0 < \sin A < 1$;

(2) 角A的邻边与斜边的比值叫作角A的余弦,记作$\cos A = \frac{b}{c}$,$0 < \cos A < 1$;

(3) 角A的对边与邻边的比值叫作角A的正切,记作$\tan A = \frac{a}{b}$,$\tan A > 0$。

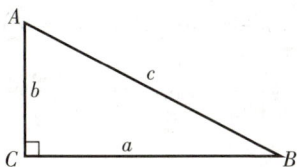

图 1 - 2 - 5

角 A 的正弦、余弦和正切叫作角 A 的锐角三角函数。

考点 3　任意角的三角函数

如图 1-2-6,设 α 是一个任意角,它的终边 OP 与单位圆相交于点 $P(x,y)$,则有如下定义。

（1）点 P 的纵坐标 y 叫作 α 的正弦函数,记作 $\sin\alpha$,即 $y = \sin\alpha$；

（2）点 P 的横坐标 x 叫作 α 的余弦函数,记作 $\cos\alpha$,即 $x = \cos\alpha$；

（3）点 P 的纵坐标与横坐标的比值 $\dfrac{y}{x}$ 叫作 α 的正切函数,记作 $\tan\alpha$,

即 $\dfrac{y}{x} = \tan\alpha\,(x \neq 0)$。

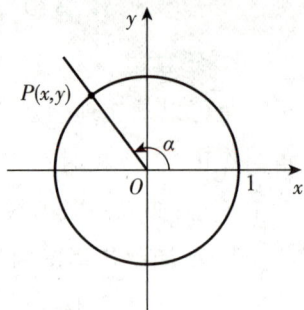

图 1-2-6

正弦函数、余弦函数和正切函数统称为三角函数。

注:三角函数定义选取的点是角 α 终边 OP 与单位圆的交点,对于 OP 上的其他点 $P'(x',y')$,根据比例关系可以得到,$\dfrac{y'}{\sqrt{(x')^2 + (y')^2}} = \sin\alpha$,$\dfrac{x'}{\sqrt{(x')^2 + (y')^2}} = \cos\alpha$,$\dfrac{y'}{x'} = \tan\alpha$。

【例题 4】角 α 的终边过点 $(-1,2)$,则 $\cos\alpha$ 的值为（　　）。

A. $\dfrac{2\sqrt{5}}{5}$　　　　B. $\dfrac{\sqrt{5}}{5}$　　　　C. $-\dfrac{2\sqrt{5}}{5}$　　　　D. $-\dfrac{\sqrt{5}}{5}$

【答案】D。**解析**:根据题意知,$\cos\alpha = \dfrac{-1}{\sqrt{(-1)^2 + 2^2}} = -\dfrac{\sqrt{5}}{5}$。故本题选 D。

考点 4　三角函数的基本关系与诱导公式

1. 三角函数的基本关系

终边相同的角的同一三角函数的值相等。以正弦函数为例,$\sin(\alpha + 2k\pi) = \sin\alpha$,$k \in \mathbf{Z}$。

同一个角 α 的正弦、余弦的平方和等于 1,即 $\sin^2\alpha + \cos^2\alpha = 1$。

同一个角 α 的正弦、余弦的比值等于角 α 的正切,即 $\dfrac{\sin\alpha}{\cos\alpha} = \tan\alpha\,(\alpha \neq k\pi + \dfrac{\pi}{2},k \in \mathbf{Z})$。

2. 诱导公式

与角"$2k\pi + \alpha$,$-\alpha$,$\pi \pm \alpha$,$\dfrac{\pi}{2} \pm \alpha$"有关的诱导公式的记忆口诀是"奇变偶不变,符号看象限"。

（1）$\sin(2k\pi + \alpha) = \sin\alpha$,$\cos(2k\pi + \alpha) = \cos\alpha$,$\tan(k\pi + \alpha) = \tan\alpha\,(k \in \mathbf{Z})$。

（2）$\sin(-\alpha) = -\sin\alpha$,$\cos(-\alpha) = \cos\alpha$,$\tan(-\alpha) = -\tan\alpha$。

（3）$\sin(\pi + \alpha) = -\sin\alpha$,$\cos(\pi + \alpha) = -\cos\alpha$,$\tan(\pi + \alpha) = \tan\alpha$。

（4）$\sin(\pi - \alpha) = \sin\alpha$,$\cos(\pi - \alpha) = -\cos\alpha$,$\tan(\pi - \alpha) = -\tan\alpha$。

（5）$\sin\left(\dfrac{\pi}{2} + \alpha\right) = \cos\alpha$,$\cos\left(\dfrac{\pi}{2} + \alpha\right) = -\sin\alpha$。

（6）$\sin\left(\dfrac{\pi}{2} - \alpha\right) = \cos\alpha$,$\cos\left(\dfrac{\pi}{2} - \alpha\right) = \sin\alpha$。

考点5　三角函数的图像与反三角函数

1. 三角函数的图像与性质

表 1 - 2 - 7　正弦函数、余弦函数、正切函数的图像与性质

函数	$y = \sin x$	$y = \cos x$	$y = \tan x$
图像			
定义域	$\mathbf{R}$	$\mathbf{R}$	$\left\{ x \mid x \neq k\pi + \dfrac{\pi}{2} \right\}$
值域	$[-1, 1]$	$[-1, 1]$	$\mathbf{R}$
奇偶性	奇函数	偶函数	奇函数
单调性　增	$\left[2k\pi - \dfrac{\pi}{2}, 2k\pi + \dfrac{\pi}{2} \right]$	$[2k\pi - \pi, 2k\pi]$	$\left(k\pi - \dfrac{\pi}{2}, k\pi + \dfrac{\pi}{2} \right)$
单调性　减	$\left[2k\pi + \dfrac{\pi}{2}, 2k\pi + \dfrac{3\pi}{2} \right]$	$[2k\pi, 2k\pi + \pi]$	不存在
最小正周期	2π	2π	π
对称轴	$x = k\pi + \dfrac{\pi}{2}$	$x = k\pi$	不存在
最大值	$x = 2k\pi + \dfrac{\pi}{2}$ 时，y 取得最大值 1	$x = 2k\pi$ 时，y 取得最大值 1	不存在
最小值	$x = 2k\pi - \dfrac{\pi}{2}$ 时，y 取得最小值 -1	$x = 2k\pi + \pi$ 时，y 取得最小值 -1	不存在

注：上表中 $k \in \mathbf{Z}$。

考题再现

【2019 年初中真题】已知 α 为锐角，且 $\dfrac{1}{2} < \cos\alpha < \dfrac{\sqrt{2}}{2}$，则 α 的取值范围是（　　）。

A. $0° < \alpha < 30°$　　　　　　　　　　B. $30° < \alpha < 45°$

C. $45° < \alpha < 60°$　　　　　　　　　　D. $60° < \alpha < 90°$

视频讲解

【答案】C。解析：α 为锐角，则 $0° < \alpha < 90°$，又有 $\dfrac{1}{2} < \cos\alpha < \dfrac{\sqrt{2}}{2}$，所以由余弦函数的图像易得 $45° < \alpha < 60°$。故本题选 C。

2. 函数 $y = A\sin(\omega x + \varphi)(A > 0, \omega > 0)$ 的图像与性质

(1) 函数 $y = A\sin(\omega x + \varphi)(A > 0, \omega > 0)$ 的图像

根据函数图像的平移与伸缩变换规律,将正弦函数 $y = \sin x$ 图像向左平移(当 $\varphi > 0$ 时)或向右平移(当 $\varphi < 0$ 时)$|\varphi|$ 个单位,得到函数 $y = \sin(x + \varphi)$ 的图像;然后将曲线上所有点的横坐标缩短(当 $\omega > 1$ 时)或伸长(当 $0 < \omega < 1$ 时)到原来的 $\dfrac{1}{\omega}$ 倍,得到函数 $y = \sin(\omega x + \varphi)$ 的图像;最后将曲线上所有点的纵坐标缩短(当 $0 < A < 1$ 时)或伸长(当 $A > 1$ 时)到原来的 A 倍,此时的曲线就是函数 $y = A\sin(\omega x + \varphi)$ 的图像。

(2) 函数 $y = A\sin(\omega x + \varphi)(A > 0, \omega > 0)$ 的性质

由正弦函数 $y = \sin x$ 图像到函数 $y = A\sin(\omega x + \varphi)(A > 0, \omega > 0)$ 图像的变换过程可知,函数 $y = A\sin(\omega x + \varphi)(A > 0, \omega > 0)$ 的值域为 $[-A, A]$,周期为 $\dfrac{2\pi}{\omega}$。

回归到函数 $y = A\sin(\omega x + \varphi)(A > 0, \omega > 0)$ 解析式本身,根据正弦函数的性质可知,

① 对任意一个固定的整数 k,当 $x \in \left\{ x \mid 2k\pi - \dfrac{\pi}{2} \leqslant \omega x + \varphi \leqslant 2k\pi + \dfrac{\pi}{2} \right\}$ 时,函数 $y = A\sin(\omega x + \varphi)$ 单调递增;当 $x \in \left\{ x \mid 2k\pi + \dfrac{\pi}{2} \leqslant \omega x + \varphi \leqslant 2k\pi + \dfrac{3\pi}{2} \right\}$ 时,函数 $y = A\sin(\omega x + \varphi)$ 单调递减;

② 函数 $y = A\sin(\omega x + \varphi)$ 图像的对称中心的横坐标满足 $\omega x + \varphi = k\pi (k \in \mathbf{Z})$,纵坐标为 0;图像的对称轴满足 $\omega x + \varphi = k\pi + \dfrac{\pi}{2} (k \in \mathbf{Z})$。

【例题5】 设函数 $f(x) = \cos\left(x + \dfrac{\pi}{3}\right)$。下列结论错误的是( )。

A. $f(x)$ 的一个周期为 -2π

B. $y = f(x)$ 的图像关于直线 $x = \dfrac{8\pi}{3}$ 对称

C. $f(x + \pi)$ 的一个零点为 $x = \dfrac{\pi}{6}$

D. $f(x)$ 在 $\left(\dfrac{\pi}{2}, \pi\right)$ 上单调递减

【答案】 D。解析:由 $f(x) = \cos\left(x + \dfrac{\pi}{3}\right)$ 知,$f(x)$ 的最小正周期 $T = 2\pi$,所以 -2π 是 $f(x)$ 的一个周期,A 项正确;$f(x)$ 的对称轴为 $x = -\dfrac{\pi}{3} + k\pi (k \in \mathbf{Z})$,当 $k = 3$ 时,得到 $x = \dfrac{8\pi}{3}$,B 项正确;$f(x + \pi) = \cos\left(x + \dfrac{4\pi}{3}\right)$,当 $x + \dfrac{4\pi}{3} = \dfrac{\pi}{2} + k\pi (k \in \mathbf{Z})$,即 $x = -\dfrac{5\pi}{6} + k\pi (k \in \mathbf{Z})$ 时,$f(x + \pi) = 0$,令 $k = 1$,则 $x = \dfrac{\pi}{6}$,C 项正确;当 $2k\pi \leqslant x + \dfrac{\pi}{3} \leqslant \pi + 2k\pi (k \in \mathbf{Z})$,即 $-\dfrac{\pi}{3} + 2k\pi \leqslant x \leqslant \dfrac{2\pi}{3} + 2k\pi (k \in \mathbf{Z})$ 时,$f(x)$ 单调递减,无满足选项的 k 值,D 项错误。故本题选 D。

【2021 年高中真题】 将函数 $f(x) = \sin\left(2x + \dfrac{\pi}{6}\right)$ 的图像向左平移 $\varphi\left(0 < \varphi \leq \dfrac{\pi}{2}\right)$ 个单位长度，所得的图像关于 y 轴对称，则 $\varphi = ($　　$)$。

A. $\dfrac{\pi}{6}$

B. $\dfrac{\pi}{4}$

C. $\dfrac{\pi}{3}$

D. $\dfrac{\pi}{2}$

视频讲解

【答案】 A。**解析：** 将函数 $f(x)$ 的图像向左平移 $\varphi\left(0 < \varphi \leq \dfrac{\pi}{2}\right)$ 个单位长度后，得到函数 $y = \sin\left(2(x + \varphi) + \dfrac{\pi}{6}\right) = \sin\left(2x + 2\varphi + \dfrac{\pi}{6}\right)$ 的图像，因为平移后的图像关于 y 轴对称，所以 $2\varphi + \dfrac{\pi}{6} = \dfrac{\pi}{2} + k\pi(k \in \mathbf{Z})$，解得 $\varphi = \dfrac{\pi}{6} + \dfrac{k\pi}{2}(k \in \mathbf{Z})$，又 $0 < \varphi \leq \dfrac{\pi}{2}$，则 $\varphi = \dfrac{\pi}{6}$。故本题选 A。

3. 反三角函数

观察正弦函数、余弦函数、正切函数的图像可知，它们分别在区间 $\left[-\dfrac{\pi}{2}, \dfrac{\pi}{2}\right]$，$[0, \pi]$ 和 $\left(-\dfrac{\pi}{2}, \dfrac{\pi}{2}\right)$ 上具有单调性，此时对于给定的 y，只有唯一的 x 与其对应。据此，将正弦函数、余弦函数、正切函数分别限制在区间 $\left[-\dfrac{\pi}{2}, \dfrac{\pi}{2}\right]$，$[0, \pi]$ 和 $\left(-\dfrac{\pi}{2}, \dfrac{\pi}{2}\right)$ 上就可以构造反函数。

函数 $y = \sin x\left(x \in \left[-\dfrac{\pi}{2}, \dfrac{\pi}{2}\right]\right)$ 的反函数叫作反正弦函数，记作 $y = \arcsin x$，它的定义域是 $[-1, 1]$，值域是 $\left[-\dfrac{\pi}{2}, \dfrac{\pi}{2}\right]$。

函数 $y = \cos x(x \in [0, \pi])$ 的反函数叫作反余弦函数，记作 $y = \arccos x$，它的定义域是 $[-1, 1]$，值域是 $[0, \pi]$。

函数 $y = \tan x\left(x \in \left(-\dfrac{\pi}{2}, \dfrac{\pi}{2}\right)\right)$ 的反函数叫作反正切函数，记作 $y = \arctan x$，它的定义域是 $(-\infty, +\infty)$，值域是 $\left(-\dfrac{\pi}{2}, \dfrac{\pi}{2}\right)$。

考点 6　三角恒等变换

1. 两角和与差的正弦、余弦、正切公式

$(1) \sin(\alpha + \beta) = \sin\alpha\cos\beta + \cos\alpha\sin\beta, \sin(\alpha - \beta) = \sin\alpha\cos\beta - \cos\alpha\sin\beta$。

$(2) \cos(\alpha + \beta) = \cos\alpha\cos\beta - \sin\alpha\sin\beta, \cos(\alpha - \beta) = \cos\alpha\cos\beta + \sin\alpha\sin\beta$。

$(3) \tan(\alpha + \beta) = \dfrac{\tan\alpha + \tan\beta}{1 - \tan\alpha\tan\beta}, \tan(\alpha - \beta) = \dfrac{\tan\alpha - \tan\beta}{1 + \tan\alpha\tan\beta}$。

【2019年高中真题】若 $\cos\left(\alpha+\dfrac{\pi}{4}\right)=\dfrac{5}{13}$，$\alpha$ 是第三象限的角，则 $\sin\alpha$ 等于（　　）。

A. $-\dfrac{17\sqrt{2}}{26}$　　　　　　　　　　　　　B. $-\dfrac{7\sqrt{2}}{26}$

C. $-\dfrac{5\sqrt{2}}{26}$　　　　　　　　　　　　　D. $-\dfrac{7\sqrt{2}}{26}$ 或 $-\dfrac{17\sqrt{2}}{26}$

【答案】A。解析：因为 $\cos\left(\alpha+\dfrac{\pi}{4}\right)=\dfrac{5}{13}$，且 α 是第三象限的角，所以 $\alpha+\dfrac{\pi}{4}$ 是第四象限的角，

$\sin\left(\alpha+\dfrac{\pi}{4}\right)=-\dfrac{12}{13}$。$\sin\alpha=\sin\left(\alpha+\dfrac{\pi}{4}-\dfrac{\pi}{4}\right)=-\dfrac{12}{13}\times\dfrac{\sqrt{2}}{2}-\dfrac{5}{13}\times\dfrac{\sqrt{2}}{2}=-\dfrac{17\sqrt{2}}{26}$。故本题选A。

2. 二倍角的正弦、余弦、正切公式

（1）$\sin2\alpha=2\sin\alpha\cos\alpha$。

（2）$\cos2\alpha=\cos^2\alpha-\sin^2\alpha=1-2\sin^2\alpha=2\cos^2\alpha-1$。

（3）$\tan2\alpha=\dfrac{2\tan\alpha}{1-\tan^2\alpha}$。

【例题6】若 $\sin\left(\dfrac{\pi}{4}+\alpha\right)=\dfrac{3}{5}$，则 $\sin2\alpha=$（　　）。

A. $\dfrac{7}{25}$　　　　　B. $\dfrac{1}{5}$　　　　　C. $-\dfrac{1}{5}$　　　　　D. $-\dfrac{7}{25}$

【答案】D。解析：$\sin2\alpha=-\cos\left(\dfrac{\pi}{2}+2\alpha\right)=2\sin^2\left(\dfrac{\pi}{4}+\alpha\right)-1=-\dfrac{7}{25}$。

【例题7】若 $\sin\left(\alpha+\dfrac{\pi}{6}\right)=\cos\alpha$，其中 $0<\alpha<\dfrac{\pi}{2}$，则 $\cos\alpha=$（　　）。

A. $\dfrac{1}{2}$　　　　　B. $\dfrac{\sqrt{2}}{2}$　　　　　C. $\dfrac{\sqrt{3}}{2}$　　　　　D. 1

【答案】C。解析：由诱导公式知，$\sin\left(\alpha+\dfrac{\pi}{6}\right)=\cos\alpha=\sin\left(\alpha+\dfrac{\pi}{2}\right)$，即 $\sin\left(\alpha+\dfrac{\pi}{3}-\dfrac{\pi}{6}\right)=$

$\sin\left(\alpha+\dfrac{\pi}{3}+\dfrac{\pi}{6}\right)$，展开整理得，$2\cos\left(\alpha+\dfrac{\pi}{3}\right)\sin\dfrac{\pi}{6}=0$，所以 $\cos\left(\alpha+\dfrac{\pi}{3}\right)=0$，又 $0<\alpha<\dfrac{\pi}{2}$，所以

$\alpha=\dfrac{\pi}{6}$，$\cos\alpha=\dfrac{\sqrt{3}}{2}$。故本题选C。

第三节　导数及其应用

导数是研究函数的重要工具，在本节中主要给出导数的一些常用结论。

考点1　基本初等函数的导数

$(c)'=0(c\ 为常数)$；　　　　　　　　　　　$(x^\alpha)'=\alpha x^{\alpha-1}(\alpha\ 为实常数)$；

$$(a^x)' = a^x \ln a (a > 0, a \neq 1);$$
$$(e^x)' = e^x;$$

$$(\log_a x)' = \frac{1}{x \ln a} (a > 0, a \neq 1);$$
$$(\ln x)' = \frac{1}{x};$$

$$(\sin x)' = \cos x;$$
$$(\cos x)' = -\sin x;$$

$$(\tan x)' = \frac{1}{\cos^2 x};$$
$$(\arcsin x)' = \frac{1}{\sqrt{1-x^2}};$$

$$(\arccos x)' = -\frac{1}{\sqrt{1-x^2}};$$
$$(\arctan x)' = \frac{1}{1+x^2}。$$

考题再现

【2021年高中真题】$f(x) = x(2020 + \ln x)$。若$f'(x_0) = 2021$，则x_0等于（　　）。

A. e^2 B. 1

C. $\ln 2$ D. e

【答案】B。解析：函数$f(x) = x(2020 + \ln x)$的导函数$f'(x) = \ln x + 2021$，又$f'(x_0) = 2021$，所以$x_0 = 1$。故本题选B。

考点2　导数的运算

1. 导数的四则运算

$$[f(x) \pm g(x)]' = f'(x) \pm g'(x);$$

$$[f(x)g(x)]' = f'(x)g(x) + f(x)g'(x);$$

$$\left[\frac{f(x)}{g(x)}\right]' = \frac{f'(x)g(x) - f(x)g'(x)}{g^2(x)} (g(x) \neq 0)。$$

2. 复合函数求导法则（链式法则）

复合函数$F(x) = f(g(x))$的导数$F'(x) = f'(g(x)) \cdot g'(x)$。

考点3　导数的应用

1. 导数的几何意义

如果函数$y = f(x)$在点x_0处的导数$f'(x_0)$存在，那么曲线$y = f(x)$在点(x_0, y_0)处的切线斜率$k = f'(x_0)$，相应地，切线方程为$y - y_0 = f'(x_0)(x - x_0)$。

【例题1】已知函数$f(x) = (x^2 + x - 1)e^x$，则曲线$y = f(x)$在点$(1, f(1))$处的切线方程为（　　）。

A. $y = 3ex - 2e$ B. $y = 3ex - 4e$

C. $y = 4ex - 5e$ D. $y = 4ex - 3e$

【答案】D。解析：由已知可得，$f'(x) = (x^2 + 3x)e^x$，$f'(1) = 4e$，$f(1) = e$，所以曲线$y = f(x)$在点$(1, f(1))$处的切线方程为$y - e = 4e(x - 1)$，整理得$y = 4ex - 3e$。故本题选D。

2. 导数与函数单调性

设函数$f(x)$在区间(a, b)内可导，

如果对 $\forall x \in (a,b)$,都有 $f'(x) > 0$,那么函数 $f(x)$ 在区间 (a,b) 内单调递增；

如果对 $\forall x \in (a,b)$,都有 $f'(x) < 0$,那么函数 $f(x)$ 在区间 (a,b) 内单调递减。

注:在高中阶段定义的单调性下,上述命题的逆命题不一定成立,如函数 $f(x) = x^3$ 在 **R** 上单调递增,但在 $x = 0$ 处的导数 $f'(0) = 0$。

【**例题 2**】设函数 $f(x)$ 在定义域内可导,$y = f(x)$ 的图像如图 1 - 2 - 7 所示,则导函数 $y = f'(x)$ 的图像可能是(　　)。

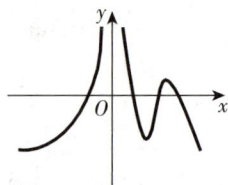

图 1 - 2 - 7

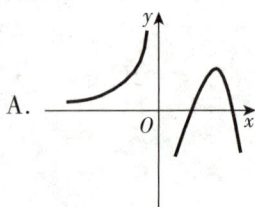

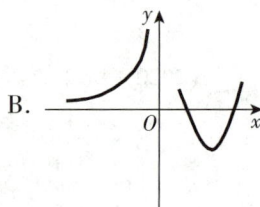

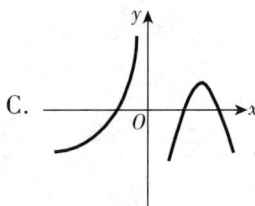

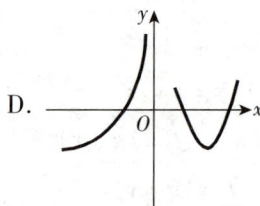

【**答案**】A。解析:根据 $y = f(x)$ 的图像可知,当 $x < 0$ 时,$f(x)$ 单调递增;当 $x > 0$ 时,$f(x)$ 先减后增再减。故当 $x < 0$ 时,$f'(x) > 0$;当 $x > 0$ 时,$f'(x)$ 的符号变化依次为 $-$,$+$,$-$。观察选项,只有 A 项符合要求。

3. 导数与函数极值

（1）函数极值的定义

设函数 $f(x)$ 在点 x_0 附近有定义,

如果函数 $f(x)$ 在点 x_0 处的函数值比它在点 x_0 附近其他点的函数值都大,那么称点 x_0 是函数 $f(x)$ 的一个极大值点,$f(x_0)$ 是函数 $f(x)$ 的一个极大值;

如果函数 $f(x)$ 在点 x_0 处的函数值比它在 x_0 附近其他点的函数值都小,那么称点 x_0 是函数 $f(x)$ 的一个极小值点,$f(x_0)$ 是函数 $f(x)$ 的一个极小值。

函数的极大值点、极小值点统称为极值点,极大值、极小值统称为极值。

注:上述极值定义中,$f(x)$ 在点 x_0 附近有定义,指的是 $f(x)$ 在点 x_0 的左、右两侧都有定义。

（2）导数与极值的关系

如果点 x_0 是函数 $f(x)$ 的极值点,并且函数在该点处的导数 $f'(x_0)$ 存在,那么 $f'(x_0) = 0$。

如果函数 $f(x)$ 在点 x_0 处的导数值为 0,并且在点 x_0 附近的左侧 $f'(x) > 0$,右侧 $f'(x) < 0$,那么

x_0 是函数 $f(x)$ 的极大值点;

如果函数 $f(x)$ 在点 x_0 处的导数值为 0,并且在点 x_0 附近的左侧 $f'(x) < 0$,右侧 $f'(x) > 0$,那么 x_0 是函数 $f(x)$ 的极小值点;

如果函数 $f(x)$ 在点 x_0 处的导数值为 0,但 $f'(x)$ 在点 x_0 附近不改变符号,那么 x_0 不是函数 $f(x)$ 的极值点。

考题再现

【2019 年高中真题】函数 $f(x) = x^3 - ax^2 - bx + a^2$ 在 $x = 1$ 处有极值 10,则 $a + b$ 的值为( )。

A. 0   B. 4

C. 7   D. 0 或 7

【答案】C。解析:对 $f(x)$ 求导得 $f'(x) = 3x^2 - 2ax - b$,由题意知 $f(1) = 10$,$f'(1) = 0$,所以有 $\begin{cases} 1 - a - b + a^2 = 10, \\ 3 - 2a - b = 0, \end{cases}$ 解得 $\begin{cases} a = 3, \\ b = -3, \end{cases}$ 或 $\begin{cases} a = -4, \\ b = 11。 \end{cases}$ 当 $\begin{cases} a = 3, \\ b = -3 \end{cases}$ 时,$f'(x) = 3(x-1)^2$,易知 $f'(x)$ 在 $x = 1$ 的左右两侧不变号,不符合题设,应舍去。当 $\begin{cases} a = -4, \\ b = 11 \end{cases}$ 时,$f'(x) = 3x^2 + 8x - 11 = (3x + 11)(x - 1)$,可验证此时 $x = 1$ 是函数 $f(x)$ 的极小值点,所以 $a + b = 7$。故本题选 C。

【例题 3】$f(x) = \dfrac{1}{3}x^3 + x^2 - 3x + 1$ 的极大值点是 $x = ($)。

A. 1   B. -1   C. 3   D. -3

【答案】D。解析:$f'(x) = x^2 + 2x - 3 = (x - 1)(x + 3)$,令 $f'(x) = 0$,解得 $x_1 = 1$,$x_2 = -3$。根据二次函数的性质可知,当 $x < -3$ 时,$f'(x) > 0$;当 $-3 < x < 1$ 时,$f'(x) < 0$;当 $x > 1$ 时,$f'(x) > 0$,所以 $x = -3$ 是 $f(x)$ 的极大值点,$x = 1$ 是 $f(x)$ 的极小值点。故本题选 D。

第四节　函数与方程

一、常见方程与方程组的解法

方程是指含有未知数的等式,使等式成立的未知数的值称为"方程的解"或"方程的根"。中学阶段常见的方程与方程组是一元二次方程和二元一次方程组。

考点 1　一元二次方程

1. 一元二次方程的定义

只含有一个未知数,并且未知数的最高次数是 2 的整式方程叫作一元二次方程,其一般形式为 $ax^2 + bx + c = 0 (a \neq 0)$,其中 ax^2 叫作二次项,a 是二次项系数;bx 叫作一次项,b 是一次项系数;c 叫作常数项。

2. 一元二次方程的判别式

一般地,式子 $b^2 - 4ac$ 叫作一元二次方程 $ax^2 + bx + c = 0 (a \neq 0)$ 根的判别式,通常用希腊字母

"Δ"表示,即$\Delta = b^2 - 4ac$。

利用判别式可以判断一元二次方程根的情况:$\Delta > 0 \Leftrightarrow$方程有两个不相等的实数根;$\Delta = 0 \Leftrightarrow$方程有两个相等的实数根;$\Delta < 0 \Leftrightarrow$方程没有实数根,有两个共轭的虚数根。

考题再现

【2018年初中真题】若关于x的一元二次方程$(k - 2)x^2 + 4x + 1 = 0$有两个不相等的实数根,则k的取值范围是(　　)。

A.$k < 6$ 　　　　　　　　　　　B.$k < 6$且$k \neq 2$

C.$k \leq 6$且$k \neq 2$ 　　　　　　D.$k > 6$

【答案】B。解析:根据题意,$k - 2 \neq 0$,且$\Delta = 16 - 4(k - 2) > 0$,解得$k < 6$且$k \neq 2$。

3. 一元二次方程的根与系数的关系(韦达定理)

设一元二次方程$ax^2 + bx + c = 0(a \neq 0)$的两个根为$x_1, x_2$,则有$x_1 + x_2 = -\dfrac{b}{a}, x_1 x_2 = \dfrac{c}{a}$。

4. 一元二次方程的解法

(1)直接开平方法

利用平方根的定义直接开平方求一元二次方程的根的方法叫作直接开平方法。直接开平方法适用于解形如$(x + a)^2 = b$的一元二次方程。根据平方根的定义可知,$x + a$是b的平方根,当$b \geq 0$时,$x + a = \pm\sqrt{b}, x = -a \pm\sqrt{b}$;当$b < 0$时,方程没有实数根。

(2)配方法

配方法的理论根据是完全平方公式$a^2 \pm 2ab + b^2 = (a \pm b)^2$,把公式中的$a$看作未知数$x$,则有$x^2 \pm 2bx + b^2 = (x \pm b)^2$。

用配方法解一元二次方程$ax^2 + bx + c = 0(a \neq 0)$的步骤如下:

第一步,化二次项系数为1,然后把常数项移到方程右边;

第二步,方程两边都加上一次项系数一半的平方,此时方程左边是完全平方式,方程化为$(x - m)^2 = n$的形式;

第三步,若$n \geq 0$,直接开平方求解;若$n < 0$,则原方程无实数根。

(3)公式法

对一元二次方程$ax^2 + bx + c = 0(a \neq 0)$使用配方法可得,当$\Delta \geq 0$时,其实数根可写为$x = \dfrac{-b \pm \sqrt{b^2 - 4ac}}{2a}$的形式,这个式子叫作一元二次方程$ax^2 + bx + c = 0(a \neq 0)$的求根公式。解一个具体的一元二次方程时,只需把各项系数直接代入求根公式,进而计算得出根。

(4)因式分解法

将一元二次方程$ax^2 + bx + c = 0(a \neq 0)$等式左边分解成两个一次因式的乘积,再使这两个一次因式分别等于0,得到两个一元一次方程,这两个一元一次方程的解就是原方程的解。

考点2　二元一次方程组

1. 二元一次方程组的定义

含有两个未知数,并且含有未知数的项的次数都是1的方程叫作二元一次方程,其一般形式为 $ax + by + c = 0(a,b \neq 0)$。使二元一次方程等号两边的值相等的两个未知数的值,叫作二元一次方程的解。

将两个含有相同未知数的二元一次方程联立起来的方程组叫作二元一次方程组。两个二元一次方程的公共解叫作二元一次方程组的解。

2. 二元一次方程组的解法

(1) 代入消元法

把二元一次方程组中一个方程的一个未知数用含另一个未知数的式子表示出来,再代入另一个方程,实现消元,进而求得这个二元一次方程组的解。

(2) 加减消元法

当二元一次方程组的两个方程中同一个未知数的系数相反或相等时,把这两个方程的两边分别相加或相减,实现消元,进而求得这个二元一次方程组的解。特别地,如果两个方程不存在同一个未知数的系数相反或相等,那么可以对方程进行变形,使得这两个方程中某一个未知数的系数相反或相等。

考题再现

【2018 年初中真题】二元一次方程组 $\begin{cases} x + y = 9, \\ 2x - y = 3 \end{cases}$ 的解为(　　)。

A. $\begin{cases} x = 7, \\ y = 2 \end{cases}$ 　　　　　　　　　　B. $\begin{cases} x = 4, \\ y = 5 \end{cases}$

C. $\begin{cases} x = 3, \\ y = 6 \end{cases}$ 　　　　　　　　　　D. $\begin{cases} x = 2, \\ y = 7 \end{cases}$

【答案】B。解析:两式相加得 $3x = 12$,解得 $x = 4$,进而得 $y = 5$。

二、函数与方程的关系

中学阶段主要接触的是只关于一个未知量的方程,因此,我们可以把方程简单地写成 $f(x) = g(x)$ 的形式,其中 $f(x)$,$g(x)$ 可以是常数,但不能全是常数。由此可以看出,方程与函数有着密切的联系,方程 $f(x) = g(x)$ 的解可以看成是使 $f(x)$ 与 $g(x)$ 取相同函数值时自变量的值。此外,根据函数图像的定义也可以看出,方程 $f(x) = g(x)$ 的解就是函数 $y = f(x)$ 和 $y = g(x)$ 图像的交点的横坐标。

【例题1】方程 $\lg x = \sin x$ 的实数根有(　　)个。

A. 1　　　　　　　　　　　　B. 2

C. 3　　　　　　　　　　　　D. 无穷

【答案】C。解析:分别作出函数 $y = \lg x$ 和 $y = \sin x$ 的大致图像,如图 $1 - 2 - 8$ 所示,因为 $\lg 10 = 1$,

所以由图可知两函数图像有 3 个交点。因此，方程 $\lg x = \sin x$ 有 3 个实数根。

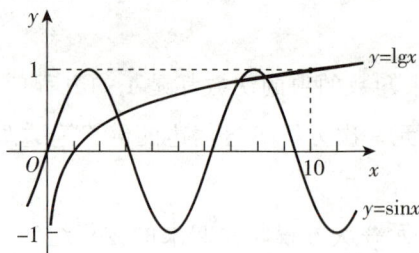

图 1-2-8

在大部分情况下，$f(x)$ 与 $g(x)$ 的图像是不容易画出的或者不容易确定交点，这时就需要回归到方程本身。借助等式的性质，对方程 $f(x) = g(x)$ 作移项处理，得到 $F(x) = f(x) - g(x) = 0$。此时从函数的角度看方程，解方程 $f(x) = g(x)$ 就是求函数 $y = F(x)$ 图像与 x 轴交点的横坐标，即函数的零点。从而，求方程的根就变成了思考函数的零点问题。

【例题 2】已知函数 $f(x) = x^2 + 2mx$，$g(x) = 2x - 1$，若方程 $f(x) = g(x)$ 在区间 $[0,2]$ 上有根，求实数 m 的取值范围。

【解析】令 $h(x) = f(x) - g(x) = x^2 + 2(m-1)x + 1$，则原问题就转化为求实数 m，使得函数 $h(x)$ 在 $[0,2]$ 上有零点。

由二次函数的性质可知，函数 $h(x)$ 的对称轴为 $x = 1 - m$。因为 $h(0) = 1 > 0$，所以当 $1 - m \leqslant 0$，即 $1 \leqslant m$ 时，$h(x)$ 在 $[0,2]$ 上单调递增，此时 $h(x)$ 在 $[0,2]$ 上没有零点；当 $1 - m \geqslant 2$，即 $m \leqslant -1$ 时，$h(x)$ 在 $[0,2]$ 上单调递减，在 $x = 2$ 处取得最小值，因为 $m \leqslant -1$ 时，$h(2) = 4m + 1 \leqslant 0$ 恒成立，所以由零点存在定理知，此时 $h(x)$ 在 $[0,2]$ 上有零点；当 $0 < 1 - m < 2$，即 $-1 < m < 1$ 时，$h(x)$ 在 $[0,2]$ 上先减后增，在 $x = 1 - m$ 处取得最小值，此时要使 $h(x)$ 在 $[0,2]$ 上有零点，只需令 $\begin{cases} h(1-m) = -(m-1)^2 + 1 \leqslant 0, \\ -1 < m < 1, \end{cases}$ 解得 $-1 < m \leqslant 0$。

综上，实数 m 的取值范围是 $(-\infty, 0]$。

第五节　不等式

一、不等式的概念与性质

考点 1　不等号与不等式

与等号的作用相反，不等号是用以表示两个量数之间不等关系的符号，常用的不等号有 "$>$""$<$""$\geqslant$""$\leqslant$""$\neq$"。

用不等号表示大小关系的式子叫作不等式。如果不等式含有未知数，我们把使不等式成立的未知数的值叫作不等式的解，所有解的集合叫作不等式的解集。

考点 2　不等式的性质

1. 对称性：$a > b \Leftrightarrow b < a$。

2. 传递性：$a > b, b > c \Rightarrow a > c$。

3. 可加性：$a > b \Leftrightarrow a + c > b + c$。

同向可加性：$a > b, c > d \Rightarrow a + c > b + d$。

异向可减性：$a > b, c < d \Rightarrow a - c > b - d$。

4. 可积性：$a > b, c > 0 \Rightarrow ac > bc; a > b, c < 0 \Rightarrow ac < bc$。

同向正数可乘性：$a > b > 0, c > d > 0 \Rightarrow ac > bd$。

异向正数可除性：$a > b > 0, 0 < c < d \Rightarrow \dfrac{a}{c} > \dfrac{b}{d}$。

【例题1】若 $a, b, c \in \mathbf{R}$，且 $a > b$，则下列不等式成立的是（　　）。

A. $\dfrac{1}{a} < \dfrac{1}{b}$　　　　　　　　　　　　B. $a^2 > b^2$

C. $\dfrac{a}{c^2 + 1} > \dfrac{b}{c^2 + 1}$　　　　　　　　D. $a \mid c \mid > b \mid c \mid$

【答案】C。解析：A 项，当 $a = 1 > -1 = b$ 时，有 $\dfrac{1}{a} = 1 > -1 = \dfrac{1}{b}$，A 项错误；B 项，当 $a = 1 > -1 = b$ 时，有 $a^2 = 1 = b^2$，B 项错误；C 项，因为 $\dfrac{1}{c^2 + 1} > 0$，所以根据不等式的可积性知，$\dfrac{a}{c^2 + 1} > \dfrac{b}{c^2 + 1}$，C 项正确；D 项，当 $c = 0$ 时，有 $a \mid c \mid = 0 = b \mid c \mid$，D 项错误。故本题选 C。

考点3　函数与不等式的关系

与方程类似，不等式也与函数有着密切的联系，我们可以把不等式简单地写成 $f(x) > g(x)$ 的形式。从函数图像上来看，如果 x_0 是不等式 $f(x) > g(x)$ 的一个解，那么在点 x_0 处，函数 $f(x)$ 的图像（一个点）在函数 $g(x)$ 的图像上方；反过来，如果在点 x_0 处，函数 $f(x)$ 的图像在函数 $g(x)$ 的图像上方，那么 x_0 是不等式 $f(x) > g(x)$ 的一个解。据此，我们可以利用函数图像直观地看出不等式的解集。

借助不等式的性质，对不等式作移项处理，得到 $F(x) = f(x) - g(x) > 0$。此时，用函数的观点看待不等式，不等式 $f(x) > g(x)$ 的解集就是函数 $y = F(x)$ 图像在 x 轴上方的所有点对应的自变量的集合。

【例题2】已知定义在 $\mathbf{R}$ 上的函数 $y = f(x)$ 的图像如图 $1 - 2 - 9$ 所示，则不等式 $(x^2 - 2x - 3)f(x) > 0$ 的解集为（　　）。

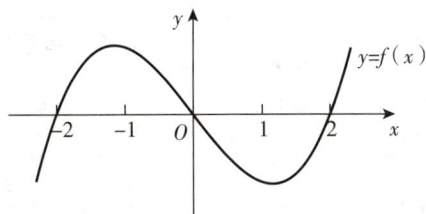

图 $1 - 2 - 9$

A. $(-2, -1) \cup (3, +\infty)$

B. $(-\infty, -2) \cup (3, +\infty)$

C. $(-\infty, -1) \cup (0,2) \cup (2, +\infty)$

D. $(-2, -1) \cup (0,2) \cup (3, +\infty)$

【答案】D。解析：在同一坐标系内作出函数 $y = f(x)$ 和一元二次函数 $y = x^2 - 2x - 3$ 的大致图像，如图 $1-2-10$ 所示（这里两图像在区间 $(0,2)$ 内是否有交点对不等式的解集没有影响）。根据不等式的性质，不等式 $(x^2 - 2x - 3)f(x) > 0$ 的解集，即为 $f(x)$ 与 $x^2 - 2x - 3$ 同号时自变量的集合，表现在图像中就是两函数图像同在 x 轴一侧时自变量的集合。结合图像知，当 $x \in (-2, -1) \cup (3, +\infty)$ 时，两函数图像都在 x 轴上侧；当 $x \in (0,2)$ 时，两函数图像都在 x 轴下侧。因此，不等式 $(x^2 - 2x - 3)f(x) > 0$ 的解集为 $(-2, -1) \cup (0,2) \cup (3, +\infty)$。故本题选 D。

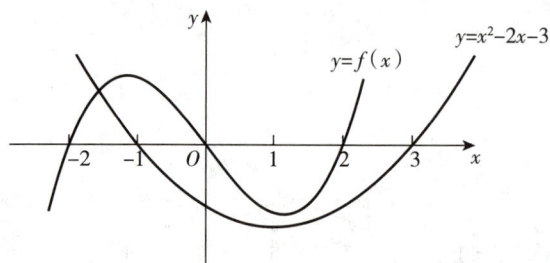

图 $1-2-10$

二、常见不等式的解法

考点1 一元二次不等式

只含有一个未知数，并且未知数的最高次数是 2 的不等式叫作一元二次不等式。

一元二次不等式的一般形式为 $ax^2 + bx + c > 0$（或 $< 0, \leqslant 0, \geqslant 0$），其中 a, b, c 为常数，$a \neq 0$。

二次函数、一元二次方程、一元二次不等式的关系如表 $1-2-8$ 所示。

表 $1-2-8$ 　二次函数、一元二次方程、一元二次不等式的关系

判别式	$\Delta > 0$	$\Delta = 0$	$\Delta < 0$
$y = ax^2 + bx + c(a > 0)$ 的图像			
$ax^2 + bx + c = 0(a > 0)$ 的根	有两个相异实根 $x_1, x_2(x_1 < x_2)$	有两个相等实根 $x_1 = x_2 = -\dfrac{b}{2a}$	无实根
$ax^2 + bx + c > 0(a > 0)$ 的解集	$\{x \mid x < x_1$ 或 $x > x_2\}$	$\left\{x \mid x \neq -\dfrac{b}{2a}\right\}$	$\mathbf{R}$
$ax^2 + bx + c < 0(a > 0)$ 的解集	$\{x \mid x_1 < x < x_2\}$	$\varnothing$	$\varnothing$

【2018年高中真题】已知 $2a+1<0$，关于 x 的不等式 $x^2-4ax-5a^2>0$ 的解集是（　　　）。

A. $\{x \mid x<5a$ 或 $x>-a\}$　　　　　　　B. $\{x \mid x>5a$ 或 $x<-a\}$

C. $\{x \mid -a<x<5a\}$　　　　　　　　　　D. $\{x \mid 5a<x<-a\}$

【答案】A。解析：解方程 $x^2-4ax-5a^2=0$，得 $x_1=5a$，$x_2=-a$。由 $2a+1<0$，得 $a<-\dfrac{1}{2}$，所以 $5a<-a$。所以不等式 $x^2-4ax-5a^2>0$ 的解集是 $\{x \mid x<5a$ 或 $x>-a\}$。故本题选 A。

考点2　一元高次不等式

对高于二次的一元不等式 $f(x)>0$（或 <0，$\leqslant 0$，$\geqslant 0$），主要通过根轴法（穿针引线法）求解，其主要步骤如下。

第一步，将整式 $f(x)$ 的最高次项的系数化为正数，然后分解为一次因式或判别式小于 0 的二次因式的乘积；

第二步，求出 $f(x)=0$ 的实数根，并在数轴上标出；

第三步，自数轴最右端上方起，用曲线从右至左依次穿过各根，并且穿过根时，如果遇到含 x 的项是奇数次幂，就穿过数轴（从上到下或从下到上）；如果遇到含 x 的项是偶数次幂，就不穿过数轴，即"奇穿偶不穿"；

第四步，记数轴上方为正，下方为负，根据不等号写出解集。

【例题3】求不等式 $(x-1)(x-2)^2(x-3)^3>0$ 的解集。

【解析】方程 $(x-1)(x-2)^2(x-3)^3=0$ 的根为 $1,2$，3。用穿针引线法作图，如图 $1-2-11$。由图可知，不等式 $(x-1)(x-2)^2(x-3)^3>0$ 的解集为 $\{x \mid x<1$ 或 $x>3\}$。

图 $1-2-11$

考点3　分式不等式

分母中含有未知数的不等式叫作分式不等式。一般形式为 $\dfrac{f(x)}{g(x)}>0$（或 <0，$\leqslant 0$，$\geqslant 0$），其中 $f(x)$ 和 $g(x)$ 都是整式，且 $g(x)\neq 0$。

分式不等式的解法：将分式不等式化为 $f(x)g(x)>0(\geqslant 0)$ 或 $f(x)g(x)<0(\leqslant 0)$ 的形式，然后用根轴法求解。

注："$\leqslant$ 或 $\geqslant$"标根时，分子实心，分母空心。

【例题4】解不等式：$\dfrac{x-3}{x+7}\leqslant 0$。

【解析】因为 $\dfrac{x-3}{x+7}\leqslant 0$，所以 $\begin{cases}(x-3)(x+7)\leqslant 0, \\ x+7\neq 0,\end{cases}$ 解得 $\begin{cases}-7\leqslant x\leqslant 3, \\ x\neq -7,\end{cases}$ 故原不等式的解集为 $\{x \mid -7<x\leqslant 3\}$。

三、线性规划问题

考点 1　　线性规划的相关概念

由关于 x,y 的一次不等式组构成的约束条件,叫作线性约束条件。满足线性约束条件的解 (x,y) 叫作可行解,所有可行解组成的集合叫作可行域。关于 x,y 的一次解析式 $z=ax+by$ 叫作线性目标函数。在线性约束条件下求线性目标函数的最大值或最小值问题,叫作线性规划问题,使目标函数取得最大值或最小值的可行解叫作这个线性规划问题的最优解。

考点 2　　确定线性规划问题最优解的方法

1. 角点法

如果目标函数 $z=Ax+By$(x,y 为可行域中点的横坐标和纵坐标)的最值存在,则这些最值都在该可行域的边界角点处取得,将这些角点的坐标代入目标函数,得到一组对应的 z 值,其中最大的那个数为目标函数 z 的最大值,最小的那个数为目标函数 z 的最小值。

2. 利用 z 的几何意义

分别令目标函数 $z=Ax+By$ 中的 x 与 y 等于 0 可得,目标函数在直角坐标系中所表示直线的横截距为 $\dfrac{z}{A}(A\neq 0)$,纵截距为 $\dfrac{z}{B}(B\neq 0)$。接下来我们以目标函数所表示直线的横截距 $\dfrac{z}{A}$ 为例,介绍利用几何意义求线性规划问题最优解的方法。

在直角坐标系中作出可行域和直线 $Ax+By=0$。平移直线 $Ax+By=0$ 使直线与可行域有交点。假设 $A>0(A<0)$,因为 A 是固定的正数(负数),所以当直线的横截距 $\dfrac{z}{A}$ 最大时,z 取得最大值(最小值);当直线的横截距 $\dfrac{z}{A}$ 最小时,z 取得最小值(最大值)。同时,z 取得最值时,直线与可行域的公共点的坐标就是对应的解的坐标。

四、基本不等式

一般地,对于任意非负实数 a,b,我们有

$$\sqrt{ab}\leqslant\frac{a+b}{2},$$

当且仅当 $a=b$ 时,等号成立。

通常称上述不等式为基本不等式。对于非负实数 a,b,我们常把 $\dfrac{a+b}{2}$ 叫作这两个数的算术平均数,把 $\sqrt{ab}$ 叫作这两个数的几何平均数,所以我们也称这个基本不等式为均值不等式。

注:均值不等式可以推广至 n 个非负实数。一般地,对任意 n 个非负实数 $x_1,x_2,\cdots,x_n$,我们有

$$\sqrt[n]{x_1 x_2\cdots x_n}\leqslant\frac{x_1+x_2+\cdots+x_n}{n},$$

当且仅当 $x_1=x_2=\cdots=x_n$ 时,等号成立。

【例题 5】 已知 $a > 0, b > 0$，且 $\dfrac{1}{a} + \dfrac{2}{b} = 1$，则 $a + b$ 的最小值是_____。

【答案】 $3 + 2\sqrt{2}$。解析：因为 $\dfrac{1}{a} + \dfrac{2}{b} = 1$，所以 $a + b = (a + b)\left(\dfrac{1}{a} + \dfrac{2}{b}\right) = 3 + \dfrac{b}{a} + \dfrac{2a}{b}$。由均值不

等式知，$\dfrac{b}{a} + \dfrac{2a}{b} \geqslant 2\sqrt{\dfrac{b}{a} \cdot \dfrac{2a}{b}} = 2\sqrt{2}$，当且仅当 $\dfrac{b}{a} = \dfrac{2a}{b}$，即 $\sqrt{2}\,a = b = 2 + \sqrt{2}$ 时，等号成立。因此，$a + b$

的最小值是 $3 + 2\sqrt{2}$。

考题再现

【2020 年江西初中、高中真题】 已知 $x > 0, y > 0, x + 2y + 2xy = 8$，则 $x + 2y$ 的最小值

是( )。

A. 3　　　　　　　　B. 4　　　　　　　　C. $\dfrac{9}{2}$　　　　　　　　D. $\dfrac{11}{2}$

视频讲解

【答案】 B。解析：由均值不等式知，$2xy \leqslant \dfrac{(x + 2y)^2}{4}$，当且仅当 $x = 2y$ 时等号成立。令 $t = x + 2y$，则 $8 =$

$x + 2y + 2xy \leqslant t + \dfrac{t^2}{4}$，解得 $t \geqslant 4 (t \leqslant -8$ 舍去$)$，即 $x + 2y$ 的最小值为 4。故本题选 B。

第六节　数　列

一、数列的概念

1. 数列的定义

按一定次序排列的一列数称为数列。数列中的每一个数都叫作这个数列的项。

数列各项中排在第一位的数称为这个数列的第一项(或首项)，用 a_1 表示，排在第二位的数称为

第二项，用 a_2 表示，……，排在第 n 位的数称为第 n 项，用 a_n 表示。

2. 数列的表示方法

列举法：数列的一般形式为 $a_1, a_2, a_3, \cdots, a_n, \cdots$，简记为 $\{a_n\}$。

图像法：由于数列是一种特殊的函数，所以数列可以像函数一样用图像表示。在坐标平面上，

数列的图像是一些离散的点的集合。

通项公式法：将数列 $\{a_n\}$ 的第 n 项用一个具体式子(含有参数 $n, n \in \mathbf{N}^*$)表示出来，称作该数

列的通项公式。

递推公式法：将数列 $\{a_n\}$ 的第 n 项与它前一项或前几项的关系用一个式子表示出来，则这个式

子叫作这个数列的递推公式。

3. 数列与函数的关系

从函数的观点看，数列可以看作是一个定义域为正整数集 $\mathbf{N}^*$ 或它的有限子集 $\{1, 2, 3, \cdots, n\}$

的函数，数列的通项公式则是相应的函数解析式。

二、等差数列与等比数列

表 1 - 2 - 9　等差数列与等比数列

数列名		等差数列	等比数列
定义		如果一个数列从第二项起,每一项与它的前一项的差等于同一个常数,那么这个数列就叫作等差数列,这个常数叫作等差数列的公差,公差通常用字母 d 表示	如果一个数列从第二项起,每一项与它的前一项的比值等于同一个常数,那么这个数列就叫作等比数列,这个常数叫作等比数列的公比,公比通常用字母 q 表示$(q \neq 0)$
中项		如果在 a 与 b 中间插入一个数 A,使 a,A,b 成等差数列,那么 A 叫作 a 与 b 的等差中项,即 $A = \dfrac{a+b}{2}$	如果在 a 与 b 中间插入一个数 G,使 a,G,b 成等比数列,那么 G 叫作 a 与 b 的等比中项,即 $G^2 = ab$
通项公式		首项是 a_1、公差是 d 的等差数列 $\{a_n\}$ 的通项公式可以表示为 $a_n = a_1 + (n-1)d$	首项是 a_1、公比是 q 的等比数列 $\{a_n\}$ 的通项公式可以表示为 $a_n = a_1 q^{n-1}(q \neq 0)$
前 **n** 项和公式		首项是 a_1、公差是 d 的等差数列 $\{a_n\}$ 的前 n 项和公式为 $S_n = na_1 + \dfrac{n(n-1)}{2}d$ 或 $S_n = \dfrac{n}{2}(a_1 + a_n)$	首项是 a_1、公比是 q 的等比数列 $\{a_n\}$ 的前 n 项和公式为 $S_n = \begin{cases} na_1\,(q=1), \\ \dfrac{a_1(1-q^n)}{1-q} = \dfrac{a_1 - a_n q}{1-q}\,(q \neq 1) \end{cases}$
性质	1	若 $p,q,r,s \in \mathbf{N}^*$,且 $p+q=r+s$,则 $a_p + a_q = a_r + a_s$ 特别地,若 $p+q=2r$,则 $a_p + a_q = 2a_r$,即 a_r 是 a_p 与 a_q 的等差中项	若 $m,n,p,q \in \mathbf{N}^*$,且 $m+n=p+q$,则 $a_m \cdot a_n = a_p \cdot a_q$ 特别地,若 $m+n=2p$,则 $a_m \cdot a_n = a_p^2$,即 a_p 是 a_m 与 a_n 的等比中项
	2	数列 $\{a_n\}$ 为等差数列,每隔 $k(k \in \mathbf{N}^*)$ 项取出一项,则取出的各项 $a_m,a_{m+k},a_{m+2k},a_{m+3k},\cdots$ 仍为等差数列	数列 $\{a_n\}$ 为等比数列,每隔 $k(k \in \mathbf{N}^*)$ 项取出一项,则取出的各项 $a_m,a_{m+k},a_{m+2k},a_{m+3k},\cdots$ 仍为等比数列
	3	$S_n,S_{2n}-S_n,S_{3n}-S_{2n}$ 成等差数列	$S_n,S_{2n}-S_n,S_{3n}-S_{2n}$ 成等比数列

考题再现

【2021年初中真题】设等比数列 $\{a_n\}$ 的前 n 项和为 S_n。已知 $S_3 = 8, S_6 = 7$,则 $a_7 + a_8 + a_9 = ($　　$)$。

A. $\dfrac{57}{8}$ 　　　　B. $-\dfrac{1}{8}$ 　　　　C. $\dfrac{1}{8}$ 　　　　D. $\dfrac{55}{8}$

视频讲解

【答案】C。解析:设等比数列 $\{a_n\}$ 的公比为 q,则 $q^3 = \dfrac{S_6 - S_3}{S_3} = -\dfrac{1}{8}$,所以 $a_7 + a_8 + a_9 =$

$(a_1 + a_2 + a_3)q^6 = S_3 \cdot (q^3)^2 = \dfrac{1}{8}$。故本题选 C。

【例题1】等差数列 $\{a_n\}$ 中，$a_1 + a_4 + a_7 = 39$，$a_3 + a_6 + a_9 = 27$，则 $\{a_n\}$ 的前9项和 $S_9 = ($ 　　$)$。

A. 66　　　　　　　　　　　　　　B. 99

C. 144　　　　　　　　　　　　　D. 297

【答案】B。解析：由于 $\{a_n\}$ 是等差数列，$a_1 + a_4 + a_7 = 39$，$a_3 + a_6 + a_9 = 27$，所以有 $3a_4 = 39$，$3a_6 = 27$，从而 $a_4 = 13$，$a_6 = 9$，$\{a_n\}$ 的前9项和 $S_9 = \dfrac{(a_4 + a_6) \times 9}{2} = 99$。

【例题2】设等比数列 $\{a_n\}$ 的前 n 项和为 S_n。若 $S_4 = 1$，$S_8 = 3$，则 $a_{17} + a_{18} + a_{19} + a_{20} = ($ 　　$)$。

A. 20　　　　　　　　　　　　　B. 16

C. 14　　　　　　　　　　　　　D. 18

【答案】B。解析：对于等比数列 $\{a_n\}$，数列 $S_4, S_8 - S_4, S_{12} - S_8, \cdots, S_{4n} - S_{4(n-1)}, \cdots$ 也是等比数列，其首项 $S_4 = 1$，公比 $Q = \dfrac{S_8 - S_4}{S_4} = 2$，所以 $a_{17} + a_{18} + a_{19} + a_{20} = S_{20} - S_{16} = S_4 Q^{5-1} = 16$。故本题选 B。

三、求数列的通项公式与前 n 项和

考点1　求数列的通项公式

求数列的通项公式是考查数列相关知识的基本问题。常见求数列通项公式的题目，根据题目条件，大体可以分为三类。

第一类，题目条件会事先确定数列是等差数列或等比数列。对于这类题目，直接利用等差或等比数列的性质计算出数列的通项。

【例题3】已知等差数列 $\{a_n\}$ 的前 n 项和为 S_n，等比数列 $\{b_n\}$ 的前 n 项和为 T_n，且 $a_1 = -1$，$b_1 = 1$，$a_2 + b_2 = 2$。

（Ⅰ）若 $a_3 + b_3 = 5$，求 $\{b_n\}$ 的通项公式；

（Ⅱ）若 $T_3 = 21$，求 S_3。

【解析】设数列 $\{a_n\}$ 的公差为 d，数列 $\{b_n\}$ 的公比为 q，则 $a_n = (n-1)d - 1$，$b_n = q^{n-1}$。

（Ⅰ）$a_2 + b_2 = d - 1 + q = 2$，$a_3 + b_3 = 2d - 1 + q^2 = 5$，两式联立消去 d 得，$q^2 - 2q = 0$，解得 $q = 2$（零值舍去），进而可得，$\{b_n\}$ 的通项公式为 $b_n = 2^{n-1}$。

（Ⅱ）$T_3 = 1 + q + q^2 = 21$，则有 $q^2 + q - 20 = (q + 5)(q - 4) = 0$，解得 $q = -5$ 或 $q = 4$。当 $q = -5$ 时，$a_2 = 2 - b_2 = 2 - (-5) = 7$，此时，$S_3 = 3a_2 = 21$；当 $q = 4$ 时，$a_2 = 2 - b_2 = 2 - 4 = -2$，此时，$S_3 = 3a_2 = -6$。

第二类，题目条件会给出数列项与项（一般是前项与后项）之间的递推关系。对于这类题目，我们可以先观察递推关系是否能够通过作累加或累乘处理消去中间项，如果能，那么处理后可以得出第 n 项与已知项（一般是首项）的关系，需要注意的是，这样得出的通项公式通常需要对 $n = 1$ 进行检验；如果不能用累加或累乘处理消去中间项，我们可以在递推关系的两边同时作相同的运算，如加法运算、乘法运算、指数运算、对数运算等，构造出等差或等比数列，进而得到数列的通项公式。

【例题4】设数列 $\{a_n\}$ 满足，$a_1 = 1$，$a_n = a_{n-1} + 2n - 1(n \geq 2, n \in \mathbf{N}^*)$，求数列 $\{a_n\}$ 的通项公式。

【解析】由题意知，$a_n = a_{n-1} + 2n - 1$，移项得，$a_n - a_{n-1} = 2n - 1$，则有 $a_2 - a_1 = 3$，$a_3 - a_2 = 5$，$\cdots$，$a_n - a_{n-1} = 2n - 1$，依次累加可得，$a_n - a_{n-1} + a_{n-1} - a_{n-2} + \cdots + a_3 - a_2 + a_2 - a_1 = 2n - 1 + 2n - 3 + \cdots + 5 + 3$，整理得 $a_n - a_1 = 3 + 5 + \cdots + 2n - 1 = \dfrac{(n-1)(2n-1+3)}{2} = n^2 - 1$，因为 $a_1 = 1$，所以 $a_n = n^2(n \geq 2)$。显然，$n = 1$ 时，$a_1 = 1 = 1^2$，等式仍成立。故数列 $\{a_n\}$ 的通项公式为 $a_n = n^2$。

【例题5】设正项数列 $\{a_n\}$ 满足 $a_1 = 1$，$a_n = 2a_{n-1}^2(n \geq 2)$，求数列 $\{a_n\}$ 的通项公式。

【解析】递推公式两边同时取以2为底的对数得，$\log_2 a_n = 1 + 2\log_2 a_{n-1}$，$\log_2 a_n + 1 = 2(\log_2 a_{n-1} + 1)$。令 $b_n = \log_2 a_n + 1$，则 $b_n = 2b_{n-1}$，$b_1 = \log_2 a_1 + 1 = 1$，所以 $\{b_n\}$ 是以1为首项、2为公比的等比数列，$b_n = 2^{n-1}$，即 $\log_2 a_n + 1 = 2^{n-1}$，$a_n = 2^{2^{n-1}-1}$。综上，数列 $\{a_n\}$ 的通项公式为 $a_n = 2^{2^{n-1}-1}$。

【例题6】已知数列 $\{a_n\}$ 满足 $a_{n+1} = \dfrac{2a_n}{a_n + 2}$，$a_1 = 1$，求数列 $\{a_n\}$ 的通项公式。

【解析】递推公式两边同时取倒数得，$\dfrac{1}{a_{n+1}} = \dfrac{1}{2} + \dfrac{1}{a_n}$，$\dfrac{1}{a_{n+1}} - \dfrac{1}{a_n} = \dfrac{1}{2}$，又 $a_1 = 1$，$\dfrac{1}{a_1} = 1$，所以 $\left\{\dfrac{1}{a_n}\right\}$ 是首项为1、公差为 $\dfrac{1}{2}$ 的等差数列，因此 $\dfrac{1}{a_n} = 1 + \dfrac{1}{2}(n-1) = \dfrac{n+1}{2}$，$a_n = \dfrac{2}{n+1}$。综上，数列 $\{a_n\}$ 的通项公式为 $a_n = \dfrac{2}{n+1}$。

第三类，题目条件会给出数列前 n 项和 S_n 的解析式或递推式，对于这类情况，通常可以利用通项 a_n 与数列前 n 项和的关系，即 $a_n = \begin{cases} S_1, & n = 1, \\ S_n - S_{n-1}, & n \geq 2, \end{cases}$ 直接得出通项公式，或者转化成第二类情形，进而求出通项公式。

【例题7】已知数列 $\{a_n\}$ 的前 n 项和 $S_n = 2^{n+1} - k(k$ 为常数$)$，求数列 $\{a_n\}$ 的通项公式。

【解析】当 $n = 1$ 时，$a_1 = S_1 = 4 - k$；

当 $n \geq 2$ 时，$a_n = S_n - S_{n-1} = (2^{n+1} - k) - (2^n - k) = 2^n$。

综上，数列 $\{a_n\}$ 的通项公式为 $a_n = \begin{cases} 4 - k, & n = 1, \\ 2^n, & n \geq 2. \end{cases}$

【例题8】已知数列 $\{a_n\}$ 的前 n 项和 $S_n = -a_n - \left(\dfrac{1}{2}\right)^{n-1} + 2$，求数列 $\{a_n\}$ 的通项公式。

【解析】当 $n \geq 2$ 时，$a_n = S_n - S_{n-1} = \left[-a_n - \left(\dfrac{1}{2}\right)^{n-1} + 2\right] - \left[-a_{n-1} - \left(\dfrac{1}{2}\right)^{n-2} + 2\right]$，整理得，$2a_n = a_{n-1} + \left(\dfrac{1}{2}\right)^{n-1}$，等式两边同乘 2^{n-1} 得，$2^n \cdot a_n = 2^{n-1} \cdot a_{n-1} + 1$。令 $b_n = 2^n \cdot a_n$，则 $b_n - b_{n-1} = 1$，又 $S_1 = a_1 = -a_1 - 1 + 2$，所以 $a_1 = \dfrac{1}{2}$，进而 $b_1 = 2 \times \dfrac{1}{2} = 1$。因此，$\{b_n\}$ 是首项为1、公差为1的等差数列，$b_n = 2^n \cdot a_n = n$，$a_n = \dfrac{n}{2^n}$。

求数列的前 n 项和是研究数列问题的重点。解决此类题目常用的方法有裂项相消法、倒序相加法和错位相减法。这些方法的主要思想是通过对数列前 n 项和自身作处理,达到消去中间项的效果,其中倒序相加法常用于与等差数列相关的数列,错位相减法常用于与等比数列相关的数列。

【例题9】已知数列 $\{a_n\}$, $a_1 = 1$, $a_{n+1} = \dfrac{2n+1}{2n-1}a_n$, 求数列 $\left\{\dfrac{1}{a_n a_{n+1}}\right\}$ 的前 n 项和 S_n。

【解析】由题意知, $a_1 = 1$, 且 $\dfrac{a_{n+1}}{2n+1} = \dfrac{a_{n+1}}{2(n+1)-1} = \dfrac{a_n}{2n-1}$, 所以有 $\dfrac{a_n}{2n-1} = \dfrac{a_{n-1}}{2(n-1)-1} =$

$\dfrac{a_{n-2}}{2(n-2)-1} = \cdots = \dfrac{a_1}{2-1} = 1$, $a_n = 2n-1$, 则 $\dfrac{1}{a_n a_{n+1}} = \dfrac{1}{(2n-1)(2n+1)} = \dfrac{1}{2}\left(\dfrac{1}{2n-1} - \dfrac{1}{2n+1}\right)$, 进而

$S_n = \dfrac{1}{a_1 a_2} + \dfrac{1}{a_2 a_3} + \cdots + \dfrac{1}{a_n a_{n+1}} = \dfrac{1}{2}\left(\dfrac{1}{1} - \dfrac{1}{3} + \dfrac{1}{3} - \dfrac{1}{5} + \cdots + \dfrac{1}{2n-1} - \dfrac{1}{2n+1}\right) =$

$\dfrac{1}{2}\left(1 - \dfrac{1}{2n+1}\right) = \dfrac{n}{2n+1}$。

注:本题使用的是裂项相消法,除题中所用的裂项公式外,常见的裂项公式还有如下几种。

$$\dfrac{1}{n(n+1)} = \dfrac{1}{n} - \dfrac{1}{n+1}; \qquad\qquad \dfrac{1}{\sqrt{n}+\sqrt{n+1}} = \sqrt{n+1} - \sqrt{n};$$

$$\dfrac{1}{n(n+k)} = \dfrac{1}{k}\left(\dfrac{1}{n} - \dfrac{1}{n+k}\right); \qquad\qquad \dfrac{1}{\sqrt{n}+\sqrt{n+k}} = \dfrac{1}{k}\left(\sqrt{n+k} - \sqrt{n}\right)。$$

【例题10】已知定义在 $\mathbf{R}$ 上的函数 $f(x)$ 满足 $f(x) + f(1-x) = \dfrac{1}{2}$, 数列 $\{a_n\}$ 满足 $a_n = f(0) +$

$f\left(\dfrac{1}{n}\right) + f\left(\dfrac{2}{n}\right) + \cdots + f\left(\dfrac{n-1}{n}\right) + f(1)$, 证明:数列 $\{a_n\}$ 是等差数列。

【解析】证明:由题意知, $a_n = f(0) + f\left(\dfrac{1}{n}\right) + f\left(\dfrac{2}{n}\right) + \cdots + f\left(\dfrac{n-1}{n}\right) + f(1)$, $a_n = f(1) +$

$f\left(\dfrac{n-1}{n}\right) + f\left(\dfrac{n-2}{n}\right) + \cdots + f\left(\dfrac{1}{n}\right) + f(0)$, 两式相加得, $2a_n = [f(0) + f(1)] +$

$\left[f\left(\dfrac{1}{n}\right) + f\left(\dfrac{n-1}{n}\right)\right] + \cdots + [f(1) + f(0)] = \dfrac{1}{2} + \dfrac{1}{2} + \cdots + \dfrac{1}{2} = \dfrac{n+1}{2}$, $a_n = \dfrac{n+1}{4}$。因此,对

$\forall n \in \mathbf{N}^*$, 有 $a_{n+1} - a_n = \dfrac{n+2}{4} - \dfrac{n+1}{4} = \dfrac{1}{4}$, 进而数列 $\{a_n\}$ 是公差为 $\dfrac{1}{4}$ 的等差数列。

【例题11】已知数列 $\{a_n\}$ 的通项公式为 $a_n = n \times 2^n$, 求数列 $\{a_n\}$ 的前 n 项和 S_n。

【解析】由题意知, $S_n = a_1 + a_2 + \cdots + a_n = 1 \times 2 + 2 \times 2^2 + \cdots + n \times 2^n$, 则 $2S_n = 1 \times 2^2 + 2 \times$

$2^3 + \cdots + (n-1)2^n + n \times 2^{n+1}$, 两式相减得, $S_n = -(2 + 2^2 + \cdots + 2^n) + n \times 2^{n+1} = n \times 2^{n+1} -$

$\dfrac{2(1-2^n)}{1-2} = (n-1)2^{n+1} + 2$。

1. 下列各组函数中，$f(x)$ 与 $g(x)$ 表示同一函数的是（　　）。

A. $f(x) = \sqrt{(x-1)^2}, g(x) = x - 1$

B. $f(x) = \sqrt{x^2 - 1}, g(x) = \sqrt{x+1} \cdot \sqrt{x-1}$

C. $f(x) = (\sqrt{x-1})^2, g(x) = \sqrt{(x-1)^2}$

D. $f(x) = x, g(x) = \sqrt[3]{x^3}$

2. 设 $a = 2019^{\frac{1}{2020}}, b = \log_{2019}\sqrt{2020}, c = \log_{2019}\dfrac{1}{2020}$，则（　　）。

A. $a > b > c$ B. $a > c > b$

C. $b > c > a$ D. $c > b > a$

3. 已知函数 $f(x) = a^{x-1}$ 和函数 $g(x) = \log_a \dfrac{x}{a}(a > 0$ 且 $a \neq 1)$，那么 $f(x)$ 和 $g(x)$ 在同一坐标系中的图像可能为（　　）。

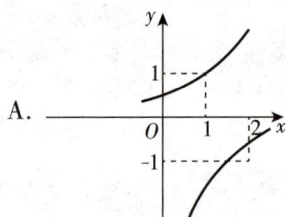

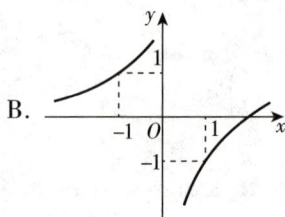

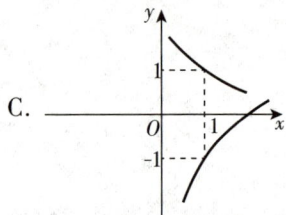

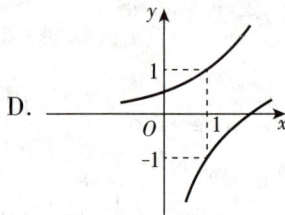

4. 数列 $\{a_n\}$ 中，$a_1 = 1, a_{n+1} = a_n + n + 1(n \in \mathbf{N}^*)$，若 $b_n = \dfrac{1}{a_n}(n \in \mathbf{N}^*)$，则 $\displaystyle\sum_{n=1}^{2018} b_n = ($　　$)$。

A. $\dfrac{2017}{1009}$ B. $\dfrac{2017}{2018}$

C. $\dfrac{2018}{2019}$ D. $\dfrac{4036}{2019}$

5. 将函数 $y = \sqrt{3}\cos x + \sin x(x \in \mathbf{R})$ 的图像向左平移 $m(m > 0)$ 个单位长度后，所得到的图像关于 y 轴对称，则 m 的最小值是（　　）。

A. $\dfrac{\pi}{6}$ B. $\dfrac{\pi}{12}$

C. $\dfrac{\pi}{3}$ D. $\dfrac{5\pi}{6}$

6. 已知函数 $f(x)=x|x-a|$ 的图像与直线 $y=-1$ 的公共点不少于两个,则实数 a 的取值范围是(　　)。

A. $a<-2$ B. $a\leqslant-2$

C. $-2\leqslant a<0$ D. $a>-2$

7. 定义在 $\left(0,\dfrac{\pi}{2}\right)$ 上的函数 $f(x)$,$f'(x)$ 是它的导函数,且恒有 $f(x)<f'(x)\tan x$ 成立,则(　　)。

A. $\sqrt{3}f\left(\dfrac{\pi}{4}\right)>\sqrt{2}f\left(\dfrac{\pi}{3}\right)$

B. $f(1)<2f\left(\dfrac{\pi}{6}\right)\sin 1$

C. $\sqrt{2}f\left(\dfrac{\pi}{6}\right)>f\left(\dfrac{\pi}{4}\right)$

D. $\sqrt{3}f\left(\dfrac{\pi}{6}\right)<f\left(\dfrac{\pi}{3}\right)$

8. 设函数 $f(x)=\sqrt{3}\sin x\cos x+\cos x\cos x+2m-1\ (x\in \mathbf{R})$。

(1)求 $f(x)$ 的最小正周期及 $f(x)$ 的单调区间;

(2)若 $x\in\left[-\dfrac{\pi}{6},\dfrac{\pi}{3}\right]$ 时,$f(x)$ 的最小值为 5,求常数 m 的值。

9. 已知函数 $f(x)=|2x+1|-|x-3|$。

(1)解不等式 $f(x)\leqslant 4$;

(2)若存在 x 使得 $f(x)+a\leqslant 0$ 成立,求实数 a 的取值范围。

10. 已知数列 $\{a_n\}$ 是等比数列,$\{a_n\}$ 的前 n 项和为 S_n,且 $\dfrac{1}{a_1}-\dfrac{1}{a_2}=\dfrac{2}{a_3}$,$S_6=63$。

(1)求数列 $\{a_n\}$ 的通项公式;

(2)若对任意的 $n\in \mathbf{N}^*$,b_n 是 $\log_2 a_n$ 和 $\log_2 a_{n+1}$ 的等差中项,求数列 $\{(-1)^n b_n^2\}$ 的前 $2n$ 项和。

参考答案及解析

1.【答案】D。解析:由指数运算的性质知,函数 $f(x)=\sqrt{(x-1)^2}=|x-1|$,当 $x<1$ 时,$f(x)\neq g(x)$,A 项错误;函数 $f(x)=\sqrt{x^2-1}$ 的定义域为 $\{x|x^2-1\geqslant 0\}$,即 $\{x|x\leqslant-1$ 或 $x\geqslant 1\}$,函数 $g(x)=\sqrt{x+1}\cdot\sqrt{x-1}$ 的定义域为 $\{x|x+1\geqslant 0,x-1\geqslant 0\}$,即 $\{x|x\geqslant 1\}$,两函数定义域不同,B 项错误;函数 $f(x)=(\sqrt{x-1})^2$ 的定义域为 $\{x|x-1\geqslant 0\}$,即 $\{x|x\geqslant 1\}$,函数 $g(x)=\sqrt{(x-1)^2}$ 的定义域为 $\mathbf{R}$,两函数定义域不同,C 项错误;由指数运算的性质知,函数 $g(x)=\sqrt[3]{x^3}=x$,同时函数 $f(x)=x$ 与函数 $g(x)=\sqrt[3]{x^3}$ 的定义域都是 $\mathbf{R}$,所以 $f(x)=g(x)$。故本题选 D。

2. 【答案】A。解析：由对数运算和指数运算的性质知，$a = 2019^{\frac{1}{2020}} > 2019^0 = 1, 0 < b = \log_{2019}\sqrt{2020} <$ $\log_{2019}2019 = 1, c = \log_{2019}\dfrac{1}{2020} < \log_{2019}1 = 0$。综上可得，$a > b > c$。故本题选 A。

3. 【答案】D。解析：由指数函数与对数函数的性质知，函数 $f(x) = a^{x-1}$ 过定点 $(1,1)$，函数 $g(x) = \log_a\dfrac{x}{a}$ 过定点 $(1, -1)$，所以 A,B 两项错误；当 $0 < a < 1$ 时，函数 $f(x)$ 与函数 $g(x)$ 都单调递减，当 $a > 1$ 时，函数 $f(x)$ 与函数 $g(x)$ 都单调递增，不存在两函数单调性不同的情况，所以 D 项正确。故本题选 D。

4. 【答案】D。解析：由 $a_{n+1} = a_n + n + 1$ 得，$a_{n+1} - a_n = n + 1$，则 $a_n = (a_n - a_{n-1}) + (a_{n-1} - a_{n-2}) + \cdots + (a_2 - a_1) + a_1 = n + (n-1) + \cdots + 2 + 1 = \dfrac{n(n+1)}{2}$，进而 $\dfrac{1}{a_n} = \dfrac{2}{n(n+1)} = 2\left(\dfrac{1}{n} - \dfrac{1}{n+1}\right)$。因此，$\displaystyle\sum_{n=1}^{2018} b_n = \dfrac{1}{a_1} + \dfrac{1}{a_2} + \cdots + \dfrac{1}{a_{2018}} = 2\left(1 - \dfrac{1}{2} + \dfrac{1}{2} - \dfrac{1}{3} + \cdots + \dfrac{1}{2017} - \dfrac{1}{2018} + \dfrac{1}{2018} - \dfrac{1}{2019}\right) = 2\left(1 - \dfrac{1}{2019}\right) = \dfrac{4036}{2019}$。故本题选 D。

5. 【答案】A。解析：将 $y = \sqrt{3}\cos x + \sin x = 2\cos\left(x - \dfrac{\pi}{6}\right)$ $(x \in \mathbf{R})$ 的图像向左平移 $m(m > 0)$ 个单位长度后，得到 $y = 2\cos\left(x + m - \dfrac{\pi}{6}\right)$ 的图像，因为得到的图像关于 y 轴对称，所以 $m - \dfrac{\pi}{6} = k\pi$ $(k \in \mathbf{Z})$，则 m 的最小值为 $\dfrac{\pi}{6}$。故本题选 A。

6. 【答案】B。解析：$f(x) = \begin{cases} x^2 - ax, & x \geqslant a, \\ -x^2 + ax, & x < a, \end{cases}$ 根据题意可画出该函数的图像进行分析。

当 $a > 0$ 时，函数 $f(x)$ 的图像如图 $1 - 2 - 12$(a)，可知 $f(x)$ 与直线 $y = -1$ 的公共点个数恒为 1，不满足题目条件；

当 $a < 0$ 时，函数 $f(x)$ 的图像如图 $1 - 2 - 12$(b)，可知当 $-\dfrac{a^2}{4} \leqslant -1$，即 $a \leqslant -2(a \geqslant 2$ 舍去$)$ 时，$f(x)$ 与直线 $y = -1$ 的公共点不少于两个；

当 $a = 0$ 时，$f(x) = \begin{cases} x^2, & x \geqslant 0, \\ -x^2, & x < 0, \end{cases}$ 此时函数 $f(x)$ 与直线 $y = -1$ 有且仅有 1 个公共点。

综上，满足题意的 a 的取值范围为 $a \leqslant -2$。故本题选 B。

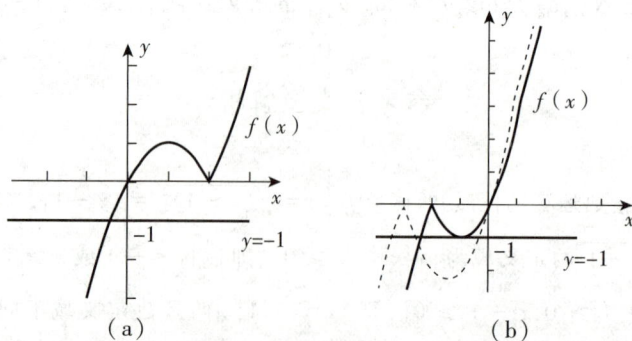

图 $1 - 2 - 12$

7. 【答案】D。解析：由题知，在 $\left(0, \dfrac{\pi}{2}\right)$ 上恒有 $f(x) < f'(x)\tan x$ 成立，所以在 $\left(0, \dfrac{\pi}{2}\right)$ 上恒有 $\left[\dfrac{f(x)}{\sin x}\right]' =$

$\dfrac{f'(x)\sin x-f(x)\cos x}{\sin^2 x}>0$ 成立,则有 $g(x)=\dfrac{f(x)}{\sin x}$ 在 $\left(0,\dfrac{\pi}{2}\right)$ 上严格单调递增,所以 $g\left(\dfrac{\pi}{4}\right)=\dfrac{f\left(\dfrac{\pi}{4}\right)}{\dfrac{\sqrt{2}}{2}}<g\left(\dfrac{\pi}{3}\right)=$

$\dfrac{f\left(\dfrac{\pi}{3}\right)}{\dfrac{\sqrt{3}}{2}}$,进而有 $\sqrt{3}f\left(\dfrac{\pi}{4}\right)<\sqrt{2}f\left(\dfrac{\pi}{3}\right)$,A 项错误;同理可得 $f(1)>2f\left(\dfrac{\pi}{6}\right)\sin 1$,$\sqrt{2}f\left(\dfrac{\pi}{6}\right)<f\left(\dfrac{\pi}{4}\right)$,

$\sqrt{3}f\left(\dfrac{\pi}{6}\right)<f\left(\dfrac{\pi}{3}\right)$,所以 B,C 两项错误,D 项正确。故本题选 D。

8.【解析】

(1) $f(x)=\dfrac{\sqrt{3}}{2}\sin 2x+\dfrac{1}{2}\cos 2x+2m-\dfrac{1}{2}=\sin\left(2x+\dfrac{\pi}{6}\right)+2m-\dfrac{1}{2}$,所以 $f(x)$ 的最小正周期 $T=\dfrac{2\pi}{2}=\pi$。

由 $2k\pi-\dfrac{\pi}{2}<2x+\dfrac{\pi}{6}<2k\pi+\dfrac{\pi}{2}$ 得,$k\pi-\dfrac{\pi}{3}<x<k\pi+\dfrac{\pi}{6}$,所以 $f(x)$ 的单调增区间为

$\left(k\pi-\dfrac{\pi}{3},k\pi+\dfrac{\pi}{6}\right)$,$k\in\mathbf{Z}$。同理,$f(x)$ 的单调减区间为 $\left(k\pi+\dfrac{\pi}{6},k\pi+\dfrac{2\pi}{3}\right)$,$k\in\mathbf{Z}$。

(2) 由(1)知,当 $x\in\left[-\dfrac{\pi}{6},\dfrac{\pi}{3}\right]$ 时,$f(x)$ 在 $x=-\dfrac{\pi}{6}$ 取得最小值。$f\left(-\dfrac{\pi}{6}\right)=\sin\left(-\dfrac{\pi}{6}\right)+2m-\dfrac{1}{2}=2m-$

$1=5$,解得 $m=3$。

9.【解析】

(1) $f(x)=|2x+1|-|x-3|=\begin{cases}-x-4, & x\leqslant-\dfrac{1}{2},\\ 3x-2, & -\dfrac{1}{2}<x\leqslant 3,\\ x+4, & 3<x。\end{cases}$ 由 $f(x)\leqslant 4$ 得 $\begin{cases}x\leqslant-\dfrac{1}{2},\\ -x-4\leqslant 4\end{cases}$ 或

$\begin{cases}-\dfrac{1}{2}<x<3,\\ 3x-2\leqslant 4,\end{cases}$ 解得 $-8\leqslant x\leqslant 2$。

(2) 由(1)知,函数 $f(x)$ 是分段函数,且当 $x\leqslant-\dfrac{1}{2}$ 时单调递减,当 $x\geqslant-\dfrac{1}{2}$ 时单调递增,所以 $x=-\dfrac{1}{2}$ 是

函数的最小值点,则有 $f(x)\geqslant f(x)_{\min}=f\left(-\dfrac{1}{2}\right)=-\dfrac{7}{2}$。我们考虑将函数 $f(x)$ 上下移动。当 $a\leqslant 0$ 时,$f(x)+$

a 表示将函数 $f(x)$ 的图像向下移动 $|a|$ 个单位,此时不等式 $f(x)+a\leqslant 0$ 必有解;当 $a>0$ 时,$f(x)+a$ 表示将

函数 $f(x)$ 的图像向上移动 a 个单位,此时要使不等式 $f(x)+a\leqslant 0$ 有解,需要 $f(x)+a$ 的图像有一部分在 x 轴

下方或在 x 轴上,所以 $0<a\leqslant\dfrac{7}{2}$。

综上,满足条件的实数 a 的取值范围是 $a\leqslant\dfrac{7}{2}$。

10.【解析】

(1) 设数列 $\{a_n\}$ 的公比为 q,则有 $\dfrac{1}{a_1}-\dfrac{1}{a_1 q}=\dfrac{2}{a_1 q^2}$,即 $1-\dfrac{1}{q}=\dfrac{2}{q^2}$,解得 $q=2$ 或 $q=-1$。

易知，若 $q = -1$，则当 n 是偶数时，$S_n = 0$，而这与 $S_6 = 63$ 矛盾，所以 $q = 2$。

由等比数列前 n 项和计算公式，$S_6 = \dfrac{a_1(1 - 2^6)}{1 - 2} = 63$，解得 $a_1 = 1$。

由此可知，数列 $\{a_n\}$ 的通项公式为 $a_n = 2^{n-1}$。

（2）因为 b_n 是 $\log_2 a_n$ 和 $\log_2 a_{n+1}$ 的等差中项，且由（1）知 $a_n = 2^{n-1}$，所以 $b_n = \dfrac{1}{2}(\log_2 a_n + \log_2 a_{n+1}) = \dfrac{1}{2}(\log_2 2^{n-1} + \log_2 2^n) = n - \dfrac{1}{2}$，即 b_n 是首项为 $\dfrac{1}{2}$、公差为 1 的等差数列，于是 $-b_{2k-1}^2 + b_{2k}^2 = (b_{2k-1} + b_{2k})(-b_{2k-1} + b_{2k}) = b_{2k-1} + b_{2k}$，$k \in \mathbf{N}^*$。

记数列 $\{(-1)^n b_n^2\}$ 的前 $2n$ 项和为 T_n，则 $T_n = (-b_1^2 + b_2^2) + (-b_3^2 + b_4^2) + \cdots + (-b_{2n-1}^2 + b_{2n}^2) = b_1 + b_2 + b_3 + b_4 + \cdots + b_{2n-1} + b_{2n} = \dfrac{2n\left(\dfrac{1}{2} + 2n - \dfrac{1}{2}\right)}{2} = 2n^2$。

第三章　图形与几何

第一节　平面几何

一、线段、直线、射线

考点1　线段、直线、射线的相关概念

线段:线段是几何中的基本概念,比如生活中一根拉紧的线,绷紧的弦,都可以看作线段。

直线:把线段向两端无限延伸得到的图形叫作直线。

射线:把线段向一端无限延伸得到的图形叫作射线。

相交:当两条不同的直线有一个公共点时,我们就称这两条直线相交,这个公共点叫作交点。

平行:在同一平面内,不同的两条直线没有公共点时,我们称这两条直线平行。

垂直:两条直线相交成直角,就说这两条直线互相垂直,其中一条直线叫作另一条直线的垂线,这两条直线的交点叫作垂足。

中点:把一条线段分成两条长度相等的线段的点叫作这条线段的中点。

两点间的距离:连接两点间的线段长度叫作这两点的距离。

点到直线的距离:直线外一点到这条直线的垂线段的长度,叫作点到直线的距离。

垂直平分线:垂直于一条线段并且平分这条线段的直线叫作这条线段的垂直平分线。

考点2　平面内线段、直线、射线的基本事实

经过两点有且只有一条直线,即两点确定一条直线。

两点的所有连线中,线段最短,即两点之间线段最短。

过一点(直线上或直线外)有且只有一条直线与已知直线垂直。

过直线外一点有且只有一条直线与这条直线平行。

两条直线被一组平行线所截,所得的对应线段成比例。

二、角

考点1　角的相关概念

角:具有公共端点的两条不重合的射线组成的图形叫作角。这个公共端点叫作角的顶点,这两条射线叫作角的两条边。

角的分类:小于 $90°$ 的角叫作锐角;等于 $90°$ 的角叫作直角;大于 $90°$,小于 $180°$ 的角叫作钝角;等于 $180°$ 的角叫作平角。

余角:如果两个角的和等于 $90°$,那么说这两个角互为余角。同角(等角)的余角相等。

补角:如果两个角的和等于 $180°$,那么说这两个角互为补角。同角(等角)的补角相等。

考点2　角平分线

从一个角的顶点出发引出一条射线,把这个角分成两个相等的角,这条射线叫作这个角的角平分线。

角平分线性质定理　角平分线上的点到这个角的两边的距离相等。

角平分线判定定理　到一个角两边距离相等的点在这个角的角平分线上。

三、相交线与平行线

考点1　邻补角、对顶角

如图1-3-1,两条直线相交,构成四个角。

如果两个角有一条公共边,并且它们的另一边互为反向延长线,那么称这两个角互为邻补角(如图1-3-1中的∠1和∠2)。

如果两个角有一个公共顶点,并且一个角的两边分别是另一个角的两边的反向延长线,那么称这两个角互为对顶角(如图1-3-1中的∠1和∠3)。

显然,互为邻补角的两个角互补,同时根据补角的性质可知,互为对顶角的两个角相等。

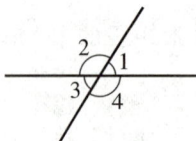

图1-3-1

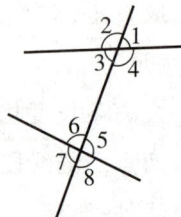

图1-3-2

考点2　同位角、内错角、同旁内角

如图1-3-2,两条直线被一条直线所截,构成八个角。

如果两个角分别在两条被截直线的同一侧,并且在截线的同一旁,那么称这一对角为同位角(如图1-3-2中的∠1和∠5)。

如果两个角在两条被截直线之间,并且分别在截线的两旁,那么称这一对角为内错角(如图1-3-2中的∠3和∠5)。

如果两个角在两条被截直线之间,并且在截线的同一旁,那么称这一对角为同旁内角(如图1-3-2中的∠4和∠5)。

考点3　平行线的判定

两条直线被第三条直线所截,如果同位角相等,那么这两条直线平行。

两条直线被第三条直线所截,如果内错角相等,那么这两条直线平行。

两条直线被第三条直线所截,如果同旁内角互补,那么这两条直线平行。

考点4　平行线的性质

两条平行线被第三条直线所截,同位角相等。

两条平行线被第三条直线所截,内错角相等。

两条平行线被第三条直线所截,同旁内角互补。

四、三角形

三角形:平面内,由不在同一条直线上的三条线段首尾顺次相接所组成的封闭图形叫作三角形。

三角形的高:从三角形的一个顶点向它的对边作垂线,所作的垂线段叫作三角形在该边上的高。三角形的三条高的交点叫作三角形的垂心。

三角形的内角与外角:三角形任意两边所组成的角,叫作三角形的内角;三角形的一边与另一边的延长线所组成的角,叫作三角形的外角。

三角形的角平分线:三角形的一个内角的平分线与它的对边相交,连接这个角的顶点和交点之间的线段叫三角形的角平分线(也叫三角形的内角平分线)。

三角形的中线:连接三角形的一个顶点和它所对边中点的线段称为该边上的中线。三角形的三条中线的交点叫作三角形的重心。

三角形的中位线:连接三角形两边中点的线段叫作三角形的中位线。

1. 按角分类

锐角三角形:三个角都是锐角的三角形。

直角三角形:其中一个角是直角的三角形,简记为 Rt△。

钝角三角形:其中一个角是钝角的三角形。

2. 按边分类

不等边三角形:三边互不相等的三角形。

等腰三角形:有两条边相等的三角形。

等边三角形:三边都相等的三角形。

1. 三角形的基本性质

三角形的三个内角的和等于180°。

三角形的外角(内角的邻补角)等于与它不相邻的两个内角的和。

三角形任意两边之和大于第三边,任意两边之差小于第三边。

三角形的中位线平行于第三边,且等于第三边的一半。

平行于三角形一边的直线截其他两边(或两边的延长线),所得的对应线段成比例。

2. 等腰三角形的性质

等腰三角形两个腰所对的角相等。

等腰三角形底边上的高、底边上的中线和顶角的平分线互相重合,即"三线合一"。

3. 等边三角形的性质

等边三角形的三个内角都等于60°。

等边三角形的各边上的高、中线和所对角的角平分线"三线合一"。

边长为 a 的等边三角形的高为 $\frac{\sqrt{3}}{2}a$，面积为 $\frac{\sqrt{3}}{4}a^2$，外接圆的半径为 $\frac{\sqrt{3}}{3}a$，内切圆半径为 $\frac{\sqrt{3}}{6}a$。

4. 直角三角形的性质

直角三角形的两个锐角互余。

直角三角形斜边上的中线等于斜边的一半。

勾股定理　如果直角三角形的两条直角边长分别为 a,b，斜边长为 c，那么 $a^2 + b^2 = c^2$。

勾股定理的逆定理　如果三角形的三边长分别为 a,b,c，且满足 $a^2 + b^2 = c^2$，那么这个三角形是直角三角形。

考点4　全等三角形

1. 全等三角形的定义

能够完全重合的两个三角形叫作全等三角形。把两个全等三角形重合到一起,重合的顶点叫作对应顶点,重合的边叫作对应边,重合的角叫作对应角。

2. 全等三角形的性质

全等三角形的对应边相等。

全等三角形的对应角相等。

3. 全等三角形的判定

三边分别相等的两个三角形全等(边边边或 SSS)。

两边和它们的夹角分别相等的两个三角形全等(边角边或 SAS)。

两角和它们的夹边分别相等的两个三角形全等(角边角或 ASA)。

两个角和其中一个角的对边分别相等的两个三角形全等(角角边或 AAS)。

斜边和一条直角边分别相等的两个直角三角形全等(斜边、直角边或 HL)。

【例题1】如图 $1-3-3$，在 $\triangle ABC$ 与 $\triangle DEF$ 中，已有条件 $AB = DE$，还需添加两个条件才能使 $\triangle ABC \cong \triangle DEF$，不能添加的一组条件是(　　)。

A. $\angle A = \angle D, BC = EF$　　　　　　B. $\angle B = \angle E, BC = EF$

C. $BC = EF, AC = DF$　　　　　　　　D. $\angle A = \angle D, \angle B = \angle E$

图 $1-3-3$

【答案】A。解析:B,C,D 三项结合已知条件 $AB = DE$，分别对应全等三角形判别定理 SAS,SSS 和 ASA。A 项不能判断出 $\triangle ABC \cong \triangle DEF$。故本题选 A。

考点5　相似三角形

1. 相似三角形的定义

三个角分别相等,三条边成比例的两个三角形叫作相似三角形。两个相似三角形对应边的比叫作相似比。

2. 相似三角形的性质

相似三角形对应高的比,对应中线的比与对应角平分线的比都等于相似比。

相似三角形对应线段的比等于相似比。

相似三角形面积的比等于相似比的平方。

3. 相似三角形的判定

平行于三角形一边的直线和其他两边相交,所构成的三角形与原三角形相似。

三边对应成比例的两个三角形相似。

两边对应成比例且夹角相等的两个三角形相似。

两角分别相等的两个三角形相似。

【例题2】 如图 $1-3-4$,在 $\triangle ABC$ 中,D,E 分别是 AB,BC 上的点,且 $DE \parallel AC$,若 $S_{\triangle BDE} : S_{\triangle CDE} = 1 : 3$,则 $S_{\triangle BDE} : S_{\triangle ACD} = ($ $)$。

A. $1 : 6$

B. $1 : 8$

C. $1 : 12$

D. $1 : 15$

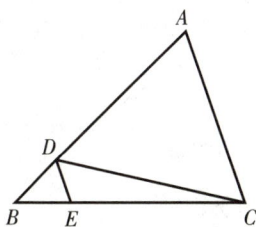

图 $1-3-4$

【答案】 C。解析:因为 $S_{\triangle BDE} : S_{\triangle CDE} = 1 : 3$,所以 $BE : EC = 1 : 3$,则 $BE : BC = 1 : 4$,又 $DE \parallel AC$,所以 $\triangle BDE \backsim \triangle BAC$,进而 $S_{\triangle BDE} : S_{\triangle BAC} = 1 : 16$,$S_{\triangle BDE} : S_{\triangle ACD} = 1 : 12$。故本题选 C。

考点6   解三角形

一般地,把三角形的三个角 A,B,C 和它们所对的边 a,b,c 叫作三角形的元素。已知三角形的几个元素求其他元素的过程叫作解三角形。

1. 正弦定理和余弦定理

正弦定理   在一个三角形中,各边和它所对角的正弦的比相等(等于三角形外接圆半径 R 的 2 倍),即

$$\frac{a}{\sin A} = \frac{b}{\sin B} = \frac{c}{\sin C} = 2R。$$

余弦定理   三角形任何一边的平方等于其他两边的平方和减去这两边与它们夹角的余弦的积的两倍,即

$$a^2 = b^2 + c^2 - 2bc\cos A,$$
$$b^2 = a^2 + c^2 - 2ac\cos B,$$
$$c^2 = a^2 + b^2 - 2ab\cos C。$$

余弦定理的变形式:

$$\cos A = \frac{b^2 + c^2 - a^2}{2bc},$$
$$\cos B = \frac{a^2 + c^2 - b^2}{2ac},$$

$$\cos C = \frac{a^2 + b^2 - c^2}{2ab}。$$

2. 三角形面积公式

由正弦的定义可知,在 $\triangle ABC$ 中,边 a 上的高 $h_a = b\sin C = c\sin B$;边 b 上的高 $h_b = a\sin C = c\sin A$;边 c 上的高 $h_c = a\sin B = b\sin A$。由此可得,

$$S_{\triangle ABC} = \frac{1}{2}ab\sin C = \frac{1}{2}ac\sin B = \frac{1}{2}bc\sin A。$$

考题再现

【2019 年初中真题】如图 $1-3-5$,三角形 ABC 的顶点是正方形网格的格点,则 $\sin A$ 的值为( )。

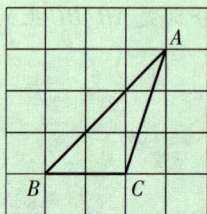

图 $1-3-5$

A. $\frac{1}{2}$ 　　　　B. $\frac{\sqrt{5}}{5}$ 　　　　C. $\frac{\sqrt{10}}{10}$ 　　　　D. $\frac{1}{3}$

【答案】B。解析:通过网格图易得 $\angle B = 45°$,$BC = 2$,$AC = \sqrt{1^2 + 3^2} = \sqrt{10}$,由正弦定理得 $\sin A = \frac{2}{\frac{\sqrt{10}}{\sin B}}$

$= \frac{\sqrt{5}}{5}$。故本题选 B。

五、平行四边形

考点1　平行四边形的概念

两组对边分别平行的四边形叫作平行四边形,可用“$\square$”表示,如平行四边形 $ABCD$ 可记作“$\square ABCD$”。

从平行四边形一条边上的点向对边引垂线,这个点和垂足之间的线段叫作平行四边形的高,垂足所在的边叫作平行四边形的底。

考点2　平行四边形的性质

平行四边形的两组对边分别平行且相等。

平行四边形的两组对角分别相等且邻角互补。

平行四边形的对角线互相平分。

考点3　平行四边形的判定

两组对边分别相等或平行的四边形是平行四边形。

两组对角分别相等的四边形是平行四边形。

对角线互相平分的四边形是平行四边形。

一组对边平行且相等的四边形是平行四边形。

考点4　特殊的平行四边形

1. 矩形

定义:有一个角是直角的平行四边形叫作矩形。

矩形的性质:矩形的四个角都是直角;矩形的对角线相等。

矩形的判定:对角线相等的平行四边形是矩形;有三个角是直角的四边形是矩形;对角线互相平分且相等的四边形是矩形。

2. 菱形

定义:有一组邻边相等的平行四边形叫作菱形。

菱形的性质:菱形的四条边都相等;菱形的对角线互相垂直平分且平分对角。

菱形的判定:对角线互相垂直的平行四边形是菱形;一组对角线平分一组对角的平行四边形是菱形;四条边相等的四边形是菱形。

3. 正方形

定义:有一组邻边相等且有一个角是直角的平行四边形是正方形。

正方形的性质:正方形既有矩形的性质,又有菱形的性质。

正方形的判定:邻边相等的矩形是正方形;有一个角是直角的菱形是正方形;对角线相等的菱形是正方形;对角线互相垂直的矩形是正方形。

六、圆

考点1　圆的相关概念

如图 1 - 3 - 6,平面内,线段 OA 绕它固定的一个端点 O 旋转一周,另一个端点 A 形成的图形叫作圆,固定的端点 O 叫作圆心,以点 O 为圆心的圆,记作 $\odot O$,读作圆 O。连接圆心和圆上任意一点的线段叫作半径,一般用字母 r 表示。

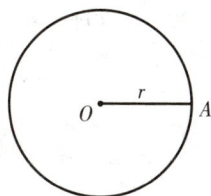

图 1 - 3 - 6

连接圆上任意两点的线段叫作弦,经过圆心的弦叫作直径。圆上任意两点间的部分叫作圆弧,简称弧,以 A,B 为端点的弧记作 $\overparen{AB}$。圆的任意一条直径的两个端点把圆分成两条弧,每一条弧都叫作半圆。

能够重合的两个圆叫作等圆,在同圆或等圆中能够重合的两条弧叫作等弧。

垂径定理　垂直于弦的直径平分弦,并且平分弦所对的两条弧。

推论　平分弦(不是直径)的直径垂直于弦,并且平分弦所对的两条弧。

考点2　圆心角与圆周角

1. 圆心角与圆心角定理

顶点在圆心的角叫作圆心角。

圆心角定理1　在同圆或等圆中,相等的圆心角所对的弧相等,所对的弦相等。

圆心角定理2　在同圆或等圆中,同弧或等弧所对的圆心角相等,所对的弦相等。

圆心角定理3　在同圆或等圆中,同弦或等弦所对的圆心角相等,所对的弧相等。

2. 圆周角与圆周角定理

顶点在圆上,并且两边都与圆相交的角叫作圆周角

圆周角定理　一条弧所对的圆周角等于它所对的圆心角的一半。

推论1　同弧或等弧所对的圆周角相等。

推论2　半圆(或直径)所对的圆周角是直角,90°的圆周角所对的弦是直径。

考题再现

【2021年初中真题】如图 $1-3-7$,AB 是圆 O 的直径,EF,EB 是圆的弦,且 $EF=EB$,EF 与 AB 交于点 C,连接 OF,若 $\angle AOF=40°$,则 $\angle OFE=($ 　　)。

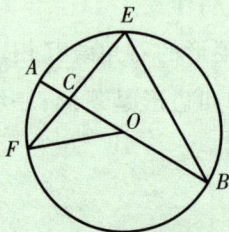

图 $1-3-7$

A. 30°　　　　B. 20°　　　　C. 40°　　　　D. 35°

【答案】D。解析:如图 $1-3-8$ 所示,连接 BF。由同弧所对的圆周角是圆心角的一半可知,$\angle ABF=\frac{1}{2}\angle AOF=20°$,在 $\triangle OBF$ 中,$OF=OB$,则 $\angle BFO=\angle ABF=20°$,所以 $\angle BEF=\frac{1}{2}\angle BOF=\frac{1}{2}\times(180°-2\times20°)=70°$。在 $\triangle BEF$ 中,$EF=EB$,则 $\angle EBF=\angle BFE=\frac{1}{2}\times(180°-70°)=55°$。因此,$\angle OFE=\angle BFE-\angle BFO=35°$。故本题选 D。

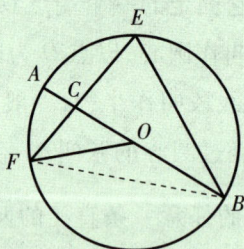

图 $1-3-8$

考点3　切线及其相关定理

1. 切线

如果直线和圆有且只有一个公共点,那么我们说这条直线和圆相切,直线叫作圆的切线,公共点叫作切点。

切线的判定定理　经过半径的外端并且垂直于这条半径的直线是圆的切线。

切线的性质定理　圆的切线垂直于过切点的半径。

2. 切线长定理与弦切角定理

如图 1 - 3 - 9,过圆外一点 P 作圆的切线 $PA(PB)$,点 P 和切点 $A(B)$ 之间的线段的长,叫作这点到圆的切线长。

切线长定理　从圆外一点可以引圆的两条切线,它们的切线长相等,并且这一点和圆心的连线平分两条切线的夹角。

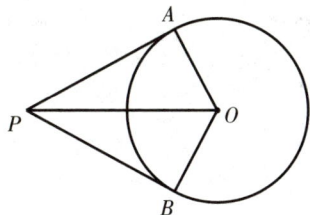
图 1 - 3 - 9

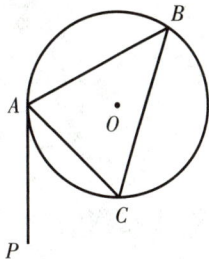
图 1 - 3 - 10

顶点在圆上,并且一边和圆相切,另一边与圆相交的角叫作弦切角。图 1 - 3 - 10 中的 $\angle PAC$ 和 $\angle PAB$ 都是弦切角。

弦切角定理　弦切角等于它所夹的弧对的圆周角。

推论　如果两个弦切角所夹的弧相等,那么这两个弦切角相等。

考点4　圆的相关计算

1. 圆的周长与面积

半径为 r 的圆的周长为 $2\pi r$,面积为 πr^2。

2. 弧长与扇形面积

由圆心角的两条半径和圆心角所对的弧所围成的图形叫作扇形。

在半径为 r 的圆中,弧长与扇形面积的计算公式如下。

圆心角 n(角度制)所对的弧长 $l = \dfrac{n\pi r}{180°}$,扇形面积 $S = \dfrac{n\pi r^2}{360°}$;

圆心角 α(弧度制)所对的弧长 $l = \alpha r(0 < \alpha < 2\pi)$,扇形面积 $S = \dfrac{1}{2}\alpha r^2 = \dfrac{1}{2}rl$。

考题再现

【2019 年初中真题】如图 1 - 3 - 11,AB 为半圆的直径,且 $AB = 2$,半圆绕点 B 顺时针旋转45°,点 A 旋转转到 A' 的位置,则图中阴影部分的面积为(　　)。

视频讲解

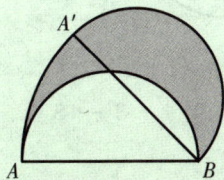
图 1 - 3 - 11

A. 2π 　　　　　　 B. π 　　　　　　 C. $\dfrac{\pi}{2}$ 　　　　　　 D. $\dfrac{\pi}{4}$

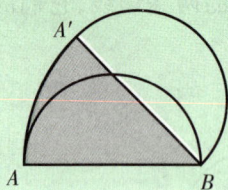

图 $1-3-12$

考点 5　点、直线和圆的位置关系

1. 点和圆的位置关系

（1）设圆的半径为 r，点 P 到圆心的距离为 d，则 $d > r \Leftrightarrow$ 点 P 在圆外；$d = r \Leftrightarrow$ 点 P 在圆上；$d < r \Leftrightarrow$ 点 P 在圆内。

（2）不在同一条直线上的三点确定一个圆。

2. 直线和圆的位置关系

设圆的半径为 r，圆心到直线 l 的距离为 d，则

$d < r \Leftrightarrow$ 直线与圆相交，此时直线与圆有两个公共点，这条直线叫作圆的割线；

$d = r \Leftrightarrow$ 直线与圆相切，此时直线与圆有一个公共点；

$d > r \Leftrightarrow$ 直线与圆相离，此时直线与圆没有公共点。

相交弦定理　如图 $1-3-13(a)$，圆内的两条弦相交，被交点分成的两条线段长的积相等，即 $PA \cdot PB = PC \cdot PD$。

割线定理　如图 $1-3-13(b)$，从圆外一点引圆的两条割线，这点到每条割线与圆交点的两条线段长的积相等，即 $PA \cdot PB = PC \cdot PD$。

切割线定理　如图 $1-3-13(c)$，从圆外一点引圆的切线和割线，切线长是这点到割线与圆交点的两条线段长的比例中项，即 $PC^2 = PA \cdot PB$。

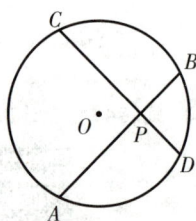
（a）

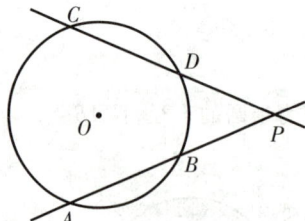
（b）

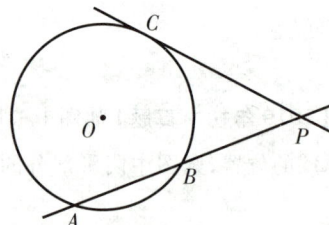
（c）

图 $1-3-13$

3. 圆与圆的位置关系

设两非同心圆 C_1，C_2，半径分别为 r_1，r_2，圆 C_1 与圆 C_2 的圆心距为 d，则当 $|r_1 - r_2| < d < r_1 + r_2$ 时，两圆相交；当 $d = r_1 + r_2$ 时，两圆外切；当 $d = |r_1 - r_2|$ 时，两圆内切；当 $d > r_1 + r_2$ 时，两圆相离；当 $d < |r_1 - r_2|$ 时，两圆内含。

如果一个多边形的所有顶点都在同一个圆上,这个多边形叫作圆内接多边形,这个圆叫作这个多边形的外接圆。

1. 圆内接四边形

(1) 圆内接四边形的性质

圆内接四边形的对角互补。

圆内接四边形的任意一个外角等于它内角的对角。

(2) 圆内接四边形的判定

如果一个四边形的对角互补,那么这个四边形内接于一个圆。

如果一个四边形的外角等于它内角的对角,那么这个四边形内接于一个圆。

(3) 四点共圆的判定

若平面上四点连成四边形的对角互补或一个外角等于其内角的对角,那么这四点共圆。

若线段同侧两点到线段两端点连线夹角相等,那么这两点和线段两端点四点共圆。

2. 正多边形

如果把一个圆分成相等的一些弧,依次连接各分点就可以作出这个圆的圆内接正多边形,这个圆就是这个正多边形的外接圆。我们把外接圆的圆心叫作这个正多边形的中心,外接圆的半径叫作正多边形的半径,正多边形每一边所对的圆心角叫作正多边形的中心角,中心到正多边形的一边的距离叫作正多边形的边心距。

正 n 边形的一个中心角的度数是 $\dfrac{360°}{n}$;内角的度数是 $\dfrac{(n-2)\times 180°}{n}$;外角的度数为 $\dfrac{360°}{n}$。

注:n 边形的内角和为 $(n-2)\times 180°$,外角和为 $360°$。

七、图形的平移、旋转和对称

1. 图形的平移

(1) 图形平移的定义

把一个平面图形整体沿该平面内某一方向移动得到一个新的图形,这样的图形运动叫作图形的平移运动,简称平移。如果图形上的点 P 经过平移变为 P',那么这两个点叫作这个平移的对应点。

(2) 图形平移的性质

平移不改变图形的形状和大小。

连接各组对应点的线段平行(或在同一条直线上)且相等。

2. 图形的旋转

(1) 图形旋转的定义

把一个平面图形绕着平面内一点 O 转动一个角度得到一个新的图形,这样的图形运动叫作图形的旋转运动,简称旋转。点 O 叫作旋转中心,转动的角叫作旋转角。如果图形上的点 P 经过旋转

变为 P'，那么这两个点叫作这个旋转的对应点。

（2）图形旋转的性质

旋转不改变图形的形状和大小。

对应点与旋转中心所连线段相等，且夹角等于旋转角。

考点2　轴对称与轴对称图形

1. 轴对称的定义

把一个平面图形沿一条直线折叠，如果它能够与另一个图形重合，那么就说这两个图形关于这条直线（成轴）对称，这条直线叫作对称轴，折叠后重合的点是对应点，叫作对称点。

如果一个平面图形沿一条直线折叠，直线两旁的部分能够完全重合，这个图形就叫作轴对称图形，这条直线叫作它的对称轴。

2. 轴对称的性质

在轴对称图形中，对称轴两侧的对应点到对称轴的距离相等。

如果两个图形关于某条直线对称，那么对称轴是任何一对对应点所连线段的垂直平分线。

关于某条直线对称的两个图形全等。

3. 常见的轴对称图形

矩阵、菱形、正方形、等腰梯形、等腰三角形、圆均是轴对称图形。

考题再现

【2018年初中真题】在一些汉字的美术字中，有的是轴对称图形，下面四个美术字中可以看作轴对称图形的是（　　）。

A. 诚　　　　　B. 信　　　　　C. 友　　　　　D. 善

视频讲解

【答案】D。解析：平面内，一个图形沿一条直线折叠，直线两旁的部分能够完全重合的图形称为轴对称图形。经过观察，选项中只有D选项中的"善"字可以看作轴对称图形。

考点3　中心对称与中心对称图形

1. 中心对称的定义

把一个平面图形绕某一点旋转 $180°$，如果它能够与另一个图形重合，那么就说这两个图形关于这个点对称或中心对称，这个点称为对称中心。这两个图形在旋转后能重合的对应点叫作关于中心对称的对称点。

把一个平面图形绕着某一点旋转 $180°$，如果旋转后的图形能够与原图形重合，那么这个图形就叫作中心对称图形。

2. 中心对称的性质

中心对称的两个图形全等。

中心对称的两个图形，对称点的连线都经过对称中心，且被对称中心平分。

3. 常见的中心对称图形

线段、矩形、菱形、正方形、平行四边形、圆等都是中心对称图形。

第二节　立体几何

由若干个平面多边形围成的几何体叫作多面体。围成多面体的各个多边形叫作多面体的面；相邻两个面的公共边叫作多面体的棱；棱与棱的公共点叫作多面体的顶点。

由一条平面曲线绕它所在平面内的一条直线旋转形成的曲面叫作旋转面，封闭的旋转面围成的几何体叫作旋转体，这条直线叫作旋转体的轴。

一、常见立体图形

考点1　柱、锥、台、球的结构特征

1. 棱柱

如图1-3-14，有两个面互相平行，其余各面都是四边形，并且相邻两个四边形的公共边都互相平行，由这些面所围成的多面体叫作棱柱。两个互相平行的面叫作棱柱的底面，它们是全等的多边形；其余各面叫作棱柱的侧面，它们是平行四边形；相邻侧面的公共边叫作棱柱的侧棱；侧面与底面的公共顶点叫作棱柱的顶点。

根据侧棱与底面的垂直关系，棱柱可以分为直棱柱和斜棱柱。侧棱垂直于底面的棱柱叫作直棱柱，侧棱不垂直于底面的棱柱叫作斜棱柱。特别地，底面是正多边形的直棱柱叫作正棱柱。

根据底面多边形的边数，棱柱可以分为三棱柱、四棱柱 ……

棱柱的体积 $V_{柱} = Sh$，其中 S 是底面面积，h 是高。

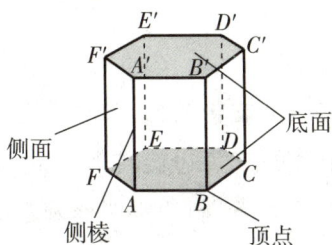

图1-3-14

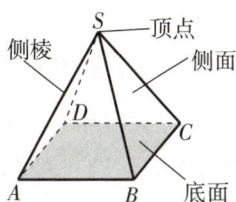

图1-3-15

2. 棱锥

如图1-3-15，有一个面是多边形，其余各面都是有一个公共顶点的三角形，由这些面所围成的多面体叫作棱锥。多边形面叫作棱锥的底面；其余有公共顶点的各个三角形面叫作棱锥的侧面；相邻侧面的公共边叫作侧棱；各侧面的公共顶点叫作棱锥的顶点。

底面是正多边形，并且顶点与底面中心的连线垂直于底面的棱锥叫作正棱锥。正棱锥的各侧棱相等，各侧面都是全等的等腰三角形。

根据底面多边形的边数，棱锥可以分为三棱锥、四棱锥 ……

注：三棱锥也称四面体，但正四面体不等同于正三棱锥。正四面体的四个面是四个全等的等边三角形，而正三棱锥的三个侧面是三个全等的等腰三角形，底面是一个等边三角形，其侧面与底面不一定全等。

棱锥的体积 $V_{锥} = \dfrac{1}{3}Sh$,其中 S 是底面面积,h 是高。

3. 棱台

如图 1 - 3 - 16,用一个平行于棱锥底面的平面去截棱锥,底面与截面之间的部分叫作棱台。原棱锥的底面和截面分别叫作棱台的下底面和上底面;其余各面叫作棱台的侧面,它们都是梯形;相邻侧面的公共边叫作棱台的侧棱;侧面与底面的公共顶点叫作棱台的顶点。

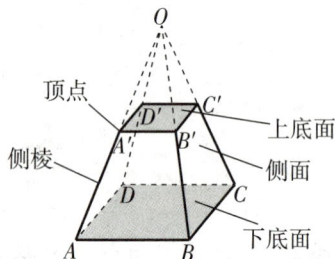

图 1 - 3 - 16

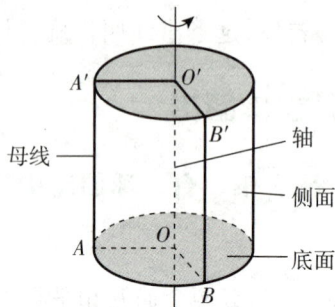

图 1 - 3 - 17

4. 圆柱

如图 1 - 3 - 17,以矩形的一边所在直线为旋转轴,其余三边旋转一周形成的面所围成的旋转体叫作圆柱。旋转轴叫作圆柱的轴;垂直于轴的边旋转而成的圆面叫作圆柱的底面;平行于轴的边旋转而成的曲面叫作圆柱的侧面;无论旋转到什么位置,平行于轴的边都叫作圆柱侧面的母线。

圆柱的底面面积 $S_{底} = \pi r^2$,圆柱的侧面展开图是一个矩形,侧面积 $S_{侧} = 2\pi rh$,其中 r 是底面半径,h 是高。圆柱的表面积 $S = 2\pi r^2 + 2\pi rh$。

圆柱的体积 $V_{柱} = Sh$,其中 S 是底面面积,h 是高。

5. 圆锥

如图 1 - 3 - 18,以直角三角形的一条直角边所在直线为旋转轴,其余两边旋转一周形成的面所围成的旋转体叫作圆锥。旋转轴叫作圆锥的轴;垂直于轴的直角边旋转而成的圆面叫作圆锥的底面;斜边旋转而成的曲面叫作圆锥的侧面;无论旋转到什么位置,斜边都叫作圆锥侧面的母线。

圆锥的底面面积 $S_{底} = \pi r^2$,圆锥的侧面展开图是一个扇形,如图 1 - 3 - 19,侧面积 $S_{侧} = \pi rl$,其中 r 为底面半径,l 为母线长。圆锥的表面积 $S = \pi r^2 + \pi rl$。

圆锥的体积 $V_{锥} = \dfrac{1}{3}Sh$,其中 S 是底面面积,h 是高。

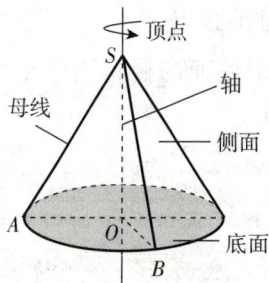

图 1 - 3 - 18

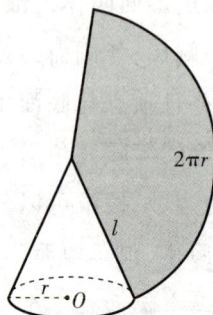

图 1 - 3 - 19

6. 圆台

如图 1 - 3 - 20,用一个平行于圆锥底面的平面去截圆锥,底面与截面之间的部分叫作圆台。原圆锥的底面和截面分别叫作圆台的下底面和上底面;原圆锥的侧面在底面与截面之间的部分叫作圆台的侧面;原圆锥的母线在底面与截面之间的部分叫作圆台的母线。

注:圆台也可以通过直角梯形以垂直于底边的腰所在直线为旋转轴,旋转一周来定义。

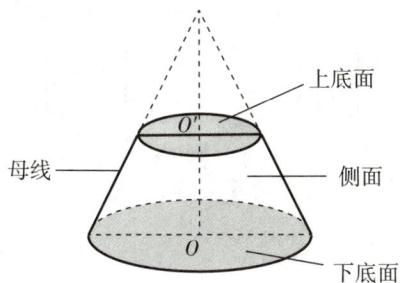

图 1 - 3 - 20

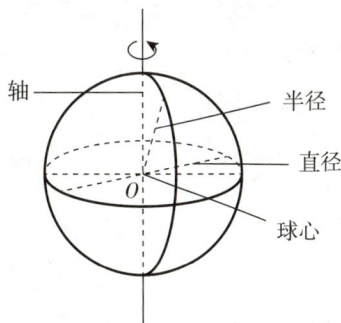

图 1 - 3 - 21

7. 球

如图 1 - 3 - 21,半圆以它的直径所在直线为旋转轴,旋转一周形成的曲面叫作球面,球面所围成的旋转体叫作球体,简称球。半圆的圆心叫作球的球心;连接球心和球面上任意一点的线段叫作球的半径;连接球面上两点并且经过球心的线段叫作球的直径。

球的表面积 $S = 4\pi R^2$,球的体积 $V = \dfrac{4}{3}\pi R^3$,其中 R 为球的半径。

球的任一截面都是圆面,且截面的半径 $r = \sqrt{R^2 - d^2}$(R 为球的半径,d 为球心到截面的距离)。

考点 2　立体图形的三视图与直观图

1. 立体图形的三视图

从前向后观察物体的视图称为主视图(或正视图);从上向下观察物体的视图称为俯视图;从左向右观察物体的视图称为侧视图(或左视图)。

主视图、俯视图、侧视图组成物体的三视图,三视图中的各视图分别从不同方向表示物体的形状,三者合起来能够较全面地反映物体的形状。图 1 - 3 - 22 就是一个长方体的三视图。

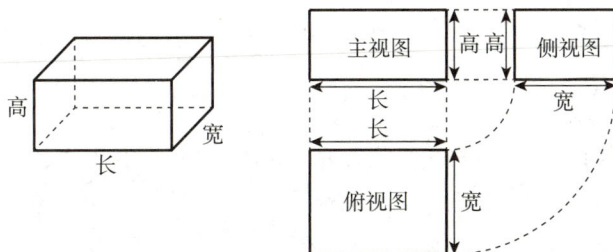

图 1 - 3 - 22

注:画三视图时,三个视图都要放在正确的位置,并且注意主视图与俯视图的长对正,主视图与侧视图的高对齐,侧视图与俯视图的宽相等。

【2019年初中真题】图 1 - 3 - 23 为某零件的主体图像,那么该零件的俯视图是( )。

主视方向

图 1 - 3 - 23

A B C D

【答案】D。解析:画三视图时,能看到的线用实线表示,看不到的线用虚线表示,结合立体图形观察易知 D 项是该零件的俯视图。

2. 立体图形的直观图

与三视图不同,直观图是观察者站在某一点观察一个空间几何体得到的图形。画立体图形的直观图,实际上是把不完全在同一平面内的点,用同一平面内的点表示。因此,直观图往往与立体图形的真实形状不完全相同。

斜二测画法是一种常用的画几何图形直观图的画法,它的主要步骤如下:

① 在已知图形所在空间中取水平平面,在平面内作互相垂直的 x 轴和 y 轴,两轴相交于点 O,再过点 O 作与 x 轴、y 轴都垂直的 z 轴。画直观图时,把 x 轴、y 轴、z 轴画成对应的 x' 轴、y' 轴和 z' 轴,三轴相交于点 O',且使 $\angle x'O'y' = 45°$(或 $135°$),$\angle x'O'z' = 90°$。② 已知图形中平行于 x 轴、y 轴或 z 轴的线段,在直观图中分别画成平行于 x' 轴、y' 轴或 z' 轴的线段。③ 已知图形中平行于 x 轴、z 轴的线段在直观图中保持原长度不变,平行于 y 轴的线段,在直观图中长度为原来的一半。

图 1 - 3 - 24 是长方体直观图的斜二测画法。

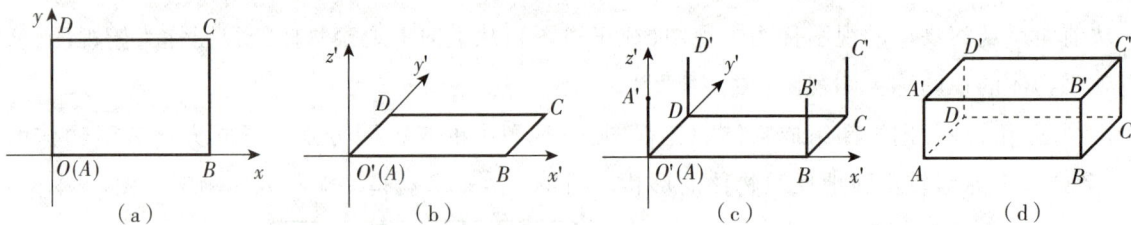

图 1 - 3 - 24

【2019年高中真题】图 1 - 3 - 25 是水平放置的 $\triangle ABC$ 按"斜二测画法"得到的直观图,其中 $B'O' = C'O' = 1$,$A'O' = \frac{1}{2}$,那么 $\triangle ABC$ 是一个( )。

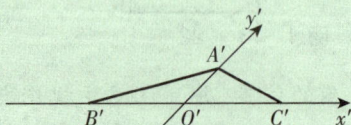

图 1 - 3 - 25

视频讲解

A. 等腰非直角三角形 B. 等腰直角三角形

C. 等边三角形   D. 三边互不相等的三角形

【答案】B。解析:根据斜二测画法作图,如图 $1-3-26$,直观图中 $B'O'=C'O'=1$,$A'O'=\dfrac{1}{2}$,A' 在 y' 轴上,所以原图形中 $BO=CO=1$,$AO=1$,$AO \perp BC$,易知 $\triangle ABC$ 是一个等腰直角三角形。故本题选 B。

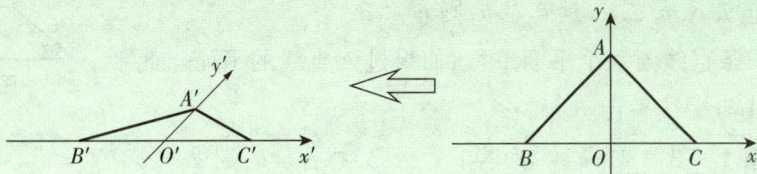

图 1 - 3 - 26

二、空间点、线、面之间的位置关系

考点 1   空间平面的基本事实

基本事实   过不在同一条直线上的三点,有且只有一个平面(不共线的三点确定一个平面)。

基本事实   如果一条直线上的两个点在一个平面内,那么这条直线在这个平面内。

基本事实   如果两个不重合的平面有一个公共点,那么它们有且只有一条过该点的公共直线。

推论 1   经过一条直线和直线外的一点,有且只有一个平面。

推论 2   经过两条相交直线,有且只有一个平面。

推论 3   经过两条平行直线,有且只有一个平面。

考点 2   空间点、直线、平面之间的位置关系

1. 空间中直线与直线的位置关系

共面直线 {相交直线:在同一平面内,有且仅有一个公共点;
平行直线:在同一平面内,没有公共点;

异面直线:不同在任何一个平面内,没有公共点。

2. 空间中直线与平面的位置关系

直线在平面内 —— 有无数个公共点;

直线与平面相交 —— 有且仅有一个公共点;

直线与平面平行 —— 没有公共点。

3. 空间中平面与平面的位置关系

两个平面平行 —— 没有公共点;

两个平面相交 —— 有一条公共直线。

考点 3   空间直线、平面的平行

1. 直线与直线平行

基本事实   平行于同一条直线的两条直线平行。

符号表示:若 $a \parallel b, b \parallel c$,则 $a \parallel c$。

2. 直线与平面平行

判定定理 如果平面外一条直线与此平面内的一条直线平行,那么该直线与此平面平行。

符号表示:若 $a \not\subset \alpha, b \subset \alpha$,且 $a \parallel b$,则 $a \parallel \alpha$。

性质定理 一条直线与一个平面平行,如果过该直线的平面与此平面相交,那么该直线与交线平行。

符号表示:如图 $1-3-27$,$a \parallel \alpha$,若 $a \subset \beta, \alpha \cap \beta = b$,则 $a \parallel b$。

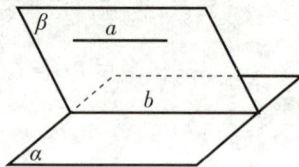

图 $1-3-27$

3. 平面与平面平行

判定定理 如果一个平面内的两条相交直线与另一个平面平行,那么这两个平面平行。

符号表示:如图 $1-3-28$,若 $a \subset \beta, b \subset \beta, a \cap b = P$,且 $a \parallel \alpha, b \parallel \alpha$,则 $\beta \parallel \alpha$。

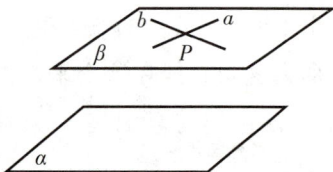

图 $1-3-28$

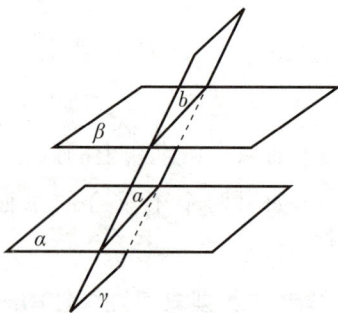

图 $1-3-29$

性质定理 两个平面平行,如果另一个平面与这两个平面相交,那么两条交线平行。

符号表示:如图 $1-3-29$,若 $\alpha \parallel \beta, \alpha \cap \gamma = a, \beta \cap \gamma = b$,则 $a \parallel b$。

【例题】 设 α, β 是两个平面,可推得 $\alpha \parallel \beta$ 的条件是( )。

A. 存在一条直线 $a, a \parallel \alpha, a \parallel \beta$

B. 存在一条直线 $a, a \subset \alpha, a \parallel \beta$

C. 存在两条异面直线 $a, b, a \subset \alpha, b \subset \beta, a \parallel \beta, b \parallel \alpha$

D. 存在两条平行直线 $a, b, a \subset \alpha, b \subset \beta, a \parallel \beta, b \parallel \alpha$

【答案】 C。解析:由直线与直线平行的基本事实和直线与平面平行的判定定理可以推出 A 项等价于 B 项,而对于 B 项,由直线与平面平行的性质定理知,α 与 β 可以相交,A,B 两项错误;C 项,在 α 内作直线 b 的一条平行线 b',则 b' 一定与 a 相交(否则 a 与 b 共面),且 $b' \parallel \beta$,进而可得,$\alpha \parallel \beta$,C 项正确;D 项,与 B 项类似,α 与 β 可以相交,D 项错误。故本题选 C。

考点4 空间直线、平面的夹角与垂直

1. 异面直线的夹角与垂直

已知两条异面直线 a, b,经过空间任一点 O 分别作 $a' \parallel a, b' \parallel b$,直线 a' 与 b' 所成的角(相交直线形成的四个角中不大于 $90°$ 的角)叫作异面直线 a 与 b 所成的角(或夹角)。

如果异面直线 a 与 b 所成的角是直角,那么称这两条异面直线互相垂直,记作 $a \perp b$。

【2018年高中真题】如图$1-3-30$,在正方体$ABCD-A_1B_1C_1D_1$中,E,F,G,H分别为AA_1, AB,BB_1,B_1C_1的中点,则异面直线EF与GH所成的角等于(　　)。

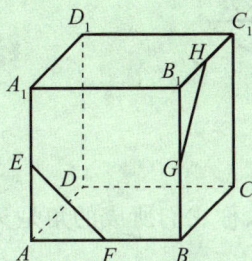

图$1-3-30$

A.$45°$ B.$60°$ C.$90°$ D.$120°$

【答案】B。解析:如图$1-3-31$,连接A_1B,A_1C_1,BC_1。因为E,F,G,H分别为AA_1,AB,BB_1,B_1C_1的中点,所以$EF \parallel A_1B,GH \parallel BC_1$。所以$\angle A_1BC_1$即为异面直线$EF$与$GH$所成的角。在等边三角形$A_1BC_1$中$\angle A_1BC_1 = 60°$。所以异面直线$EF$与$GH$所成的角等于$60°$。

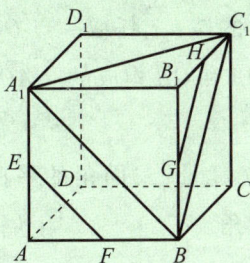

图$1-3-31$

2. 直线与平面垂直

如果直线l与平面α内的任意一条直线都垂直,那么就称直线l与平面α互相垂直,记作$l \perp \alpha$。

注:由此可以推导出一条直线与平面垂直的性质定理,即如果直线l与平面α互相垂直,那么直线l与平面α内的任意一条直线都垂直。

判定定理　　如果一条直线与一个平面内的两条相交直线垂直,那么该直线与此平面垂直。

符号表示:如图$1-3-32$,若$m \subset \alpha,n \subset \alpha,m \cap n = O$,且$l \perp m,l \perp n$,则$l \perp \alpha$。

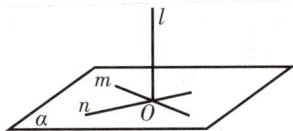
图$1-3-32$

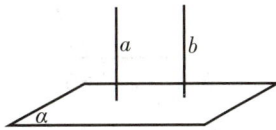
图$1-3-33$

性质定理　　垂直于同一个平面的两条直线平行。

符号表示:如图$1-3-33$,若$a \perp \alpha,b \perp \alpha$,则$a \parallel b$。

3. 直线与平面的夹角

如图$1-3-34$,l是平面α的一条斜线(与平面α相交但不垂直),斜线和平面的交点O叫作斜足。任取斜线l上一点A(不能是点O)向平面α作垂线AB,过斜足O和垂足B的直线OB叫作斜线l

在平面 α 上的射影。斜线 l 与它在平面 α 上的射影 OB 所成的角 θ 叫作直线 l 和平面 α 所成的角。

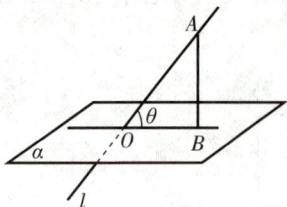 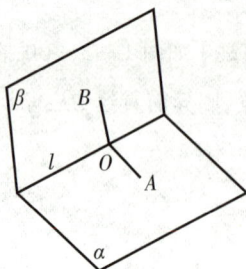

图 1 - 3 - 34   图 1 - 3 - 35

如果直线 l 与平面 α 互相垂直,那么称它们所成的角是 $90°$;如果直线 l 与平面 α 平行或在平面 α 内,那么称它们所成的角是 $0°$。

注: ① 斜线与平面成的角 $\theta \in (0°, 90°)$;② 直线与平面所成的角 $\theta \in [0°, 90°]$。

4. 二面角

从一条直线出发的两个半平面所组成的图形叫作二面角。这条直线叫作二面角的棱,两个半平面叫作二面角的面。如图 1 - 3 - 35,棱为直线 l,两个面分别为 α, β 的二面角,记作二面角 $\alpha - l - \beta$。如果在 α, β 内分别取点 A, B,那么这个二面角也可记作 $A - l - B$。

如图 1 - 3 - 35,在二面角 $\alpha - l - \beta$ 的棱 l 上任取一点 O,以点 O 为垂足,在半平面 α 和 β 内分别作垂直于棱 l 的射线 OA 和 OB,则射线 OA 和 OB 构成的 $\angle AOB$ 叫作二面角 $\alpha - l - \beta$ 的平面角。二面角的平面角的取值范围是 $[0°, 180°]$。

二面角的大小可以用它的平面角来度量,二面角的平面角是多少度,就说这个二面角是多少度。平面角是直角的二面角叫作直二面角。

5. 平面与平面垂直

如果平面 α 与 β 相交,且它们所成的二面角是直二面角,那么就称平面 α 与平面 β 互相垂直,记作 $\alpha \perp \beta$。

判定定理   如果一个平面过另一个平面的垂线,那么这两个平面垂直。

符号表示:如图 1 - 3 - 36,若 $l \perp \alpha, l \subset \beta$,则 $\alpha \perp \beta$。

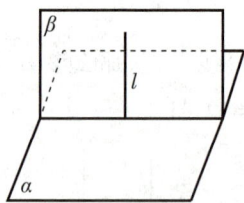 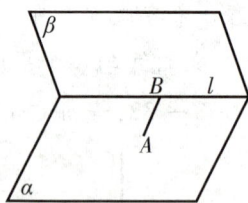

图 1 - 3 - 36   图 1 - 3 - 37

性质定理   两个平面垂直,如果一个平面内有一直线垂直于这两个平面的交线,那么这条直线与另一个平面垂直。

符号表示:如图 1 - 3 - 37,$\alpha \perp \beta, \alpha \cap \beta = l$,若 $AB \subset \alpha$,且 $AB \perp l$,则 $AB \perp \beta$。

考点 5   空间点、直线、平面的距离

1. 点到平面的距离

过一点作垂直于已知平面的直线,则该点与垂足间的线段叫作这个点到该平面的垂线段,垂线

段的长度叫作这个点到该平面的距离。

2. 直线到与它平行的平面的距离

一条直线与一个平面平行时,这条直线上任意一点到这个平面的距离,叫作这条直线到这个平面的距离。

3. 两个平行平面的距离

两个平面平行时,其中一个平面内的任意一点到另一个平面的距离,叫作两个平行平面间的距离。

4. 异面直线的距离

与两条异面直线都垂直且相交的直线叫作这两条异面直线的公垂线,两异面直线的距离就是它们的公垂线夹于两异面直线间的线段的长。

第三节　解析几何

一、向量

考点 1　向量的相关概念

1. 向量的定义与几何表示

在数学中,我们把既有大小又有方向的量叫作向量。向量可以用以 A 为起点,B 为终点的有向线段 $\overrightarrow{AB}$ 表示。向量 $\overrightarrow{AB}$ 的大小称为向量 $\overrightarrow{AB}$ 的长度,也称为向量的模,记作 $|\overrightarrow{AB}|$。长度为 0 的向量叫作零向量,记作 **0**,它的方向是任意的;长度等于 1 个单位长度的向量叫作单位向量。

注:向量也可以用小写黑体字母 $a,b,c,\cdots$ 表示。这里的黑体 a 是印刷体,书写用 $\vec{a}$。

2. 相等向量与共线向量

长度相等且方向相同的向量叫作相等向量,向量 a 与 b 相等,记作 $a = b$。

方向相同或相反的向量叫作平行向量,向量 a 与 b 平行,记作 $a \parallel b$。

注:任意一组平行向量都可以平移到同一条直线上,因此,平行向量也称共线向量。

3. 向量的夹角

已知两个非零向量 a,b,在平面内任取一点 O,作 $\overrightarrow{OA} = a,\overrightarrow{OB} = b$,如图 1－3－38 所示,$\angle AOB = \theta(0° \leqslant \theta \leqslant 180°)$ 就叫作向量 a 与向量 b 的夹角,$\angle AOB$ 也可记作 $\langle a,b \rangle$ 或 $\langle b,a \rangle$。

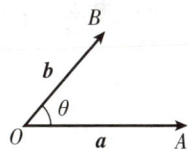

图 1－3－38

当 $\theta = 0°$ 时,a 与 b 同向;当 $\theta = 180°$ 时,a 与 b 反向。如果 a 与 b 的夹角 $\theta = 90°$,则称 a 与 b 垂直,记作 $a \perp b$。

考点 2　向量的线性运算

1. 向量的加法

如图 1－3－39(a),已知非零向量 a,b,在平面内任取一点 A,作 $\overrightarrow{AB} = a,\overrightarrow{BC} = b$,则向量 $\overrightarrow{AC}$ 叫作向量 a 与 b 的和,记作 $a + b$,即 $a + b = \overrightarrow{AB} + \overrightarrow{BC} = \overrightarrow{AC}$。这种求向量和的方法称为向量加法的三角形法则。

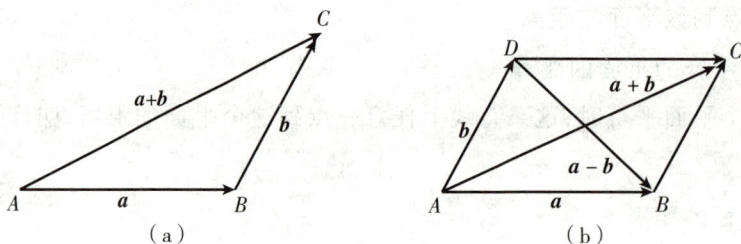

图 1 - 3 - 39

求向量和的另一方法称为向量加法的平行四边形法则。如图 1 - 3 - 39(b)，在平面内任取一点 A，作 $\overrightarrow{AB} = \boldsymbol{a}$，$\overrightarrow{AD} = \boldsymbol{b}$，以线段 AB 和 AD 为邻边作平行四边形 $ABCD$，则 $\boldsymbol{a} + \boldsymbol{b} = \overrightarrow{AC}$。

2. 向量的减法

与非零向量 $\boldsymbol{a}$ 长度相等，方向相反的向量，叫作向量 $\boldsymbol{a}$ 的相反向量，记作 $-\boldsymbol{a}$，并规定，零向量的相反向量仍是零向量。

向量 $\boldsymbol{a}$ 加上 $\boldsymbol{b}$ 的相反向量，叫作向量 $\boldsymbol{a}$ 与 $\boldsymbol{b}$ 的差，记作 $\boldsymbol{a} - \boldsymbol{b}$，即 $\boldsymbol{a} - \boldsymbol{b} = \boldsymbol{a} + (-\boldsymbol{b})$。

如图 1 - 3 - 39(b)，根据向量加法的平行四边形法则，作 $\overrightarrow{AB} = \boldsymbol{a}$，$\overrightarrow{AD} = \boldsymbol{b}$，则 $\overrightarrow{DB} = \boldsymbol{a} - \boldsymbol{b}$，即 $\boldsymbol{a} - \boldsymbol{b}$ 可以表示从向量 $\boldsymbol{b}$ 的终点指向向量 $\boldsymbol{a}$ 的终点的向量。

3. 向量的数乘

实数 λ 与向量 $\boldsymbol{a}$ 的积是一个向量，这种运算叫作向量的数乘，记作 $\lambda\boldsymbol{a}$，它的长度与方向规定如下：

(1) $|\lambda\boldsymbol{a}| = |\lambda||\boldsymbol{a}|$；

(2) 当 $\lambda > 0$ 时，$\lambda\boldsymbol{a}$ 的方向与 $\boldsymbol{a}$ 的方向相同；当 $\lambda < 0$ 时，$\lambda\boldsymbol{a}$ 的方向与 $\boldsymbol{a}$ 的方向相反。

定理　　向量 $\boldsymbol{a}(\boldsymbol{a} \neq \boldsymbol{0})$ 与 $\boldsymbol{b}$ 共线的充要条件是，存在唯一一个实数 λ，使得 $\boldsymbol{b} = \lambda\boldsymbol{a}$。

向量的加法、减法和数乘统称为向量的线性运算。向量线性运算的结果仍是向量，且具有如下运算规律：

对于任意向量 $\boldsymbol{a}$，$\boldsymbol{b}$，以及任意实数 λ，μ_1，μ_2，恒有

$$\lambda(\mu_1\boldsymbol{a} \pm \mu_2\boldsymbol{b}) = \lambda\mu_1\boldsymbol{a} \pm \lambda\mu_2\boldsymbol{b}。$$

【例题 1】如图 1 - 3 - 40，在 $\triangle ABC$ 中，$AB = 2$，$BC = 3$，$\angle ABC = 60°$，AD 为 BC 边上的高，E 为 AD 的中点，若 $\overrightarrow{CE} = \gamma \overrightarrow{AB} + \mu \overrightarrow{BC}$，则 $\gamma + \mu$ 的值为（　　　　）。

A. -1

B. $-\dfrac{4}{3}$

C. 1

D. $\dfrac{4}{3}$

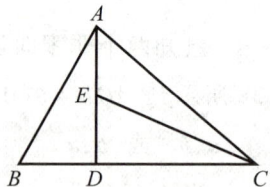

图 1 - 3 - 40

【答案】B。解析：由题意知，$BD = 1$，$CD = 2$。$\overrightarrow{CE} = \overrightarrow{CD} + \overrightarrow{DE} = \dfrac{2}{3}\overrightarrow{CB} + \dfrac{1}{2}\overrightarrow{DA} = -\dfrac{2}{3}\overrightarrow{BC} + \dfrac{1}{2}\left(\overrightarrow{BA} - \dfrac{1}{3}\overrightarrow{BC}\right) = -\dfrac{5}{6}\overrightarrow{BC} - \dfrac{1}{2}\overrightarrow{AB} = \gamma \overrightarrow{AB} + \mu \overrightarrow{BC}$，即 $\gamma = -\dfrac{1}{2}$，$\mu = -\dfrac{5}{6}$，$\gamma + \mu = -\dfrac{4}{3}$。

考点3　向量的数量积

1. 数量积的定义

已知两个非零向量 a 与 b，数量 $|a||b|\cos\theta$ 叫作 a 与 b 的数量积（或内积），记作 $a \cdot b$，即

$$a \cdot b = |a||b|\cos\theta,$$

其中 θ 是 a 与 b 的夹角，$|a|\cos\theta$（$|b|\cos\theta$）叫作向量 a 在 b 方向上（b 在 a 方向上）的投影。

零向量与任一向量的数量积为 0。

2. 数量积的性质

（1）设 a 和 b 都是非零向量，则 $a \perp b \Leftrightarrow a \cdot b = 0$；当 a 与 b 同向时，$a \cdot b = |a||b|$；当 a 与 b 反向时，$a \cdot b = -|a||b|$。

（2）设 a 是非零向量，则 $a \cdot a = a^2 = |a|^2$ 或 $|a| = \sqrt{a \cdot a}$；$|a \cdot b| \leqslant |a||b|$。

（3）运算律：$a \cdot b = b \cdot a$；$(\lambda a) \cdot b = \lambda(a \cdot b) = a \cdot (\lambda b)$；$(a + b) \cdot c = a \cdot c + b \cdot c$。

【例题2】已知 a, b 是非零向量且满足 $(a - 2b) \perp a$，$(b - 2a) \perp b$，则 a 与 b 的夹角是（　　）。

A. $\dfrac{\pi}{6}$

B. $\dfrac{\pi}{3}$

C. $\dfrac{2\pi}{3}$

D. $\dfrac{5\pi}{6}$

【答案】B。解析：设向量 a 和 b 的夹角为 θ，则由 $(a - 2b) \perp a$ 及 $(b - 2a) \perp b$ 得，$\begin{cases}(a - 2b) \cdot a = 0, \\ (b - 2a) \cdot b = 0,\end{cases}$ 即 $\begin{cases}|a|^2 - 2|b||a|\cos\theta = 0, \\ |b|^2 - 2|a||b|\cos\theta = 0,\end{cases}$ 解得 $|a| = |b|$，$\cos\theta = \dfrac{1}{2}$，$\theta = \dfrac{\pi}{3}$。故本题选 B。

考点4　平面向量基本定理及向量的坐标表示

1. 平面向量基本定理

如果 e_1, e_2 是同一平面内的两个不共线向量，那么对于这一平面内的任一向量 a，有且只有一对实数 λ_1, λ_2，使 $a = \lambda_1 e_1 + \lambda_2 e_2$。不共线向量 e_1, e_2 叫作表示这一平面内所有向量的一个基底。

【例题3】设 e_1, e_2 是平面内两个不共线的向量，已知向量 $\overrightarrow{AB} = e_1 - ke_2$，$\overrightarrow{CB} = 2e_1 + e_2$，$\overrightarrow{CD} = 3e_1 - e_2$，若 A, B, D 三点共线，则 k 的值是（　　）。

A. 2

B. 3

C. -2

D. -3

【答案】A。解析：由题意得，$\overrightarrow{BD} = \overrightarrow{CD} - \overrightarrow{CB} = (3e_1 - e_2) - (2e_1 + e_2) = e_1 - 2e_2 \neq \mathbf{0}$。因为 A, B, D 三点共线，所以存在唯一一个实数 λ，使得 $\overrightarrow{AB} = \lambda\overrightarrow{BD}$，即 $e_1 - ke_2 = \lambda e_1 - 2\lambda e_2$，进而由平面向量基本定理可得 $\begin{cases}1 = \lambda, \\ -k = -2\lambda,\end{cases}$ 解得 $k = 2$。故本题选 A。

2. 向量的坐标表示

平面直角坐标系中，设与 x 轴、y 轴方向相同的两个单位向量分别为 i, j，那么由平面向量基本定理可知，对平面内的任意一个向量 a，有且只有一对实数 x, y，使 $a = xi + yj$，我们称有序数对 (x, y) 为向量 a 的坐标，记作 $a = (x, y)$。

3. 向量运算的坐标表示

（1）线性运算

设 $a = (x_1, y_1), b = (x_2, y_2), \lambda \in \mathbf{R}$，则 ①$a + b = (x_1 + x_2, y_1 + y_2)$；②$a - b = (x_1 - x_2, y_1 - y_2)$；③$\lambda a = (\lambda x_1, \lambda y_1)$。

注：向量减法的坐标表示有一个常用的结论，即一个向量的坐标等于这个向量的有向线段的终点的坐标减去起点的坐标。

（2）数量积

设 $a = (x_1, y_1), b = (x_2, y_2)$，则 $a \cdot b = x_1 x_2 + y_1 y_2$。

（3）其他常用的结论

设 $a = (x_1, y_1), b = (x_2, y_2)$，则

$|a| = \sqrt{a \cdot a} = \sqrt{x_1^2 + y_1^2}$；

$a \perp b \Leftrightarrow a \cdot b = 0 \Leftrightarrow x_1 x_2 + y_1 y_2 = 0$；

$a \ /\!/ \ b \Leftrightarrow a = \lambda b \Leftrightarrow x_1 y_2 - x_2 y_1 = 0$；

$\cos \langle a, b \rangle = \dfrac{a \cdot b}{|a||b|} = \dfrac{x_1 x_2 + y_1 y_2}{\sqrt{x_1^2 + y_1^2}\sqrt{x_2^2 + y_2^2}}$。

【例题 4】 设 $x, y \in \mathbf{R}$，向量 $a = (x, 1), b = (1, y), c = (2, -4)$，且 $a \perp c, b \ /\!/ \ c$，则 $|a + b| = ($ \quad $)$。

A. $\sqrt{5}$ \hspace{4cm} B. 10

C. $2\sqrt{5}$ \hspace{4cm} D. $\sqrt{10}$

【答案】 D。**解析**：由 $a \perp c$ 得，$a \cdot c = 2x - 4 = 0$，解得 $x = 2$，则 $a = (2, 1)$；由 $b \ /\!/ \ c$ 得，$-4 - 2y = 0$，解得 $y = -2$，则 $b = (1, -2)$。因此，$a + b = (3, -1)$，$|a + b| = \sqrt{10}$。故本题选 D。

考题再现

【2021 年高中真题】 已知向量 $a = (5, 2), b = (-4, -3), c = (x, y)$。若 $3a - 2b + c = \mathbf{0}$，则 $c = ($ \quad $)$。

A. $(-23, -12)$ \hspace{3cm} B. $(23, 12)$

C. $(7, 0)$ \hspace{4.5cm} D. $(-7, 0)$

视频讲解

【答案】 A。**解析**：由已知得，$3a - 2b + c = (23 + x, 12 + y) = \mathbf{0}$，解得 $x = -23, y = -12$，即 $c = (-23, -12)$。故本题选 A。

二、直线的方程

考点 1　直线的倾斜角与斜率

当直线与 x 轴相交时，x 轴正方向与直线向上的方向之间所成的最小正角叫作这条直线的倾斜角。同时，规定当直线与 x 轴平行或重合时，其倾斜角为 0。直线倾斜角 α 的取值范围是 $0 \leqslant \alpha < \pi$，倾斜角 $\alpha = \dfrac{\pi}{2}$ 时，直线与 x 轴垂直。

直线倾斜角 α 的正切值叫作这条直线的斜率。斜率常用小写字母 k 表示,即 $k = \tan\alpha$。当 $\alpha = \frac{\pi}{2}$ 时,$\tan\alpha$ 不存在,所以倾斜角是 $\frac{\pi}{2}$ 的直线没有斜率,即与 x 轴垂直的直线没有斜率。

给定直线上两点 $A(x_1,y_1)$,$B(x_2,y_2)(x_1 \neq x_2)$,则直线 AB 的斜率 $k = \dfrac{y_2 - y_1}{x_2 - x_1}$。

考点2　直线方程的五种形式

表 1 - 3 - 1　直线方程的五种形式

名称	条件	方程形式	不能表示的直线
点斜式	直线 l 的斜率为 k,且经过点 $P(x_1,y_1)$	$y - y_1 = k(x - x_1)$	垂直于 x 轴的直线
斜截式	直线 l 的斜率为 k,在 y 轴上的截距为 b	$y = kx + b$	垂直于 x 轴的直线
两点式	直线 l 经过两点 $P_1(x_1,y_1)$,$P_2(x_2,y_2)$ 且 $x_1 \neq x_2$,$y_1 \neq y_2$	$\dfrac{y - y_1}{y_2 - y_1} = \dfrac{x - x_1}{x_2 - x_1}$	垂直于 x 轴和 y 轴的直线
截距式	直线 l 在 x 轴和 y 轴上的截距分别为 a 和 $b(a \neq 0,b \neq 0)$	$\dfrac{x}{a} + \dfrac{y}{b} = 1$	垂直于 x 轴和 y 轴及过原点的直线
一般式		$Ax + By + C = 0$ (A,B 不同时为零)	

考点3　直线方程与两直线位置关系

1. 已知两条直线 $l_1:A_1x + B_1y + C_1 = 0$ 和 $l_2:A_2x + B_2y + C_2 = 0$,将两直线方程联立得到方程组

$$\begin{cases} A_1x + B_1y + C_1 = 0, \\ A_2x + B_2y + C_2 = 0, \end{cases}$$

如果方程组有唯一解,则两直线相交,方程组的解即为交点坐标;如果方程组无解,则两直线平行。

2. 已知两条直线 $l_1:y = k_1x + b_1$ 和 $l_2:y = k_2x + b_2$,则

$l_1 /\!/ l_2 \Leftrightarrow k_1 = k_2$ 且 $b_1 \neq b_2$;

$l_1 \perp l_2 \Leftrightarrow k_1 \cdot k_2 = -1$。

3. 已知两条直线 $l_1:A_1x + B_1y + C_1 = 0$ 和 $l_2:A_2x + B_2y + C_2 = 0$,则

$$l_1 /\!/ l_2 \Leftrightarrow \begin{cases} A_1B_2 - A_2B_1 = 0, \\ B_1C_2 - B_2C_1 \neq 0 \end{cases} 或 \begin{cases} A_1B_2 - A_2B_1 = 0, \\ A_1C_2 - A_2C_1 \neq 0; \end{cases}$$

$l_1 \perp l_2 \Leftrightarrow A_1A_2 + B_1B_2 = 0$。

【例题5】已知直线 $l_1:mx + y - 2 = 0$;$l_2:(m + 1)x - 2my + 1 = 0$。若 $l_1 \perp l_2$,则 $m = ($　　$)$。

A.0 　　　　　　　　　　　　　　　　　B. -1

C.0 或 -1 　　　　　　　　　　　　　　D.0 或 1

【答案】D。解析:由题意,若 $l_1 \perp l_2$,则 $m(m + 1) - 2m = 0$,整理得,$m^2 - m = 0$,解得 $m = 0$ 或 1。

4. (夹角公式)两相交直线 l_1 与 l_2 所成的四个角中最小的正角 θ 称为直线 l_1 与 l_2 之间的夹角;假设直线 l_1 与 l_2 的斜率分别为 k_1 和 k_2,那么当 $\theta \neq \dfrac{\pi}{2}$ 时,两直线夹角的正切值 $\tan\theta = \left| \dfrac{k_2 - k_1}{1 + k_1 k_2} \right|$。

考点 4　距离公式

1. 两点间的距离公式:设平面上两点 $P_1(x_1, y_1)$,$P_2(x_2, y_2)$,则 P_1,P_2 间的距离

$$d = \sqrt{(x_2 - x_1)^2 + (y_2 - y_1)^2}。$$

2. 点到直线的距离公式:设平面上一点 $P_0(x_0, y_0)$ 与直线 $l : Ax + By + C = 0$,则点 P_0 到直线 l 的距离

$$d = \frac{|Ax_0 + By_0 + C|}{\sqrt{A^2 + B^2}}。$$

3. 两条平行直线间的距离:两条平行直线间的距离是指夹在两条平行直线间公垂线段的长。设平面上两条平行直线 $l_1 : Ax + By + C_1 = 0$ 和 $l_2 : Ax + By + C_2 = 0$,则它们之间的距离

$$d = \frac{|C_1 - C_2|}{\sqrt{A^2 + B^2}}。$$

【例题6】若平面区域 $\begin{cases} x + y - 3 \geq 0, \\ 2x - y - 3 \leq 0, \\ x - 2y + 3 \geq 0 \end{cases}$ 夹在两条斜率为1的平行直线之间,则这两条平行直线间的距离的最小值是(　　)。

A. $\dfrac{3\sqrt{5}}{5}$ 　　　　　　　　　　　　　　B. $\sqrt{2}$

C. $\dfrac{3\sqrt{2}}{2}$ 　　　　　　　　　　　　　　D. $\sqrt{5}$

【答案】B。解析:根据题意,作出平面区域如图 1-3-41。分析知,当两条斜率为1的平行直线分别过点 $A(2,1)$ 和 $B(1,2)$ 时,平行线间的距离最小。下面介绍两种求这两条平行直线间距离的方法。

(方法一)易知,过点 $A(2,1)$ 且斜率为1的直线方程为 $x - y - 1 = 0$,过点 $B(1,2)$ 且斜率为1的直线方程为 $x - y + 1 = 0$,由平行直线间的距离公式可知,两者间的距离 $d = \dfrac{|-1-1|}{\sqrt{2}} = \sqrt{2}$。

(方法二)由题意可知,直线 AB 的方程为 $x + y - 3 = 0$,其斜率为 -1。因此直线 AB 与两条平行直线垂直,进而 A,B 两点间的距离就是两条平行直线间的距离,即 $d = \sqrt{(2-1)^2 + (1-2)^2} = \sqrt{2}$。

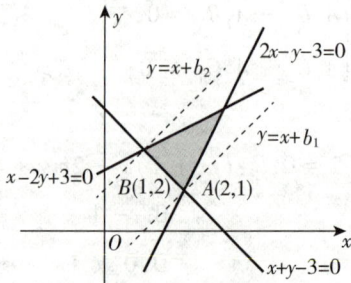

图 1-3-41

三、圆与方程

考点1 圆的方程

表 1－3－2　圆方程的三种形式

名称	条件	方程形式
标准方程	圆心为 $C(a,b)$，半径为 r	$(x-a)^2+(y-b)^2=r^2$
直径式方程	$A(x_1,y_1),B(x_2,y_2)$ 是某一条直径的两个端点	$(x-x_1)(x-x_2)+(y-y_1)(y-y_2)=0$
一般方程	$D^2+E^2-4F>0$	$x^2+y^2+Dx+Ey+F=0$

注：对于方程 $x^2+y^2+Dx+Ey+F=0$，当 $D^2+E^2-4F>0$ 时，方程表示一个圆，且圆心坐标为 $\left(-\dfrac{D}{2},-\dfrac{E}{2}\right)$，半径为 $\dfrac{\sqrt{D^2+E^2-4F}}{2}$；当 $D^2+E^2-4F=0$ 时，方程表示一个点；当 $D^2+E^2-4F<0$ 时，方程没有实数解，不表示任何图形。此外，对于一般的二元二次方程 $Ax^2+Bxy+Cy^2+Dx+Ey+F=0$，它能表示圆的充要条件是 $A=C\neq0,B=0$，且 $D^2+E^2-4F>0$。

考点2 点、直线、圆的位置关系

1. 点和圆的位置关系

给定点 $M(x_0,y_0)$ 及圆 $C:(x-a)^2+(y-b)^2=r^2$，则

M 在圆 C 内 $\Leftrightarrow (x_0-a)^2+(y_0-b)^2<r^2$；

M 在圆 C 上 $\Leftrightarrow (x_0-a)^2+(y_0-b)^2=r^2$；

M 在圆 C 外 $\Leftrightarrow (x_0-a)^2+(y_0-b)^2>r^2$。

2. 直线与圆的位置关系

（1）用几何特征判断：设圆 $C:(x-a)^2+(y-b)^2=r^2$，直线 $l:Ax+By+C=0(A^2+B^2\neq0)$，圆心 $C(a,b)$ 到直线 l 的距离 $d=\dfrac{|Aa+Bb+C|}{\sqrt{A^2+B^2}}$，则当 $d<r$ 时，l 与 C 相交；当 $d=r$ 时，l 与 C 相切；当 $d>r$ 时，l 与 C 相离。

（2）用代数特征判断：联立直线方程 $Ax+By+C=0$ 与圆方程 $(x-a)^2+(y-b)^2=r^2$，得到关于 x（或 y）的一元二次方程，其判别式为 Δ，则 $\Delta>0\Leftrightarrow l$ 与 C 相交；$\Delta=0\Leftrightarrow l$ 与 C 相切；$\Delta<0\Leftrightarrow l$ 与 C 相离。

【例题7】圆 $x^2+y^2-4x-4y-10=0$ 上的点到直线 $x+y-14=0$ 的距离的最大值与最小值的差是（　　）。

A.16　　　　　　　　　　　　B.8

C.$6\sqrt{2}$　　　　　　　　　　　D.$5\sqrt{2}$

【答案】C。解析：圆的标准方程为 $(x-2)^2+(y-2)^2=18$，圆心坐标为 $(2,2)$，半径为 $3\sqrt{2}$，圆心

到直线 $x + y - 14 = 0$ 的距离 $d = \dfrac{|2 + 2 - 14|}{\sqrt{1^2 + 1^2}} = 5\sqrt{2} > 3\sqrt{2}$，故该直线与圆的位置关系是相离，于是圆上的点到直线的距离的最大值与最小值的差等于直径，即 $d_{\max} - d_{\min} = 6\sqrt{2}$。故本题选 C。

考题再现

【2019 年高中真题】若圆 C 的半径为 1，圆心在第一象限，且与直线 $4x - 3y = 0$ 和 y 轴都相切，则该圆的标准方程是（　　）。

A. $(x - 3)^2 + \left(y - \dfrac{7}{3}\right)^2 = 1$

B. $(x - 1)^2 + (y - 3)^2 = 1$

C. $(x - 1)^2 + \left(y + \dfrac{1}{3}\right)^2 = 1$

D. $(x - 1)^2 + (y - 3)^2 = 1$ 或 $(x - 1)^2 + \left(y + \dfrac{1}{3}\right)^2 = 1$

【答案】B。解析：因为圆 C 的半径为 1，圆心在第一象限且与 y 轴相切，所以圆心的横坐标为 1。又因为圆与直线 $4x - 3y = 0$ 相切，所以圆心到直线 $4x - 3y = 0$ 的距离为 1，设圆心的纵坐标为 y_0，则有 $\dfrac{|4 \times 1 - 3y_0|}{\sqrt{4^2 + 3^2}} = 1$，解得 $y_0 = 3$ 或 $y_0 = -\dfrac{1}{3}$（舍），所以圆的标准方程是 $(x - 1)^2 + (y - 3)^2 = 1$。故本题选 B。

考点 3　圆的弦长公式与公共弦方程

1. 弦长公式：$l = 2\sqrt{r^2 - d^2}$，其中 l 为弦长，d 为弦心距，r 为圆半径。

注：弦长公式还有一种利用直线性质的代数法，可以参考圆锥曲线部分考点 2 的"直线与圆锥曲线相交所得弦的弦长"。

2. 公共弦方程：圆 $C_1 : x^2 + y^2 + D_1 x + E_1 y + F_1 = 0$ 与圆 $C_2 : x^2 + y^2 + D_2 x + E_2 y + F_2 = 0$，两圆相交时两方程相减即为公共弦方程：$(D_1 - D_2)x + (E_1 - E_2)y + (F_1 - F_2) = 0$。

【例题 8】若直线 $x - y = 2$ 被圆 $(x - a)^2 + y^2 = 4$ 所截得的弦长为 $2\sqrt{2}$，则实数 a 的值为（　　）。

A. -1 或 $\sqrt{3}$

B. 1 或 3

C. -2 或 6

D. 0 或 4

【答案】D。解析：由题意可知，圆 $(x - a)^2 + y^2 = 4$ 的圆心坐标为 $(a, 0)$，半径为 2。因为直线被圆所截得的弦长为 $2\sqrt{2}$，所以由勾股定理可得，圆心到直线的距离 $d = \sqrt{2^2 - \left(\sqrt{2}\right)^2} = \sqrt{2}$，又由点到直线距离公式知，$d = \sqrt{2} = \dfrac{|a - 2|}{\sqrt{2}}$，所以 $a = 0$ 或 4。故本题选 D。

四、圆锥曲线

考点1　椭圆、双曲线与抛物线

表 1－3－3　椭圆、双曲线、抛物线

项目	椭圆	双曲线	抛物线
定义	平面内与两个定点 F_1,F_2 的距离($|F_1F_2|=2c$)之和等于常数($2a$)的点的轨迹($2a>2c$)	平面内与两个定点 F_1,F_2 的距离($|F_1F_2|=2c$)之差的绝对值等于常数($2a$)的点的轨迹($2a<2c$)	平面内与一个定点 F 和一条定直线 l 的距离相等($F\notin l$)的点的轨迹
标准方程	① 焦点在 x 轴上: $\dfrac{x^2}{a^2}+\dfrac{y^2}{b^2}=1$ ② 焦点在 y 轴上: $\dfrac{y^2}{a^2}+\dfrac{x^2}{b^2}=1$ $(a>b>0)$	① 焦点在 x 轴上: $\dfrac{x^2}{a^2}-\dfrac{y^2}{b^2}=1$ ② 焦点在 y 轴上: $\dfrac{y^2}{a^2}-\dfrac{x^2}{b^2}=1$ $(a>0,b>0)$	① 焦点在 x 轴上,开口向右: $y^2=2px$ ② 焦点在 x 轴上,开口向左: $y^2=-2px$ ③ 焦点在 y 轴上,开口向上: $x^2=2py$ ④ 焦点在 y 轴上,开口向下: $x^2=-2py$ $(p>0)$
图形	① 焦点在 x 轴上 ② 焦点在 y 轴上 	① 焦点在 x 轴上 ② 焦点在 y 轴上 	① 焦点在 x 轴上,开口向右: $y^2=2px$ ② 焦点在 x 轴上,开口向左: $y^2=-2px$ ③ 焦点在 y 轴上,开口向上: $x^2=2py$ ④ 焦点在 y 轴上,开口向下: $x^2=-2py$
焦点	①$(\pm c,0)$ ②$(0,\pm c)$	①$(\pm c,0)$ ②$(0,\pm c)$	①$\left(\dfrac{p}{2},0\right)$ ②$\left(-\dfrac{p}{2},0\right)$ ③$\left(0,\dfrac{p}{2}\right)$ ④$\left(0,-\dfrac{p}{2}\right)$

项目	椭圆	双曲线	抛物线
顶点	①$(\pm a,0),(0,\pm b)$ ②$(0,\pm a),(\pm b,0)$	①$(\pm a,0)$ ②$(0,\pm a)$	$(0,0)$
关系	$c^2=a^2-b^2$	$c^2=a^2+b^2$	p为焦点到准线的距离
离心率	$e=\dfrac{c}{a}<1$	$e=\dfrac{c}{a}>1$	$e=1$
准线	①焦点在x轴上:$x=\pm\dfrac{a^2}{c}$ ②焦点在y轴上:$y=\pm\dfrac{a^2}{c}$	①焦点在x轴上:$x=\pm\dfrac{a^2}{c}$ ②焦点在y轴上:$y=\pm\dfrac{a^2}{c}$	①焦点在x轴上,开口向右,准线$x=-\dfrac{p}{2}$ ②焦点在x轴上,开口向左,准线$x=\dfrac{p}{2}$ ③焦点在y轴上,开口向上,准线$y=-\dfrac{p}{2}$ ④焦点在y轴上,开口向下,准线$y=\dfrac{p}{2}$
渐近线		①焦点在x轴上:$y=\pm\dfrac{b}{a}x$ ②焦点在y轴上:$y=\pm\dfrac{a}{b}x$	
统一定义	平面内到一个定点F的距离与到一条定直线$l(F\notin l)$的距离之比等于定值e的点的集合。$0<e<1$时,轨迹是椭圆;$e>1$时,轨迹是双曲线;$e=1$时,轨迹是抛物线。		

注:特别地,实轴长与虚轴长相等的双曲线称作等轴双曲线,其方程可写为$x^2-y^2=\pm a^2(a\neq 0)$。此外,给定一个双曲线,以这个双曲线的虚轴为实轴,实轴为虚轴的双曲线,称为这个双曲线的共轭双曲线。例如,$\dfrac{x^2}{a^2}-\dfrac{y^2}{b^2}=1$与$\dfrac{x^2}{a^2}-\dfrac{y^2}{b^2}=-1$互为共轭双曲线。

【**例题9**】已知F_1,F_2是双曲线$E:\dfrac{x^2}{a^2}-\dfrac{y^2}{b^2}=1(a>0,b>0)$的左、右两焦点,过点$F_1$的直线$l$与$E$的左支交于$P,Q$两点,若$|PF_1|=2|F_1Q|$,且$F_2Q\perp PQ$,则$E$的离心率为(　　)。

A. $\dfrac{\sqrt{5}}{2}$　　　　　B. $\dfrac{\sqrt{7}}{2}$　　　　　C. $\dfrac{\sqrt{15}}{3}$　　　　　D. $\dfrac{\sqrt{17}}{3}$

【**答案**】D。**解析**:根据题意,设$|F_1Q|=m$,$|PF_1|=2m$。由双曲线的定义知,$|PF_2|-|PF_1|=2a$,$|QF_2|-|QF_1|=2a$,所以$|PF_2|=2a+2m$,$|QF_2|=2a+m$。在$Rt\triangle PQF_2$中,根据勾股定理知,$|PQ|^2+|QF_2|^2=|PF_2|^2$,即$(3m)^2+(2a+m)^2=(2a+2m)^2$,解得$m=\dfrac{2a}{3}$。在$Rt\triangle F_1QF_2$中,根据

勾股定理知，$|QF_2|^2 + |QF_1|^2 = |F_1F_2|^2$，即 $(2a + m)^2 + m^2 = (2c)^2$，将 $m = \dfrac{2a}{3}$ 代入得，$\dfrac{17a^2}{9} = c^2$，进

而 $e = \dfrac{c}{a} = \dfrac{\sqrt{17}}{3}$。故本题选 D。

考点 2　直线与圆锥曲线的位置关系

1. 直线与圆锥曲线的位置关系

在判断直线与圆锥曲线的位置关系时通常使用代数法，即联立直线 l 的方程 $Ax + By + C = 0$ 与圆锥曲线 C 的方程 $F(x, y) = 0$，消去 y（或者 x）得到关于 x（或者 y）的方程 $ax^2 + bx + c = 0$（或者 $ay^2 + by + c = 0$）。

当 $a \neq 0$ 时，若 $\Delta > 0$（Δ 为一元二次方程的判别式），则 l 与 C 相交（有两个公共点）；若 $\Delta = 0$，则 l 与 C 相切（有一个公共点）；若 $\Delta < 0$，则 l 与 C 相离（没有公共点）。

当 $a = 0$ 时，得到一个一元一次方程，此时若该方程有解，则 l 与 C 相交（有一个公共点），并且如果 C 是双曲线，则直线 l 与双曲线的一条渐近线平行；如果 C 是抛物线，则直线 l 与抛物线的对称轴平行或重合。

注：通过上述结论可以看出，当直线与双曲线（或抛物线）只有一个公共点时，直线与双曲线（或抛物线）可能相切，也可能相交。

2. 直线与圆锥曲线相交所得弦的弦长

在大部分试题中，我们只能得到直线斜率 k 与交点横坐标（或者纵坐标）的一些关系，所以这里给出一个较常用的结论。

若斜率为 k 的直线 l 与圆锥曲线 C 相交于不同的两点 (x_1, y_1)，(x_2, y_2)，则弦长

$$|AB| = \sqrt{1 + k^2} \cdot |x_1 - x_2| = \sqrt{1 + k^2}\sqrt{(x_1 + x_2)^2 - 4x_1x_2}$$

$$= \sqrt{1 + \dfrac{1}{k^2}} \cdot |y_1 - y_2| = \sqrt{1 + \dfrac{1}{k^2}}\sqrt{(y_1 + y_2)^2 - 4y_1y_2} \ (k \neq 0)。$$

【例题 10】 已知椭圆 $C : \dfrac{x^2}{a^2} + \dfrac{y^2}{b^2} = 1 \ (a > b > 0)$ 的一个顶点为 $A(2, 0)$，离心率为 $\dfrac{\sqrt{2}}{2}$，直线 $y = k(x - 1)$ 与椭圆 C 交于不同的两点 M, N。

（Ⅰ）求椭圆 C 的方程；

（Ⅱ）当 $\triangle AMN$ 的面积为 $\dfrac{\sqrt{10}}{3}$ 时，求 k 的值。

【解析】

（Ⅰ）因为椭圆 $C : \dfrac{x^2}{a^2} + \dfrac{y^2}{b^2} = 1$ 的一个顶点为 $A(2, 0)$，所以 $a = 2$，又椭圆的离心率 $e = \dfrac{c}{a} = \dfrac{\sqrt{2}}{2}$，所

以 $c = \dfrac{\sqrt{2}}{2}a = \sqrt{2}$，$b^2 = a^2 - c^2 = 2$。故椭圆 C 的方程为 $\dfrac{x^2}{4} + \dfrac{y^2}{2} = 1$。

（Ⅱ）设 M, N 两点的坐标分别为 (x_1, y_1)，(x_2, y_2)。下面介绍两种求 k 的值的方法。

（方法一）联立直线方程与椭圆方程消去 y 得，$(1 + 2k^2)x^2 - 4k^2x + 2k^2 - 4 = 0$，由韦达定理知，

$$x_1 + x_2 = \frac{4k^2}{1 + 2k^2}, x_1 x_2 = \frac{2k^2 - 4}{1 + 2k^2}, 则 |MN| = \sqrt{1 + k^2} \cdot |x_1 - x_2| = \sqrt{1 + k^2} \sqrt{(x_1 + x_2)^2 - 4x_1 x_2} =$$

$$\sqrt{1 + k^2} \sqrt{\left(\frac{4k^2}{1 + 2k^2}\right)^2 - 4 \times \frac{2k^2 - 4}{1 + 2k^2}} = \frac{2\sqrt{(1 + k^2)(6k^2 + 4)}}{1 + 2k^2}, 又点 A(2, 0) 到直线 MN 的距离 h =$$

$$\frac{|2k - 0 - k|}{\sqrt{1 + k^2}} = \frac{|k|}{\sqrt{1 + k^2}}, 所以 S_{\triangle AMN} = \frac{1}{2} |MN| h = \frac{|k|\sqrt{6k^2 + 4}}{1 + 2k^2} = \frac{\sqrt{10}}{3}, 解得 k = \pm 1。$$

（方法二）直线 $y = k(x - 1)$ 过定点 $B(1, 0)$，则有 $|AB| = 1$。

由几何关系知，$S_{\triangle AMN} = S_{\triangle ABM} + S_{\triangle ABN} = \frac{1}{2} AB |y_1| + \frac{1}{2} AB |y_2| = \frac{|y_1 - y_2|}{2}$，所以 $|y_1 - y_2| = \frac{2\sqrt{10}}{3}$，

$(y_1 - y_2)^2 = \frac{40}{9}$。

联立直线方程与椭圆方程消去 x 得，$(1 + 2k^2)y^2 + 2ky - 3k^2 = 0$，由韦达定理知，$y_1 + y_2 = -$

$\frac{2k}{1 + 2k^2}, y_1 y_2 = -\frac{3k^2}{1 + 2k^2}$，则 $(y_1 - y_2)^2 = (y_1 + y_2)^2 - 4y_1 y_2 = \frac{4k^2}{(1 + 2k^2)^2} + \frac{12k^2}{1 + 2k^2} = \frac{4k^2(4 + 6k^2)}{(1 + 2k^2)^2} = $

$\frac{40}{9}$，解得 $k = \pm 1$。

注：在求解圆锥曲线相关问题时，重要的是找到题中隐藏的几何关系，然后借助向量或方程，用代数的语言把这些几何关系表示出来，再根据几何关系之间的联系列出等式或不等式，进而求解问题。

五、空间向量与立体几何

考点1　空间直角坐标系

过定点 O（坐标原点），作三条两两垂直的数轴，依次记为 x 轴（横轴）、y 轴（纵轴）、z 轴（竖轴），统称坐标轴。它们构成一个空间直角坐标系，称为 $Oxyz$ 坐标系。

如图 1 - 3 - 42，设 M 为空间内一点，过点 M 作三个分别垂直于 x 轴、y 轴、z 轴的平面，依次交 x 轴、y 轴和 z 轴于点 P, Q 和 R。设点 P, Q 和 R 在 x 轴、y 轴和 z 轴上的坐标分别是 x, y 和 z，那么称有序数组 (x, y, z) 为点 M 在此空间直角坐标系中的坐标，记作 $M(x, y, z)$。

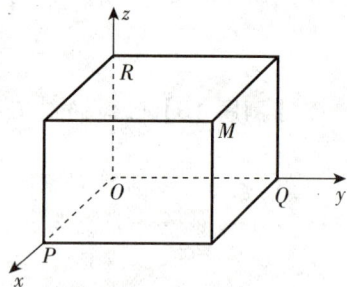

图 1 - 3 - 42

考点2　空间向量基本定理及坐标表示

1. 空间向量基本定理

如果 e_1, e_2, e_3 是不在同一平面内的三个向量，那么对于空间内的任一向量 a，有且只有一组实数 $\lambda_1, \lambda_2, \lambda_3$，使 $a = \lambda_1 e_1 + \lambda_2 e_2 + \lambda_3 e_3$。不共面向量 e_1, e_2, e_3 叫作表示空间的一个基底。

2. 空间向量的坐标表示

空间直角坐标系中，设与 x 轴、y 轴、z 轴方向相同的三个单位向量分别为 i, j, k，那么由空间向量基本定理可知，对空间内的任意一个向量 a，有且只有一组实数 x, y, z 使 $a = xi + yj + zk$，有序数组 $(x,$

$y,z)$ 叫作向量 $\boldsymbol{a}$ 的坐标,记作 $\boldsymbol{a} = (x,y,z)$。

3. 空间向量运算的坐标表示

(1) 线性运算

设 $\boldsymbol{a} = (x_1,y_1,z_1)$,$\boldsymbol{b} = (x_2,y_2,z_2)$,$\lambda \in \mathbf{R}$,则

$\boldsymbol{a} + \boldsymbol{b} = (x_1 + x_2, y_1 + y_2, z_1 + z_2)$;

$\boldsymbol{a} - \boldsymbol{b} = (x_1 - x_2, y_1 - y_2, z_1 - z_2)$;

$\lambda\boldsymbol{a} = (\lambda x_1, \lambda y_1, \lambda z_1)$。

(2) 数量积

设 $\boldsymbol{a} = (x_1,y_1,z_1)$,$\boldsymbol{b} = (x_2,y_2,z_2)$,则 $\boldsymbol{a} \cdot \boldsymbol{b} = x_1 x_2 + y_1 y_2 + z_1 z_2$。

(3) 其他常用的结论

设 $\boldsymbol{a} = (x_1,y_1,z_1)$,$\boldsymbol{b} = (x_2,y_2,z_2)$,则

$\boldsymbol{a} \perp \boldsymbol{b} \Leftrightarrow \boldsymbol{a} \cdot \boldsymbol{b} = 0 \Leftrightarrow x_1 x_2 + y_1 y_2 + z_1 z_2 = 0$;

$\boldsymbol{a} /\!/ \boldsymbol{b} \Leftrightarrow \boldsymbol{a} = \lambda\boldsymbol{b} \Leftrightarrow x_1 = \lambda x_2, y_1 = \lambda y_2, z_1 = \lambda z_2 (\lambda \in \mathbf{R})$;

$$\cos\langle\boldsymbol{a},\boldsymbol{b}\rangle = \frac{\boldsymbol{a} \cdot \boldsymbol{b}}{|\boldsymbol{a}||\boldsymbol{b}|} = \frac{x_1 x_2 + y_1 y_2 + z_1 z_2}{\sqrt{x_1^2 + y_1^2 + z_1^2}\sqrt{x_2^2 + y_2^2 + z_2^2}}。$$

考点 3　直线的方向向量和平面的法向量

1. 类似于平面内的直线,空间中任意一条直线的位置可以由直线上的一个定点以及一个定方向确定。取直线 l 上一定点 A,再取直线上另外一点 B,令 $\boldsymbol{a} = \overrightarrow{AB}$,那么对于直线上任意一点 P,一定存在实数 λ,使得 $\overrightarrow{AP} = \lambda\overrightarrow{AB}$。这样点 A 和向量 $\boldsymbol{a}$ 不仅可以确定直线 l 的位置,还可以具体表示出直线 l 上的任意一点,我们称向量 $\boldsymbol{a}$ 为直线 l 的一个方向向量。

注:直线的方向向量有无数个,它们相互共线。

2. 已知空间中一平面 α,直线 $l \perp \alpha$,取直线 l 的一个方向向量 $\boldsymbol{n}$,则向量 $\boldsymbol{n}$ 叫作平面 α 的法向量。空间中,给定一点 A 和一个向量 $\boldsymbol{n}$,那么过点 A 以向量 $\boldsymbol{n}$ 为法向量的平面是唯一确定的。

在具体题目中,我们可以利用直线与平面垂直的判定定理来得到平面法向量 $\boldsymbol{n}$。在平面内取两个不共线的向量 $\boldsymbol{e}_1(x_1,y_1,z_1)$,$\boldsymbol{e}_2(x_2,y_2,z_2)$,则该平面的法向量 $\boldsymbol{n}(x,y,z)$ 应满足 $\begin{cases} \boldsymbol{n} \cdot \boldsymbol{e}_1 = 0, \\ \boldsymbol{n} \cdot \boldsymbol{e}_2 = 0, \end{cases}$ 即

$\begin{cases} xx_1 + yy_1 + zz_1 = 0, \\ xx_2 + yy_2 + zz_2 = 0。 \end{cases}$ 因为平面的法向量不唯一,所以我们可以给定一个 x(或 y 或 z)的非零值,于是方程组变成一个二元一次方程组,求解方程组即可得到对应平面的一个法向量。

考点 4　立体几何中的向量方法

1. 向量法判断线面关系

设直线 l,m 的方向向量分别为 $\boldsymbol{a},\boldsymbol{b}$,平面 α,β 的法向量分别为 $\boldsymbol{u},\boldsymbol{v}$,则

$l /\!/ m \Leftrightarrow \boldsymbol{a} /\!/ \boldsymbol{b} \Leftrightarrow \boldsymbol{a} = k\boldsymbol{b}, k \in \mathbf{R}$;　　　　$l \perp m \Leftrightarrow \boldsymbol{a} \perp \boldsymbol{b} \Leftrightarrow \boldsymbol{a} \cdot \boldsymbol{b} = 0$;

$l /\!/ \alpha$ 或 $l \subset \alpha \Leftrightarrow \boldsymbol{a} \perp \boldsymbol{u} \Leftrightarrow \boldsymbol{a} \cdot \boldsymbol{u} = 0$;　　　　$l \perp \alpha \Leftrightarrow \boldsymbol{a} /\!/ \boldsymbol{u} \Leftrightarrow \boldsymbol{a} = k\boldsymbol{u}, k \in \mathbf{R}$;

$$\alpha \mathbin{/\!/} \beta \Leftrightarrow \boldsymbol{u} \mathbin{/\!/} \boldsymbol{v} \Leftrightarrow \boldsymbol{u} = k\boldsymbol{v}, k \in \mathbf{R}; \qquad\qquad \alpha \perp \beta \Leftrightarrow \boldsymbol{u} \perp \boldsymbol{v} \Leftrightarrow \boldsymbol{u} \cdot \boldsymbol{v} = 0。$$

2. 向量法求线线角、线面角和二面角

（1）线线角

如图 1 - 3 - 43（a）（b），设 $\boldsymbol{a}, \boldsymbol{b}$ 分别为直线 a, b 的方向向量，则直线 a, b 的夹角 θ 与向量 $\boldsymbol{a}, \boldsymbol{b}$ 的夹角 φ（或夹角的补角 $\pi - \varphi$）相等，进而 $\cos\theta = |\cos\varphi| = \dfrac{|\boldsymbol{a} \cdot \boldsymbol{b}|}{|\boldsymbol{a}||\boldsymbol{b}|}$。

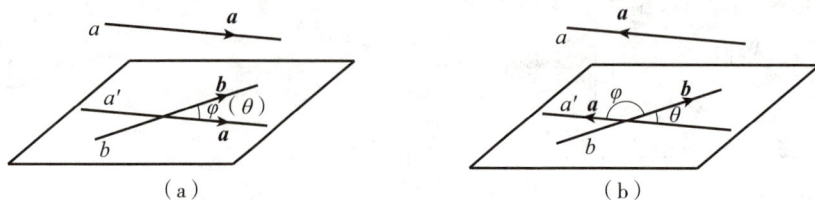

图 1 - 3 - 43

（2）线面角

如图 1 - 3 - 44（a）（b），设 $\boldsymbol{m}$ 是直线 l 的方向向量，$\boldsymbol{n}$ 是平面 α 的法向量，则直线 l 和平面 α 的夹角 θ 与向量 $\boldsymbol{m}, \boldsymbol{n}$ 的夹角 φ（或夹角的补角 $\pi - \varphi$）互余，进而 $\sin\theta = |\cos\varphi| = \dfrac{|\boldsymbol{m} \cdot \boldsymbol{n}|}{|\boldsymbol{m}||\boldsymbol{n}|}$。

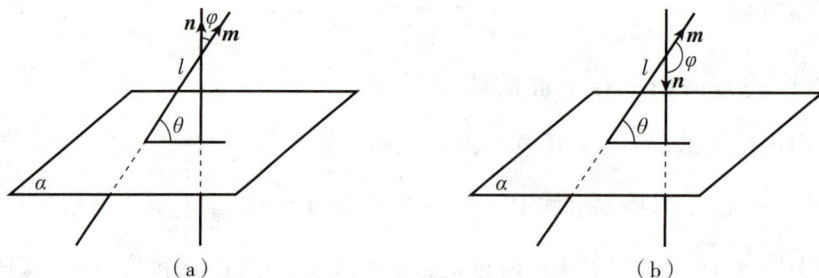

图 1 - 3 - 44

（3）二面角

如图 1 - 3 - 45（a）（b），设 $\boldsymbol{m}, \boldsymbol{n}$ 分别是二面角 $\alpha - l - \beta$ 的两个面 α, β 的法向量，则二面角的平面角 θ 与向量 $\boldsymbol{m}, \boldsymbol{n}$ 的夹角 φ（或夹角的补角 $\pi - \varphi$）相等，进而 $|\cos\theta| = |\cos\varphi| = \dfrac{|\boldsymbol{m} \cdot \boldsymbol{n}|}{|\boldsymbol{m}||\boldsymbol{n}|}$。

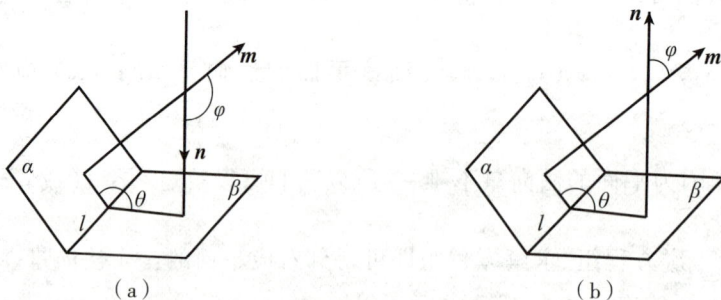

图 1 - 3 - 45

【例题 11】如图 1 - 3 - 46，四棱锥 $P - ABCD$，$PA \perp$ 平面 $ABCD$，$BC \mathbin{/\!/} AD$，$\angle ABC = 45°$，$AB = \sqrt{2}$，$AD = 2BC = 4$，$\triangle PAB$ 为等腰三角形，M 为 PD 的中点。

（Ⅰ）证明：$CM \mathbin{/\!/}$ 平面 PAB；

（Ⅱ）求二面角 $D - PC - A$ 的正弦值。

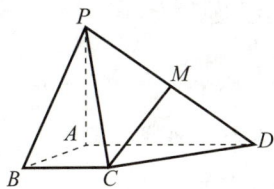

图 1 - 3 - 46

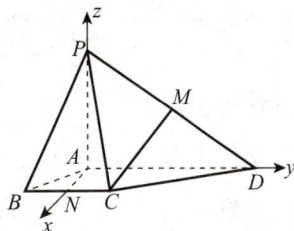

图 1 - 3 - 47

【解析】

（Ⅰ）证明:过点 A 作 $AN \perp BC$ 交 BC 于 N,则在 Rt$\triangle ABN$ 中,$\angle ABC = 45°$,$AB = \sqrt{2}$,所以 $AN = BN = 1$,N 是 BC 的中点。以 A 为原点,AN,AD,AP 所在直线为坐标轴建立如图 1 - 3 - 47 所示的空间直角坐标系,则有 $A(0,0,0)$,$B(1,-1,0)$,$C(1,1,0)$,$D(0,4,0)$,$P(0,0,\sqrt{2})$,$M\left(0,2,\dfrac{\sqrt{2}}{2}\right)$,$\overrightarrow{CM} = \left(-1,1,\dfrac{\sqrt{2}}{2}\right)$,$\overrightarrow{AP} = (0,0,\sqrt{2})$,$\overrightarrow{AB} = (1,-1,0)$。设平面 PAB 的一个法向量 $\boldsymbol{n} = (x,y,z)$,则有 $\boldsymbol{n} \cdot \overrightarrow{AP} = 0$,$\boldsymbol{n} \cdot \overrightarrow{AB} = 0$,即 $\begin{cases} \sqrt{2}z = 0, \\ x - y = 0, \end{cases}$ 令 $x = 1$,解得 $\begin{cases} y = 1, \\ z = 0, \end{cases}$ 则 $\boldsymbol{n} = (1,1,0)$。因为 $\overrightarrow{CM} \cdot \boldsymbol{n} = -1 + 1 = 0$,所以 CM // 平面 PAB。

（Ⅱ）设平面 PCD 的一个法向量 $\boldsymbol{n}_1 = (x_1,y_1,z_1)$,$\overrightarrow{PC} = (1,1,-\sqrt{2})$,$\overrightarrow{PD} = (0,4,-\sqrt{2})$,则有 $\begin{cases} x_1 + y_1 - \sqrt{2}z_1 = 0, \\ 4y_1 - \sqrt{2}z_1 = 0, \end{cases}$ 令 $z_1 = 4$,则 $\boldsymbol{n}_1 = (3\sqrt{2},\sqrt{2},4)$。设平面 PAC 的一个法向量 $\boldsymbol{n}_2 = (x_2,y_2,z_2)$,因为 $\overrightarrow{AC} = (1,1,0)$,$\overrightarrow{AP} = (0,0,\sqrt{2})$,所以有 $\begin{cases} x_2 + y_2 = 0, \\ \sqrt{2}z_2 = 0, \end{cases}$ 令 $x_2 = 1$,则有 $\boldsymbol{n}_2 = (1,-1,0)$。记二面角 $D - PC - A$ 为 θ,则 $|\cos\theta| = \dfrac{|\boldsymbol{n}_1 \cdot \boldsymbol{n}_2|}{|\boldsymbol{n}_1||\boldsymbol{n}_2|} = \dfrac{2\sqrt{2}}{6\sqrt{2}} = \dfrac{1}{3}$,所以 $\sin\theta = \sqrt{1 - \cos^2\theta} = \dfrac{2\sqrt{2}}{3}$,即二面角 $D - PC - A$ 的正弦值为 $\dfrac{2\sqrt{2}}{3}$。

3. 向量法求点、直线、平面间的距离

(1) 空间中两点间的距离

设空间中 A,B 两点的坐标分别为 (x_1,y_1,z_1),(x_2,y_2,z_2),则两点间的距离

$$d = |\overrightarrow{AB}| = \sqrt{(x_2 - x_1)^2 + (y_2 - y_1)^2 + (z_2 - z_1)^2}。$$

(2) 空间中点到直线的距离

在直线 l 上找一点 P,过定点 A 且垂直于直线 l 的向量为 $\boldsymbol{n}$,则定点 A 到直线 l 的距离

$$d = |\overrightarrow{PA}||\cos\langle\overrightarrow{PA},\boldsymbol{n}\rangle| = \dfrac{|\overrightarrow{PA} \cdot \boldsymbol{n}|}{|\boldsymbol{n}|}。$$

(3) 空间中点到平面的距离

设点 P 是平面 α 外一点,A 是平面 α 内一定点,$\boldsymbol{n}$ 为平面 α 的一个法向量,则点 P 到平面 α 的距离

$$d = |\overrightarrow{PA}| |\cos\langle \overrightarrow{PA}, \boldsymbol{n}\rangle| = \frac{|\overrightarrow{PA} \cdot \boldsymbol{n}|}{|\boldsymbol{n}|}.$$

（4）空间中异面直线的距离

如图 1 - 3 - 48，设 l_1, l_2 是两条异面直线，$\boldsymbol{n}$ 是 l_1 与 l_2 的公垂线段 AB 的方向向量，D, C 分别是 l_1, l_2 上的任意两点，则 l_1 与 l_2 的距离

$$d = |\overrightarrow{AB}| = \frac{|\overrightarrow{CD} \cdot \boldsymbol{n}|}{|\boldsymbol{n}|}.$$

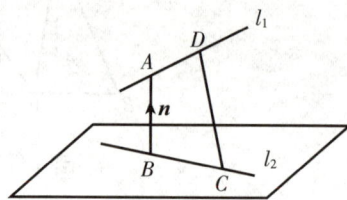

图 1 - 3 - 48

【例题 12】如图 1 - 3 - 49 所示，正方体的棱长为 1，C, D 分别是两条棱的中点，A, B, M 是顶点，那么点 M 到截面 $ABCD$ 的距离是_____。

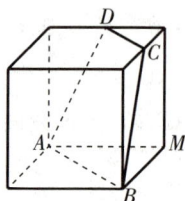

图 1 - 3 - 49

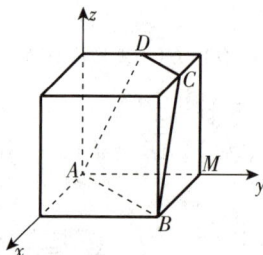

图 1 - 3 - 50

【答案】$\frac{2}{3}$。解析：建立如图 1 - 3 - 50 所示的空间直角坐标系，则 $A(0,0,0), B(1,1,0),$ $D\left(0, \frac{1}{2}, 1\right), M(0,1,0)$，所以 $\overrightarrow{AM} = (0,1,0), \overrightarrow{AB} = (1,1,0), \overrightarrow{AD} = \left(0, \frac{1}{2}, 1\right)$。设平面 $ABCD$ 的一个法

向量 $\boldsymbol{n} = (x, y, z)$，则 $\begin{cases} \boldsymbol{n} \cdot \overrightarrow{AB} = x + y = 0, \\ \boldsymbol{n} \cdot \overrightarrow{AD} = \frac{1}{2}y + z = 0, \end{cases}$ 令 $y = -2$，解得 $\begin{cases} x = 2, \\ z = 1, \end{cases}$ 则 $\boldsymbol{n} = (2, -2, 1)$，于是点 M 到截

面 $ABCD$ 的距离 $d = \frac{|\overrightarrow{AM} \cdot \boldsymbol{n}|}{|\boldsymbol{n}|} = \frac{2}{\sqrt{2^2 + (-2)^2 + 1^2}} = \frac{2}{3}$。

强化练习

1. 已知非零向量 $\boldsymbol{a}, \boldsymbol{b}$ 的夹角为 θ，$|\boldsymbol{a} + \boldsymbol{b}| = \sqrt{3}$，$|\boldsymbol{a} - \boldsymbol{b}| = 1$，则 θ 的取值范围是（　　）。

A. $0 \leqslant \theta \leqslant \frac{\pi}{3}$　　　　　　　　　　B. $\frac{\pi}{3} \leqslant \theta < \frac{\pi}{2}$

C. $\frac{\pi}{6} \leqslant \theta < \frac{\pi}{2}$　　　　　　　　　　D. $0 < \theta < \frac{2\pi}{3}$

2. 若向量 $\boldsymbol{a}, \boldsymbol{b}$ 满足 $(\boldsymbol{a} - \boldsymbol{b}) \cdot (\boldsymbol{a} + 2\boldsymbol{b}) = 1$，且 $|\boldsymbol{a}| = 2$，$|\boldsymbol{b}| = 1$，则向量 $\boldsymbol{a}, \boldsymbol{b}$ 的夹角为（　　）。

A. $\frac{\pi}{6}$　　　　　　　　　　　　　　B. $\frac{\pi}{3}$

C. $\dfrac{2\pi}{3}$　　　　　　　　　　　　　　　　D. $\dfrac{5\pi}{6}$

3. 假设异面直线 a,b 分别位于平面 α,β 内,并且 $\alpha \cap \beta = c$,则直线 c 一定(　　　)。

　　A. 与 a,b 都平行

　　B. 与 a,b 都相交

　　C. 至少与 a,b 中的一条相交

　　D. 只能与 a,b 中的一条相交

4. 如图 1 - 3 - 51,AB 为圆 O 的直径,若 $\angle DAB = 20°$,则 $\angle ACD$ 度数为(　　　)。

　　A. 110°　　　　　　　B. 120°　　　　　　　C. 130°　　　　　　　D. 140°

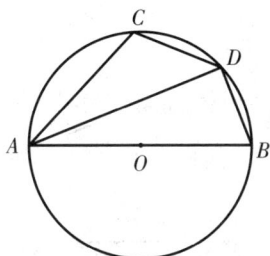

图 1 - 3 - 51

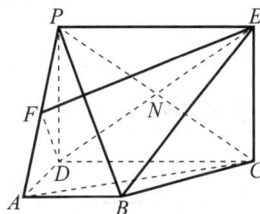

图 1 - 3 - 52

5. 已知 $\text{Rt}\triangle ABC$,其中两直角边 $AB = 3,AC = 4$,则 $\text{Rt}\triangle ABC$ 绕斜边 BC 旋转一周所形成的几何体的体积为(　　　)。

　　A. 12π　　　　　　　B. 16π　　　　　　　C. 20π　　　　　　　D. $\dfrac{48\pi}{5}$

6. 一个圆柱体侧面展开后是一个边长为25.12厘米的正方形,这个圆柱体的体积约为_____立方厘米(保留到整数)。

7. 若正三棱锥的三个侧面两两垂直,侧棱长为 1,顶点都在球面上,则该球的表面积为_____。

8. 如图 1 - 3 - 52,PD 垂直于梯形 $ABCD$ 所在的平面,$\angle ADC = \angle BAD = 90°$,$F$ 为 PA 中点,$PD = \sqrt{2}$,$AB = AD = \dfrac{1}{2}CD = 1$,四边形 $PDCE$ 为矩形,线段 PC 交 DE 于点 N,

　　(1) 求证:$AC \parallel$ 平面 DEF;

　　(2) 求二面角 $A - BC - P$ 的大小。

9. 在平面直角坐标系 xOy 中,已知 O 为抛物线 C 的顶点,抛物线 C 经过点 $A(2,2)$,其焦点 F 在 x 轴上。

　　(1) 求抛物线 C 的标准方程;

　　(2) 设直线 l 过点 F,且与直线 OA 垂直,求直线 l 的方程;

　　(3) 设过点 $M(m,0)(m > 0)$ 的直线交抛物线 C 于点 D,E 两点,$|ME| = 2|DM|$,记 D 和 E 两点间的距离为 $f(m)$,求 $f(m)$ 关于 m 的表达式。

1.【答案】A。解析：由题意可得，$\begin{cases}(a+b)^2=|a|^2+|b|^2+2a\cdot b=3,\\(a-b)^2=|a|^2+|b|^2-2a\cdot b=1,\end{cases}$ 解得 $\begin{cases}|a|^2+|b|^2=2,\\2a\cdot b=1,\end{cases}$ 于是

$\cos\theta=\dfrac{a\cdot b}{|a||b|}=\dfrac{1}{2|a||b|}$，又由均值不等式知，$|a||b|\leqslant\dfrac{|a|^2+|b|^2}{2}=1$，所以有 $\dfrac{1}{2}\leqslant\cos\theta\leqslant1$，则 $0\leqslant\theta\leqslant\dfrac{\pi}{3}$。

故本题选 A。

2.【答案】C。解析：由 $(a-b)\cdot(a+2b)=1$，$|a|=2$，$|b|=1$，可得 $a\cdot b=-1$。记向量 a,b 的夹角为 $\theta(0\leqslant$

$\theta\leqslant\pi)$，则 $\cos\theta=\dfrac{a\cdot b}{|a|\cdot|b|}=-\dfrac{1}{2}$，所以 $\theta=\dfrac{2\pi}{3}$。故本题选 C。

3.【答案】C。解析：如图 $1-3-53(a)(b)$，直线 c 可与 a,b 都相交，也可只与一条相交；如果直线 c 与 a,b 均不相交，则直线 c 与 a,b 均平行，进而 $a/\!/b$，这与 a,b 异面相矛盾，所以直线 c 至少与 a,b 中的一条相交。故本题选 C。

图 $1-3-53$

4.【答案】A。解析：因为 AB 是圆 O 的直径，所以 $\angle ADB=90°$，于是 $\angle ABD=\angle ADB-\angle DAB=90°-20°=$

$70°$，又 A,B,D,C 四点共圆，所以 $\angle ACD+\angle ABD=180°$，于是 $\angle ACD=180°-70°=110°$。故本题选 A。

5.【答案】D。解析：绕斜边 BC 旋转一周所形成的几何体可看成是两个底面重合的圆锥体，它们的底面半

径为 $\dfrac{3\times4}{5}=\dfrac{12}{5}$，且各自高的和 $h_1+h_2=BC$，因此，几何体体积 $V=\dfrac{1}{3}S_底(h_1+h_2)=\dfrac{1}{3}S_底\cdot BC=\dfrac{1}{3}\times\pi\left(\dfrac{12}{5}\right)^2\times$

$5=\dfrac{48\pi}{5}$。故本题选 D。

6.【答案】1262。解析：设原圆柱体的高为 h，半径为 r，由题意得，$h=2\pi r=25.12$，$r=4$。故该圆柱体的体

积 $V=\pi r^2 h\approx1262($立方厘米$)$。

7.【答案】3π。解析：如图 $1-3-54$ 所示，将正三棱锥补成一个以 1 为棱长的正方体，则正三棱锥的外接

球即为正方体的外接球，所以外接球的直径为 $\sqrt{1^2+1^2+1^2}=\sqrt{3}$，外接球的表面积为 $4\pi\times\left(\dfrac{\sqrt{3}}{2}\right)^2=3\pi$。

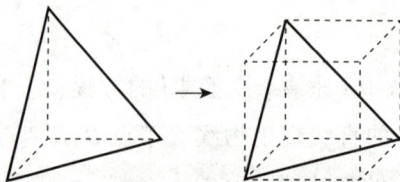

图 $1-3-54$

8.【解析】

(1) 证明：连接 FN，则在 $\triangle PAC$ 中，F,N 分别为 PA,PC 的中点，

所以 $FN \parallel AC$。

因为 $FN \subset$ 平面 DEF，$AC \not\subset$ 平面 DEF，

由此得 $AC \parallel$ 平面 DEF。

（2）（方法一：几何法）

如图 1 - 3 - 55，作 CD 中点 H，连接 BD,BH。

因为在直角梯形 $ABCD$ 中，$AB = AD = \dfrac{1}{2}CD = 1$，

所以 $CD = 2,BH \perp CD,BD = BC = \sqrt{2},BD \perp BC$，

又 $PD \perp$ 面 $ABCD$，所以 $PD \perp BD,PD \perp BC,BC \perp$ 面 PBD，

于是 $BC \perp PB$，$\angle PBD$ 即为二面角 $A - BC - P$ 的平面角。

在 $\mathrm{Rt}\triangle PDB$ 中，$PD = BD = \sqrt{2}$，则 $\angle PBD = \dfrac{\pi}{4}$。

故二面角 $A - BC - P$ 为 $\dfrac{\pi}{4}$。

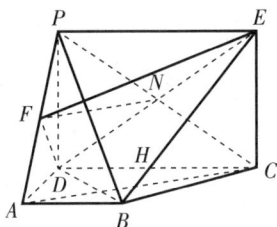

图 1 - 3 - 55

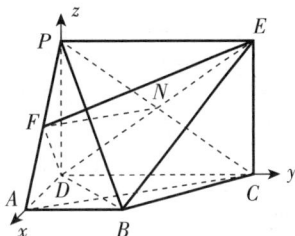

图 1 - 3 - 56

（方法二：向量法）

如图 1 - 3 - 56，以 D 为原点，DA,DC,DP 所在直线分别为 x 轴、y 轴、z 轴建立空间直角坐标系，则有 $P(0,0,\sqrt{2})$，$B(1,1,0)$，$C(0,2,0)$，$\overrightarrow{PB} = (1,1,-\sqrt{2})$，$\overrightarrow{BC} = (-1,1,0)$。平面 ABC 的一个法向量为 $\boldsymbol{n} = (0,0,1)$，设平面 PBC 的一个法向量 $\boldsymbol{m} = (x,y,z)$，则有 $\begin{cases} x + y - \sqrt{2}z = 0, \\ -x + y = 0, \end{cases}$ 令 $x = 1$，解得 $\begin{cases} y = 1, \\ z = \sqrt{2}, \end{cases}$ 则 $\boldsymbol{m} = (1,1,\sqrt{2})$。所以 $|\cos\langle \boldsymbol{m},\boldsymbol{n}\rangle| = \dfrac{|\boldsymbol{m} \cdot \boldsymbol{n}|}{|\boldsymbol{m}| \cdot |\boldsymbol{n}|} = \dfrac{\sqrt{2}}{2}$。由图知，二面角 $A - BC - P$ 为锐角，故二面角 $A - BC - P$ 为 $\dfrac{\pi}{4}$。

9.【解析】（1）抛物线的焦点在 x 轴上，设抛物线方程为 $y^2 = 2px$。抛物线经过点 $A(2,2)$，代入抛物线方程，解得 $p = 1$，所以抛物线 C 的标准方程为 $y^2 = 2x$。

（2）由题意易知，直线 OA 的斜率为 1，因为直线 l 与直线 OA 垂直，所以直线 l 的斜率为 -1，又直线 l 过抛物线焦点 $F\left(\dfrac{1}{2},0\right)$，所以直线 l 的方程为 $y = -x + \dfrac{1}{2}$。

（3）（方法一）设 D,E 两点的坐标分别为 (x_1,y_1)，(x_2,y_2)。因为 D,E 在同一条直线上，且 $|ME| = 2|DM|$，所以有 $\dfrac{|x_1 - m|}{|x_2 - m|} = \dfrac{|y_1|}{|y_2|} = \dfrac{1}{2}$（记为①式），又 D,E 两点是直线与抛物线的交点，所以 x_1,x_2 中有一个大于 m，一个小于 m；y_1,y_2 中有一个大于 0，一个小于 0，则①式可化为 $\dfrac{x_1 - m}{x_2 - m} = \dfrac{y_1}{y_2} = -\dfrac{1}{2}$（记为②式），联立②式与抛物线方程得，$\dfrac{y_1^2}{y_2^2} = \dfrac{2x_1}{2x_2} = \dfrac{1}{4}$，即 $x_2 = 4x_1$，把 $x_2 = 4x_1$ 代入②式得，$\dfrac{x_1 - m}{4x_1 - m} = -\dfrac{1}{2}$，解得 $x_1 = \dfrac{m}{2}$。因此，D,E 两点之间的

距离 $f(m) = \sqrt{(y_1 - y_2)^2 + (x_1 - x_2)^2} = \sqrt{(3y_1)^2 + (-3x_1)^2} = \sqrt{9m + \dfrac{9}{4}m^2} = \dfrac{3}{2} \cdot \sqrt{m^2 + 4m}\,(m > 0)$。

（方法二）设 D, E 两点的坐标分别为 (x_1, y_1)，(x_2, y_2)，直线 DE 的方程为 $y = k(x - m)$。由题意可知 $k \neq 0$，所以有 $x = \dfrac{y}{k} + m$，将其代入抛物线方程有 $ky^2 - 2y - 2km = 0$，解得 $y_{1,2} = \dfrac{1 \pm \sqrt{1 + 2mk^2}}{k}$。由 $|ME| = 2|DM|$ 可知，$|y_2| = 2|y_1|$，则有 $1 + \sqrt{1 + 2mk^2} = 2(\sqrt{1 + 2mk^2} - 1)$，化简得 $k^2 = \dfrac{4}{m}$，所以 $|DE|^2 = \left(1 + \dfrac{1}{k^2}\right)(y_1 - y_2)^2 = \left(1 + \dfrac{1}{k^2}\right)\dfrac{4(1 + 2mk^2)}{k^2} = \dfrac{9}{4}(m^2 + 4m)$，则 $f(m) = \dfrac{3}{2}\sqrt{m^2 + 4m}\,(m > 0)$。

第四章　概率与统计

第一节　计数原理

一、基本计数原理

1. 分类加法计数原理

做一件事情,如果完成它有 n 类办法,且在第 1 类办法中有 m_1 种不同的方法,在第 2 类办法中有 m_2 种不同的方法,……,在第 n 类办法中有 m_n 种不同的方法,那么完成这件事情共有 $N = m_1 + m_2 + \cdots + m_n$(种)不同的方法。

2. 分步乘法计数原理

做一件事情,如果完成它需要 n 个步骤,且做第 1 个步骤有 m_1 种不同的方法,做第 2 个步骤有 m_2 种不同的方法,……,做第 n 个步骤有 m_n 种不同的方法,那么完成这件事情共有 $N = m_1 \times m_2 \times \cdots \times m_n$(种)不同的方法。

注:在"分类"问题中,分类加法计数原理与分类有关,各类方法相互独立,其中的任何一种都可以把这件事做完;在"分步"问题中,分步乘法计数原理与分步有关,各个步骤相互依存,只有把各个步骤依次全部完成,才能把这件事做完。

二、排列

从 n 个不同的元素中取出 $m(m \leqslant n)$ 个元素,按照一定的顺序排成一列,叫作从 n 个不同元素中取出 m 个元素的一个排列。

根据排列的定义,两个排列相同,当且仅当两个排列的元素完全相同,且元素的排列顺序也相同。

考点1　排列数

从 n 个不同元素中取出 $m(m \leqslant n)$ 个元素的所有不同排列的个数,叫作从 n 个不同元素中取出 m 个元素的排列数,用符号 A_n^m 表示。根据分步乘法计数原理可以得到排列数公式,

$$A_n^m = n(n-1)(n-2)\cdots(n-m+1)(n, m \in \mathbf{N}^*, m \leqslant n)。$$

特别地,n 个不同元素全部取出的一个排列,叫作 n 个不同元素的一个全排列。这时在排列数公式中有 $m = n$,进而有

$$A_n^n = n \times (n-1) \times (n-2) \times \cdots \times 3 \times 2 \times 1 = n!。$$

其中,$n!$ 表示 n 的阶乘,它是所有小于等于整数 n 的正整数的积,并且规定 $0! = 1$。

因此,排列数公式还有另外一种形式

$$A_n^m = n(n-1)(n-2)\cdots(n-m+1)$$

$$= \frac{n \times (n-1) \times (n-2) \times \cdots \times (n-m+1) \times (n-m) \times \cdots \times 3 \times 2 \times 1}{(n-m) \times (n-m-1) \times \cdots \times 3 \times 2 \times 1}$$

$$= \frac{n!}{(n-m)!} \, 。$$

考点2　几个常用的排列数公式

$A_n^0 = 1;$　　　　　　　$A_n^m = (n-m+1)A_n^{m-1};$　　　$A_n^m = \dfrac{n}{n-m}A_{n-1}^m;$

$A_n^m = nA_{n-1}^{m-1};$　　　$nA_n^n = A_{n+1}^{n+1} - A_{n+1}^n;$　　　$A_{n+1}^m = A_n^m + mA_n^{m-1} 。$

三、组合

从 n 个不同的元素中任取 $m(m \leqslant n)$ 个元素合成一组,叫作从 n 个不同元素中取出 m 个元素的一个组合。

从组合的定义可以看出,组合与排列的区别在于,组合与元素的顺序无关,排列与元素的顺序有关。只要两个组合的元素完全相同,不论元素的顺序如何,都是相同的组合。

考点1　组合数

从 n 个不同的元素中取出 m 个元素的所有组合的个数,叫作从 n 个不同元素中取出 m 个元素的组合数,用符号 C_n^m 表示。

一般地,从 n 个不同元素中,任取 m 个元素的排列,可以分两步完成:

第一步,从 n 个不同元素中,任取 m 个元素的组合,有 C_n^m 种方法;

第二步,选出的 m 个不同元素的全排列,有 A_m^m 种方法。

根据分步乘法计数原理,

$$A_n^m = C_n^m \cdot A_m^m,$$

进而可得,组合数的公式

$$C_n^m = \frac{A_n^m}{A_m^m} = \frac{n(n-1)(n-2)\cdots(n-m+1)}{m!}$$

$$= \frac{n!}{m!\,(n-m)!} \, 。$$

考点2　几个常用的组合数公式

$C_n^0 = 1;$

$C_n^m = C_n^{n-m}$（为简化计算,当 $m > \dfrac{n}{2}$ 时,通常将计算 C_n^m 转化为计算 C_n^{n-m}）;

$C_{n+1}^m = C_n^m + C_n^{m-1};$

$C_n^0 + C_n^1 + C_n^2 + \cdots + C_n^n = 2^n;$

$C_n^0 + C_n^2 + C_n^4 + \cdots = C_n^1 + C_n^3 + C_n^5 + \cdots = 2^{n-1};$

$C_m^m + C_{m+1}^m + C_{m+2}^m + \cdots + C_{m+n}^m = C_{m+n+1}^{m+1};$

$$kC_n^k = nC_{n-1}^{k-1};$$

$$\frac{1}{k+1}C_n^k = \frac{1}{n+1}C_{n+1}^{k+1}。$$

注：一般地，从 $(n+1)$ 个不同元素中任取 m 个元素的组合可以分为两类：①取出的 m 个元素中不含某个元素 a，只需在除去元素 a 的其余 n 个元素中任取 m 个，有 C_n^m 种取法；②取出的 m 个元素中含有某个元素 a，只需在除去元素 a 的其余 n 个元素中任取 $(m-1)$ 个后再取出元素 a，有 C_n^{m-1} 种取法。根据分类加法计数原理得 $C_{n+1}^m = C_n^m + C_n^{m-1}$。

四、排列、组合的相关问题

考点1 排列问题

(1) 直接法：把符合条件的排列数直接列式计算。

(2) 排除法：先求出不考虑限制条件的总排列数，然后减去不符合条件的排列数。

(3) 捆绑法：在特定要求的条件下，将几个相关元素当作一个元素来考虑，待整体排好之后再考虑它们"局部"的排列。捆绑法主要用于解决"元素相邻问题"。

例如，n 个不同元素，要求 $m(m \leq n)$ 个元素相邻，先将需要相邻的 m 个元素当作一个元素，和剩下的 $n-m$ 个元素一起进行整体排列，有 A_{n-m+1}^{n-m+1} 种排法，再对 m 个元素进行局部排列，有 A_m^m 种排法，因此 n 个不同元素，要求 $m(m \leq n)$ 个元素相邻的排法有 $A_{n-m+1}^{n-m+1} \cdot A_m^m$ 种。

(4) 插空法：先把一般元素排列好，然后把待定元素插排在它们之间或两端的空挡中，此法主要解决"元素不相邻问题"。

例如，n 个不同元素，要求 m 个元素互不相邻，先将没有要求"互不相邻"的 $n-m$ 个元素进行全排列，有 A_{n-m}^{n-m} 种排法，排好后这 $n-m$ 个元素之间及两端就有 $n-m+1$ 个空挡，将要求"互不相邻"的 m 个元素插入这些空挡中，有 A_{n-m+1}^m 种排法，因此 n 个不同元素，要求 m 个元素互不相邻的排法有 $A_{n-m}^{n-m} \cdot A_{n-m+1}^m$ 种。注意，只有当互不相邻的元素个数不大于空挡数，即 $m \leq n-m+1$ 时，这种方法才有意义。

(5) 占位法：从元素的特殊性上讲，对问题中的特殊元素应优先排列，然后再排其他一般元素；从位置的特殊性上讲，对问题中的特殊位置应优先考虑，然后再排其他剩余位置，即采用"先特殊后一般"的解题原则。

【例题1】0,1,2,…,9 这 10 个数字中，选出 3 个数字组成三位数，其中偶数个数为（   ）。

A. 328   B. 360   C. 600   D. 720

【答案】A。 解析：由于得到的三位数各位数字互不相同，所以个位数字为 0 的偶数共有 $A_9^2 = 72$（个），十位数字为 0 的偶数共有 $C_4^1 \cdot C_8^1 = 32$（个），个位和十位数字都不为 0 的偶数共有 $C_4^1 \cdot A_8^2 = 224$（个），总共符合条件的偶数有 $72 + 32 + 224 = 328$（个）。故本题选 A。

(6) 调序法：当某些元素次序一定时，可用此法。解题方法：先将 n 个元素进行全排列有 A_n^n 种，$m(m < n)$ 个元素的全排列有 A_m^m 种，由于要求 m 个元素次序一定，因此只能取其中的某一种排法，可以利用除法起到调序的作用，即若 n 个元素排成一列，其中 m 个元素次序一定，共有 $\dfrac{A_n^n}{A_m^m}$ 种排列方法。

【例题 2】若把英语单词"hello"的字母顺序写错了,则可能出现的错误的种数是( )。

A. 119   B. 59

C. 120   D. 60

【答案】B。解析:因为两个 l 的次序一样,所以五个字母全排列共有 $\dfrac{A_5^5}{A_2^2}=60$(种)结果,因为只有一个结果是正确的,所以可能出现错误的种数是 $60-1=59$。故本题选 B。

(7)定位问题:从 n 个不同元素中取出 k 个不同元素进行排列,要求某 r 个元素包含在内,并且都排在某 r 个指定位置的排法有 $A_r^r \cdot A_{n-r}^{k-r}$ 种。

考点 2   组合问题的常见类型及解决方法

(1)"含有"或"不含有"某些元素:"含有"则先将这些元素取出,再由另外元素补足;"不含有"则先将这些元素剔除,再从剩下的元素中选取。

(2)"至少"或"最多"含有几个元素:用直接法或间接法解题均可,但要注意"至少"或"最多"的含义,做到不重不漏。

(3)隔板法:用来处理将 n 个相同的元素分成 k 个不同的组,且要求每组至少一个元素的分组问题。将 n 个相同的元素分成 k 个不同的组,n 个元素之间就有 $n-1$ 个空挡,用 $k-1$ 块隔板插入这 $n-1$ 个空挡就得到了 k 个不同的组,所以共有 C_{n-1}^{k-1} 种分法。

注:使用隔板法时需要满足下列三个条件:① 相同元素分配;② 所分组是不相同的;③ 每组至少分到一个。

还有一种类似的问题,将 n 个相同的元素分成 k 个不同的组的分组问题,没有要求每组至少有一个元素。这个问题等价于将 $n+k$ 个相同的元素分成 k 个不同的组,且要求每组至少一个元素,即有 C_{n+k-1}^{k-1} 种分组方法。

用隔板法可以求解正整数方程 $x_1+x_2+\cdots+x_k=n$ 的正整数解的组数问题。该问题等价于将 n 个相同的元素分成 k 个不同的组,且要求每组至少一个元素。

考题再现

【2021 年高中真题】某市委从甲、乙、丙等 10 名组织机关科员中选 3 人担任驻村第一书记,则甲、乙至少有 1 人入选,而丙没有入选的不同选法有( )种。

A. 85   B. 62

C. 49   D. 28

【答案】C。解析:从除丙以外的 9 名科员中任选 3 人,有 C_9^3 种选法,若甲、乙、丙均没入选,则有 C_7^3 种选法。因此,甲、乙至少有 1 人入选,而丙没有入选的不同选法有 $C_9^3-C_7^3=84-35=49$(种)。故本题选 C。

【例题 3】将 3 个 1,11 个 0 排成一列,使得每两个 1 之间至少隔着两个 0,则共有( )种不同的排法。

A. 110   B. 120   C. 125   D. 136

【答案】B。解析:由题意可知,此问题可以转化成在形如 __ 1 00 1 00 1 __ 由 3 个 1 所形成的 4 个空中插入 7 个 0 的问题,等价于将 7 个 0 分成 4 个不同的组(允许有的组没有分到),还等价于将 11 个元素分成 4 个不同的组(每组至少有一个元素),所以共有 $C_{10}^3=120$(种)排法。

考点 3　组合问题中的分组和分配问题

（1）分组问题

分组问题是将 n 个不同的元素按照一定条件分成 m 组，求共有多少种不同分组方法的问题。

一般地，将 n 个不同元素分成 m 组，每组的元素个数分别为 $p_1, p_2, \cdots, p_m (p_1 + p_2 + \cdots + p_m = n)$，其中组内元素数目相等的组数分别为 $k_1, k_2, \cdots, k_s (k_i \geq 2, i = 1, 2, \cdots, s)$，则分法数为

$$\frac{C_n^{p_1} C_{n-p_1}^{p_2} C_{n-p_1-p_2}^{p_3} \cdots C_{p_m}^{p_m}}{A_{k_1}^{k_1} A_{k_2}^{k_2} \cdots A_{k_s}^{k_s}}。$$

特别地，如果各组元素数均不相等，则分法数为 $C_n^{p_1} C_{n-p_1}^{p_2} C_{n-p_1-p_2}^{p_3} \cdots C_{p_m}^{p_m}$。

【例题 4】 将 12 名同学，按以下条件分成 4 个组，求每种条件下各有多少种不同的分组方式。（用排列数和组合数表示）

（Ⅰ）一组 1 个人，一组 2 个人，一组 4 个人，一组 5 个人；

（Ⅱ）每组 3 个人；

（Ⅲ）两组各 4 人，另外两组各 2 人。

【解析】（Ⅰ）组内不存在元素数目相等的组，所以不同的分组方式共有 $C_{12}^1 C_{11}^2 C_9^4 C_5^5$ 种。

（Ⅱ）组内四组元素都等于 3，所以不同的分组方式共有 $\dfrac{C_{12}^3 C_9^3 C_6^3 C_3^3}{A_4^4}$ 种。

（Ⅲ）组内两组元素等于 4，两组元素等于 2，所以不同的分组方式共有 $\dfrac{C_{12}^4 C_8^4 C_4^2 C_2^2}{A_2^2 A_2^2}$ 种。

（2）分配问题

分配问题是将 n 个不同的元素按照一定条件分配给 m 个对象，求共有多少种不同分配方法的问题。根据分配对象需要的元素数是否确定，将分配问题分为定数分配和非定数分配两种。

① 定数分配问题

定数分配，即每个分配对象，各自需要的元素数已经确定。解决这类问题时，只需要按照顺序依次给每个对象分配相应数目的元素即可。

一般地，将 n 个不同元素分配给 m 个对象，每个对象需要的元素个数分别为 $p_1, p_2, \cdots, p_m (p_1 + p_2 + \cdots + p_m = n)$，则分法数为

$$C_n^{p_1} C_{n-p_1}^{p_2} C_{n-p_1-p_2}^{p_3} \cdots C_{p_m}^{p_m} = \frac{n!}{p_1! \ p_2! \ \cdots p_m!}。$$

【例题 5】 12 名同学分别到三个不同的路口进行车流量的调查，若每个路口 4 人，则不同的分配方案共有（　　）种。

A. $C_{12}^4 C_8^4 C_4^4$　　　　B. $3C_{12}^4 C_8^4 C_4^4$　　　　C. $C_{12}^4 C_8^4 C_4^4 A_3^3$　　　　D. $\dfrac{C_{12}^4 C_8^4 C_4^4}{A_3^3}$

【答案】 A。**解析：**从 12 名同学中选 4 人分到第一个路口，再从剩下的 8 名同学中选 4 人分到第二个路口，最后剩下的 4 名同学分到第三个路口，即共有 $C_{12}^4 C_8^4 C_4^4$ 种分配方案。

② 非定数分配问题

非定数分配，即每个分配对象，各自需要的元素数还没有确定。解决这类问题时，只需按照条

件先对元素进行分组,再乘组数的全排列即可。

【例题6】 将12本不同的书,按以下条件分给甲、乙、丙、丁四人,求每种条件下各有多少种不同的分配方式。(用排列数和组合数表示)

(Ⅰ)每人都分3书;

(Ⅱ)一人分1本书,一人分2本书,一人分4本书,一人分5本书。

【解析】(Ⅰ)每个人都分3本书,对甲、乙、丙、丁四人来说,他们每个人分配的书的数目是确定的,因此该问题是一个定数分配问题,进而不同的分配方式有 $C_{12}^3 C_9^3 C_6^3 C_3^3$ 种。

(Ⅱ)甲、乙、丙、丁四人分到书的数目不能确定,因此该问题是一个非定数分配问题。将12本书按题中方式分组,共有 $C_{12}^1 C_{11}^2 C_9^4 C_5^5$ 种分法,再对甲、乙、丙、丁四人进行分配可得,不同的分配方式有 $C_{12}^1 C_{11}^2 C_9^4 C_5^5 A_4^4$。

考点4 抽屉原理

1. 第一抽屉原理

原理1 把多于 n 个的物体放到 n 个抽屉里,则至少有一个抽屉里的东西不少于两件。

证明(反证法):如果每个抽屉至多只能放进一个物体,那么物体的总数至多是 n,这与题设矛盾,故假设不成立。

原理2 把多于 $m \times n(m, n \neq 0)$ 个的物体放到 n 个抽屉里,则至少有一个抽屉里有不少于 $(m+1)$ 个物体。

证明(反证法):若每个抽屉至多放进 m 个物体,那么 n 个抽屉至多放进 $m \times n$ 个物体,这与题设矛盾,故假设不成立。

原理3 把无穷多件物体放入 n 个抽屉,则至少有一个抽屉里有无穷个物体。

2. 第二抽屉原理

原理 把 $(m \times n - 1)$ 个物体放入 n 个抽屉中,其中必有一个抽屉中至多有 $(m-1)$ 个物体。

例如,将 $3 \times 5 - 1 = 14$ 个物体放入5个抽屉中,则必有一个抽屉中的物体数小于等于 $3 - 1 = 2$(个)。

第二节 二项式定理

考点1 二项式定理

一般地,对任意正整数 n,有

$$(a+b)^n = C_n^0 a^n b^0 + C_n^1 a^{n-1} b^1 + C_n^2 a^{n-2} b^2 + \cdots + C_n^n a^0 b^n.$$

上式就是二项式定理,式中等号右边的多项式叫作 $(a+b)^n$ 的二项展开式,各项的系数 $C_n^k(k = 0, 1, 2, \cdots, n)$ 叫作二项式系数,二项展开式的第 $k+1$ 项 $C_n^k a^{n-k} b^k$ 叫作二项式的通项,用 T_{k+1} 表示,即

$$T_{k+1} = C_n^k a^{n-k} b^k.$$

二项式定理具有以下特点:

① 共有 $n+1$ 项;

② 系数依次为组合数 $C_n^0, C_n^1, C_n^2, \cdots, C_n^r, \cdots, C_n^n$;

③ 各项的次数都等于二项式的幂指数 n，即 a 与 b 的指数的和为 n；

④ 展开式以 a 的降幂，b 的升幂排列展开。

考题再现

【2021 年高中真题】$(1 + 2x)^3 (2 - x)^4$ 的展开式中 x 的系数为（　　）。

A. 96　　　　　　　　B. 64　　　　　　　　C. 32　　　　　　　　D. 16

【答案】B。解析：二项式 $(1 + 2x)^3$ 与 $(2 - x)^4$ 展开式的通项分别为 $T_{r+1} = C_3^r (2x)^r$，$T_{r+1} = C_4^r 2^{4-r} (-x)^r$，则 $(1 + 2x)^3 (2 - x)^4$ 的展开式中含 x 的项为 $C_3^1 (2x) \cdot C_4^0 2^4 (-x)^0 + C_3^0 (2x)^0 \cdot C_4^1 2^3 (-x) = 64x$，其系数为 64。故本题选 B。

考点 2　二项式系数的性质

对称性：与首末两端"等距离"的两个二项式系数相等，即 $C_n^m = C_n^{n-m}$。

增减性与最大值：当 $r \leqslant \dfrac{n + 1}{2}$ 时，二项式系数 C_n^r 的值逐渐增大；当 $r \geqslant \dfrac{n + 1}{2}$ 时，C_n^r 的值逐渐减小。当 n 为偶数时，中间一项（第 $\dfrac{n}{2} + 1$ 项）的二项式系数最大；当 n 为奇数时，中间两项（第 $\dfrac{n + 1}{2}$ 和 $\dfrac{n + 1}{2} + 1$ 项）的二项式系数最大。

二项式系数的和：$(a + b)^n$ 的展开式的各个二项式系数的和等于 2^n，即 $C_n^0 + C_n^1 + C_n^2 + \cdots + C_n^k + \cdots + C_n^n = 2^n$；二项式奇数项系数的和等于二项式偶数项系数的和，即 $C_n^0 + C_n^2 + \cdots = C_n^1 + C_n^3 + \cdots = 2^{n-1}$。

第三节　概　率

一、事件

考点 1　随机试验与样本空间

1. 随机试验

一定条件下，并不总是出现相同结果的现象称为随机现象。把对随机现象的实现和对它的观察称为随机试验，简称试验，常用字母 E 表示。随机试验有以下特点：

① 试验可以在相同条件下重复进行；

② 试验的所有可能结果是明确可知的，并且不止一个；

③ 每次试验总是恰好出现这些可能结果中的一个，但事先不能确定出现哪个。

2. 样本空间

将随机试验 E 的每个可能的基本结果称为样本点，全体样本点的集合称为试验 E 的样本空间。一般地，用 Ω 表示样本空间，用 ω 表示样本点。如果一个随机试验有 n 个可能结果 $\omega_1, \omega_2, \cdots, \omega_n$，则称样本空间 $\Omega = \{\omega_1, \omega_2, \cdots, \omega_n\}$ 为有限样本空间。

【例题 1】抛掷一枚骰子，观察它落地时朝上的面的点数，写出试验的样本空间。

【解析】骰子落地时朝上面的点数有1,2,3,4,5,6,共6个可能的基本结果,所以试验的样本空间可以表示为 $\Omega = \{1,2,3,4,5,6\}$。

考点2　事件的分类

事件的分类情况如图1-4-1所示。

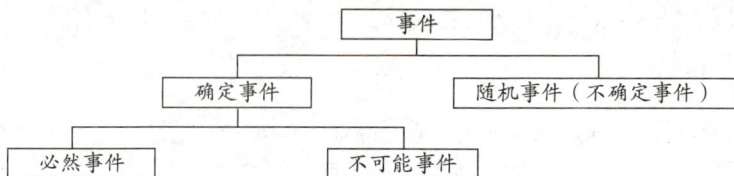

图1-4-1

随机事件:一般地,随机试验中的每个随机事件都可以用这个试验的样本空间的子集来表示,即称样本空间 Ω 的子集为随机事件,简称事件,一般用大写字母 $A,B,C,\cdots$ 表示,在每次试验中当且仅当 A 中某个样本点出现时,称为事件 A 发生。

基本事件:只包含1个样本点的事件称为基本事件。

必然事件:Ω 作为自身的子集,包含了所有的样本点,一定条件下一定会发生,由此称 Ω 为必然事件。

不可能事件:$\varnothing$ 不包含任何样本点,一定条件下一定不会发生,由此称 $\varnothing$ 为不可能事件。

注:在随机事件的定义中,将必然事件和不可能事件作为随机事件的两个极端情形,但实际上必然事件和不可能事件不具有随机性,并统称为确定事件。

考点3　事件的关系

包含关系:一般地,对于事件 A 与事件 B,如果事件 A 发生,则事件 B 一定发生,这时称事件 B 包含事件 A(或称事件 A 包含于事件 B),记作 $B \supseteq A$(或 $A \subseteq B$)。可以用图1-4-2表示。

相等关系:一般地,若 $B \supseteq A$,且 $A \supseteq B$,则称事件 A 与事件 B 相等,记为 $A = B$。

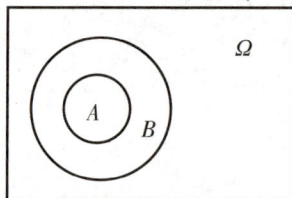

图1-4-2

考点4　事件间的运算

1. 事件的并

一般地,事件 A 与事件 B 至少有一个发生,这样的一个事件中的样本点或者在事件 A 中,或者在事件 B 中,我们称这个事件为事件 A 与事件 B 的并事件(或和事件),记作 $A \cup B$(或 $A + B$)。图1-4-3中的阴影区域表示这个并事件。

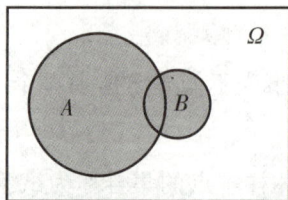

图1-4-3

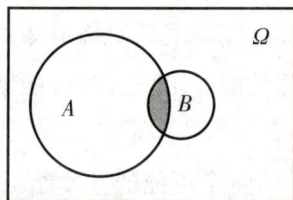

图1-4-4

2. 事件的交

一般地,事件 A 与事件 B 同时发生,这样的一个事件中的样本点既在事件 A 中,也在事件

B 中,我们称这个事件为事件 A 与事件 B 的交事件(或积事件),记作 $A \cap B$(或 AB)。图 $1-4-4$ 中的阴影区域表示这个交事件。

3. 互斥事件

一般地,如果事件 A 与事件 B 不能同时发生,也就是说 $A \cap B$ 是一个不可能事件,即 $A \cap B = \varnothing$,则称事件 A 与事件 B 互斥(或互不相容)。可以用图 $1-4-5$ 表示这两个事件互斥。

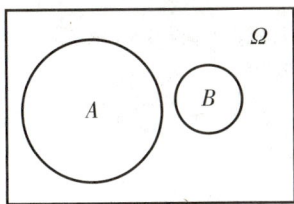

图 $1-4-5$

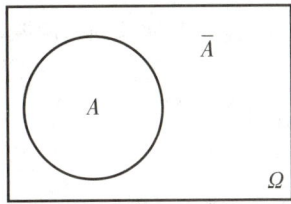

图 $1-4-6$

4. 对立事件

一般地,如果事件 A 和事件 B 在任意一次试验中有且仅有一个发生,即 $A \cup B = \Omega$,且 $A \cap B = \varnothing$,则称事件 A 与事件 B 互为对立。事件 A 的对立事件记为 $\overline{A}$,可以用图 $1-4-6$ 表示。

注:对立事件一定是互斥事件,即 $A \cap \overline{A} = \varnothing$。但互斥事件不一定是对立事件。

二、随机事件的概率

考点 1　概率的定义与性质

1. 频率与概率

在相同的条件 S 下重复 n 次试验,观察某一事件 A 是否出现,称 n 次试验中的事件 A 出现的次数 n_A 为事件 A 出现的频数,称事件 A 出现的比例 $f_n(A) = \dfrac{n_A}{n}$ 为事件 A 出现的频率。

长期的试验表明:随着试验重复次数 n 的增加,频率 $f_n(A)$ 会稳定在某一常数附近,我们称这个常数为频率的稳定值,即我们所求的概率。对于给定的随机事件 A,我们称这一常数为随机事件 A 的概率,简称为 A 的概率,记作 $P(A)$。

2. 概率的几个基本性质

(1)对任一事件 A,有 $0 \leqslant P(A) \leqslant 1$。特别地,必然事件的概率为 1,不可能事件的概率为 0。

(2)设 A, B 是一个随机试验中的两个事件,则有 $P(A \cup B) = P(A) + P(B) - P(A \cap B)$。特别地,如果事件 A 与事件 B 互斥,则 $P(A \cup B) = P(A) + P(B)$。

(3)若事件 A 与 B 互为对立事件,则 $A \cup B$ 为必然事件,$P(A \cup B) = 1$,$P(A) = 1 - P(B)$。

(4)如果 $A \subseteq B$,那么 $P(A) \leqslant P(B)$。

考点 2　古典概型与几何概型

1. 古典概型

设随机试验 E 具有以下两个特征:

① **有限性**　样本空间的样本点只有有限个;

② **等可能性**　每个样本点发生的可能性相等,则称该试验为古典概型试验,其数学模型称为古

典概率模型,简称古典概型。

古典概型中,事件 A 的概率的计算公式为

$$P(A) = \frac{\text{事件 } A \text{ 包含的样本点个数}}{\text{样本空间的样本点总数}}。$$

考题再现

【2018 年初中真题】一枚质地均匀的骰子,六面标有 1,2,3,4,5,6,投掷一次,朝上为奇数的概率为(   )。

A. $\dfrac{1}{6}$ B. $\dfrac{1}{3}$ C. $\dfrac{1}{2}$ D. $\dfrac{2}{3}$

【答案】C。**解析:**质地均匀的骰子投掷一次各数字朝上的概率是相等的。奇数有 1,3,5,所以朝上为奇数的概率为 $P = \dfrac{3}{6} = \dfrac{1}{2}$。

2. 几何概型

设随机试验 E 中每个事件发生的概率只与构成该事件区域的长度(面积或体积)成比例,则称该试验为几何概型试验,其数学模型称为几何概率模型,简称几何概型。

几何概型具有下面两个特征:

① **无限性**   样本空间的样本点有无限个;

② **等可能性**   每个样本点发生的可能性相等。

几何概型中,事件 A 的概率的计算公式为

$$P(A) = \frac{\text{构成事件 } A \text{ 的区域长度(面积或体积)}}{\text{试验的全部结果所构成的区域长度(面积或体积)}}。$$

考题再现

【2019 年高中真题】如图 1-4-7,点 P 在边长为 1 的正方形 $ABCD$ 内运动,则动点 P 到顶点 A 的距离 $|PA| < 1$ 的概率为(   )。

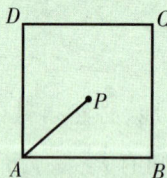

图 1-4-7

A. $\dfrac{1}{4}$ B. $\dfrac{1}{2}$ C. $\dfrac{\pi}{4}$ D. π

【答案】C。**解析:**如图 1-4-8,正方形 $ABCD$ 中动点 P 到顶点 A 的距离 $|PA| <$

1 的区域面积为单位圆面积的 $\dfrac{1}{4}$,即 $\dfrac{\pi}{4}$;正方形 $ABCD$ 的面积为 1。所以 $|PA| < 1$ 的

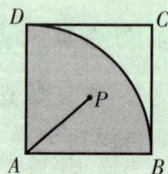

概率为 $\dfrac{\frac{\pi}{4}}{1} = \dfrac{\pi}{4}$。故本题选 C。

图 1-4-8

【例题2】从区间(0,5)内任取一个整数a,则$a \leqslant 3$的概率为_____;从区间(0,5)内任取一个实数a,则$a \leqslant 3$的概率为_____。

【答案】$\dfrac{3}{4}$;$\dfrac{3}{5}$。解析:当a为整数时为古典概型,样本空间为$\{1,2,3,4\}$,满足$a \leqslant 3$的样本有3个,分别是整数1,2,3,所以$P_1 = \dfrac{3}{4}$;当a为实数时为几何概型,样本空间的长度为5,满足$a \leqslant 3$的样本长度为3,所以$P_2 = \dfrac{3}{5}$。

考点3 条件概率

1. 条件概率的定义

一般地,设A,B为两个事件,且$P(A) > 0$,则称$P(B \mid A) = \dfrac{P(AB)}{P(A)}$为在事件$A$发生的条件下,事件$B$发生的条件概率,$P(B \mid A)$读作$A$发生的条件下$B$发生的概率。

2. 条件概率的性质

(1)$0 \leqslant P(B \mid A) \leqslant 1$。

(2)如果B和C是互斥的两个事件,则$P(B \cup C \mid A) = P(B \mid A) + P(C \mid A)$。

考点4 相互独立事件

1. 相互独立事件的定义

设A,B为两个事件,若$P(AB) = P(A)P(B)$,即事件A,B的发生互不影响,则称事件A与事件B相互独立。

2. 相互独立事件的性质

(1)若事件A,B相互独立,则有$P(B \mid A) = P(B)$。

(2)若事件A,B相互独立,则A与$\overline{B}$,$\overline{A}$与B,$\overline{A}$与$\overline{B}$也都相互独立。

三、离散型随机变量

考点1 离散型随机变量的相关概念

随着试验结果变化而变化的变量称为随机变量。所有取值可以一一列出的随机变量,称为离散型随机变量。

设离散型随机变量X可能取的值为$x_1, x_2, \cdots, x_i, \cdots$,$X$取每一个值$x_i(i = 1,2,\cdots,n)$的概率$P(X = x_i) = p_i$,则如表$1 - 4 - 1$所示,称为随机变量$X$的概率分布列,简称$X$的分布列。

表$1 - 4 - 1$　随机变量X的分布列

X	x_1	x_2	$\cdots$	x_n
P	p_1	p_2	$\cdots$	p_n

根据概率的性质,离散型随机变量的分布列具有如下性质:

①$p_i \geqslant 0, i = 1,2,\cdots,n$;

② $\sum\limits_{i=1}^{n} p_i = 1$。

利用分布列和概率的性质,可以计算能由离散型随机变量表示的事件的概率。

考点 2　离散型随机变量的期望与方差

1. 期望

一般地,若离散型随机变量 X 的分布列如表 $1-4-1$ 所示,则称

$$E(X) = x_1 p_1 + x_2 p_2 + \cdots + x_n p_n$$

为 X 的数学期望或平均值、均值,数学期望又简称为期望。它反映了离散型随机变量取值的平均水平。

离散型随机变量的数学期望具有如下性质:

① $E(C) = C$,其中 C 为常数;

② $E(aX + b) = aE(X) + b$,其中 a,b 为常数;

③ $E(X + Y) = E(X) + E(Y)$;

④ 若 X,Y 互相独立,则 $E(XY) = E(X)E(Y)$。

2. 方差

若随机变量 X 的分布列如表 $1-4-1$ 所示,$[x_i - E(X)]^2$ 描述了 $x_i (i = 1,2,\cdots,n)$ 相对于均值 $E(X)$ 的偏离程度,而

$$D(X) = \sum\limits_{i=1}^{n} [x_i - E(x)]^2 p_i$$

为这些偏离程度的加权平均,刻画了随机变量 X 与其均值 $E(X)$ 的平均偏离程度,称 $D(X)$ 为随机变量的方差,并称其算术平方根 $\sqrt{D(X)}$ 为随机变量的标准差。

离散型随机变量的方差具有如下性质:

① $D(C) = 0$,其中 C 为常数;

② $D(aX + b) = a^2 D(X)$,其中 a,b 为常数;

③ 若 X,Y 互相独立,则 $D(X + Y) = D(X) + D(Y)$。

注:离散型随机变量的方差和标准差均反映离散型随机变量取值相对于期望的平均波动大小(或称之为离散程度),均是衡量离散型随机变量波动大小的量。方差或标准差越小,则随机变量偏离于均值的平均程度越小,即波动越小。

考点 3　独立重复试验与二项分布

一般地,在相同条件下(各次试验的结果不会受其他试验结果的影响)重复做 n 次的试验称为 n 次独立重复试验。

一般地,在 n 次独立重复试验中,用 X 表示事件 A 发生的次数,设每次试验中事件 A 发生的概率为 p,则事件 A 发生 k 次的概率为

$$P\{X = k\} = C_n^k p^k (1 - p)^{n-k}, k = 0,1,2,\cdots,n。$$

此时称随机变量 X 服从二项分布,记作 $X \sim B(n,p)$,并称 p 为成功概率。其概率分布列如表 $1-4-2$ 所示。

表 1 - 4 - 2

X	0	1	$\cdots$	k	$\cdots$	n
P	$C_n^0 p^0 q^n$	$C_n^1 p^1 q^{n-1}$	$\cdots$	$C_n^k p^k q^{n-k}$	$\cdots$	$C_n^n p^n q^0$

特别地,$n = 1$ 时的二项分布 $B(1,p)$ 称为两点分布,或称 0-1 分布,或称伯努利分布。此时事件 A 发生 k 次的概率为

$$P\{X = k\} = p^k (1 - p)^{1-k} (k = 0,1)。$$

其概率分布列如表 1 - 4 - 3 所示。

表 1 - 4 - 3

X	0	1
P	$1 - p$	p

若随机变量 $X \sim B(n,p)$,则

$$E(X) = np, D(X) = np(1 - p)。$$

特别地,若随机变量 $X \sim B(1,p)$,则

$$E(X) = p, D(X) = p(1 - p)。$$

考题再现

【2019 年高中真题】已知两个随机变量 X,Y,且 $X - Y = 8$,若 $X \sim B(10,0.6)$,$E(X) + D(Y)$ 的值为(   )。

A. 4.4   B. 8.4

C. 7.6   D. 11.6

【答案】B。解析:因为 $X - Y = 8$,所以 X,Y 的离散程度相同,即方差相等。X 服从二项分布,$E(X) = np = 10 \times 0.6 = 6$,$D(Y) = D(X) = np(1 - p) = 10 \times 0.6 \times (1 - 0.6) = 2.4$,所以 $E(X) + D(Y) = 6 + 2.4 = 8.4$。故本题选 B。

考点 4   超几何分布

一般地,设有总数为 N 件的两类物品,其中一类有 M 件,从所有物品中任取 n 件($n \leq N$),这 n 件中所含这类物品件数 X 是一个离散型随机变量,它取值为 m 时的概率为

$$P\{X = m\} = \frac{C_M^m C_{N-M}^{n-m}}{C_N^n} (0 \leq m \leq l, l \text{ 为 } n \text{ 和 } M \text{ 中较小的一个})。$$

称离散型随机变量 X 的这种形式的概率分布为超几何分布,也称 X 服从参数为 N,M,n 的超几何分布。

若随机变量 X 服从参数为 N,M,n 的超几何分布,则

$$E(X) = \frac{nM}{N}, D(X) = \frac{nM(N - M)(N - n)}{N^2(N - 1)}。$$

四、正态分布

考点1 正态分布的定义

对于函数

$$p(x) = \frac{1}{\sqrt{2\pi}\,\sigma} e^{-\frac{(x-\mu)^2}{2\sigma^2}}, \quad -\infty < x < +\infty,$$

其中,实数 $\mu,\sigma(\sigma > 0)$ 为参数,我们称 $p(x)$ 的图像(如图 $1-4-9$ 所示)为正态分布密度曲线,简称正态曲线。

一般地,如果对于任何实数 $a,b(a < b)$,随机变量 X 满足

$$P\{a < X \leqslant b\} = \int_a^b p(x)\mathrm{d}x,$$

则称随机变量 X 服从正态分布。正态分布完全由 μ,σ 确定,所以正态分布常记作 $N(\mu,\sigma^2)$。如果随机变量 X 服从正态分布,则记为 $X \sim N(\mu,\sigma^2)$。

若 $\mu = 0,\sigma^2 = 1$,则随机变量 X 服从标准正态分布,记为 $X \sim N(0,1)$。

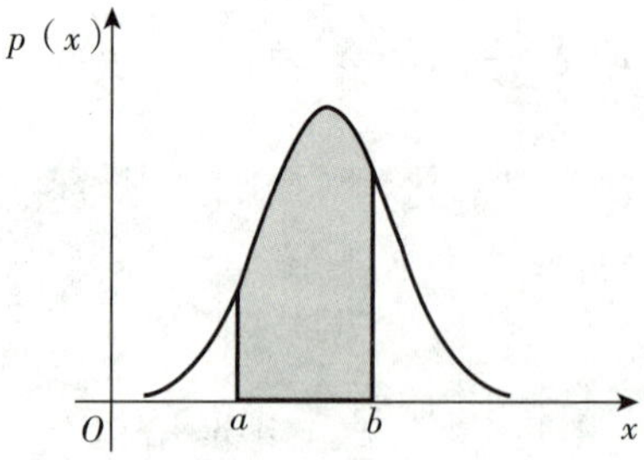

图 $1-4-9$

若随机变量 $X \sim N(\mu,\sigma^2)$,则

$$E(X) = \mu, D(X) = \sigma^2。$$

考题再现

【2018年高中真题】在某次数学测试中,学生成绩 ξ 服从正态分布 $N(100,\sigma^2)(\sigma > 0)$。若 ξ 在 $(80,120)$ 内的概率为 0.8,则 $\xi \leqslant 80$ 的概率为(　　　）。

A. 0.05 　　　　　　　　　　　　　　　　B. 0.1

C. 0.15 　　　　　　　　　　　　　　　　D. 0.2

【答案】B。解析:由 $\xi \sim N(100,\sigma^2)$ 及正态分布的性质,知 $P(\xi \leqslant 80) = \frac{1}{2}[1 - P(80 \leqslant \xi \leqslant 120)] = 0.1$。故本题选 B。

考点2 正态曲线的特点

(1)曲线位于 x 轴上方,与 x 轴不相交。

(2)曲线是单峰的,它关于直线 $x = \mu$ 对称。

(3)曲线在 $x = \mu$ 处达到峰值 $\dfrac{1}{\sigma\sqrt{2\pi}}$。

（4）曲线与 x 轴之间的面积为 1。

（5）当 σ 一定时，曲线随着 μ 的变化沿 x 轴平移。

（6）当 μ 一定时，曲线的形状由 σ 确定，σ 越小，曲线越"瘦高"，表示总体的分布越集中；σ 越大，曲线越"矮胖"，表示总体的分布越分散。

【例题3】已知随机变量 ξ 服从正态分布 $N(2,\sigma^2)$，且 $P\{\xi < 4\} = 0.8$，则 $P\{0 < \xi < 2\} = ($ $)$。

A. 0. 2   B. 0. 3

C. 0. 4   D. 0. 6

【答案】B。解析：由 $\xi \sim N(2,\sigma^2)$ 知，该正态分布的图像关于 $\xi = 2$ 对称，且 $P\{\xi < 2\} = 0.5$，则有 $P\{0 < \xi < 2\} = P\{2 < \xi < 4\} = P\{\xi < 4\} - P\{\xi < 2\} = 0.8 - 0.5 = 0.3$。故本题选 B。

考点3　正态分布的 3σ 原则

设随机变量 $X \sim N(\mu,\sigma^2)$，则

$$P\{\mu - \sigma < X \leqslant \mu + \sigma\} = 0.6826,$$

$$P\{\mu - 2\sigma < X \leqslant \mu + 2\sigma\} = 0.9544,$$

$$P\{\mu - 3\sigma < X \leqslant \mu + 3\sigma\} = 0.9974。$$

由上式可以看出，尽管正态分布的取值范围是 $(-\infty, +\infty)$，但它的 99.74% 的值落在 $(\mu - 3\sigma, \mu + 3\sigma)$ 内，这个性质被实际工作者称为正态分布的 3σ 原则，即实际应用中，通常认为服从于正态分布 $N(\mu,\sigma^2)$ 的随机变量 X 只取 $(\mu - 3\sigma, \mu + 3\sigma)$ 之间的值。

正态分布的 3σ 原则是产品检验的常用方法。如在一批产品中随机抽取一个零件，根据正态分布的 3σ 原则可知，零件尺寸在 $(\mu - 3\sigma, \mu + 3\sigma)$ 以外取值的概率仅约有 0.3%，即零件尺寸在 $(\mu - 3\sigma, \mu + 3\sigma)$ 以外的概率很小。一旦所抽取的零件尺寸 x 满足 $|x - \mu| \geqslant 3\sigma$，则可以认为此零件质量不合格。

第四节　统　计

一、数据的收集与整理

考点1　数据的收集方法

1. 全面调查

（1）定义：对全体对象都进行的调查叫作全面调查。

（2）优点：调查对象范围广，单位多，内容比较全面。

（3）缺点：① 全面调查只能反映事物的一般状况，不利于对事物做深入细致的调查和研究；② 全面调查涉及面广，所需要的人力、物力、时间等较多，组织起来较困难；③ 全面调查不够灵活；④ 全面调查具有局限性，当总体数据较为庞大时，全面调查是不适用的。

2. 抽样调查

（1）定义：从研究对象的全部单位中抽取一部分单位进行考察和分析的调查方法叫作抽样调查。其中全部研究对象称为总体，总体中的单位称为个体，抽取的部分单位构成的群体称为样本。

（2）优点：① 抽样调查可以减少调查的工作量,保证调查对象的完整性;② 抽样调查可以大大减少调查费用,提高调查效率;③ 抽样调查收集、整理数据、综合样本的速度快,保证调查的时效性。

（3）缺点:抽样调查需要足够好的样本,具有不稳定性,存在不可避免的随机误差。

3. 抽样方法

研究对象的全体叫作总体,构成总体的每一个成员叫作个体。从总体中抽取一部分叫作总体的一个样本,样本中个体的数目称为样本容量。

下面介绍几种常见的抽样方法。

（1）简单随机抽样

一般地,设一个总体含有 N 个个体,如果通过逐个抽取的方法从中抽取一个样本,且每次抽取时每个个体被抽到的概率相等,则这样的抽样方法叫作简单随机抽样。

简单随机抽样的特点有:① 简单随机抽样要求被抽取的样本的总体个数 N 是有限的;② 简单随机样本数 n 小于等于样本总体的个数 N;③ 简单随机样本是从总体中逐个抽取的;④ 每个样本单位被抽中的概率相等,样本的每个单位完全独立,彼此间无一定的关联性和排斥性。

简单随机抽样只适用于总体单位数量有限的情况,否则编号工作繁重;对于复杂的总体,样本的代表性难以保证;不能利用总体的已知信息等。在市场调研范围有限,或调查对象情况不明、难以分类,或总体单位之间特性差异程度小时采用此法效果较好。

实现简单随机抽样的方法有很多,抽签法和随机数法是比较常用的两种方法。

① 抽签法

将总体进行编号（也可用姓名,学号等区分）,然后将所有编号写在外观、质地等无差别的小纸片（也可以是卡片、小球等）上作为号签,并将这些小纸片放在一个不透明的盒里,充分搅拌,最后从盒中不放回地逐个抽取号签,使与号签上的编号对应的个体进入样本,直到抽足样本所需的样本量,这样抽取样本的方法叫作抽签法。

抽签法简单易行,但当总体较大时,操作起来比较麻烦。因此,抽签法一般适用于总体中个体数不多的情形。

② 随机数法

随机数法是将总体进行编号,用随机数工具产生编号范围内的整数随机数,把产生的随机数作为抽中的编号,使与编号对应的个体进入样本,重复此过程直到抽足样本所需的样本量。如果生成的随机数有重复,即同一编号被多次抽到,可以剔除重复编号并重新产生随机数,直到产生的不同编号个数等于所需样本量。

产生随机数的方法有:用随机试验生成随机数;用信息技术生成随机数,包括用计算器生成随机数、用电子表格软件生成随机数和用 R 统计软件生成随机数。

（2）分层抽样

一般地,在抽样时,将总体分成互不交叉的层,然后按照一定的比例,从各层独立地抽取一定数量的个体,将各层取出的个体合在一起作为样本,这种抽样方法叫作分层抽样。

分层抽样的特点是将科学分组法与抽样法结合在一起,分组减少了各抽样层变异性的影响,抽样保证了所抽取的样本具有足够的代表性。

分层抽样尽量利用事先掌握的信息,并充分考虑了保持样本结构和总体结构的一致性,这对提高样本的代表性很重要。当总体是由差异明显的几部分组成时,往往选择分层抽样的方法。

注:在分层抽样中,如果每层样本量与层的大小成比例,则称这种样本量的分配方式为比例分配。在比例分配的分层抽样中,可以直接用样本平均数估计总体平均数。

【**例题1**】为了解某地区中小学生的诗词量,从该地区中小学生中抽取部分学生进行调查,事先已经了解到该地区小学、初中、高中三个学段学生诗词量差异较大,男女诗词量差异不大。在下面的抽样方法中,最合理的是(　　)。

A. 简单随机抽样

B. 按性别分层抽样

C. 按学段分层抽样

D. 系统抽样

【**答案**】C。**解析**:当总体由差异明显的几部分组成时,选择分层抽样的方法,该地区小学、初中、高中三个学段学生诗词量差异较大,男女诗词量差异不大,所以应该按学段分层抽样。

(3) 系统抽样

当总体中个体数目较多时,可将总体分成均衡的几个部分,然后按照事先定出的规则,从每一部分抽取一个个体,得到所需要的样本,这种抽样方法称为系统抽样。

一般地,假设需要从容量为 N 的总体中抽取容量为 n 的样本,我们可以按下列步骤进行系统抽样。

第一步,先将总体的 N 个个体编号,有时可直接利用个体自身所带的号码,如学号、准考证号、门牌号等;

第二步,确定分段间隔 k,对编号进行分段,当 $\dfrac{N}{n}$(n 是样本容量)是整数时,取 $k = \dfrac{N}{n}$;

第三步,在第 1 段用简单随机抽样确定第一个个体编号 $l(l \leqslant k)$;

第四步,按照一定的规则抽取样本,通常是 l 加上间隔 k 得到第二个个体编号 $(l + k)$,再加上 k 得到第三个个体编号 $(l + 2k)$,依次进行下去,直到获取整个样本。

考点 2　数据的整理方法

1. 统计表

统计表是由纵横交叉线条所绘制的表格来表现统计资料的一种形式。

2. 条形统计图

用一个单位长度(如 1 cm)表示一定的数量,根据数量的多少,画成长短相应成比例的直条,并按一定顺序排列起来,这样的统计图,称为条形统计图。

条形统计图分为单式条形统计图和复式条形统计图,前者只表示 1 个项目的数据,后者可以同时表示多个项目的数据。如图 1 - 4 - 10 即为复式条形统计图。

条形统计图的特点:①易于比较数据之间的差别;②能清楚地表示出数量的多少。

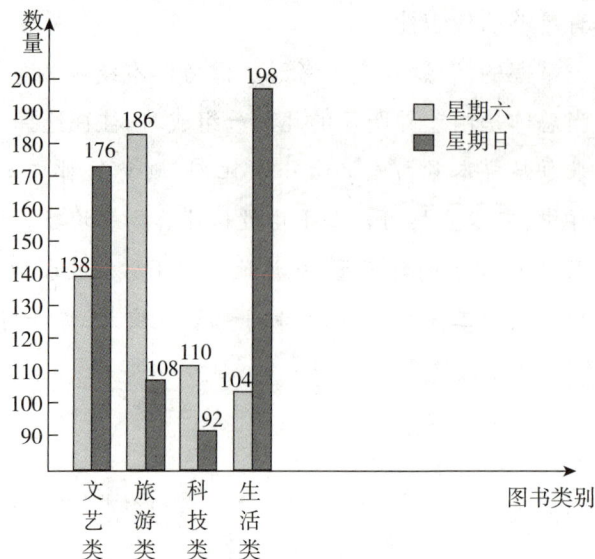

图 1 - 4 - 10　条形统计图

3. 扇形统计图

以一个圆的面积表示事物的总体,以扇形面积表示占总体的百分数的统计图,叫作扇形统计图,也叫作百分数比较图。如图 1 - 4 - 11。

扇形统计图的特点:① 用扇形的面积表示部分在总体中所占的百分比;② 易于显示每组数据相对于总数的大小。

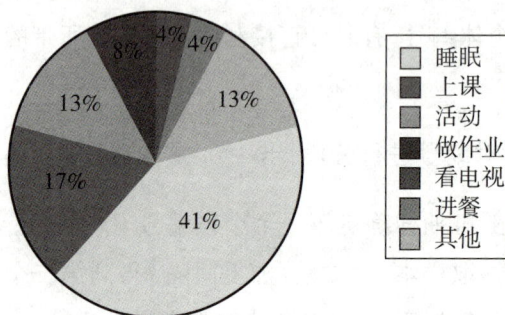

图 1 - 4 - 11　扇形统计图

4. 折线统计图

以折线的上升或下降来表示统计数量的增减变化的统计图,叫作折线统计图。如图 1 - 4 - 12。

折线统计图的特点:能够清晰地观察到数据的变化趋势,反映事物的变化情况。

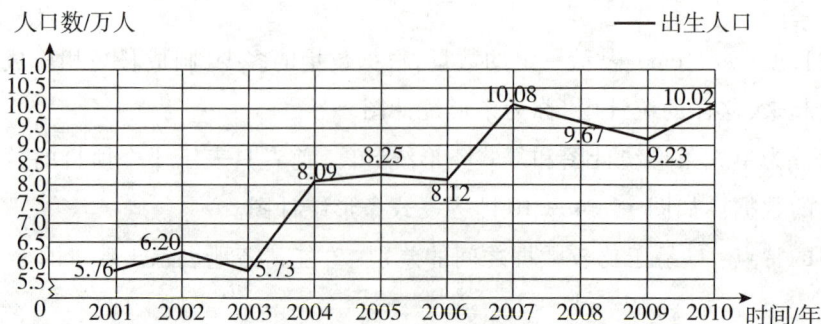

图 1 - 4 - 12　折线统计图

5. 直方图

直方图又称柱状图、质量分布图。它是由一系列高度不等的纵向条纹或线段表示数据分布情况的一种统计报告图。一般用横轴表示数据类型,纵轴表示分布情况。直方图有很多类型,按照频数(频率)分布表所画的统计图为频数(频率)分布直方图。如图1-4-13。中学数学中,常用频率分布直方图描述和表示数据。

构造频率分布直方图的主要步骤如下。

第一步,求极差,即样本数据中最大值与最小值的差;

第二步,决定组距与组数,分组时可先确定组距或组数,然后运用组数 = $\dfrac{极差}{组距}$ 的近似关系来确定;

第三步,对数据进行分组,根据第 i 组的频率 = $\dfrac{第\,i\,组的频数}{样本容量}$ 计算各小组的频率,进而作出频率分布表;

第四步,根据频率分布表,以所研究的数据类型为横轴(标出每组别端点值),以 $\dfrac{频率}{组距}$ 为纵轴(标出对应值),作出频率分布直方图。

频率分布直方图的特征:① 各小矩形的面积和为1;② 小矩形的面积 = 组距 × $\dfrac{频率}{组距}$ = 频率。

注:同组数据组数不同,得到的频率分布直方图的形状不尽相同。

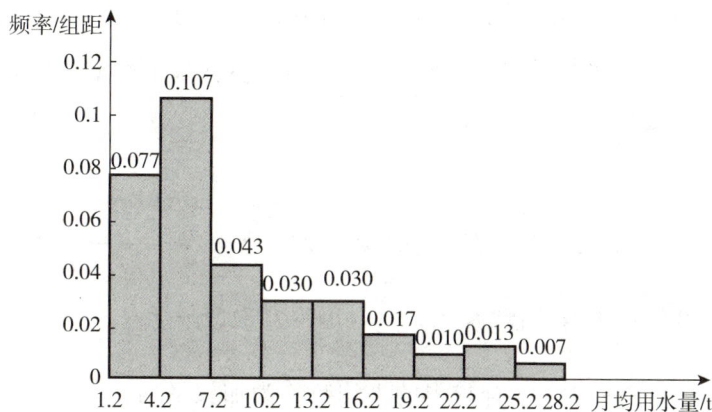

图 1-4-13　频率分布直方图

6. 茎叶图

茎叶图是将组中的数据按位数进行比较,将数据的大小基本不变或变化不大的位数作为一个主干(茎),将变化大的位数作为分枝(叶),列在主干的后面,这样就可以清楚地看到每个主干后面有几个数,每个数具体是多少。

茎叶图的特点:① 在统计图上没有原始数据信息的损失,所有数据信息都可以从茎叶图中得到;② 茎叶图中的数据可以随时记录,随时添加,方便记录与表示。

如图1-4-14,列出数:2,10,15,20,23,27的茎叶图。

```
茎  │  叶
0  │  2
1  │  0  5
2  │  0  3  7
```
图 1 - 4 - 14　茎叶图

二、用样本估计总体

总体分布是指总体取值的概率分布规律,这种分布我们一般是不知道的,所以要用样本分布去估计总体分布。一般地,样本容量越大,估计就越准确。

考点 1　用样本的频率估计总体

频率分布,是指在统计分组的基础上,将总体中各单位按组归类整理,按一定顺序排列,形成的总体中各单位在各组间的分布。样本中所有数据的频数和样本容量的比,就是该数据的频率,所有数据的频率分布变化规律就叫作样本频率分布,可以用频率分布直方图、频率分布折线图、茎叶图、频率分布表等来表示。

根据样本频率,画出频率分布直方图(常用),进而根据图形可以获取样本的规律,从而估计总体的规律,解决相应实际问题。

考点 2　总体集中趋势的估计

平均数、中位数、众数都是刻画"中心位置"的量,从不同角度刻画了一组数据的集中趋势。因此,可以通过计算样本数据的平均数、中位数、众数,根据样本的集中趋势估计总体的集中趋势。

1. 平均数、中位数、众数

(1) 平均数

对于 n 个数据 $x_1, x_2, \cdots, x_n$,这组数据的平均数记作 $\bar{x}$,则 $\bar{x} = \dfrac{x_1 + x_2 + \cdots + x_n}{n}$。

如果 n 个数中 x_1 出现 f_1 次,x_2 出现 f_2 次,$\cdots$,x_k 出现 f_k 次($f_1 + f_2 + \cdots + f_k = n$),则该组数据的平均数为 $\bar{x} = \dfrac{x_1 f_1 + x_2 f_2 + \cdots + x_k f_k}{n}$,这样求得的平均数称为加权平均数,$f_1, f_2, \cdots, f_k$ 叫作 $x_1, x_2, \cdots, x_k$ 的权。

平均数刻画了数据的集中趋势。平均数的计算要用到所有数据,它能够充分利用数据提供的信息。因此,在现实生活中,平均数比较常用,但它受极端值(一组数据中与其他数据差异很大的数据)的影响较大。

(2) 中位数

将一组数据按照由小到大(或由大到小)的顺序排列,如果数据的个数是奇数,则称处于中间位置的数为这组数据的中位数;如果数据的个数是偶数,则称中间两个数据的平均数为这组数据的中位数。

中位数可以较好地反映数据的集中趋势。中位数只需要很少的计算,且不受极端值的影响。

(3) 众数

一组数据中出现次数最多的数据叫作这组数据的众数。

在一组数据有众多的重复数据时,众数可以更好地反映数据的集中趋势。众数不易受极端值的影响。

注:一般地,对数值型数据(如身高、收入等)集中趋势的描述可以用平均数和中位数;而对分类型数据(如性别、产品质量等)集中趋势的描述可以用众数。

2. 频率分布直方图中的平均数、中位数、众数

在实际生活中,某些情况下无法获知原始的样本数据,而只能获取已经整理好的统计表或统计图,如报纸、网络。就频率分布直方图而言,无法知道每个组内数据是如何分布的,通常假设这些数据在组内是均匀分布的,由此就可以根据图形特征获取样本的平均数、中位数和众数的近似值从而估计总体的平均数、中位数和众数。

由频率分布直方图可知:

① 样本数据的平均数的估计值为每个小矩形的面积乘其底边中点的横坐标之和;

② 众数的估计值为最高的小矩形的底边中点的横坐标;

③ 在频率分布直方图中,中位数左边和右边的直方图的面积是相等的,据此可找到中位数的估计值。

考题再现

【2021 年初中真题】一组数据为 4,5,5,6,若添加一个数据 5,则发生变化的统计量是(　　)。

   A. 平均数　　　　　　　B. 众数　　　　　　　C. 中位数　　　　　　　D. 方差

【答案】D。解析:由题意知,添加数据 5 之前的平均数、众数、中位数、方差分别为 5,5,5,0.5;添加数据 5 之后的平均数、众数、中位数、方差分别为 5,5,5,0.4,所以发生变化的统计量是方差。故本题选 D。

考点3　总体百分位数的估计

根据样本数据计算样本百分位数,可以进一步估计总体的百分位数。

1. 第 p 百分位数

一般地,一组数据中至少有 $p\%$ 的数据小于或等于某个值,且至少有 $(100-p)\%$ 的数据大于或等于这个值,则称这个值为这组数据的第 p 百分位数。

计算一组 n 个数据的第 p 百分位数的步骤如下。

第一步,按从小到大的顺序排列原始数据;

第二步,计算 $i=n\times p\%$;

第三步,若 i 不是整数,而大于 i 的比邻整数为 j,则第 p 百分位数为第 j 项数据;若 i 是整数,则第 p 百分数为第 i 项与第 $(i+1)$ 项数据的平均数。

2. 分位数

在实际应用中,除了中位数外,常用的分位数还有第 25 百分位数和第 75 百分位数,这三个分位数将一组数据由小到大排列后的数据分成四等份,因此称为四分位数。其中,第 25 百分位数也称为第一四分位数或下四分位数等,第 75 百分位数也称为第三四分位数或上四分位数等。

考点4　总体离散程度的估计

方差、标准差等均可以描述数据的离散程度,也即波动幅度。因此,可以通过计算样本数据的方差、标准差等,根据样本的离散程度来估计总体的离散程度。

设一组数据 $x_1, x_2, \cdots, x_n$,用 $\bar{x}$ 表示这组数据的平均值,我们称

$$s^2 = \frac{1}{n} \sum_{i=1}^{n} (x_i - \bar{x})^2$$

为这组数据的方差。

方差的单位是原始数据的单位的平方,与原始数据不一致。为了使二者单位一致,取方差的算数平方根,即

$$s = \sqrt{\frac{1}{n} \sum_{i=1}^{n} (x_i - \bar{x})^2},$$

我们称 s 为这组数据的标准差。

在刻画数据的离散程度或波动幅度上,方差和标准差是一样的,方差(标准差)越大,数据的离散程度越大;方差(标准差)越小,数据的离散程度越小。

注:① 与加权平均数类似,总体(或样本)方差也可以对应写成加权的形式。② 用样本方差估计总体方差时,在实际应用中,为避免误差,一般用 $s^2 = \frac{1}{n-1} \sum_{i=1}^{n} (y_i - \bar{y})^2$ 来估计总体方差,其中 $y_1, y_2, \cdots, y_n$ 是样本数据。

考题再现

1.【2019年高中真题】某中学从高三甲、乙两个班中各选出7名学生参加数学竞赛,他们取得的成绩(满分100分)的茎叶图如图1-4-15,其中甲班学生成绩的众数是85,乙班学生成绩的中位数是83,则 x^y 的值为(　　)。

```
        甲 │   │ 乙
      8  9 │ 7 │ 6
   5  x  0 │ 8 │ 1  1  y
      6  2 │ 9 │ 1  1  6
```

图1-4-15

A. 32　　　　　　B. 36　　　　　　C. 125　　　　　　D. 216

【答案】C。解析:众数是指一组数据中出现次数最多的数据,因为甲班学生成绩的众数是85,所以 $x = 5$;中位数是指一组数据按从小到大或从大到小排列位于中间的数据,因为乙班学生的中位数83,所以 $y = 3$。$x^y = 5^3 = 125$。故本题选 C。

2.【2018年初中真题】某班体育成绩如表1-4-4:

表1-4-4

成绩(分)	35	39	42	44	45	48	50
人数(人)	2	5	6	6	8	7	6

根据上表,下列信息错误的是(　　)。

A. 该班一共有40名同学　　　　　　B. 该班学生成绩众数为45分

C. 该班学生成绩平均数为 45 分　　　　　　D. 该班学生成绩中位数为 45 分

三、2×2 列联表的独立性检验

1. 2×2 列联表

一般地,假设有两个分类变量 X 和 Y,它们交叉分类的频数分布表,称为 2×2 列联表。

例如,为了探究患慢性支气管炎是否与吸烟有关,调查了 n 名 50 岁以上的人,调查结果如表 1－4－5(2×2 列联表)。

表 1－4－5　吸烟与患慢性支气管炎列联表

	患慢性支气管炎	未患慢性支气管炎	合计
吸烟	n_{11}	n_{12}	$n_{11} + n_{12}$
不吸烟	n_{21}	n_{22}	$n_{21} + n_{22}$
合计	$n_{11} + n_{21}$	$n_{12} + n_{22}$	$n_{11} + n_{12} + n_{21} + n_{22}$

注:上表中的字母在实际问题中对应各项的频数。

2. 独立性检验

独立性检验就是分析列联表中行变量和列变量是否相互独立,涉及两个事件相互独立的概念,即为本章第三节中独立事件的相关内容。下面结合上例做具体阐述。

假设被调查者吸烟为事件 A,则不吸烟为事件 $\overline{A}$;被调查者患慢性支气管炎为事件 B,则未患慢性支气管炎为事件 $\overline{B}$。问:50 岁以上的人患慢性支气管炎与吸烟习惯有无关系?

若患慢性支气管炎与吸烟习惯无关,则事件 A 与 B 独立,有 $P(AB) = P(A)P(B)$。

用 H_0 表示上式,可以得到统计假设,即

$$H_0 : P(AB) = P(A)P(B),$$

当 H_0 成立时,这三个式子也成立:
$$\begin{cases} P(\overline{A}B) = P(\overline{A})P(B), \\ P(A\overline{B}) = P(A)P(\overline{B}), \\ P(\overline{A}\,\overline{B}) = P(\overline{A})P(\overline{B})。 \end{cases}$$

3. χ^2(卡方)统计量

χ^2 统计量是统计中较为常用的统计量之一,可用于测定两个分类变量之间的相关程度。结合上例,它的表达式为

$$\chi^2 = \frac{n\left(n_{11}n_{22} - n_{12}n_{21}\right)^2}{(n_{11} + n_{12})(n_{21} + n_{22})(n_{11} + n_{21})(n_{12} + n_{22})}。$$

χ^2 统计量的大小可以决定是否拒绝原统计假设 H_0,如果算出的 χ^2 值较大,就拒绝 H_0,也即拒绝"患慢性支气管炎与吸烟无关"的假设,从而认为两者有关。

通过对 χ^2 分布的研究,得到两个临界值:3.841 和 6.635。结合上例,

当算出的 χ^2 值大于 3.841 时,即表示有 95% 的把握说事件 A 与 B 有关;

当算出的 χ^2 值大于 6.635 时,即表示有 99% 的把握说事件 A 与 B 有关;

当算出的 χ^2 值小于等于 3.841 时,即表示事件 A 与 B 无关。

需要注意的是,"有 95%(或 99%)的把握说事件 A 与 B 有关"是指推断结论为错误的可能性仅为 5%(或 1%),也常常说成"有 95%(或 99%)的概率说事件 A 与 B 有关",两者含义一样;"有 95%(或 99%)的把握说事件 A 与事件 B 有关"并不表示吸烟人群中患慢性支气管炎的概率为 95%(或 99%)。

注:① χ^2 分布:若 n 个随机变量相互独立且分别服从标准正态分布 $N(0,1)$,则这 n 个随机变量的平方和服从自由度为 n 的 χ^2 分布。② χ^2 统计量的相关临界值(3.841 和 6.635)是根据 χ^2 分布的临界值表查表得到的。对于 2×2 列联表,它的自由度 $n = (2 - 1)(2 - 1) = 1$,查表可得 $\chi^2_{0.05}(1) = 3.841$,$\chi^2_{0.01}(1) = 6.635$。

4.2 × 2 列联表的独立性检验

对于两个分类变量的相关问题研究是高中数学所涉及的统计内容,主要运用 2×2 列联表,选取 χ^2 统计量做独立性检验,最终得到两个变量之间的相关性,从而得到实际问题的结论。解决此类问题的一般步骤如下。

第一步,根据实际问题画出 2×2 列联表(如表 1 - 4 - 5),若题目给出则填满即可;

第二步,结合实际问题作出统计假设 H_0,一般假设两事件无关;

第三步,结合 2×2 列联表中数据,根据 χ^2 统计量的计算公式,计算 χ^2 值;

第四步,与临界值(3.841 和 6.635)比较,得出结论。

注:在使用 χ^2 统计量作 2×2 列联表的独立性检验时,要求表中的 4 个数据(不算合计值)大于等于 5;解题时可将第二步省略,直接计算出 χ^2 值,并与临界值比较得出结论。

【例题 2】为了探究患慢性支气管炎是否与吸烟有关,调查了 339 名 50 岁以上的人,调查结果如表 1 - 4 - 6。

表 1 - 4 - 6

	患慢性支气管炎	未患慢性支气管炎	合计
吸烟	43	162	205
不吸烟	13	121	134
合计	56	283	339

问:50 岁以上的人患慢性支气管炎与吸烟习惯有关吗?

【解析】

H_0:患慢性支气管炎与吸烟无关。

由 χ^2 统计量的公式,有 $\chi^2 = \dfrac{339 \times (43 \times 121 - 162 \times 13)^2}{205 \times 134 \times 56 \times 283} = 7.469$,

因为 $7.469 > 6.635$,所以拒绝原假设 H_0。因此,有 99% 的把握说,50 岁以上的人患慢性支气管炎与吸烟习惯有关。

为降低难度,试题中一般将 χ^2 统计量用 K^2 表示,并给出相关统计量临界值的表格供考生查阅。根据各省历年教师招聘的考题,部分地区会给出统计量的计算公式,部分地区不会给出,建议考生记忆。此外,有些题型要求考生自己作 2×2 列联表,有些让考生自行补足,所以考生要理解和掌握 2×2 列联表的内容,因为这是解题的前提条件。

【例题3】近年来我国电子商务行业迎来蓬勃发展新机遇,双 11 期间,某购物平台销售业绩高达 8 亿人民币,与此同时,相关管理部门推出针对电商商品和服务的评价体系,现从评价体系中选出 200 次成功交易,并对其评价进行统计,对商品的好评率为 0.6,对服务的好评率为 0.75,其中对商品和服务都做出好评的交易为 80 次。

问:是否可以在犯错误概率不超过 0.1% 的前提下,认为商品好评与服务好评有关?

表 1 - 4 - 7

$P(K^2 \geqslant k)$	0.15	0.1	0.05	0.025	0.01	0.005	0.001
k	2.072	2.706	3.841	5.024	6.635	7.879	10.828

【解析】

由题意可得关于商品和服务评价的 2×2 列联表如表 1 - 4 - 8:

表 1 - 4 - 8

	对服务好评	对服务不满意	合计
对商品好评	80	40	120
对商品不满意	70	10	80
合计	150	50	200

计算观测值 $K^2 = \dfrac{200 \times (80 \times 10 - 40 \times 70)^2}{150 \times 50 \times 120 \times 80} \approx 11.111 > 10.828$,对照数表可知,在犯错误概率不超过 0.1% 的前提下,认为商品好评与服务好评有关。

【例题4】为了了解观众对某节目的喜爱程度,电视台随机调查了 A,B 两个地区的 100 名观众,得到如下表。已知在被调查的 100 名观众中随机抽取 1 名,该观众是 B 地区当中"非常满意"的观众的概率是 0.35,且 $4y = 3z$。

表 1 - 4 - 9

	非常满意	满意	合计
A 地区	30	z	
B 地区	x	y	
合计			

（1）现从 100 名观众中用分层抽样的方法抽取 20 名进行问卷调查,则应抽取"满意"的 A,B 地区的人数各是多少;

（2）完成上述表格,并根据表格判断是否有 95% 的把握认为观众的满意程度与所在地区有关系。

表 1 - 4 - 10

$P(K^2 > K_0)$	0.050	0.010	0.001
K_0	3.841	6.635	10.828

【解析】

（1）由题意 $\dfrac{x}{100} = 0.35$,得 $x = 35$。所以 $\begin{cases} y + z = 100 - 30 - 35, \\ 4y = 3z, \end{cases}$ 解得 $\begin{cases} y = 15, \\ z = 20。\end{cases}$ A 地区抽取 $20 \times$

$\dfrac{20}{100} = 4(人)$,B 地区抽取 $20 \times \dfrac{15}{100} = 3(人)$。

（2）完成的表格如 1 - 4 - 11 所示。

表 1 - 4 - 11

	非常满意	满意	合计
A 地区	30	20	50
B 地区	35	15	50
合计	65	35	100

$K^2 = \dfrac{100 \times (30 \times 15 - 35 \times 20)^2}{65 \times 35 \times 50 \times 50} \approx 1.1 < 3.841$,所以没有 95% 的把握认为观众的满意程度与所在地区有关系。

四、回归分析

1. 变量间的相关关系

变量与变量之间的关系常见的有两类。一类是确定的函数关系,像正方形的边长 a 和面积 S 的关系。另一类是变量间确实存在关系,但又不具备函数关系所要求的确定性,它们的关系是带有随机性的。例如,人的身高并不能决定体重,但一般说来"身高者,体也重"。我们说身高与体重这两个变量具有相关关系。

判断两个变量是否有相关关系,需要搜集数据,借助散点图来观察。

散点图是分别以两个变量为 x 轴和 y 轴(如年收入为 x,年饮食支出为 y),结合数据,在平面直角坐标系中描出点 (x_i, y_i) 所形成的图形。

结合散点图可以直观地看出两个变量之间是否有相关关系。若两个变量同增减则为正相关,若相反则为负相关。

2. 线性回归模型

回归模型的完整表达式为 $\begin{cases} y = bx + a + e, \\ E(e) = 0, D(e) = \sigma^2, \end{cases}$ 其中,e 是 y 与 $bx + a$ 之间的误差,称为随机误差。随机误差 e 的方差 σ^2 越小,用 $bx + a$ 预报真实值 y 的精度越高。随机误差是引起预报值 $\hat{y}$ 和真

实值 y 之间存在误差的原因之一，其大小取决于随机误差的方差。

3. 回归直线方程

根据散点图可以依据不同标准,画出不同的直线近似表示两个变量之间的线性相关关系。但是,要准确描述两个变量之间的相关关系,还需找到最贴近已知数据点的一条直线,这条直线就叫作回归直线方程。

由回归模型可知,真实值 y 和预报值 $\hat{y}$ 之间存在随机误差,因此要尽可能地使随机误差最小(这里按 0 处理),从而得到 $\hat{a},\hat{b}$ 的估计值,进而得到回归直线方程。

回归直线方程: $\hat{y}=\hat{b}x+\hat{a}$;

回归系数: $\hat{a}=\bar{y}-\hat{b}\bar{x}$, $\hat{b}=\dfrac{\sum\limits_{i=1}^{n}(x_i-\bar{x})(y_i-\bar{y})}{\sum\limits_{i=1}^{n}(x_i-\bar{x})^2}=\dfrac{\sum\limits_{i=1}^{n}x_iy_i-n\bar{x}\bar{y}}{\sum\limits_{i=1}^{n}x_i^2-n\bar{x}^2}$。

容易验证,回归直线恒过样本中心点 $(\bar{x},\bar{y})$。

注:求回归直线方程的回归系数本质上运用的是最小二乘法。当 x 取值 x_i 时,y 的真实值为 y_i,回归直线上的值(预报值)为 $\hat{y}_i$,残差 $y_i-\hat{y}_i$ 刻画了真实值与回归直线上的相应点纵坐标的偏离程度,也即随机误差。为使直线贴近已知点,则需保证总误差最小。通常用残差平方和 $\sum\limits_{i=1}^{n}(y_i-\hat{y}_i)^2$,也即 $\sum\limits_{i=1}^{n}(y_i-\hat{a}-\hat{b}x_i)^2$ 作为总误差进行一系列的配方整理,最终令含有 $\hat{a}$ 和 $\hat{b}$ 的式子为 0,从而使总误差达到最小(这里为 0)。而求得的 $\hat{a},\hat{b}$ 即是由观察值依据最小二乘法求得的估计值。

考题再现

【2019 年高中真题】某校高三年级四个班的各班人数如表 1-4-12,由散点图可知人数 y 与班级 x 之间有较好的线性关系,其线性回归直线方程是 $\hat{y}=-7x+\hat{a}$,则 $\hat{a}$ 等于( )。

表 1-4-12

班级 x	1	2	3	4
人数 y	45	40	30	25

A. 45   B. 51.5   C. 52   D. 52.5

【答案】D。解析:根据线性回归直线方程的性质,回归直线过样本点的中心 $(\bar{x},\bar{y})$。$\bar{x}=\dfrac{1+2+3+4}{4}=2.5$,$\bar{y}=\dfrac{45+40+30+25}{4}=35$,代入 $\hat{y}=-7x+\hat{a}$,解得 $\hat{a}=52.5$。故本题选 D。

【例题 5】某校倡导为贫困生募捐,要求在自动饮水机处每购买一瓶矿泉水,便自觉向捐款箱中至少投入一元钱,现统计了连续 5 天的售出矿泉水箱数和所得捐款额情况,如表 1-4-13。

表 1-4-13

售出水量 x/ 箱	7	6	6	5	6
所得捐款额 y/ 元	165	142	148	125	150

若 x 与 y 成线性相关,则某天售出 9 箱水时,预计所得捐款额为多少元?

【解析】由题意得,$\bar{x} = \dfrac{7+6+6+5+6}{5} = 6$,$\bar{y} = \dfrac{165+142+148+125+150}{5} = 146$,所以 $\hat{b} =$

$\dfrac{\sum\limits_{i=1}^{5}(x_i - \bar{x})(y_i - \bar{y})}{\sum\limits_{i=1}^{5}(x_i - \bar{x})^2} = 20$,$\hat{a} = \bar{y} - \hat{b}\bar{x} = 26$,线性回归方程为 $\hat{y} = 20x + 26$。把 $x = 9$ 代入线性回归方程

得,$\hat{y} = 20 \times 9 + 26 = 206$,所以某天售出 9 箱水时,预计所得捐款额为 206 元。

4. 相关系数

若散点图难以看出两变量的相关关系,则需对二者进行线性相关性检验,简称相关性检验。此时,要引入相关检验统计量 —— 样本相关系数(记为 r)。

$$r = \frac{\sum\limits_{i=1}^{n}(x_i - \bar{x})(y_i - \bar{y})}{\sqrt{\sum\limits_{i=1}^{n}(x_i - \bar{x})^2 \sum\limits_{i=1}^{n}(y_i - \bar{y})^2}} = \frac{\sum\limits_{i=1}^{n}x_i y_i - n\bar{x}\,\bar{y}}{\sqrt{\left(\sum\limits_{i=1}^{n}x_i^2 - n\bar{x}^2\right)\left(\sum\limits_{i=1}^{n}y_i^2 - n\bar{y}^2\right)}},$$

它主要用于衡量两个变量之间的线性相关程度,且 $|r| \leqslant 1$。当 $r > 0$ 时,表示两个变量正相关;当 $r < 0$ 时,表示两个变量负相关。$|r|$ 越接近 1,表明两个变量线性相关性越强;当 $|r|$ 接近 0 时,表明两个变量间几乎不存在线性相关性。

强 化 练 习

1. 在抛一枚质量均匀的硬币的实验中,统计出正面向上的次数占实验总次数的 50.33%,这里的 50.33% 叫作"正面向上"这个事件发生的_____,在大量的重复实验中发现它在 0.5 左右摆动,这个 0.5 叫作"正面向上"这个事件发生的_____。

2. 将 1,2,3,4,5,6,7,8,9,这 9 个数字填在如图 1-4-16 的 9 个空格中,要求每一行从左到右,每一列从上到下分别依次增大,当 3,4 固定在图中位置时,填写空格的方法数为( )。

A. 4　　　　　　　　B. 6　　　　　　　　C. 9　　　　　　　　D. 12

图 1-4-16

3. 某公司计划将 5 名实习生分配到 3 个不同的部门参加工作,每个部门至少分配 1 名实习生。则共有多少种分配方案?( )

A. 300　　　　　　　B. 240　　　　　　　C. 150　　　　　　　D. 120

4. 在 $(x-2)^8$ 的展开式中,x 的指数为正偶数的所有项的系数和为( )。

A. 3281　　　　　　B. −3281　　　　　　C. −3025　　　　　　D. 3025

5. $\left(x - \dfrac{1}{x}\right)^{2n}$ 的展开式中,常数项是( )。

A. $(-1)^n C_{2n}^n$

B. $(-1)^n C_{2n}^{n-1}$

C. $(-1)^{n+1} C_{2n}^{n+1}$

D. C_{2n}^n

6. 甲、乙、丙、丁 4 个球队之间比赛,各队取胜的概率相同,每组两队比赛,胜者再赛,则甲、乙相遇的概率为(   )。

A. $\dfrac{1}{6}$ B. $\dfrac{1}{4}$ C. $\dfrac{1}{3}$ D. $\dfrac{1}{2}$

7. 在区间 $[1,4]$ 上任取两个实数,则所取两个实数之和大于 3 的概率为(   )。

A. $\dfrac{1}{18}$ B. $\dfrac{9}{32}$ C. $\dfrac{17}{18}$ D. $\dfrac{23}{32}$

8. 男子跳高的 15 名运动员的成绩如表 1-4-14 所示:根据表中信息可以判断这些运动员成绩的中位数、众数分别是(   )。

表 1-4-14

成绩/m	1.50	1.60	1.65	1.70	1.75	1.80
人数	2	3	2	3	4	1

A. 1.70,1.75   B. 1.70,1.80   C. 1.65,1.75   D. 1.65,1.80

9. 某市旅游局为了了解游客情况,针对情况制定策略,在某月中随机抽取甲、乙两个景点各 10 天的游客数,统计得到茎叶图,如图 1-4-17。

甲		乙		
9 8	10	9		
3 2	11	4	5	8
7 3	12	4	5	6
8 6	13	3	5	
6 5	14	1		

图 1-4-17

(1) 若将图中景点甲中的数据作为该景点较长一段时期内的样本数据,以每天游客人数频率为概率 P。今从这段时期内任取 4 天,记其中游客数超过 130 人的天数为 ξ,求 $P(\xi \leqslant 2)$;

(2) 现从上图 20 天的数据中任取 2 天(甲、乙各 1 天),记其中游客数不低于 125 且不高于 135 人的天数为 η,求 η 的分布列和数学期望。

参考答案及解析

1.【答案】频率;概率。解析:事件发生总次数与实验总次数的比值,称为这个事件的频率;随机事件的频率总在某个常数附近摆动,且随着试验次数不断增多,摆动幅度越来越小,这个常数称为随机事件的概率。

2.【答案】B。解析:根据题目条件可以推出,3,4 上方空格中的数字分别是 1,2;右下空格中的数字是 9;5,6,7,8 分别在剩下的四方格中。易知,任取 5,6,7,8 四个数中的两个数,按照大小顺序把它们分别放在第三行的两个空格中,那么第三列的两个空格中的数字也随之唯一确定,所以满足题意的填写方法有 $C_4^2 = 6$(种)。故本题选 B。

3.【答案】C。解析:分两种情况:①有两个组分到 2 个人,另一个组分到 1 个人,将 5 个人按照要求分成三

组共有 $C_5^1 \dfrac{C_4^2 C_2^2}{A_2^2} = 15$（种）分法，再全排列共 $15 \times A_3^3 = 90$（种）分配方案；②有两个组分到1个人，另一个组分到

3个人，将5个人按照要求分成三组共有 $C_5^3 \dfrac{C_2^1 C_1^1}{A_2^2} = 10$（种）分法，再全排列共 $10 \times A_3^3 = 60$（种）分配方案，所以

共有 $60 + 90 = 150$（种）分配方案。

4.【答案】D。解析：$(x - 2)^8$ 展开式的通项为 $T_{r+1} = C_8^r x^{8-r}(-2)^r$，令 $8 - r = 2$，可得 x^2 项的系数为

$C_8^6(-2)^6 = 1792$；令 $8 - r = 4$，可得 x^4 项的系数为 $C_8^4(-2)^4 = 1120$；令 $8 - r = 6$，可得 x^6 项的系数为

$C_8^2(-2)^2 = 112$；令 $8 - r = 8$，可得 x^8 项的系数为 $C_8^0(-2)^0 = 1$；所以 x 的指数为正偶数的所有项的系数和为

$1792 + 1120 + 112 + 1 = 3025$。故本题选 D。

5.【答案】A。解析：$\left(x - \dfrac{1}{x}\right)^{2n}$ 的通项为 $C_{2n}^r x^{2n-r}\left(-\dfrac{1}{x}\right)^r = C_{2n}^r(-1)^r x^{2n-2r}$，当 $2n - 2r = 0$，即 $r = n$ 时为常数

项，常数项为 $(-1)^n C_{2n}^n$。故本题选 A。

6.【答案】D。解析：比赛共进行两轮，分两种情况讨论如下。

① 甲、乙第一轮相遇。则共有三种分法（其中两队为一组后另两队自然为一组）：$\left\{\begin{array}{l}甲乙, \\ 丙丁,\end{array}\right.\left\{\begin{array}{l}甲丙, \\ 乙丁,\end{array}\right.\left\{\begin{array}{l}甲丁, \\ 乙丙,\end{array}\right.$ 则

甲、乙相遇的概率为 $\dfrac{1}{3}$。

② 甲、乙第二轮相遇。由①得，甲、乙两队在第一轮没有相遇的概率为 $\dfrac{2}{3}$。若甲、乙在第二轮相遇，则甲、

乙两队在第一轮皆为胜者，已知各队取胜概率相等为 $\dfrac{1}{2}$，则甲、乙两队在第二轮相遇的概率为 $\dfrac{2}{3} \times \dfrac{1}{2} \times$

$\dfrac{1}{2} = \dfrac{1}{6}$。

综上，甲、乙两队相遇概率 $P = \dfrac{1}{3} + \dfrac{1}{6} = \dfrac{1}{2}$。

7.【答案】C。解析：在区间 $[1,4]$ 中任取两个实数 x 和 y，试验的全部结果构成的区

域为 $\Omega = \{(x,y) \mid 1 \leqslant x \leqslant 4, 1 \leqslant y \leqslant 4\}$，即图 1 - 4 - 18 中的正方形区域，对应的面积为

$S_\Omega = 3 \times 3 = 9$。事件 A 表示 x 和 y 的和大于3，所构成的区域即为图 1 - 4 - 18 中的阴影部

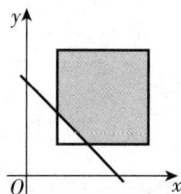

图 1 - 4 - 18

分，对应的面积为 $S_A = 9 - \dfrac{1}{2} \times 1 \times 1 = \dfrac{17}{2}$，所以 $P(A) = \dfrac{S_A}{S_\Omega} = \dfrac{17}{18}$。故本题选 C。

8.【答案】A。解析：中位数是一组按大小顺序排列起来的数据中处于中间位置的数；众数是在一组数据

中出现次数最多的数。将15名运动员的成绩依次排列，中位数即为第8个数，即 1.70；由表格知众数为

1.75。故本题选 A。

9.【解析】

（1）根据茎叶图知，景点甲中游客数超过130人的概率为 $\dfrac{2}{5}$。根据题意知，随机变量 $\xi \sim B\left(4, \dfrac{2}{5}\right)$，所以

$P\{\xi \leqslant 2\} = P\{\xi = 0\} + P\{\xi = 1\} + P\{\xi = 2\} = C_4^0\left(\dfrac{2}{5}\right)^0\left(\dfrac{3}{5}\right)^4 + C_4^1\left(\dfrac{2}{5}\right)^1\left(\dfrac{3}{5}\right)^3 + C_4^2\left(\dfrac{2}{5}\right)^2\left(\dfrac{3}{5}\right)^2 = \dfrac{513}{625}$。

（2）根据茎叶图知，景点甲中游客数不低于125人且不高于135人的概率为 $\dfrac{1}{10}$；景点乙中游客数不低于

125 人且不高于 135 人的概率为 $\dfrac{2}{5}$。

根据题意知，η 的取值为 $0,1,2$。

$P\{\eta = 0\} = \dfrac{9}{10} \times \dfrac{3}{5} = \dfrac{27}{50},$

$P\{\eta = 1\} = \dfrac{1}{10} \times \dfrac{3}{5} + \dfrac{9}{10} \times \dfrac{2}{5} = \dfrac{21}{50},$

$P\{\eta = 2\} = \dfrac{1}{10} \times \dfrac{2}{5} = \dfrac{1}{25}。$

则 η 的分布列如表 1 - 4 - 15。

表 1 - 4 - 15

η	0	1	2
P	$\dfrac{27}{50}$	$\dfrac{21}{50}$	$\dfrac{1}{25}$

数学期望 $E(\eta) = 0 \times \dfrac{27}{50} + 1 \times \dfrac{21}{50} + 2 \times \dfrac{1}{25} = \dfrac{1}{2}。$

第五章　中学数学补充知识

第一节　复　数

一、复数的相关概念

1. 复数的定义

形如 $a+bi(a,b\in\mathbf{R})$ 的数叫作复数,其中 i 叫作虚数单位,a 和 b 分别叫作复数的实部和虚部。全体复数构成的集合 $\{a+bi\mid a,b\in\mathbf{R}\}$ 叫作复数集,通常用 **C** 表示。

注:虚数单位 i 是为了表示方程 $x^2+1=0$ 的解而引用的新数,$i^2=-1$。

2. 复数的分类

对于复数 $a+bi(a,b\in\mathbf{R})$,当 $b=0$ 时,它是实数;当 $b\neq0$ 时,它叫作虚数;当 $a=0$ 且 $b\neq0$ 时,它叫作纯虚数。

这样,复数可以分类如下:

$$\text{复数 }a+bi(a,b\in\mathbf{R})\begin{cases}\text{实数}(b=0),\\\text{虚数}(b\neq0)(\text{当 }a=0\text{ 时为纯虚数})。\end{cases}$$

3. 相等复数与共轭复数

如果两个复数的实部相等且虚部相等,那么就说这两个复数相等,即

$$a+bi=c+di\Leftrightarrow a=c\text{ 且 }b=d(a,b,c,d\in\mathbf{R})。$$

如果两个复数的实部相等,虚部互为相反数,那么称这两个复数互为共轭复数。对于复数 $z=a+bi$,它的共轭复数通常用 $\bar{z}$ 表示,即 $\bar{z}=a-bi$。

二、复数的几何意义

1. 复数与复平面上的点

如图 1-5-1,以复数 $z=a+bi$ 的实部为横坐标,虚部为纵坐标,并由此建立一个平面直角坐标系,有序数对 (a,b) 就是复数 z 在这个直角坐标系下的坐标。这个建立了直角坐标系来表示复数的平面叫作复平面,其中 x 轴叫作实轴,y 轴叫作虚轴。

容易验证,复数 $z=a+bi$ 与复平面上的点 (a,b) 是一一对应的。这是复数的一种几何意义。

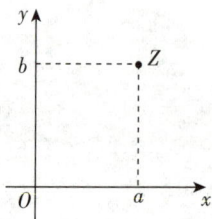

图 1-5-1

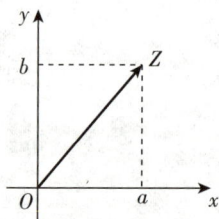

图 1-5-2

2. 复数与复平面上的向量

如图 1−5−2，记复数 $z = a + bi$ 在复平面内的对应点为 $Z(a, b)$，连接 OZ。因为复数 $z = a + bi$ 与点 $Z(a, b)$ 是一一对应的，而点 $Z(a, b)$ 与向量 $\overrightarrow{OZ}$ 是一一对应的，所以复数 $z = a + bi$ 与向量 $\overrightarrow{OZ}$ 也是一一对应的。这是复数的另一种几何意义。

在复平面内，向量 $\overrightarrow{OZ}$ 的模就叫作复数 $z = a + bi$ 的模或绝对值，记作 $|z|$ 或 $|a + bi|$，即 $|z| = |a + bi| = \sqrt{a^2 + b^2}$。

三、复数的运算

1. 复数加减法：$(a + bi) \pm (c + di) = (a \pm c) + (b \pm d)i$。

2. 复数的乘法：$(a + bi)(c + di) = (ac - bd) + (bc + ad)i$。

3. 复数的除法：$\dfrac{a + bi}{c + di} = \dfrac{(a + bi)(c - di)}{(c + di)(c - di)} = \dfrac{(ac + bd) + (bc - ad)i}{c^2 + d^2} = \dfrac{ac + bd}{c^2 + d^2} + \dfrac{bc - ad}{c^2 + d^2}i$。

4. 常见的运算规律：

（1）虚数单位 i：$i^2 = -1, i^{4n+1} = i, i^{4n+2} = -1, i^{4n+3} = -i, i^{4n} = 1 (n \in \mathbf{Z})$。

（2）模的性质：$|z_1 \cdot z_2| = |z_1| \cdot |z_2|, \left| \dfrac{z_1}{z_2} \right| = \dfrac{|z_1|}{|z_2|}, |z^n| = |z|^n$。

（3）共轭复数的性质：$\bar{z} \cdot z = |z|^2, \overline{z_1 \pm z_2} = \overline{z_1} \pm \overline{z_2}, \overline{z_1 z_2} = \overline{z_1}\,\overline{z_2}, \left(\overline{\dfrac{z_1}{z_2}} \right) = \dfrac{\overline{z_1}}{\overline{z_2}} (z_2 \neq 0)$。

考题再现

【2021 年高中真题】$z = 1 + i$（i 是虚数单位），则 $\dfrac{2}{z} - \bar{z} = ($ ____ $)$。

A. i   B. $2 - i$ C. $1 - i$ D. 0

【答案】D。解析：因为 $z = 1 + i$，所以 $\bar{z} = 1 - i$，则 $\dfrac{2}{z} - \bar{z} = \dfrac{2}{1+i} - (1-i) = \dfrac{2(1-i)}{(1+i)(1-i)} - (1-i) = (1-i) - (1-i) = 0$。故本题选 D。

第二节　极坐标系与参数方程

一、极坐标系

在平面内取一个定点 O，叫作极点；自极点 O 引一条射线 Ox，叫作极轴；再选一个长度单位、一个角度单位（通常取弧度）和角度的正方向（通常取逆时针方向），这样建立的坐标系叫作极坐标系。

如图 1−5−3，对于平面内任意一点 M，线段 OM 的长度叫作点 M 的极径，用 ρ 表示；以极轴 Ox 为始边，射线 OM 为终边的角 xOM 叫作点 M 的极角，用 θ 表

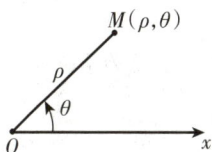

图 1−5−3

示。有序数对(ρ,θ)叫作点M的极坐标。

一般地,如果不作特殊说明,认为$\rho \geqslant 0,\theta$可取任意实数。实际上,根据终边相同的角的定义可知,极坐标系下(ρ,θ)与$(\rho,\theta+2k\pi)(k \in \mathbf{Z})$表示同一个点,特别地,$(0,\theta)(\theta \in \mathbf{R})$都可以表示极点$O$的坐标。因此,与直角坐标不同,平面内一个点的极坐标有无数种表示,而如果规定$\rho > 0,0 \leqslant \theta < 2\pi$,那么除极点外的点可用唯一的极坐标$(\rho,\theta)$表示;同时,极坐标$(\rho,\theta)$表示的点也是唯一确定的。

考点1　极坐标系下的对称点坐标

点$M(\rho,\theta)$关于极轴的对称点为$M_1(\rho,-\theta)$;

点$M(\rho,\theta)$关于极点的对称点为$M_2(\rho,\theta+\pi)$;

点$M(\rho,\theta)$关于过极点且与极轴垂直的直线的对称点为$M_3(\rho,\pi-\theta)$。

注:上述对称点的坐标不是唯一确定的。

考点2　极坐标系下两点间的距离公式

设平面内两点P_1,P_2的极坐标分别为$(\rho_1,\theta_1),(\rho_2,\theta_2)$,则

$$|P_1P_2| = \sqrt{\rho_1^2 + \rho_2^2 - 2\rho_1\rho_2\cos(\theta_1-\theta_2)}\text{。}$$

二、极坐标与直角坐标的互化

考点1　互化公式

把直角坐标系的原点作为极点,x轴的正半轴作为极轴,并在两坐标系中取相同的长度单位。设M是平面内任意一点,它的直角坐标是(x,y),极坐标是(ρ,θ),则从图$1-5-4$图中可以得出$\begin{cases} x = \rho\cos\theta, \\ y = \rho\sin\theta; \end{cases}\begin{cases} \rho^2 = x^2 + y^2, \\ \tan\theta = \dfrac{y}{x}(x \neq 0)\text{。} \end{cases}$

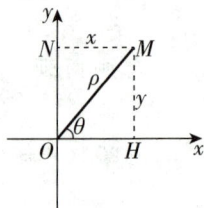

图$1-5-4$

注:在做此类题目时,可以在极坐标方程自身的基础上,通过乘ρ或$\sin\theta$或$\cos\theta$来凑出ρ^2或$\rho\sin\theta$或$\rho\cos\theta$,从而实现行与直角坐标方程的互化。

【例题】已知曲线C_1的极坐标方程为$\rho\cos\left(\theta - \dfrac{\pi}{4}\right) = 2\sqrt{2}$,曲线$C_2$的极坐标方程为$\rho = 2\sqrt{2}\cos\left(\theta - \dfrac{\pi}{4}\right)$,求它们的直角坐标方程。

【解析】曲线$C_1:\rho\cos\left(\theta - \dfrac{\pi}{4}\right) = 2\sqrt{2}$,

等式左端展开得,$\rho\cos\left(\theta - \dfrac{\pi}{4}\right) = \dfrac{\sqrt{2}}{2}\rho\cos\theta + \dfrac{\sqrt{2}}{2}\rho\sin\theta = 2\sqrt{2}$,

因为$\rho\cos\theta = x,\rho\sin\theta = y$,

所以曲线C_1的直角坐标方程为$\dfrac{\sqrt{2}}{2}x + \dfrac{\sqrt{2}}{2}y = 2\sqrt{2}$,即$x + y - 4 = 0$。

曲线$C_2:\rho = 2\sqrt{2}\cos\left(\theta - \dfrac{\pi}{4}\right)$,

等式右端展开得，$\rho = 2\cos\theta + 2\sin\theta$，

等式两端同乘 ρ 得，$\rho^2 = 2\rho\cos\theta + 2\rho\sin\theta$，

因为 $\rho^2 = x^2 + y^2$，$\rho\cos\theta = x$，$\rho\sin\theta = y$，

所以曲线 C_2 的直角坐标方程为 $x^2 + y^2 = 2x + 2y$，即 $(x-1)^2 + (y-1)^2 = 2$。

考点2　简单曲线的极坐标方程

（1）圆的极坐标方程：①以极点为圆心，a 为半径的圆的极坐标方程是 $\rho = a$；②以 $(a,0)(a>0)$ 为圆心，a 为半径的圆的极坐标方程是 $\rho = 2a\cos\theta$；③以 $\left(a,\dfrac{\pi}{2}\right)(a>0)$ 为圆心，a 为半径的圆的极坐标方程是 $\rho = 2a\sin\theta$。

（2）直线的极坐标方程：①过极点的直线的极坐标方程是 $\theta = \alpha(\rho \geqslant 0)$ 和 $\theta = \pi + \alpha(\rho \geqslant 0)$；②过点 $(a,0)(a>0)$ 且垂直于极轴的直线 l 的极坐标方程是 $\rho\cos\theta = a$，化为直角坐标方程为 $x = a$；③过点 $\left(a,\dfrac{\pi}{2}\right)(a>0)$ 且平行于极轴的直线 l 的极坐标方程是 $\rho\sin\theta = a$，化为直角坐标方程为 $y = a$。

考题再现

【2019年高中真题】圆 $\rho = 4\cos\theta + 4\sqrt{3}\sin\theta$ 的圆心的极坐标为（　　）。

A. $\left(8,\dfrac{\pi}{3}\right)$　　　　　B. $\left(8,\dfrac{\pi}{6}\right)$　　　　　C. $\left(4,\dfrac{\pi}{3}\right)$　　　　　D. $\left(4,\dfrac{\pi}{6}\right)$

【答案】C。解析：（方法一）∵ $\rho = 4\cos\theta + 4\sqrt{3}\sin\theta$，∴ $\rho^2 = 4\rho\cos\theta + 4\sqrt{3}\rho\sin\theta$ ①，极坐标与直角坐标的转换公式为 $x = \rho\cos\theta$，$y = \rho\sin\theta$，∴①式可化为 $x^2 + y^2 - 4x - 4\sqrt{3}y = 0$，化圆的标准方程为 $(x-2)^2 + (y-2\sqrt{3})^2 = 4^2$，则圆心的直角坐标为 $(2,2\sqrt{3})$，化为极坐标得 $\begin{cases} \rho = \sqrt{2^2 + (2\sqrt{3})^2} = 4, \\ \theta = \arctan\dfrac{2\sqrt{3}}{2} = \dfrac{\pi}{3}, \end{cases}$ 即 $\left(4,\dfrac{\pi}{3}\right)$。故本题选C。

（方法二）在极坐标系下，$\rho = 2a\cos\theta$ 表示半径为 a，圆心为 $(a,0)$，且过极点的圆。由 $\rho = 4\cos\theta + 4\sqrt{3}\sin\theta = 8\cos\left(\theta - \dfrac{\pi}{3}\right)$ 知，该圆是圆 $\rho = 8\cos\theta$ 绕极点逆时针旋转 $\dfrac{\pi}{3}$ 得到的（如图1-5-5），所以所求的圆心是由点 $(4,0)$ 绕极点逆时针旋转得到的，即 $\left(4,\dfrac{\pi}{3}\right)$。故本题选C。

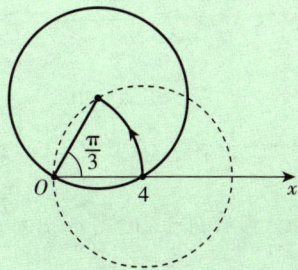

图1-5-5

三、参数方程

在平面直角坐标系中,如果曲线上任意一点的坐标(x,y)都是某个变数t的函数$\begin{cases} x = f(t), \\ y = g(t), \end{cases}$并且对于$t$的每一个允许值,由这个方程所确定的点$M(x,y)$都在这条曲线上,那么这个方程就叫作这条曲线的参数方程,联系x,y的变数t叫作参变数,简称参数。

考点1　常见曲线的参数方程

(1)过定点$P(x_0,y_0)$,倾斜角为$\alpha\left(\alpha \neq \dfrac{\pi}{2}\right)$的直线的参数方程为$\begin{cases} x = x_0 + t\cos\alpha, \\ y = y_0 + t\sin\alpha \end{cases}$($t$为参数),

其中参数t是以定点$P(x_0,y_0)$为起点、点$M(x,y)$为终点的有向线段$\overrightarrow{PM}$的长度,又称为点P与点M间的有向距离。

(2)圆$(x-a)^2 + (y-b)^2 = r^2$的参数方程为$\begin{cases} x = a + r\cos\theta, \\ y = b + r\sin\theta \end{cases}$($\theta$为参数)。

(3)椭圆$\dfrac{x^2}{a^2} + \dfrac{y^2}{b^2} = 1$($a > b > 0$)的参数方程为$\begin{cases} x = a\cos\theta, \\ y = b\sin\theta \end{cases}$($\theta$为参数)。

(4)双曲线$\dfrac{x^2}{a^2} - \dfrac{y^2}{b^2} = 1$($a > 0, b > 0$)的参数方程为$\begin{cases} x = a\sec\theta, \\ y = b\tan\theta \end{cases}$($\theta$为参数)。

(5)抛物线$y^2 = 2px$的参数方程为$\begin{cases} x = 2pt^2, \\ y = 2pt \end{cases}$($t$为参数)。

考点2　参数方程与普通方程之间的互化

在建立曲线的参数方程时,要注明参数及参数的取值范围。在参数方程与普通方程的互化中,必须使x,y的取值范围保持一致。

参数方程化为普通方程的关键是消去参数,并且要保证等价性。若不可避免地破坏了同解变形,则一定要通过$x = f(t), y = g(t)$,根据t的取值范围导出x,y的取值范围。

考题再现

【2018年高中真题】直线$\begin{cases} x = 1 + \dfrac{1}{2}t, \\ y = -3\sqrt{3} + \dfrac{\sqrt{3}}{2}t \end{cases}$($t$为参数)截圆$x^2 + y^2 = 16$所得的劣弧所对的圆心角

为(　　)。

A. 30°　　　　　　　B. 45°　　　　　　　C. 60°　　　　　　　D. 90°

【答案】C。解析:直线的方程可以表示为$\sqrt{3}x - y - 4\sqrt{3} = 0$。圆心到直线的距离$d = \dfrac{4\sqrt{3}}{\sqrt{(\sqrt{3})^2 + (-1)^2}} = 2\sqrt{3}$。若记劣弧所对的圆心角为$2\theta$,则$\cos\theta = \dfrac{2\sqrt{3}}{4} = \dfrac{\sqrt{3}}{2}$,所以$\theta = 30°$,$2\theta = 60°$。故劣弧所对的圆心角为60°。

第三节　推理与证明

一、合情推理与演绎推理

根据一个或几个已知事实（或假设）得出一个判断的思维过程叫作推理。从结构上说，推理一般由两部分组成，一部分是已知事实（或假设），叫作前提；一部分是由已知推出的判断，叫作结论。在日常生活中常用的推理有两种，即合情推理和演绎推理。

考点1　合情推理

合情推理是一种比较自然的、合乎情理的、似乎为真的推理，它是经过观察、分析、比较、联想，再进行归纳、类比，然后提出猜想的推理。归纳推理和类比推理是数学中常用的合情推理。

1. 归纳推理

把从个别事实中推演出一般性结论的推理，称为归纳推理（简称归纳）。简言之，归纳推理是由部分到整体、由特殊到一般的推理。

归纳推理的一般步骤：

第一步，通过观察个别情况发现某些相同的性质；

第二步，从已知的相同性质中推出一个明确表述的一般命题（猜想）；

第三步，证明（视题目要求，可有可无）。

【示例】

我们可以发现，在关系式

$$4 = 2 + 2,$$
$$6 = 3 + 3,$$
$$8 = 3 + 5,$$
$$10 = 3 + 7 = 5 + 5,$$
$$12 = 5 + 7,$$
$$14 = 3 + 11 = 7 + 7$$

中，等号左边都是偶数，右边都是两个质数的和。

据此，我们可以提出一个一般性的命题（哥德巴赫猜想）：任何一个大于 2 的偶数都可以写成两个质数之和。

2. 类比推理

由两类对象具有某些类似特征和其中一类对象的某些已知特征，推出另一类对象也具有这些特征的推理称为类比推理（简称类比）。简而言之，类比推理是由特殊到特殊的推理。

类比推理的一般步骤：

第一步，找出两类对象之间可以确切表述的相似特征；

第二步，用一类对象的已知特征去推测另一类对象的特征，从而得出一个猜想；

第三步，检验猜想。

【示例】

三角形是平面内由直线段围成的最简单的封闭图形;四面体是空间中由平面所围成的最简单的封闭图形。同时,三角形的三个内角的角平分线交于一点,且这个点是三角形内切圆的圆心,于是我们推测,四面体的六个二面角的角平分面角交于一点,且这个点是四面体内切球的球心。

考点2 演绎推理

从一般性的原理出发,推出某个特殊情况下的结论,这种推理称为演绎推理。简言之,演绎推理是由一般到特殊的推理。

演绎推理的一般模式 —— "三段论",包括以下内容:

(1)大前提 —— 已知的一般原理;

(2)小前提 —— 所研究的特殊情况;

(3)结论 —— 根据一般原理,对特殊情况做出的判断。

一般地,三段论可以表示为

$$\frac{\begin{array}{l} M \text{ 是 } P \\ S \text{ 是 } M \end{array}}{\text{所以}, S \text{ 是 } P}$$

其中"M 是 P"是大前提,"S 是 M"是小前提,两者结合得出一般性原理和特殊对象之间的内在联系,从而得出结论"S 是 P"。

【示例】

$$\frac{\begin{array}{l} \text{所有平行四边形的对角线互相平分} \\ \text{菱形是平行四边形} \end{array}}{\text{所以},\text{菱形的对角线是互相平分的}}$$

从推理所得的结论来看,合情推理的结论不一定正确,有待进一步证明;演绎推理在大前提、小前提和推理形式都正确的前提下,得到的结论一定正确。

二、直接证明与间接证明

考点1 直接证明

直接证明是从命题的条件或结论出发,根据已知的定义、公理、定理,直接推证结论的真实性,常用的直接证明的方法有综合法与分析法。

1. 综合法

利用已知条件和某些数学定义、公理、定理等,经过一系列的推理论证,最后推导出所要证明的结论成立。

框图表示: $\boxed{P \Rightarrow Q_1} \rightarrow \boxed{Q_1 \Rightarrow Q_2} \rightarrow \boxed{Q_2 \Rightarrow Q_3} \rightarrow \cdots \rightarrow \boxed{Q_n \Rightarrow Q}$

文字语言:因为 …… 所以 ……(或由 …… 得 ……)

要点:顺推证法;由因导果。

【示例】

求证：$\dfrac{1}{\log_5 19} + \dfrac{2}{\log_3 19} + \dfrac{3}{\log_2 19} < 2$。

证明：因为 $\log_a b = \dfrac{1}{\log_b a}$，

所以左边 $= \log_{19}5 + 2\log_{19}3 + 3\log_{19}2$

$\qquad\qquad = \log_{19}5 + \log_{19}3^2 + \log_{19}2^3$

$\qquad\qquad = \log_{19}(5 \times 3^2 \times 2^3)$

$\qquad\qquad = \log_{19}360$。

因为 $\log_{19}360 < \log_{19}361 = 2$，

所以 $\dfrac{1}{\log_5 19} + \dfrac{2}{\log_3 19} + \dfrac{3}{\log_2 19} < 2$。

2. 分析法

从要证明的结论出发，逐步寻找使它成立的充分条件，直至最后，把要证明的结论归结为判定一个明显成立的条件（已知条件、定理、定义、公理等）为止。

框图表示：$\boxed{Q \Leftarrow P_1} \rightarrow \boxed{P_1 \Leftarrow P_2} \rightarrow \boxed{P_2 \Leftarrow P_3} \rightarrow \cdots \rightarrow \boxed{\text{得到一个明显成立的条件}}$。

文字语言：要证 …… 只需证 …… 即证 ……

要点：逆推证法；执果索因。

【示例】

求证：$\sqrt{3} + \sqrt{7} < 2\sqrt{5}$。

证明：要证 $\sqrt{3} + \sqrt{7} < 2\sqrt{5}$，

只需证 $(\sqrt{3} + \sqrt{7})^2 < (2\sqrt{5})^2$，

即证 $10 + 2\sqrt{21} < 20$，

整理得 $\sqrt{21} < 5$。

因为 $21 < 25$ 成立，所以 $\sqrt{3} + \sqrt{7} < 2\sqrt{5}$ 成立。

考点 2　间接证明

一般地，假设原命题不成立，经过正确的推理，最后得出矛盾，由此说明假设错误，从而证明原命题成立的证明方法叫作反证法。反证法是一种间接证明的方法。

反证法的关键是在正确的推理下得出矛盾，这个矛盾可以是与已知条件矛盾，或与假设矛盾，或与定义、公理、定理、事实矛盾等。

【示例】

求证：质数有无穷多个。

证明：假设质数只有有限多个。

设全体质数为 $p_1, p_2, \cdots, p_n$，令 $p = p_1 p_2 \cdots p_n$。

显然，p 与 $p + 1$ 的最大公约数是 1，那么根据质因数分解定理可知，$p + 1$ 要么是一个质数，要么

含有除 $p_1, p_2, \cdots, p_n$ 之外的质因数。

这表明,除质数 $p_1, p_2, \cdots, p_n$ 之外还有质数。

因此,假设质数只有有限多个不成立,即质数有无穷多个。

三、数学归纳法

数学归纳法是证明关于正整数 n 的命题的一种方法。

用数学归纳法证明命题的步骤:

第一步(归纳奠基),证明当 n 取第一个值 $n_0 (n_0 \in \mathbf{N}^*)$ 时命题成立;

第二步(归纳递推),假设 $n = k (k \geq n_0, k \in \mathbf{N}^*)$ 时命题成立,证明当 $n = k + 1$ 时命题也成立。

只要完成这两个步骤,就可以断定命题对从 n_0 开始的所有正整数 n 都成立。

用数学归纳法可以证明许多与自然数有关的数学命题,其中包括恒等式、不等式、数列通项公式、几何中的计算问题等。

【示例】

用数学归纳法证明:(伯努利不等式)对任意的 $x \geq -1$ 和任意 $n \in \mathbf{N}^*$,有

$$(1 + x)^n \geq 1 + nx。$$

证明:(1) 当 $n = 1$ 时,不等式显然成立。

(2) 假设当 $n = k (k \in \mathbf{N}^*)$ 时,不等式成立,即

$$(1 + x)^k \geq 1 + kx,$$

对任意 $x \geq -1$ 都成立,那么

$$
\begin{aligned}
(1 + x)^{k+1} &= (1 + x)^k (1 + x) \\
&\geq (1 + kx)(1 + x) \\
&= 1 + (k + 1)x + kx^2 \\
&\geq 1 + (k + 1)x,
\end{aligned}
$$

即当 $n = k + 1$ 时,不等式对任意 $x \geq -1$ 也成立。

根据(1)(2)可知,不等式对任意 $x \geq -1$ 和任意 $n \in \mathbf{N}^*$ 都成立。

第四节 算 法

一、算法

1. 算法的概念

在数学中,算法通常是指按照一定规则解决某一类问题的明确和有限的步骤。

2. 算法的五个特点

(1) 有穷性:一个算法必须能在执行有限个步骤之后停止,不能是无限的。

(2) 确定性:算法中的每一个步骤都必须有确切的定义,不能是模棱两可的。

(3) 可行性:算法的每一个步骤都是可行的,都能有效地执行且得到正确的结果。

（4）输入：一个算法必须有零个或多个输入，以刻画运算对象的初始情况，零个输入是指算法本身定义了初始条件。

（5）输出：一个算法必须有一个或多个输出，以反映对输入数据加工后的结果，没有输出的算法是毫无意义的。

二、程序框图

1. 程序框图的概念

程序框图又称流程图，是一种用程序框、流程线及文字说明来表示算法的图形。

一个程序框图包括以下几部分：

① 表示相应操作的程序框，一个或几个程序框的组合表示算法中的一个步骤；

② 带有方向箭头的流程线，用以将程序框连接起来，表示算法的执行顺序；

③ 程序框外必要的文字说明。

2. 构成程序框的图形符号及其功能

表 1 - 5 - 1　程序框图符号及其功能

程序框	名称	功能
	终端框（起止框）	表示一个算法的起始和结束，是任何流程图不可缺少的
	输入、输出框	表示一个算法输入和输出的信息，可用在算法中任何需要输入、输出的位置
	处理框（执行框）	赋值、计算，算法中处理数据需要的算式、公式等分别写在不同的用以处理数据的处理框内
	判断框	判断某一条件是否成立，成立时在出口处标明"是"或"Y"；不成立时标明"否"或"N"

3. 算法的基本逻辑结构

算法的三种基本逻辑结构：顺序结构、条件结构、循环结构。

（1）顺序结构

顺序结构是最简单的算法结构，语句与语句之间，框与框之间是按从上到下的顺序进行的，它是由若干个依次执行的处理步骤组成的，它是任何一个算法都离不开的一种基本算法结构。

顺序结构在程序框图中的体现就是用流程线将程序框自上而下地连接起来，按顺序执行算法步骤。如图 1 - 5 - 6，A 框和 B 框是依次执行的，只有在执行完 A 框指定的操作后，才能接着执行 B 框所指定的操作。

（2）条件结构

条件结构是指在算法中通过对条件的判断，根据条件是否成立而选择不同流向的算法结构。

如图 1 - 5 - 7，根据条件 P 是否成立而选择执行 A 框或 B 框。无论条件 P 是否成立，只能执行 A 框或 B 框之一，不能同时执行 A 框和 B 框，也不能 A 框、B 框都不执行。一个判断结构可以有多个判断框。

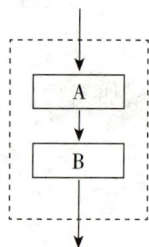

图 1-5-6　顺序结构

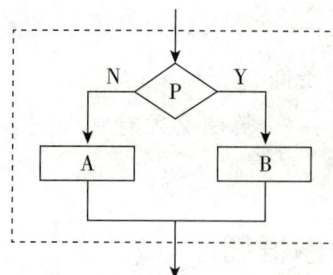

图 1-5-7　条件结构

（3）循环结构

循环结构是指在算法中按照一定条件反复执行某些步骤的算法结构,反复执行的步骤称为循环体,显然,循环结构中一定包含条件结构。

循环结构可细分下述两类:一类是当型循环结构,如图 1-5-8,它的功能是当给定的条件 P 成立时,执行 A 框,A 框执行完毕后,再判断条件 P 是否成立,如果仍然成立,再执行 A 框,如此反复执行 A 框,直到某一次条件 P 不成立为止,此时不再执行 A 框,离开循环结构。另一类是直到型循环结构,如图 1-5-9,它的功能是先执行,然后判断给定的条件 P 是否成立,如果 P 仍然不成立,则继续执行 A 框,直到某一次给定的条件 P 成立为止,此时不再执行 A 框,离开循环结构。

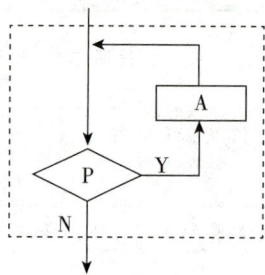

图 1-5-8　当型循环结构

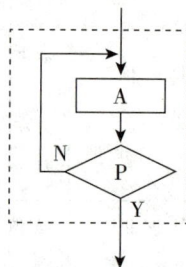

图 1-5-9　直到型循环结构

考题再现

【2019 年高中真题】执行如图 1-5-10 的程序框图,当输入的 x 值为 5 时,输出的结果是(　　)。

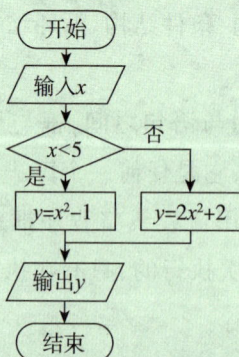

图 1-5-10

A. 24

B. 25

C. 27

D. 52

【答案】D。解析:输入 $x = 5$,由程序框图知 $y = 2 \times 5^2 + 2 = 52$。故本题选 D。

1. 设复数 $z = \dfrac{\sqrt{2} - \sqrt{3}\,\text{i}}{\sqrt{3} + \sqrt{7}\,\text{i}}$（i 为虚数单位），则 $|z| = ($ $)$。

A. 5   B. 2   C. $\dfrac{\sqrt{2}}{2}$ D. $\sqrt{2}$

2. 用数学归纳法证明不等式 $\dfrac{1}{n+1} + \dfrac{1}{n+2} + \cdots + \dfrac{1}{3n} > \dfrac{5}{6}$（$n > 2, n \in \mathbf{N}^*$）的过程中，从 $n = k$ 到 $n = k + 1$ 时左边需增加的代数式是（   ）。

A. $\dfrac{1}{3k+3}$

B. $\dfrac{1}{3k+3} - \dfrac{1}{k+1}$

C. $\dfrac{1}{3k+1} + \dfrac{1}{3k+2} + \dfrac{1}{3k+3}$

D. $\dfrac{1}{3k+1} + \dfrac{1}{3k+2} + \dfrac{1}{3k+3} - \dfrac{1}{k+1}$

3. 在如图 1 - 5 - 11 所示的计算 $1 + 5 + 9 + \cdots + 2017$ 的程序框图中，判断框内应填入的条件是（   ）。

A. $i \leqslant 2017$?   B. $i < 2017$?

C. $i \leqslant 2013$?   D. $i \leqslant 2021$?

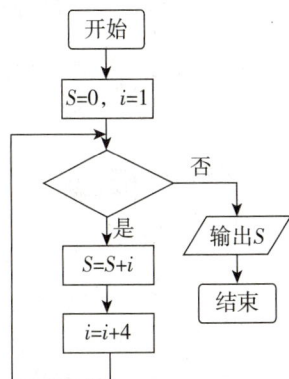

图 1 - 5 - 11

4. 在平面直角坐标系 xOy 中，以坐标原点为极点，x 轴正半轴为极轴建立极坐标系，直线 l 的极坐标方程为 $\rho\sin\left(\dfrac{\pi}{3} - \theta\right) = \dfrac{\sqrt{3}}{2}$，椭圆 C 的参数方程为 $\begin{cases} x = 2\cos t, \\ y = \sqrt{3}\sin t \end{cases}$（$t$ 为参数）。

（1）求直线 l 的直角坐标方程与椭圆 C 的普通方程；

（2）若直线 l 与椭圆 C 交于 A, B 两点，求线段 AB 的长。

参考答案及解析

1.【答案】C。解析：$|z| = \left| \dfrac{\sqrt{2} - \sqrt{3}\,\text{i}}{\sqrt{3} + \sqrt{7}\,\text{i}} \right| = \dfrac{|\sqrt{2} - \sqrt{3}\,\text{i}|}{|\sqrt{3} + \sqrt{7}\,\text{i}|} = \dfrac{\sqrt{2+3}}{\sqrt{3+7}} = \dfrac{1}{\sqrt{2}} = \dfrac{\sqrt{2}}{2}$。故本题选 C。

2.【答案】D。解析：$n = k$ 时，不等式为 $\dfrac{1}{k+1} + \dfrac{1}{k+2} + \cdots + \dfrac{1}{3k} > \dfrac{5}{6}$，$n = k + 1$ 时，不等式为 $\dfrac{1}{k+2} + \dfrac{1}{k+3} + \cdots + \dfrac{1}{3k} + \dfrac{1}{3k+1} + \dfrac{1}{3k+2} + \dfrac{1}{3k+3} > \dfrac{5}{6}$，所以从 $n = k$ 到 $n = k + 1$ 时需要在左边加上 $\dfrac{1}{3k+1} + \dfrac{1}{3k+2} + $

$\dfrac{1}{3k+3} - \dfrac{1}{k+1}$。故本题选 D。

3.【答案】A。解析:程序运行过程中,各变量值如表 $1-5-2$ 所示。

S	$0+1$	$0+1+5$	...	$1+5+9+\cdots+2017$
i	5	9	...	2021

分析可知,判断框内应填入的条件是"$i \leqslant 2017?$"。故本题选 A。

4.【解析】(1)直线方程为 $\rho\sin\left(\dfrac{\pi}{3}-\theta\right)=\dfrac{\sqrt{3}}{2}\rho\cos\theta-\dfrac{1}{2}\rho\sin\theta=\dfrac{\sqrt{3}}{2}x-\dfrac{1}{2}y=\dfrac{\sqrt{3}}{2}$,化简得 $y=\sqrt{3}(x-1)$;椭

圆方程为 $\cos^2 t+\sin^2 t=\left(\dfrac{x}{2}\right)^2+\left(\dfrac{y}{\sqrt{3}}\right)^2=1$,化简得 $\dfrac{x^2}{4}+\dfrac{y^2}{3}=1$。

(2)设 A,B 两点坐标分别为 (x_1,y_1),(x_2,y_2),联立直线方程与椭圆方程消去 y 得,$5x^2-8x=0$,则由韦达

定理知,$x_1+x_2=\dfrac{8}{5}$,$x_1 x_2=0$,进而 $|AB|=\sqrt{1+(\sqrt{3})^2}\sqrt{(x_1-x_2)^2}=2\sqrt{(x_1+x_2)^2-4x_1x_2}=\dfrac{16}{5}$。

本部分为全书的第二部分，由"数学分析""高等代数""空间解析几何"三章内容构成，对大学数学专业基础知识进行了细致梳理，并对其中的重点内容逐个讲解。

本部分内容是数学教育必备的知识体系的一部分，考生可根据自身情况选择性地复习本部分内容。

第二部分 大学数学学科知识

第一章　数学分析

第一节　极　限

一、数列极限

考点1　数列极限的定义

设 $\{x_n\}$ 是一个数列。若对 $\forall \varepsilon > 0$，$\exists N \in \mathbf{N}^*$，当 $n > N$ 时，有 $|x_n - a| < \varepsilon$，则称 a 为数列 $\{x_n\}$ 的极限（数列 $\{x_n\}$ 收敛于 a），并称数列 $\{x_n\}$ 为收敛数列，记作 $\lim\limits_{n\to\infty} x_n = a$。

若不存在 a，使得数列 $\{x_n\}$ 收敛于 a，则称数列 $\{x_n\}$ 为发散数列。

对于发散数列 $\{x_n\}$，若对 $\forall M > 0$，$\exists N \in \mathbf{N}^*$，当 $n > N$ 时，有 $|x_n| > M$，则称数列 $\{x_n\}$ 发散到 ∞，记作 $\lim\limits_{n\to\infty} x_n = \infty$。

类似地可以定义 $\lim\limits_{n\to\infty} x_n = +\infty$ 和 $\lim\limits_{n\to\infty} x_n = -\infty$。

考点2　收敛数列的性质

性质1（唯一性）　若数列 $\{x_n\}$ 收敛，则其极限值唯一。

性质2（有界性）　若数列 $\{x_n\}$ 收敛，则数列 $\{x_n\}$ 有界，即 $\exists M > 0$，对 $\forall n \in \mathbf{N}^*$，有 $|x_n| \leqslant M$。

性质3（保不等式性）　设 $\lim\limits_{n\to\infty} x_n = a$，$\lim\limits_{n\to\infty} y_n = b$，

（1）若 $a < b$，则 $\exists N \in \mathbf{N}^*$，当 $n > N$ 时，有 $x_n < y_n$；

（2）若 $\exists N \in \mathbf{N}^*$，当 $n > N$ 时，有 $x_n \leqslant y_n$，则 $a \leqslant b$。

注：若 $\exists N \in \mathbf{N}^*$，当 $n > N$ 时，有 $x_n < y_n$，不能确定 $a < b$，仍只能确定 $a \leqslant b$，如 $\left\{\dfrac{1}{n+1}\right\}$ 与 $\left\{\dfrac{1}{n}\right\}$。

推论（夹逼定理）　设 $\lim\limits_{n\to\infty} x_n = a$，$\lim\limits_{n\to\infty} y_n = a$。若 $\exists N \in \mathbf{N}^*$，当 $n > N$ 时，有 $x_n \leqslant z_n \leqslant y_n$，则 $\lim\limits_{n\to\infty} z_n = a$。

性质4（数列极限的四则运算）　设 $\lim\limits_{n\to\infty} x_n = a$，$\lim\limits_{n\to\infty} y_n = b$，则

（1）$\lim\limits_{n\to\infty}(x_n \pm y_n) = a \pm b$；（2）$\lim\limits_{n\to\infty}(x_n \cdot y_n) = a \cdot b$；（3）$\lim\limits_{n\to\infty} \dfrac{x_n}{y_n} = \dfrac{a}{b}(y_n \neq 0, b \neq 0)$。

性质5　设 $\lim\limits_{n\to\infty} x_n = a$，则 $\{x_n\}$ 的任意子列 $\{x_{n_k}\}$（$\{x_n\}$ 的一部分元素按原顺序排成的数列）都收敛，且 $\lim\limits_{k\to\infty} x_{n_k} = a$。

二、实数系连续性的基本定理

考点1　确界存在定理

设非空集合 $A \subseteq \mathbf{R}$。若 $\exists M$，对 $\forall x \in A$，有 $x \leqslant M$，则称集合 A 上有界，M 是集合 A 的一个上界；

若 $\exists m$,对 $\forall x \in A$,有 $x \geqslant m$,则称集合 A 下有界,m 是集合 A 的一个下界。

同时拥有上界和下界的集合称为有界集。

显然,若 M 是集合 A 的一个上界,则任意大于 M 的实数都是集合 A 的上界。集合 A 的所有上界中最小的上界称为集合 A 的上确界,记作 $\sup A$。同理,若集合 A 下有界,则集合 A 最大的下界称为集合 A 的下确界,记作 $\inf A$。

确界存在定理　若非空集合 A 上(下)有界,则它一定有上(下)确界。

考点 2　单调有界定理

若数列 $\{x_n\}$ 对 $\forall n \in \mathbf{N}^*$,有 $x_n \leqslant x_{n+1}$,则称 $\{x_n\}$ 是单调递增(上升)的数列;

若数列 $\{x_n\}$ 对 $\forall n \in \mathbf{N}^*$,有 $x_n \geqslant x_{n+1}$,则称 $\{x_n\}$ 是单调递减(下降)的数列。

单调递增和单调递减的数列统称为单调数列。

单调有界定理　单调有界的数列一定收敛。

考点 3　柯西收敛准则

数列 $\{x_n\}$ 收敛的充要条件是对 $\forall \varepsilon > 0, \exists N \in \mathbf{N}^*$,当 $n,m > N$ 时,有 $|x_n - x_m| < \varepsilon$。

考点 4　聚点原理

设非空集合 $A \subseteq \mathbf{R}$,x_0 是 $\mathbf{R}$ 上一个定点(可以属于 A,也可以不属于 A)。若 x_0 的任意去心邻域内都含有集合 A 中的点,即 $\forall \delta > 0, U_0(x_0, \delta) \cap A \neq \varnothing$,则称 x_0 是 A 的一个聚点。

聚点原理　$\mathbf{R}$ 上任一有界无穷子集至少有一个聚点。

推论(波尔查诺 - 维尔斯特拉斯定理)　有界无穷数列必有收敛子列。

考点 5　闭区间套定理

设 $\{[a_n, b_n]\}$ 是一列闭区间。若 $\{[a_n, b_n]\}$ 满足:

(1) $[a_{n+1}, b_{n+1}] \subseteq [a_n, b_n]$;

(2) $\lim\limits_{n \to \infty}(b_n - a_n) = 0$,

则存在唯一的实数 c,有 $\lim\limits_{n \to \infty} a_n = \lim\limits_{n \to \infty} b_n = c$。

考点 6　有限覆盖定理

设 O_i 是 $\mathbf{R}$ 上一组开区间,A 是 $\mathbf{R}$ 上一个集合。若 $A \subseteq \bigcup\limits_i O_i$,则称 $\bigcup\limits_i O_i$ 是集合 A 的一个开覆盖。

如果开覆盖 $\bigcup\limits_i O_i$ 中只有有限个元素,即有限个开区间的并,则称 $\bigcup\limits_i O_i$ 是一个有限开覆盖。

有限覆盖定理　设 A 是 $\mathbf{R}$ 上的一个闭区间。若 $\bigcup\limits_i O_i$ 是集合 A 的一个开覆盖,则必存在 $\bigcup\limits_i O_i$ 的一个子集构成集合 A 的一个有限开覆盖。

注:实数系连续性的六个基本定理相互等价。

三、函数极限

考点 1　邻域

设 $x_0 \in \mathbf{R}, \delta > 0$。满足绝对值不等式 $|x - x_0| < \delta$ 的全体实数 x 的集合称为点 x_0 的 δ 邻域,记作

$U(x_0,\delta)$,即

$$U(x_0,\delta) = \{x \mid |x - x_0| < \delta\} = (x_0 - \delta, x_0 + \delta);$$

满足绝对值不等式 $0 < |x - x_0| < \delta$ 的全体实数 x 的集合称为点 x_0 的去心 δ 邻域,记作 $U_0(x_0,\delta)$,即

$$U_0(x_0,\delta) = \{x \mid 0 < |x - x_0| < \delta\} = (x_0 - \delta, x_0) \cup (x_0, x_0 + \delta)$$

$U_0(x_0,\delta)$ 与 $U(x_0,\delta)$ 的差别在于 $U_0(x_0,\delta)$ 不包含点 x_0。

其他几种常用的邻域:

点 x_0 的 δ 左邻域 $U^-(x_0,\delta) = (x_0 - \delta, x_0]$;

点 x_0 的 δ 右邻域 $U^+(x_0,\delta) = [x_0, x_0 + \delta)$;

点 x_0 的去心 δ 左邻域 $U_0^-(x_0,\delta) = (x_0 - \delta, x_0)$;

点 x_0 的去心 δ 右邻域 $U_0^+(x_0,\delta) = (x_0, x_0 + \delta)$;

∞ 邻域 $U(\infty) = \{x \mid |x| > M\}$,其中 M 是任意正数;

$+\infty$ 邻域 $U(+\infty) = \{x \mid x > M\}$;

$-\infty$ 邻域 $U(-\infty) = \{x \mid x < -M\}$。

考点2　函数极限的定义

1. 自变量趋于有限值时的函数极限

设函数 $f(x)$ 在点 x_0 的某一去心邻域 $U_0(x_0,\delta_0)(\delta_0 > 0)$ 内有定义。若对 $\forall \varepsilon > 0$,$\exists \delta > 0$,当 $0 < |x - x_0| < \delta$ 时,有 $|f(x) - A| < \varepsilon$,则称当 x 趋于 x_0 时,$f(x)$ 以 A 为极限($f(x)$ 在点 x_0 的极限存在,极限值为 A),记作 $\lim\limits_{x \to x_0} f(x) = A$。

注:自变量 x 的取值范围是去心邻域 $U_0(x_0,\delta_0)$,所以极限 $\lim\limits_{x \to x_0} f(x)$ 与函数 $f(x)$ 在点 x_0 处的取值(如果有的话)没有关系,$f(x_0)$ 是否改变,甚至是否存在都不影响极限 $\lim\limits_{x \to x_0} f(x)$。

2. 自变量趋于无穷时的函数极限

设函数 $f(x)$ 在 $\mathbf{R}$ 上有定义。若对 $\forall \varepsilon > 0$,$\exists X > 0$,当 $|x| > X$ 时,有 $|f(x) - A| < \varepsilon$,则称当 x 趋于 ∞ 时,$f(x)$ 以 A 为极限,记作 $\lim\limits_{x \to \infty} f(x) = A$。

类似地可以定义 $\lim\limits_{x \to +\infty} f(x) = A$ 和 $\lim\limits_{x \to -\infty} f(x) = A$。

3. 单侧极限

设函数 $f(x)$ 在点 x_0 的某一去心左邻域 $U_0^-(x_0,\delta_0)(\delta_0 > 0)$ 内有定义。若对 $\forall \varepsilon > 0$,$\exists \delta > 0$,当 $0 < x_0 - x < \delta$ 时,有 $|f(x) - A| < \varepsilon$,则称 $f(x)$ 的左极限存在,并称 A 为 $f(x)$ 在点 x_0 的左极限,记作 $\lim\limits_{x \to x_0^-} f(x) = A$,$\lim\limits_{x \to x_0 - 0} f(x) = A$ 或 $f(x_0 - 0) = A$。

设函数 $f(x)$ 在点 x_0 的某一去心右邻域 $U_0^+(x_0,\delta_0)(\delta_0 > 0)$ 内有定义。若对 $\forall \varepsilon > 0$,$\exists \delta > 0$,当 $0 < x - x_0 < \delta$ 时,有 $|f(x) - A| < \varepsilon$,则称 $f(x)$ 的右极限存在,并称 A 为 $f(x)$ 在点 x_0 的右极限,记作 $\lim\limits_{x \to x_0^+} f(x) = A$,$\lim\limits_{x \to x_0 + 0} f(x) = A$ 或 $f(x_0 + 0) = A$。

函数 $f(x)$ 在点 x_0 极限存在的充要条件是 $f(x)$ 在点 x_0 的左、右极限存在且相等。

考点 3　函数极限的性质

性质 1(局部有界性)　若 $\lim\limits_{x \to x_0} f(x)$ 存在，则 $\exists \delta_0 > 0$，使得 $f(x)$ 在 $U_0(x_0, \delta_0)$ 上有界，即 $\exists M > 0$，对 $\forall x \in U_0(x_0, \delta_0)$，有 $|f(x)| \leqslant M$。

性质 2(保不等式性)　设 $\lim\limits_{x \to x_0} f(x) = A, \lim\limits_{x \to x_0} g(x) = B$，

(1) 若 $A < B$，则 $\exists \delta > 0$，当 $x \in U_0(x_0, \delta)$ 时，有 $f(x) < g(x)$；

(2) 若 $\exists \delta_0 > 0$，当 $x \in U_0(x_0, \delta_0)$ 时，有 $f(x) \leqslant g(x)$，则 $A \leqslant B$。

性质 3(函数极限的四则运算)　设 $\lim\limits_{x \to x_0} f(x) = A, \lim\limits_{x \to x_0} g(x) = B$，则

(1) $\lim\limits_{x \to x_0} [f(x) \pm g(x)] = A \pm B$；(2) $\lim\limits_{x \to x_0} f(x) \cdot g(x) = A \cdot B$；(3) $\lim\limits_{x \to x_0} \dfrac{f(x)}{g(x)} = \dfrac{A}{B}(B \neq 0)$。

考点 4　函数极限的判定与两个重要极限

1. 夹逼定理

设函数 $f(x), g(x), h(x)$ 满足：$\exists \delta > 0$，当 $x \in U_0(x_0, \delta)$ 时，有 $f(x) \leqslant g(x) \leqslant h(x)$。若 $\lim\limits_{x \to x_0} f(x) = \lim\limits_{x \to x_0} h(x) = A$，则 $\lim\limits_{x \to x_0} g(x) = A$。

2. 柯西准则

设函数 $f(x)$ 在点 x_0 的某一去心邻域 $U_0(x_0, \delta_0)(\delta_0 > 0)$ 内有定义，则 $\lim\limits_{x \to x_0} f(x)$ 存在的充要条件是 $\forall \varepsilon > 0, \exists \delta > 0$，当 $x', x'' \in U_0(x_0, \delta)$ 时，有 $|f(x') - f(x'')| < \varepsilon$。

3. 归结原理

设函数 $f(x)$ 在点 x_0 的某一去心邻域 $U_0(x_0, \delta_0)(\delta_0 > 0)$ 内有定义，则 $\lim\limits_{x \to x_0} f(x) = A$ 的充要条件是对 $U_0(x_0, \delta_0)$ 中任意收敛于 x_0 的数列 $\{x_n\}$，都有 $\lim\limits_{n \to \infty} f(x_n) = A$。

注：归结原理可用来证明函数极限不存在。如证明 $\lim\limits_{x \to 0} \sin \dfrac{1}{x}$ 不存在，取两个收敛于 0 的数列 $\left\{\dfrac{1}{2n\pi}\right\}, \left\{\dfrac{1}{\left(2n + \dfrac{1}{2}\right)\pi}\right\}$，则有 $\lim\limits_{n \to \infty} f\left(\dfrac{1}{2n\pi}\right) = \lim\limits_{n \to \infty} \sin 2n\pi = 0, \lim\limits_{n \to \infty} f\left(\dfrac{1}{\left(2n + \dfrac{1}{2}\right)\pi}\right) = \lim\limits_{n \to \infty} \sin\left(2n + \dfrac{1}{2}\right)\pi = 1$，

两个数列收敛于不同的极限，所以 $\lim\limits_{x \to 0} \sin \dfrac{1}{x}$ 不存在。

4. 两个重要极限

$$\lim\limits_{x \to 0} \frac{\sin x}{x} = 1, \qquad \lim\limits_{x \to \infty} \left(1 + \frac{1}{x}\right)^x = e。$$

四、无穷小（大）量

考点 1　无穷小量与无穷大量的定义

设函数 $f(x)$ 在 $U_0(x_0, \delta_0)(\delta_0 > 0)$ 内有定义。若 $\lim\limits_{x \to x_0} f(x) = 0$，则称 $f(x)$ 是 $x \to x_0$ 时的无穷小量。

设函数 $f(x)$ 在 $U_0(x_0, \delta_0)(\delta_0 > 0)$ 内有定义。若 $\lim\limits_{x \to x_0} f(x) = \infty$，则称 $f(x)$ 是 $x \to x_0$ 时的无穷大量。

从无穷小量和无穷大量的定义可以看出，无穷小量（无穷大量）乘有界量结果仍为无穷小量（无穷大量）。

考点 2　无穷小（大）量的比较

设 $f(x), g(x)$ 都是 $x \to x_0$ 时的无穷小量（无穷大量），且 $g(x) \neq 0$，

若 $\lim\limits_{x \to x_0} \dfrac{f(x)}{g(x)} = 0$，则称 $f(x)$ 是 $g(x)$ 的高阶无穷小量（低阶无穷大量），记作 $f(x) = o(g(x))$；

若 $\lim\limits_{x \to x_0} \dfrac{f(x)}{g(x)} = C \neq 0$，则称 $f(x)$ 是 $g(x)$ 的同阶无穷小量（同阶无穷大量）；

若 $\lim\limits_{x \to x_0} \dfrac{f(x)}{g(x)} = 1$，则称 $f(x)$ 是 $g(x)$ 的等价无穷小量（等价无穷大量），记作 $f(x) \sim g(x)$。

考点 3　常用的等价无穷小量

$x \sim \sin x \sim \arcsin x \sim \tan x \sim \arctan x \sim \ln(1+x) \sim e^x - 1, (1+x)^\mu - 1 \sim \mu x (\mu \neq 0)$。

五、求极限的方法

求极限的方法有很多，以下结合例题介绍几种常用的、简单的求极限的方法。

1. 利用夹逼定理

用夹逼定理求极限，就是要将数列 $\{x_n\}$ 放缩成两个极限相等的数列 $\{y_n\}, \{z_n\}$，且满足 $y_n \leqslant x_n \leqslant z_n$。

【例题 1】设 $a_i > 0, i = 1, 2, \cdots, m$。求 $\lim\limits_{n \to \infty} (a_1^n + a_2^n + \cdots + a_m^n)^{\frac{1}{n}}$。

【解析】令 $a = \max\{a_1, a_2, \cdots, a_m\}$，则 $a^n \leqslant a_1^n + a_2^n + \cdots + a_m^n \leqslant ma^n$。因为 $\lim\limits_{n \to \infty}(a^n)^{\frac{1}{n}} = \lim\limits_{n \to \infty}(ma^n)^{\frac{1}{n}} = a$，所以由夹逼定理得，$\lim\limits_{n \to \infty}(a_1^n + a_2^n + \cdots + a_m^n)^{\frac{1}{n}} = a = \max\{a_1, a_2, \cdots, a_m\}$。

2. 利用重要极限

在求解 1^∞ 型极限时，常用的方法是作变量替换结合重要极限 $\lim\limits_{x \to \infty}\left(1 + \dfrac{1}{x}\right)^x = e$ 进行求解。另一个重要极限 $\lim\limits_{x \to 0}\dfrac{\sin x}{x} = 1$，常常用在等价无穷小因子替换求极限中。

【例题 2】求 $\lim\limits_{x \to 0}\left(\dfrac{1+x}{1-x}\right)^{\frac{1}{x}}$。

【解析】令 $t = \dfrac{1}{x}$，则 $\lim\limits_{x \to 0}\left(\dfrac{1+x}{1-x}\right)^{\frac{1}{x}} = \lim\limits_{t \to \infty}\left(\dfrac{t+1}{t-1}\right)^t = \lim\limits_{t \to \infty}\left(1 + \dfrac{2}{t-1}\right)^t$，再令 $s = \dfrac{t-1}{2}$，则

$$\lim\limits_{t \to \infty}\left(1 + \dfrac{2}{t-1}\right)^t = \lim\limits_{s \to \infty}\left(1 + \dfrac{1}{s}\right)^{(2s+1)} = \left[\lim\limits_{s \to \infty}\left(1 + \dfrac{1}{s}\right)^s\right]^2 \cdot \lim\limits_{s \to \infty}\left(1 + \dfrac{1}{s}\right) = e^2$$。

注：熟练使用此方法后，可以不用写出具体的变量替换过程。

3. 利用等价无穷小因子替换

设 $f(x)$，$g(x)$ 是 $x \to x_0$ 时的等价无穷小量，即 $\lim\limits_{x \to x_0} \dfrac{g(x)}{f(x)} = 1$，则根据极限的乘法运算可得，

$$\lim\limits_{x \to x_0} \frac{f(x)u(x)}{v(x)} = \lim\limits_{x \to x_0}\left[\frac{f(x)u(x)}{v(x)} \cdot \frac{g(x)}{f(x)}\right] = \lim\limits_{x \to x_0} \frac{g(x)u(x)}{v(x)}。$$

【例题 3】求 $\lim\limits_{x \to 0} \dfrac{e^{\tan x} - e^{\sin x}}{\tan x - \sin x}$。

【解析】$\lim\limits_{x \to 0} \dfrac{e^{\tan x} - e^{\sin x}}{\tan x - \sin x} = \lim\limits_{x \to 0} \dfrac{e^{\sin x}(e^{\tan x - \sin x} - 1)}{\tan x - \sin x}$，因为 $x \to 0$ 时，$\tan x - \sin x \to 0$，所以根据等价无穷

小 $e^x - 1 \sim x$ 得，$\lim\limits_{x \to 0} \dfrac{e^{\sin x}(e^{\tan x - \sin x} - 1)}{\tan x - \sin x} = \lim\limits_{x \to 0} \dfrac{e^{\sin x}(\tan x - \sin x)}{\tan x - \sin x} = \lim\limits_{x \to 0} e^{\sin x} = 1$。

注：等价无穷小因子替换的依据是极限的乘法运算，对于加法运算不能使用等价无穷小因子替

换。如极限 $\lim\limits_{x \to 0} \dfrac{x - \sin x}{x^3}$，若利用等价无穷小 $\sin x \sim x$ 会得到 $\lim\limits_{x \to 0} \dfrac{x - \sin x}{x^3} = \lim\limits_{x \to 0} \dfrac{x - x}{x^3} = 0$，而这个结果是

错误的。

4. 利用泰勒公式

泰勒公式相关概念与常用泰勒公式见本章第三节。泰勒公式是一种较通用的求极限方法，在使用泰勒公式求极限时一般选择皮亚诺型余项。

【例题 4】求 $\lim\limits_{x \to 0} \dfrac{x - \sin x}{x^3}$。

【解析】$\sin x$ 的麦克劳林展开式为 $\sin x = x - \dfrac{1}{3!}x^3 + o(x^3)$，$\lim\limits_{x \to 0} \dfrac{x - \sin x}{x^3} = \lim\limits_{x \to 0} \dfrac{x - x + \dfrac{1}{3!}x^3 - o(x^3)}{x^3} =$

$\lim\limits_{x \to 0} \dfrac{\dfrac{1}{3!}x^3}{x^3} - \lim\limits_{x \to 0} \dfrac{o(x^3)}{x^3} = \dfrac{1}{6} - 0 = \dfrac{1}{6}$。

5. 利用洛必达法则

洛必达法则相关概念见本章第三节。

【例题 5】求 $\lim\limits_{x \to 0} \dfrac{\ln(1 + x^2) - \ln(1 + \sin^2 x)}{x \sin^3 x}$。

【解析】$\lim\limits_{x \to 0} \dfrac{\ln(1 + x^2) - \ln(1 + \sin^2 x)}{x \sin^3 x} = \lim\limits_{x \to 0} \dfrac{\ln\left(1 + \dfrac{x^2 - \sin^2 x}{1 + \sin^2 x}\right)}{x \sin^3 x}$，利用等价无穷小因子替换，

$\lim\limits_{x \to 0} \dfrac{\ln\left(1 + \dfrac{x^2 - \sin^2 x}{1 + \sin^2 x}\right)}{x \sin^3 x} = \lim\limits_{x \to 0} \dfrac{x^2 - \sin^2 x}{x^4}$，利用洛必达法则得，

$\lim\limits_{x \to 0} \dfrac{x^2 - \sin^2 x}{x^4} = \lim\limits_{x \to 0} \dfrac{2x - 2\sin x \cos x}{4x^3} = \lim\limits_{x \to 0} \dfrac{2x - \sin 2x}{4x^3} = \lim\limits_{x \to 0} \dfrac{\dfrac{1}{6}(2x)^3}{4x^3} = \dfrac{1}{3}$。

注：在使用洛必达法则时必须确保分子分母导数的极限存在。如 $\lim\limits_{x\to\infty}\dfrac{x-\sin x}{x}$，显然该极限值为 1，但该极限不能使用洛必达法则计算，因为 $\lim\limits_{x\to\infty}\dfrac{(x-\sin x)'}{x'}=\lim\limits_{x\to\infty}(1-\cos x)$，该极限不存在且不趋于无穷。

第二节　函数连续性

一、函数的连续与间断

考点1　函数连续性的定义

设 $f(x)$ 在点 x_0 的某一邻域 $U(x_0,\delta_0)(\delta_0>0)$ 内有定义。如果有 $\lim\limits_{x\to x_0}f(x)=f(x_0)$，则称 $f(x)$ 在点 x_0 处连续，并称 x_0 为 $f(x)$ 的一个连续点；否则称 $f(x)$ 在点 x_0 处间断，并称 x_0 为 $f(x)$ 的一个间断点。

由于函数在一点的连续性是通过极限定义的，因而也可以直接用 $\varepsilon-\delta$ 语言来描述：若对 $\forall\varepsilon>0$，$\exists\delta>0$，当 $x\in U(x_0,\delta)$ 时，有 $|f(x)-f(x_0)|<\varepsilon$，则称 $f(x)$ 在点 x_0 处连续。

若 $f(x)$ 在区间 I 上有定义，且对 $\forall x\in I$，$f(x)$ 在点 x 连续，则称 $f(x)$ 在区间 I 上连续。

注：初等函数在其定义域内连续。

考点2　单侧连续性

设 $f(x)$ 在点 x_0 的某一左邻域 $U^-(x_0,\delta_0)(\delta_0>0)$ 内有定义。如果有 $\lim\limits_{x\to x_0^-}f(x)=f(x_0)$，则称 $f(x)$ 在点 x_0 处左连续。

设 $f(x)$ 在点 x_0 的某一右邻域 $U^+(x_0,\delta_0)(\delta_0>0)$ 内有定义。如果有 $\lim\limits_{x\to x_0^+}f(x)=f(x_0)$，则称 $f(x)$ 在点 x_0 处右连续。

$f(x)$ 在点 x_0 连续的充要条件是 $f(x)$ 在该点左、右连续。

考点3　间断点

1. 第一类间断点

设 x_0 是 $f(x)$ 的一个间断点。如果 $f(x)$ 在点 x_0 的左、右极限都存在，则称 x_0 为 $f(x)$ 的第一类间断点。此时，若 $\lim\limits_{x\to x_0^-}f(x)=\lim\limits_{x\to x_0^+}f(x)\neq f(x_0)$，也称 x_0 为 $f(x)$ 的可去间断点；若 $\lim\limits_{x\to x_0^-}f(x)\neq\lim\limits_{x\to x_0^+}f(x)$，也称 x_0 为 $f(x)$ 的跳跃间断点。

2. 第二类间断点

设 x_0 是 $f(x)$ 的一个间断点。若 $f(x)$ 在点 x_0 的左、右极限至少有一个不存在，则称 x_0 为 $f(x)$ 的第二类间断点。

【例题】设 $f(x)=\lim\limits_{n\to\infty}\dfrac{x^{2n-1}+ax^2+bx}{x^{2n}+1}$。

（Ⅰ）若 $f(x)$ 在 $\mathbf{R}$ 上连续，求 a,b 的值；

（Ⅱ）若 a,b 不是求出的值，$f(x)$ 有哪些间断点，并指出它们的类型。

【解析】（Ⅰ）当 $|x| < 1$ 时，$f(x) = \lim\limits_{n\to\infty} \dfrac{x^{2n-1} + ax^2 + bx}{x^{2n} + 1} = ax^2 + bx$；当 $|x| > 1$ 时，$f(x) =$

$\lim\limits_{n\to\infty} \dfrac{x^{2n-1} + ax^2 + bx}{x^{2n} + 1} = \lim\limits_{n\to\infty} \dfrac{1 + ax^{3-2n} + bx^{2-2n}}{x + x^{1-2n}} = \dfrac{1}{x}$，所以

$$f(x) = \begin{cases} ax^2 + bx, & |x| < 1, \\ \dfrac{1}{2}(a + b + 1), & x = 1, \\ \dfrac{1}{2}(a - b - 1), & x = -1, \\ \dfrac{1}{x}, & |x| > 1。 \end{cases}$$

由函数解析式可知，$f(x)$ 可能的间断点为 $x = 1$ 和 $x = -1$。

$f(x)$ 在 $x = 1$ 处连续 $\Leftrightarrow \lim\limits_{x\to 1^-} f(x) = \lim\limits_{x\to 1^+} f(x) = f(1) \Leftrightarrow a + b = 1 = \dfrac{1}{2}(a + b + 1) \Leftrightarrow a + b = 1$；

$f(x)$ 在 $x = -1$ 处连续 $\Leftrightarrow \lim\limits_{x\to -1^-} f(x) = \lim\limits_{x\to -1^+} f(x) = f(-1) \Leftrightarrow a - b = -1 = \dfrac{1}{2}(a - b - 1) \Leftrightarrow a - b = -1$。

因此要使 $f(x)$ 在 **R** 上连续，只需满足 $\begin{cases} a + b = 1, \\ a - b = -1, \end{cases}$ 即 $\begin{cases} a = 0, \\ b = 1。 \end{cases}$

（Ⅱ）由（Ⅰ）知，当 a,b 不是求出的值时，方程组 $\begin{cases} a + b = 1, \\ a - b = -1 \end{cases}$ 中至少有一个方程不成立。

当 $a + b = 1, a - b \neq -1$ 时，$f(x)$ 在 $x = 1$ 处连续，在 $x = -1$ 处间断。因为 $\lim\limits_{x\to -1^-} f(x) \neq \lim\limits_{x\to -1^+} f(x)$，所以此时 $f(x)$ 有一个跳跃间断点 $x = -1$。

当 $a - b = -1, a + b \neq 1$ 时，$f(x)$ 在 $x = -1$ 处连续，在 $x = 1$ 处间断。因为 $\lim\limits_{x\to 1^-} f(x) \neq \lim\limits_{x\to 1^+} f(x)$，所以此时 $f(x)$ 有一个跳跃间断点 $x = 1$。

当 $a + b \neq 1, a - b \neq -1$ 时，根据前面的分析知，$f(x)$ 有两个跳跃间断点 $x = 1$ 和 $x = -1$。

二、连续函数的性质

性质1（局部有界性） 若 $f(x)$ 在点 x_0 连续，则 $\exists \delta > 0$，使得 $f(x)$ 在 $U(x_0, \delta)$ 上有界。

性质2（局部保号性） 若 $f(x)$ 在点 x_0 连续，且 $f(x_0) > 0(f(x_0) < 0)$，则 $\exists \delta > 0$，使得对 $\forall x \in U(x_0, \delta)$，有 $f(x) > 0(f(x) < 0)$。

性质3 若函数 $f(x), g(x)$ 都在点 x_0 处连续，则函数 $f(x) \pm g(x), f(x) \cdot g(x), \dfrac{f(x)}{g(x)}(g(x_0) \neq 0)$ 仍在点 x_0 处连续。

三、闭区间上连续函数的性质

性质1（有界性） 若 $f(x)$ 在 $[a,b]$ 上连续，则 $f(x)$ 在 $[a,b]$ 上有界，即 $\exists M > 0$，对 $\forall x \in [a,b]$，

有 $|f(x)| \le M$。

性质 2（最值定理） 若 $f(x)$ 在 $[a,b]$ 上连续，则 $f(x)$ 在 $[a,b]$ 上有最大值和最小值，即 $\exists x_1$，$x_2 \in [a,b]$，有 $f(x_1) = \max\limits_{x \in [a,b]} \{f(x)\}$，$f(x_2) = \min\limits_{x \in [a,b]} \{f(x)\}$。

性质 3（介值定理） 设 $f(x)$ 在 $[a,b]$ 上连续，$f(a) \ne f(b)$。若 μ 是介于 $f(a)$ 与 $f(b)$ 之间的任意实数，则至少存在一点 $x_0 \in (a,b)$，使得 $f(x_0) = \mu$。

推论（零点存在定理） 若 $f(x)$ 在 $[a,b]$ 上连续，且 $f(a)f(b) < 0$，则至少存在一点 $x_0 \in (a,b)$，使得 $f(x_0) = 0$。

第三节　一元函数微分学

一、导数

考点 1　导数的定义

设函数 $f(x)$ 在 x_0 的某一邻域 $U(x_0, \delta_0)(\delta_0 > 0)$ 内有定义。若极限 $\lim\limits_{x \to x_0} \dfrac{f(x) - f(x_0)}{x - x_0}$（或 $\lim\limits_{\Delta x \to 0} \dfrac{f(x_0 + \Delta x) - f(x_0)}{\Delta x}$）存在，则称 $f(x)$ 在点 x_0 处可导，并称此极限值为 $f(x)$ 在点 x_0 处的导数，记作 $f'(x_0)$。

考点 2　单侧导数

由导数的定义可知，导数实际上是一个极限，根据左、右极限的概念可以引申出单侧导数的概念。

设函数 $f(x)$ 在点 x_0 的某一左邻域 $U^-(x_0, \delta_0)(\delta_0 > 0)$ 内有定义。如果极限 $\lim\limits_{x \to x_0^-} \dfrac{f(x) - f(x_0)}{x - x_0}$（或 $\lim\limits_{\Delta x \to 0^-} \dfrac{f(x_0 + \Delta x) - f(x_0)}{\Delta x}$）存在，则称 $f(x)$ 在点 x_0 处左可导，并称此极限值为 $f(x)$ 在点 x_0 处的左导数，记作 $f'_-(x_0)$；

设函数 $f(x)$ 在点 x_0 的某一右邻域 $U^+(x_0, \delta_0)(\delta_0 > 0)$ 内有定义。如果极限 $\lim\limits_{x \to x_0^+} \dfrac{f(x) - f(x_0)}{x - x_0}$（或 $\lim\limits_{\Delta x \to 0^+} \dfrac{f(x_0 + \Delta x) - f(x_0)}{\Delta x}$）存在，则称 $f(x)$ 在点 x_0 处右可导，并称此极限值为 $f(x)$ 在点 x_0 处的右导数，记作 $f'_+(x_0)$。

显然 $f(x)$ 在点 x_0 处可导的充要条件是 $f'_-(x_0)$ 与 $f'_+(x_0)$ 存在且相等。

考点 3　求导法则

1. 导数四则运算

设 $f(x)$ 和 $g(x)$ 都在点 x 处可导，则

$[f(x) \pm g(x)]' = f'(x) \pm g'(x)$；

$[f(x)g(x)]' = f'(x)g(x) + f(x)g'(x)$；

$$\left[\frac{f(x)}{g(x)}\right]' = \frac{f'(x)g(x) - f(x)g'(x)}{g^2(x)}(g(x) \neq 0)_。$$

2. 反函数求导

设函数 $y = f(x)$ 在区间 I 上存在反函数 $x = f^{-1}(y)$。若 $f(x)$ 在区间 I 上可导,且 $f'(x) \neq 0$,则 $f^{-1}(y)$ 在对应区间上也可导,且 $[f^{-1}(y)]' = \dfrac{1}{f'(x)}$。

【例题 1】 求 $y = \arctan x$ 的导数。

【解析】 $y = \arctan x$ 的反函数为 $x = \tan y$,所以 $y' = (\arctan x)' = \dfrac{1}{(\tan y)'} = \dfrac{1}{\sec^2 y} = \dfrac{1}{1 + \tan^2 y} = \dfrac{1}{1 + x^2}$。

3. 复合函数求导(链式法则)

设函数 $u = g(x)$ 在点 x_0 处可导,$y = f(u)$ 在点 $u_0 = g(x_0)$ 可导,则 $F(x) = f(g(x))$ 在点 x_0 处可导,且 $F'(x_0) = f'(g(x_0)) \cdot g'(x_0)$。

【例题 2】 求 $f(x) = x^x$ 的导数。

【解析】 对函数取对数得 $\ln f(x) = x \ln x$,根据复合函数求导法则,$[\ln f(x)]' = \dfrac{f'(x)}{f(x)} = (x)' \ln x + (\ln x)' x = 1 + \ln x$,所以 $f'(x) = f(x)(1 + \ln x) = x^x(1 + \ln x)$。

4. 含参变量的函数求导

设 $y = f(x)$ 是由参数方程 $\begin{cases} x = \varphi(t), \\ y = \psi(t) \end{cases}$ $(a < t < b)$ 所确定的函数。若 $\varphi(t)$ 和 $\psi(t)$ 都可导,且 $\varphi'(t) \neq 0$,则 $f'(x) = \dfrac{\psi'(t)}{\varphi'(t)}$。

【例题 3】 求曲线 $\begin{cases} x = a(t - \sin t), \\ y = a(1 - \cos t) \end{cases}$ 在 $t = \dfrac{\pi}{2}$ 处的切线斜率。

【解析】 曲线在 $t = \dfrac{\pi}{2}$ 处的切线斜率为 $\left.\dfrac{[a(1 - \cos t)]'}{[a(t - \sin t)]'}\right|_{t = \frac{\pi}{2}} = \left.\dfrac{a \sin t}{a(1 - \cos t)}\right|_{t = \frac{\pi}{2}} = 1$。

二、微分

考点 1　微分的定义

设函数 $y = f(x)$ 在点 x_0 的某一邻域 $U(x_0, \delta_0)(\delta_0 > 0)$ 内有定义。若存在一个常数 A,当 $\Delta x \to 0$ 时,有 $\Delta y = f(x_0 + \Delta x) - f(x_0) = A\Delta x + o(\Delta x)$(即 $\Delta y \sim A\Delta x$),则称函数 $f(x)$ 在点 x_0 处可微,并称 $A\Delta x$ 为函数 $f(x)$ 在点 x_0 处的微分,记作 $\mathrm{d}f(x)\big|_{x = x_0} = A\Delta x$。

考点 2　可导与可微

函数 $f(x)$ 在点 x_0 处可微的充要条件是函数 $f(x)$ 在点 x_0 处可导。函数 $f(x)$ 在点 x_0 处可微时,常数 $A = f'(x_0)$,$\mathrm{d}f(x)\big|_{x = x_0} = f'(x_0)\Delta x$。

关于函数在一点处可微、可导以及连续,我们有下述关系:函数 $f(x)$ 在点 x_0 处可微 $\Leftrightarrow$ 函数 $f(x)$ 在点 x_0 处可导 $\Rightarrow$ 函数 $f(x)$ 在点 x_0 处连续。三者之间的关系如图 2 - 1 - 1 所示。

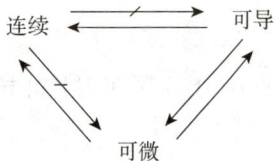

图 2 - 1 - 1

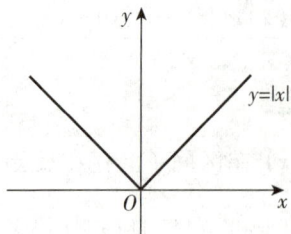

图 2 - 1 - 2

需要注意的是函数连续不一定可导。最典型的反例是 $y = |x|$,这个函数在 $x = 0$ 处连续,但不可导。这一点从几何上更容易理解:从图形上看,函数连续意味着曲线没有间断,而函数可导意味着曲线不但是连续的,而且是光滑的。如图 2 - 1 - 2 所示,显然 $y = |x|$ 的图形在 $x = 0$ 处不是光滑的。

考点 3　基本初等函数导数与微分公式

$(c)' = 0$;

$d(c) = 0$;

$(x^{\alpha})' = \alpha x^{\alpha-1}$($\alpha$ 为实常数);

$d(x^{\alpha}) = \alpha x^{\alpha-1}dx$($\alpha$ 为实常数);

$(\sin x)' = \cos x$;

$d(\sin x) = \cos x dx$;

$(\cos x)' = -\sin x$;

$d(\cos x) = -\sin x dx$;

$(\tan x)' = \sec^2 x$;

$d(\tan x) = \sec^2 x dx$;

$(\cot x)' = -\csc^2 x$;

$d(\cot x) = -\csc^2 x dx$;

$(\sec x)' = \sec x \tan x$;

$d(\sec x) = \sec x \tan x dx$;

$(\csc x)' = -\csc x \cot x$;

$d(\csc x) = -\csc x \cot x dx$;

$(\log_a x)' = \dfrac{1}{x \ln a}$($a > 0, a \neq 1$);

$d(\log_a x) = \dfrac{dx}{x \ln a}$($a > 0, a \neq 1$);

$(\ln x)' = \dfrac{1}{x}$;

$d(\ln x) = \dfrac{1}{x}dx$;

$(a^x)' = a^x \ln a$($a > 0, a \neq 1$);

$d(a^x) = a^x \ln a dx$($a > 0, a \neq 1$);

$(e^x)' = e^x$;

$d(e^x) = e^x dx$;

$(\arcsin x)' = \dfrac{1}{\sqrt{1 - x^2}}$;

$d(\arcsin x) = \dfrac{1}{\sqrt{1 - x^2}}dx$;

$(\arccos x)' = -\dfrac{1}{\sqrt{1 - x^2}}$;

$d(\arccos x) = -\dfrac{1}{\sqrt{1 - x^2}}dx$;

$(\arctan x)' = \dfrac{1}{1 + x^2}$;

$d(\arctan x) = \dfrac{1}{1 + x^2}dx$。

考点 4　高阶导数与高阶微分

1. 高阶导数

函数 $y = f(x)$ 的导数 $y' = f'(x)$(如果存在)仍然是 x 的函数,我们把导数 $y' = f'(x)$ 的导数(如果存在)叫作函数 $y = f(x)$ 的二阶导数,记作 y'',$f''(x)$ 或 $\dfrac{d^2 y}{dx^2}$。类似地,二阶导数的导数叫作三阶导数,三阶导数的导数叫作四阶导数,…,$n - 1$ 阶导数的导数叫作 n 阶导数,分别记作 $f'''(x)$,$f^{(4)}(x)$,…,

$f^{(n)}(x)$ 或 $\dfrac{\mathrm{d}^3 y}{\mathrm{d}x^3}, \dfrac{\mathrm{d}^4 y}{\mathrm{d}x^4}, \cdots, \dfrac{\mathrm{d}^n y}{\mathrm{d}x^n}$。

2. 高阶微分

函数 $y = f(x)$ 的微分 $\mathrm{d}y = f'(x)\mathrm{d}x$（如果存在）仍然是 x 的函数，其中 $\mathrm{d}x$ 是与 x 无关的一个量，我们把一阶微分 $\mathrm{d}y = f'(x)\mathrm{d}x$ 的微分（如果存在），叫作函数 $y = f(x)$ 的二阶微分，记作 $\mathrm{d}^2 y$，即 $\mathrm{d}^2 y = \mathrm{d}(\mathrm{d}y) = [f'(x)\mathrm{d}x]'\mathrm{d}x = f''(x)\mathrm{d}x\mathrm{d}x = f''(x)\mathrm{d}x^2$。类似地，二阶微分的微分叫作三阶微分，三阶微分的微分叫作四阶微分，$\cdots$，$n-1$ 阶微分的微分叫作 n 阶微分，分别记作 $\mathrm{d}^3 y, \mathrm{d}^4 y, \cdots, \mathrm{d}^n y$。

3. 莱布尼茨公式

设函数 $f(x)$ 和 $g(x)$ 都是 n 阶可导函数，则它们的积函数也 n 阶可导，且

$$[f(x)g(x)]^{(n)} = \sum_{k=0}^{n} \mathrm{C}_n^k f^{(n-k)}(x) g^{(k)}(x)。$$

三、微分学基本定理

考点1　费马定理

设函数 $f(x)$ 在 x_0 的某一邻域 $U(x_0, \delta_0)(\delta_0 > 0)$ 内有定义。若 x_0 是 $f(x)$ 的极值点，且 $f'(x_0)$ 存在，则 $f'(x_0) = 0$。

考点2　罗尔定理

设 $f(x)$ 在闭区间 $[a, b]$ 内连续，开区间 (a, b) 内可导，且 $f(a) = f(b)$，则在开区间 (a, b) 内至少存在一点 c，有 $f'(c) = 0$。

考点3　拉格朗日中值定理

设 $f(x)$ 在闭区间 $[a, b]$ 内连续，开区间 (a, b) 内可导，则在开区间 (a, b) 内至少存在一点 c，有

$$f'(c) = \frac{f(b) - f(a)}{b - a}。$$

拉格朗日中值定理的几何意义：如图 2-1-3，在一段每一点都有切线的曲线上至少有一点的切线平行于两个端点的连线。

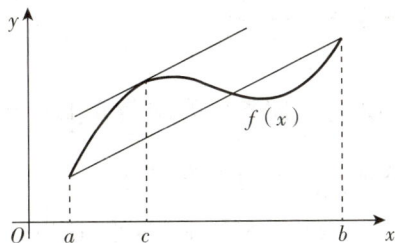

图 2-1-3

考点4　柯西中值定理

设 $f(x)$ 和 $g(x)$ 在闭区间 $[a, b]$ 内连续，开区间 (a, b) 内可导，且 $g'(x) \neq 0$，则在开区间 (a, b) 内至少存在一点 c，有

$$\frac{f'(c)}{g'(c)} = \frac{f(b) - f(a)}{g(b) - g(a)}。$$

四、微分中值定理的应用

考点 1　洛必达法则

1. $\dfrac{0}{0}$ 型不定式

设 $f(x)$ 和 $g(x)$ 在点 x_0 的某一去心邻域 $U_0(x_0,\delta_0)(\delta_0>0)$ 内可导。如果 $\lim\limits_{x\to x_0}f(x)=\lim\limits_{x\to x_0}g(x)=0$，$g'(x)\neq0$，且极限 $\lim\limits_{x\to x_0}\dfrac{f'(x)}{g'(x)}=K$（有穷或无穷）存在，则必有 $\lim\limits_{x\to x_0}\dfrac{f(x)}{g(x)}=K$。

设 $f(x)$ 和 $g(x)$ 在 $U(\infty)$ 上可导。如果 $\lim\limits_{x\to\infty}f(x)=\lim\limits_{x\to\infty}g(x)=0$，$g'(x)\neq0$，且极限 $\lim\limits_{x\to\infty}\dfrac{f'(x)}{g'(x)}=K$（有穷或无穷）存在，则必有 $\lim\limits_{x\to\infty}\dfrac{f(x)}{g(x)}=K$。

2. $\dfrac{\infty}{\infty}$ 型不定式

设 $f(x)$ 和 $g(x)$ 在点 x_0 的某一去心邻域 $U_0(x_0,\delta_0)(\delta_0>0)$ 内可导。如果 $\lim\limits_{x\to x_0}f(x)=\lim\limits_{x\to x_0}g(x)=\infty$，$g'(x)\neq0$，且极限 $\lim\limits_{x\to x_0}\dfrac{f'(x)}{g'(x)}=K$（有穷或无穷）存在，则必有 $\lim\limits_{x\to x_0}\dfrac{f(x)}{g(x)}=K$。

设 $f(x)$ 和 $g(x)$ 在 $U(\infty)$ 上可导。如果 $\lim\limits_{x\to\infty}f(x)=\lim\limits_{x\to\infty}g(x)=\infty$，$g'(x)\neq0$，且极限 $\lim\limits_{x\to\infty}\dfrac{f'(x)}{g'(x)}=K$（有穷或无穷）存在，则必有 $\lim\limits_{x\to\infty}\dfrac{f(x)}{g(x)}=K$。

考点 2　泰勒公式

1. 泰勒公式

设函数 $f(x)$ 在含有 x_0 的某个开区间 (a,b) 内具有直到 $n+1$ 阶导数，则对任一 $x\in(a,b)$，有

$$f(x)=f(x_0)+\frac{f'(x_0)}{1!}(x-x_0)+\frac{f''(x_0)}{2!}(x-x_0)^2+\cdots+\frac{f^{(n)}(x_0)}{n!}(x-x_0)^n+R_n(x),$$

其中 $R_n(x)=\dfrac{f^{(n+1)}(\xi)}{(n+1)!}(x-x_0)^{n+1}$ 称为拉格朗日余项（ξ 是介于 x_0 与 x 之间的某个值），整个公式称为 $f(x)$ 按 $x-x_0$ 的幂展开的带有拉格朗日余项的 n 阶泰勒公式。

由于当 $x\to x_0$ 时，$R_n(x)$ 是比 $(x-x_0)^n$ 高阶的无穷小，所以这时 n 阶泰勒公式也可写成

$$f(x)=f(x_0)+f'(x_0)(x-x_0)+\cdots+\frac{f^{(n)}(x_0)}{n!}(x-x_0)^n+o[(x-x_0)^n],$$

其中 $R_n(x)=o[(x-x_0)^n]$ 称为皮亚诺型余项，上式称为 $f(x)$ 按 $x-x_0$ 的幂展开的带有皮亚诺型余项的 n 阶泰勒公式。

2. 麦克劳林公式

若 $x_0=0$，则上面的泰勒公式也称为麦克劳林公式，即

$$f(x) = f(0) + f'(0)x + \frac{f''(0)}{2!}x^2 + \cdots + \frac{f^{(n)}(0)}{n!}x^n + \frac{f^{(n+1)}(\xi)}{(n+1)!}x^{n+1} \quad (0 < \xi < x),$$

$$f(x) = f(0) + f'(0)x + \cdots + \frac{f^{(n)}(0)}{n!}x^n + o(x^n) \quad (x \to 0)。$$

常用的麦克劳林公式:

$$e^x = 1 + x + \frac{x^2}{2!} + \cdots + \frac{x^n}{n!} + o(x^n) \quad (x \to 0);$$

$$\sin x = x - \frac{x^3}{3!} + \frac{x^5}{5!} - \cdots + (-1)^n \frac{x^{2n+1}}{(2n+1)!} + o(x^{2n+1}) \quad (x \to 0);$$

$$\cos x = 1 - \frac{x^2}{2!} + \frac{x^4}{4!} - \frac{x^6}{6!} + \cdots + (-1)^n \frac{x^{2n}}{(2n)!} + o(x^{2n}) \quad (x \to 0);$$

$$\ln(1+x) = x - \frac{x^2}{2} + \frac{x^3}{3} - \cdots + (-1)^n \frac{x^{n+1}}{n+1} + o(x^{n+1}) \quad (x \to 0);$$

$$\frac{1}{1-x} = 1 + x + x^2 + \cdots + x^n + o(x^n) \quad (x \to 0);$$

$$(1+x)^m = 1 + mx + \frac{m(m-1)}{2!}x^2 + \cdots + \frac{m(m-1)\cdots(m-n+1)}{n!}x^n + o(x^n) \quad (x \to 0)。$$

五、利用导数研究函数

考点 1　函数的单调性

1. 函数单调性的定义

设函数 $f(x)$ 的定义域为 I,区间 $D \subseteq I$,如果 $\forall x_1, x_2 \in D$,当 $x_1 < x_2$ 时,都有 $f(x_1) \leq f(x_2)$ $(f(x_1) \geq f(x_2))$,那么称函数 $f(x)$ 在区间 D 上单调递增(递减)。 在上述不等式中将 "$\leq$"("$\geq$")换成"$<$"("$>$"),则称函数 $f(x)$ 在区间 D 上严格单调递增(递减)。

注:此处单调性与中学部分有差别。

2. 函数单调性的判定

设函数 $f(x)$ 在 I 内可导,则

$f(x)$ 在区间 I 内单调递增的充要条件是 $f'(x) \geq 0, \forall x \in I$;

$f(x)$ 在区间 I 内单调递减的充要条件是 $f'(x) \leq 0, \forall x \in I$。

考点 2　函数的极值

1. 函数极值的定义

设函数 $f(x)$ 在 x_0 的某一邻域 $U(x_0, \delta)$ 内有定义,

若对 $\forall x \in U_0(x_0, \delta)$,有 $f(x) \geq f(x_0)(f(x) > f(x_0))$,则称 $f(x_0)$ 为 $f(x)$ 的极小值(严格极小值);

若对 $\forall x \in U_0(x_0, \delta)$,有 $f(x) \leq f(x_0)(f(x) < f(x_0))$,则称 $f(x_0)$ 为 $f(x)$ 的极大值(严格极大值)。

函数的极大值和极小值统称为函数的极值,使函数取得极值的点称为函数的极值点。

注：① 根据定义可知极值点一定在函数定义域的内部取到。② 极值是一个局部概念，所谓极大值只意味着函数在该点附近的局部范围内是最大的，在更大的范围内并不一定是最大的。

由费马定理知，极值点的导数如果存在，则一定为 0。但函数导数为 0 的点不一定是函数的极值点（如 $f(x) = x^3$ 在 $x = 0$ 处的导数值为 0，但 $x = 0$ 不是函数的极值点），我们称满足 $f'(x) = 0$ 的点 x_0 为函数 $f(x)$ 的驻点，因此极值点只能是驻点或不可导点。

2. 函数极值的判定

（1）利用函数的单调性判定

如果函数 $f(x)$ 在 x_0 的某一左邻域内单调递增，在 x_0 的某一右邻域内单调递减，根据极值定义可知 $f(x)$ 在 x_0 处取得极大值。同理，如果函数 $f(x)$ 在 x_0 的某一左邻域内单调递减，在 x_0 的某一右邻域内单调递增，则 $f(x)$ 在 x_0 处取得极小值。

特别地，设函数 $f(x)$ 在 x_0 处连续，在 x_0 的某一去心邻域 $U_0(x_0, \delta)$ 内可导，

若 $x \in U_0^-(x_0, \delta)$ 时，$f'(x) > 0$，$x \in U_0^+(x_0, \delta)$ 时，$f'(x) < 0$，则 $f(x)$ 在 x_0 处取得极大值；

若 $x \in U_0^-(x_0, \delta)$ 时，$f'(x) < 0$，$x \in U_0^+(x_0, \delta)$ 时，$f'(x) > 0$，则 $f(x)$ 在 x_0 处取得极小值；

若 $x \in U_0(x_0, \delta)$ 时，$f'(x)$ 的符号保持不变，则 $f(x)$ 在 x_0 处不取极值。

（2）利用函数高阶导数的符号来判定

设函数 $f(x)$ 在 x_0 的某一邻域 $U(x_0, \delta)$ 内 n 阶可导，且 $f^{(k)}(x_0) = 0$($k = 1, 2, \cdots, n - 1$)，$f^{(n)}(x_0) \neq 0$，则

（i）当 n 为偶数时，$f(x)$ 在 x_0 处取得极值，且若 $f^{(n)}(x_0) < 0$，则 $f(x)$ 在 x_0 处取得极大值；若 $f^{(n)}(x_0) > 0$，则 $f(x)$ 在 x_0 处取得极小值；

（ii）当 n 是奇数时，$f(x)$ 在 x_0 处不取极值。

特别地，当 $n = 2$ 时，有如下的结论：

设函数 $f(x)$ 在 x_0 的某一邻域 $U(x_0, \delta)$ 内二阶可导，且 $f'(x_0) = 0$，$f''(x_0) \neq 0$，则当 $f''(x_0) < 0$ 时，$f(x)$ 在 x_0 处取得极大值；当 $f''(x_0) > 0$ 时，$f(x)$ 在 x_0 处取得极小值。

考点 3　函数最值的求解

由最值定理知，若函数 $f(x)$ 在区间 $[a, b]$ 上连续，则它在该区间上必取得最大值和最小值。求最值有下列三种情形。

（1）记函数 $f(x)$ 在区间 (a, b) 内的驻点和不可导点为 $x_1, x_2 \cdots, x_n$，求出 $f(x)$ 在这些点处的函数值，以及在区间端点 a 和 b 处的值，然后加以比较，最大者为最大值，最小者为最小值，即

$$\max_{x \in [a,b]} f(x) = \max\{f(a), f(b), f(x_1), f(x_2), \cdots, f(x_n)\};$$

$$\min_{x \in [a,b]} f(x) = \min\{f(a), f(b), f(x_1), f(x_2), \cdots, f(x_n)\}。$$

（2）若函数 $f(x)$ 在区间 (a, b) 内只有一个极值，则此极大（小）值就是 $f(x)$ 在区间 $[a, b]$ 上的最大（小）值。

（3）若函数 $f(x)$ 是区间 $[a, b]$ 上的单调函数，则最值在区间端点处取得。

第四节　一元函数积分学

一、不定积分

考点1　原函数与不定积分

设定义在区间 I 上的函数 $f(x)$ 和 $F(x)$。若 $F'(x) = f(x)(\forall x \in I)$，则称 $F(x)$ 是 $f(x)$ 在区间 I 上的一个原函数。

例如，在 $\mathbf{R}$ 上有 $(\sin x)' = \cos x$，所以 $\sin x$ 是 $\cos x$ 在 $\mathbf{R}$ 上的一个原函数。

如果函数存在原函数，那么它的原函数一定不唯一。因为如果 $F(x)$ 是 $f(x)$ 在区间 I 上的一个原函数，那么对任意的常数 C，$F(x) + C$ 也是 $f(x)$ 在区间 I 上的一个原函数。

若定义在区间 I 上的函数 $f(x)$ 有原函数，则称 $f(x)$ 的全体原函数为 $f(x)$ 的不定积分，记作 $\int f(x)\,\mathrm{d}x$。

原函数存在定理　如果 $f(x)$ 在区间 I 上连续，则在区间 I 上一定存在 $f(x)$ 的原函数。

根据不定积分的定义和导数的性质，若 $F(x)$ 是 $f(x)$ 的一个原函数，则

$$\int f(x)\,\mathrm{d}x = F(x) + C。$$

考点2　不定积分的性质

1. 线性性质

$$\int [f(x) \pm g(x)]\,\mathrm{d}x = \int f(x)\,\mathrm{d}x \pm \int g(x)\,\mathrm{d}x;$$

$$\int kf(x)\,\mathrm{d}x = k\int f(x)\,\mathrm{d}x\,(k \neq 0)。$$

2. 与导数、微分运算的互逆性

$$\left(\int f(x)\,\mathrm{d}x\right)' = f(x);$$

$$\mathrm{d}\left(\int f(x)\,\mathrm{d}x\right) = f(x)\,\mathrm{d}x;$$

$$\int \mathrm{d}f(x) = f(x) + C。$$

考点3　常用的不定积分

$$\int k\,\mathrm{d}x = kx + C,k\text{ 是常数};$$

$$\int e^x\,\mathrm{d}x = e^x + C;$$

$$\int x^\mu\,\mathrm{d}x = \frac{x^{\mu+1}}{\mu+1} + C,\mu \neq -1;$$

$$\int a^x\,\mathrm{d}x = \frac{a^x}{\ln a} + C,a > 0 \text{ 且 } a \neq 1;$$

$$\int \frac{\mathrm{d}x}{x} = \ln|x| + C;$$

$$\int \tan x\,\mathrm{d}x = -\ln|\cos x| + C;$$

$$\int \frac{\mathrm{d}x}{1 + x^2} = \arctan x + C;$$

$$\int \cot x\,\mathrm{d}x = \ln|\sin x| + C;$$

$$\int \frac{\mathrm{d}x}{\sqrt{1-x^2}} = \arcsin x + C;$$

$$\int \sec x \mathrm{d}x = \ln|\sec x + \tan x| + C;$$

$$\int \cos x \mathrm{d}x = \sin x + C;$$

$$\int \csc x \mathrm{d}x = \ln|\csc x - \cot x| + C;$$

$$\int \sin x \mathrm{d}x = -\cos x + C;$$

$$\int \frac{\mathrm{d}x}{a^2 + x^2} = \frac{1}{a}\arctan\frac{x}{a} + C, a > 0;$$

$$\int \frac{\mathrm{d}x}{\cos^2 x} = \int \sec^2 x \mathrm{d}x = \tan x + C;$$

$$\int \frac{\mathrm{d}x}{x^2 - a^2} = \frac{1}{2a}\ln\left|\frac{x-a}{x+a}\right| + C, a > 0;$$

$$\int \frac{\mathrm{d}x}{\sin^2 x} = \int \csc^2 x \mathrm{d}x = -\cot x + C;$$

$$\int \frac{\mathrm{d}x}{\sqrt{a^2 - x^2}} = \arcsin\frac{x}{a} + C, a > 0;$$

$$\int \sec x \tan x \mathrm{d}x = \sec x + C;$$

$$\int \frac{\mathrm{d}x}{\sqrt{x^2 + a^2}} = \ln(x + \sqrt{x^2 + a^2}) + C, a > 0;$$

$$\int \csc x \cot x \mathrm{d}x = -\csc x + C;$$

$$\int \frac{\mathrm{d}x}{\sqrt{x^2 - a^2}} = \ln|x + \sqrt{x^2 - a^2}| + C, a > 0。$$

考点4　换元积分法

1. 第一换元积分法

设 $\int f(u)\mathrm{d}u = F(u) + C, u = \varphi(x)$ 可微，则

$$\int f(\varphi(x))\varphi'(x)\mathrm{d}x = \int f(\varphi(x))\mathrm{d}\varphi(x) = F(\varphi(x)) + C。$$

第一换元积分法的主要思想是凑微分，利用变量替换计算不定积分，实际上就是通过凑微分把原本不好求的被积函数化成好求的被积函数。当熟练掌握这个方法后，可以不必引入中间变量 u。

需要注意的是，通常碰到的问题中被积函数并未表示成 $f(\varphi(x))\varphi'(x)$ 的形式。这时我们需要根据被积函数的特点，选择合适的 $\varphi(x)$，并把被积函数分拆成 $f(\varphi(x))\varphi'(x)$ 的形式。

【例题1】 利用第一换元积分法求下列不定积分：

（Ⅰ）$\int \frac{x}{1+x^2}\mathrm{d}x$；　　　　（Ⅱ）$\int \frac{1}{x^2-a^2}\mathrm{d}x$；　　　　（Ⅲ）$\int \sec x \mathrm{d}x$。

【解析】（Ⅰ）$\int \frac{x}{1+x^2}\mathrm{d}x = \frac{1}{2}\int \frac{1}{1+x^2}\mathrm{d}(1+x^2) = \frac{1}{2}\ln(x^2+1) + C$。

（Ⅱ）$\int \frac{1}{x^2-a^2}\mathrm{d}x = \int \frac{1}{(x+a)(x-a)}\mathrm{d}x = \frac{1}{2a}\int\left(\frac{1}{x-a} - \frac{1}{x+a}\right)\mathrm{d}x$

$= \frac{1}{2a}\left[\int \frac{1}{x-a}\mathrm{d}x - \int \frac{1}{x+a}\mathrm{d}x\right] = \frac{1}{2a}\left[\int \frac{1}{x-a}\mathrm{d}(x-a) - \int \frac{1}{x+a}\mathrm{d}(x+a)\right]$

$= \frac{1}{2a}(\ln|x-a| - \ln|x+a|) + C = \frac{1}{2a}\ln\left|\frac{x-a}{x+a}\right| + C。$

（Ⅲ）$\int \sec x \mathrm{d}x = \int \frac{1}{\cos x}\mathrm{d}x = \int \frac{\cos x}{1-\sin^2 x}\mathrm{d}x = \int \frac{1}{1-\sin^2 x}\mathrm{d}(\sin x)$

$= \frac{1}{2}\int\left[\frac{1}{(1+\sin x)} + \frac{1}{(1-\sin x)}\right]\mathrm{d}(\sin x)$

$$= \frac{1}{2}\left[\int \frac{1}{(1+\sin x)}\mathrm{d}(1+\sin x) - \int \frac{1}{(1-\sin x)}\mathrm{d}(1-\sin x)\right]$$

$$= \frac{1}{2}(\ln|1+\sin x| - \ln|1-\sin x|) + C = \frac{1}{2}\ln\left|\frac{1+\sin x}{1-\sin x}\right| + C$$

$$= \frac{1}{2}\ln\left|\frac{1+\sin x}{\cos x}\right|^{2} + C = \ln|\sec x + \tan x| + C。$$

2. 第二换元积分法

与第一换元积分法不同,第二换元积分法求积分时,引入一个新的变量 t,把原积分变量 x 看成关于 t 的一个函数 $\varphi(t)$,即作换元 $x = \varphi(t)$。

设 $x = \varphi(t)$ 在区间 J 上可微且存在反函数。若 $\int f(\varphi(t))\varphi'(t)\mathrm{d}t = F(t) + C$,则

$$\int f(x)\mathrm{d}x = \int f(\varphi(t))\varphi'(t)\mathrm{d}t = F(t) + C = F(\varphi^{-1}(x)) + C。$$

【例题 2】 利用第二换元积分法求下列不定积分:

$$(\mathrm{I}) \int \sqrt{a^2 - x^2}\,\mathrm{d}x; \qquad (\mathrm{II}) \int \frac{1}{\sqrt{x^2 + a^2}}\mathrm{d}x。$$

【解析】 (I) 令 $x = a\sin t\left(-\frac{\pi}{2} < t < \frac{\pi}{2}\right)$,则

$$\int \sqrt{a^2 - x^2}\,\mathrm{d}x = \int \sqrt{a^2 - a^2\sin^2 t}\,a\cos t\mathrm{d}t = a^2\int \cos^2 t\mathrm{d}t = \frac{a^2}{2}\int(\cos 2t + 1)\mathrm{d}t$$

$$= \frac{a^2}{2}\left(t + \frac{1}{2}\sin 2t\right) + C = \frac{a^2}{2}t + \frac{1}{2}a\sin t\sqrt{a^2 - a^2\sin^2 t} + C$$

$$= \frac{a^2}{2}\arcsin\frac{x}{a} + \frac{1}{2}x\sqrt{a^2 - x^2} + C。$$

(II) 令 $x = a\tan t\left(-\frac{\pi}{2} < t < \frac{\pi}{2}\right)$,则

$$\int \frac{1}{\sqrt{x^2 + a^2}}\mathrm{d}x = \int \frac{a\sec^2 t}{\sqrt{a^2\tan^2 t + a^2}}\mathrm{d}t = \int \sec t\mathrm{d}t$$

$$= \ln|\sec t + \tan t| + C_1 = \ln\left|\sqrt{1 + \tan^2 t} + \tan t\right| + C_1$$

$$= \ln\left|\sqrt{1 + \frac{x^2}{a^2}} + \frac{x}{a}\right| + C_1 = \ln\left|\sqrt{x^2 + a^2} + x\right| + C, 其中 C = C_1 - \ln a。$$

注:本题第(II)小题用到了例题 1 中第(III)小题的结论。

考点 5 分部积分法

设 $u(x), v(x)$ 具有连续导数,则有

$$\int u(x)v'(x)\mathrm{d}x = u(x)v(x) - \int u'(x)v(x)\mathrm{d}x \text{ 或} \int u(x)\mathrm{d}v(x) = u(x)v(x) - \int v(x)\mathrm{d}u(x)。$$

分部积分法一般用于处理不同类型函数相乘的问题,使用的关键是将被积函数 $f(x)$ 凑成 $u(x)v'(x)\mathrm{d}x$ 的形式。

表 2-1-1 列出了部分适合使用分部积分法的常见情形及相应的 $u(x),v'(x)$ 选择方法。

表 2-1-1

被积函数的形式	所用方法
$P_n(x)e^{ax}$，$P_n(x)\sin ax$，$P_n(x)\cos ax$，其中 $P_n(x)$ 为 n 次多项式，a 为常数	进行 n 次分部积分，取 e^{ax}，$\sin ax$，$\cos ax$ 为 $v'(x)$；$P_n(x)$ 为 $u(x)$
$P_n(x)\ln x$，$P_n(x)\arcsin x$，$P_n(x)\arccos x$，$P_n(x)\arctan x$，其中 $P_n(x)$ 为 n 次多项式	取 $P_n(x)$ 为 $v'(x)$；$\ln x$，$\arcsin x$，$\arccos x$，$\arctan x$ 为 $u(x)$
$e^{ax}\sin bx$，$e^{ax}\cos bx$，其中 a,b 为常数	取 e^{ax} 为 $v'(x)$（或 $u(x)$）；$\sin bx$，$\cos bx$ 为 $u(x)$（或 $v'(x)$）。进行两次分部积分，合并同类项得出结果

【例题 3】 利用分部积分法求下列不定积分：

（Ⅰ）$\int x\sin^2 x\mathrm{d}x$；　　　　（Ⅱ）$\int\arctan x\mathrm{d}x$；　　　　（Ⅲ）$\int e^{2x}\sin x\mathrm{d}x$。

【解析】（Ⅰ）$\int x\sin^2 x\mathrm{d}x = \dfrac{1}{2}\int x(1-\cos 2x)\mathrm{d}x = \dfrac{1}{2}\int x\mathrm{d}x - \dfrac{1}{2}\int x\cos 2x\mathrm{d}x$

$= \dfrac{1}{4}x^2 - \dfrac{1}{2}\int x\cos 2x\mathrm{d}x = \dfrac{1}{4}x^2 - \dfrac{1}{4}\int x(\sin 2x)'\mathrm{d}x$

$= \dfrac{1}{4}x^2 - \dfrac{1}{4}\left[x\sin 2x - \int(x)'\sin 2x\mathrm{d}x\right] = \dfrac{x^2}{4} - \dfrac{x\sin 2x}{4} + \dfrac{1}{4}\int\sin 2x\mathrm{d}x$

$= \dfrac{x^2}{4} - \dfrac{x\sin 2x}{4} - \dfrac{\cos 2x}{8} + C$。

（Ⅱ）$\int\arctan x\mathrm{d}x = \int(x)'\arctan x = x\arctan x - \int\dfrac{x}{1+x^2}\mathrm{d}x$

$= x\arctan x - \dfrac{1}{2}\int\dfrac{1}{1+x^2}\mathrm{d}(1+x^2) = x\arctan x - \dfrac{1}{2}\ln(1+x^2) + C$。

（Ⅲ）$\int e^{2x}\sin x\mathrm{d}x = -e^{2x}\cos x + 2\int e^{2x}\cos x\mathrm{d}x = -e^{2x}\cos x + 2\left[e^{2x}\sin x - 2\int e^{2x}\sin x\mathrm{d}x\right]$，

合并同类项，$5\int e^{2x}\sin x\mathrm{d}x = 2e^{2x}\sin x - e^{2x}\cos x + C_1$，

所以 $\int e^{2x}\sin x\mathrm{d}x = \dfrac{1}{5}e^{2x}(2\sin x - \cos x) + C$，其中 $C = \dfrac{1}{5}C_1$。

注： 熟练掌握分部积分法后，可以不必再把 $f(x)$ 写成 $u(x)v'(x)\mathrm{d}x$ 的形式，直接进行分部计算，如上述第（Ⅲ）小题。

二、定积分

考点 1　定积分的定义

设函数 $f(x)$ 在 $[a,b]$ 上有定义。在 $[a,b]$ 中任意插入若干个点

$$a = x_0 < x_1 < \cdots < x_{n-1} < x_n = b,$$

把区间 $[a,b]$ 划分成若干个小区间,每个小区间的长度依次为 $\Delta x_1 = x_1 - x_0, \Delta x_2 = x_2 - x_1, \cdots, \Delta x_n = x_n - x_{n-1}$,记 $\lambda = \max\{\Delta x_1, \Delta x_2, \cdots, \Delta x_n\}$。

从每个小区间 $[x_{i-1}, x_i]$ 上任取一点 ξ_i,作和

$$\sum_{i=1}^{n} f(\xi_i)\Delta x_i。$$

如果当 $\lambda \to 0$ 时,和式 $\sum_{i=1}^{n} f(\xi_i)\Delta x_i$(也称黎曼和)有极限 I,则称 $f(x)$ 在 $[a,b]$ 上黎曼可积(简称可积),并称极限 I 为 $f(x)$ 在 $[a,b]$ 上的定积分,记作 $\int_a^b f(x)\mathrm{d}x$。

定积分的定义是黎曼和的极限,因此可以利用定积分的定义计算某些特殊的极限。

【例题 4】 求极限 $\lim\limits_{n\to\infty} n\left[\dfrac{1}{n^2+1} + \dfrac{1}{n^2+2^2} + \cdots + \dfrac{1}{n^2+n^2}\right]$。

【解析】 $\lim\limits_{n\to\infty} n\left[\dfrac{1}{n^2+1} + \dfrac{1}{n^2+2^2} + \cdots + \dfrac{1}{n^2+n^2}\right] = \lim\limits_{n\to\infty} \dfrac{1}{n}\left[\dfrac{n^2}{n^2+1} + \dfrac{n^2}{n^2+2^2} + \cdots + \dfrac{n^2}{n^2+n^2}\right]$

$= \lim\limits_{n\to\infty} \dfrac{1}{n}\left[\dfrac{1}{1+\left(\dfrac{1}{n}\right)^2} + \dfrac{1}{1+\left(\dfrac{2}{n}\right)^2} + \cdots + \dfrac{1}{1+\left(\dfrac{n}{n}\right)^2}\right] = \lim\limits_{n\to\infty} \sum_{i=1}^{n} \dfrac{1}{1+\left(\dfrac{i}{n}\right)^2} \cdot \dfrac{1}{n}$

$= \int_0^1 \dfrac{1}{1+x^2}\mathrm{d}x = \arctan x \Big|_0^1 = \dfrac{\pi}{4}。$

注: 本题所求极限是函数 $\dfrac{1}{1+x^2}$ 的一个特殊的和式极限(等距划分并取每个小区间的端点)。因为定积分 $\int_0^1 \dfrac{1}{1+x^2}\mathrm{d}x$ 存在,所以该题中的和式极限存在且等于定积分 $\int_0^1 \dfrac{1}{1+x^2}\mathrm{d}x$。但反过来,如果只确定函数在一个特定划分和特定取值下的和式存在极限,是不能确定函数是黎曼可积的,因为黎曼可积的定义中对于划分和在每个小区间上的取值都是任意的。

考点 2　定积分的几何意义

设函数 $f(x)$ 在 $[a,b]$ 上连续。定积分 $\int_a^b f(x)\mathrm{d}x$ 表示曲线 $y = f(x)$ 与 x 轴及直线 $x = a$ 和 $x = b$ 所围成的平面图形面积的代数和(x 轴上方图形的面积减去 x 轴下方图形的面积)。

考点 3　可积的条件

1. 可积的必要条件:若函数 $f(x)$ 在 $[a,b]$ 上可积,则 $f(x)$ 在 $[a,b]$ 上有界。

2. 可积的充分条件:

若函数 $f(x)$ 在 $[a,b]$ 上连续,则 $f(x)$ 在 $[a,b]$ 上可积;

若函数 $f(x)$ 在 $[a,b]$ 上有界,且只有有限个间断点,则 $f(x)$ 在 $[a,b]$ 上可积;

若函数 $f(x)$ 在 $[a,b]$ 上单调,则 $f(x)$ 在 $[a,b]$ 上可积。

考点 4　定积分的性质

1. 设 $f(x), g(x)$ 在 $[a,b]$ 上可积,则

$$\int_b^a f(x)\,\mathrm{d}x = -\int_a^b f(x)\,\mathrm{d}x;$$

$$\int_a^b [f(x) \pm g(x)]\,\mathrm{d}x = \int_a^b f(x)\,\mathrm{d}x \pm \int_a^b g(x)\,\mathrm{d}x;$$

$$\int_a^b kf(x)\,\mathrm{d}x = k\int_a^b f(x)\,\mathrm{d}x\,(k \in \mathbf{R})。$$

2. 设 $f(x)$ 在 $[a,b]$ 上可积,如果将积分区间 $[a,b]$ 分成两部分,则在整个区间上的定积分等于这两部分区间上定积分之和,即

$$\int_a^b f(x)\,\mathrm{d}x = \int_a^c f(x)\,\mathrm{d}x + \int_c^b f(x)\,\mathrm{d}x。$$

注:这个性质表明定积分对于积分区间具有可加性,值得注意的是,不论 a,b,c 的相对位置如何,只要 $f(x)$ 在区间上可积,总有

$$\int_a^b f(x)\,\mathrm{d}x = \int_a^c f(x)\,\mathrm{d}x + \int_c^b f(x)\,\mathrm{d}x。$$

3. 设 $f(x),g(x)$ 在 $[a,b]$ 上可积。若对 $\forall x \in [a,b]$,有 $f(x) \leqslant g(x)$(或 $f(x) < g(x)$),则

$$\int_a^b f(x)\,\mathrm{d}x \leqslant \int_a^b g(x)\,\mathrm{d}x(或\int_a^b f(x)\,\mathrm{d}x < \int_a^b g(x)\,\mathrm{d}x)。$$

4. (定积分中值定理)设 $f(x)$ 在 $[a,b]$ 上连续,则至少存在一点 $c \in [a,b]$,有

$$\int_a^b f(x)\,\mathrm{d}x = f(c)(b-a)。$$

5. 设 $f(x)$ 在 $[-a,a]$ 上可积。若 $f(x)$ 在 $[-a,a]$ 上是偶函数,则 $\int_{-a}^a f(x)\,\mathrm{d}x = 2\int_0^a f(x)\,\mathrm{d}x$;若 $f(x)$ 在 $[-a,a]$ 上是奇函数,则 $\int_{-a}^a f(x)\,\mathrm{d}x = 0$。

考点5 变上限积分与牛顿 – 莱布尼茨公式

1. 变上限积分

设 $f(x)$ 在 $[a,b]$ 上可积,则 $f(x)$ 在 $[a,b]$ 的子区间 $[a,x]$($x \in [a,b]$)上也可积,称 $F(x) = \int_a^x f(t)\,\mathrm{d}t(x \in [a,b])$ 为 $f(x)$ 的变上限积分。类似地可以定义变下限积分。

定理   设 $f(x)$ 在 $[a,b]$ 上可积,$F(x) = \int_a^x f(t)\,\mathrm{d}t(x \in [a,b])$ 是 $f(x)$ 的变上限积分,则

① $F(x)$ 在 $[a,b]$ 上连续;

② 若 $f(x)$ 在 $[a,b]$ 上连续,则 $F(x)$ 在 $[a,b]$ 上可导,且 $F'(x) = f(x)$。

注:根据复合函数求导法则,若 $f(x)$ 是 $[a,b]$ 上的连续函数,$u(x)$ 在 $[a,b]$ 上可导,且对 $\forall x \in [a,b]$,有 $u(x) \in [a,b]$,则 $\left[\int_a^{u(x)} f(x)\,\mathrm{d}x\right]' = f(u(x))u'(x)$。

显然,在 $[a,b]$ 上 $F(x)$ 是连续函数 $f(x)$ 的一个原函数,因此 $f(x)$ 的不定积分可以表示为

$$\int_a^x f(t)\,\mathrm{d}t + C。$$

2. 牛顿 – 莱布尼茨公式(微积分基本定理)

定理   设 $f(x)$ 在 $[a,b]$ 上连续,$F(x)$ 是 $f(x)$ 的一个原函数,则

$$\int_a^b f(x)\,\mathrm{d}x = F(x)\,\Big|_a^b = F(b) - F(a)。$$

考点 6　定积分的求法

1. 利用几何意义

如果被积函数具有鲜明的几何意义,可以直接根据几何意义求解定积分。

【例题 5】计算定积分 $\int_0^2 \sqrt{2x - x^2}\,\mathrm{d}x$。

【解析】令 $y = \sqrt{2x - x^2}$,则有 $y^2 + (x-1)^2 = 1(y \geqslant 0)$,所以 $\int_0^2 \sqrt{2x - x^2}\,\mathrm{d}x$ 表示圆 $y^2 + (x-1)^2 = 1$ 的

上半圆周与直线 $x = 0, x = 2$ 和 x 轴所围部分面积,根据几何意义易知 $\int_0^2 \sqrt{2x - x^2}\,\mathrm{d}x = \dfrac{\pi}{2}$。

2. 利用分部积分法

根据不定积分的分部积分法与牛顿 – 莱布尼茨公式可得定积分的分部积分法。

设 $u(x), v(x)$ 在 $[a,b]$ 上可导,且 $u'(x), v'(x)$ 在 $[a,b]$ 上可积,则有

$$\int_a^b u(x)v'(x)\,\mathrm{d}x = u(x)v(x)\,\Big|_a^b - \int_a^b u'(x)v(x)\,\mathrm{d}x。$$

3. 利用换元法

定积分换元法与不定积分换元法的步骤相同,但要注意在定积分中作换元,相应的积分区间会发生变化。

【例题 6】利用换元法计算下列定积分:

（Ⅰ）$\int_1^{e^2} \dfrac{1}{x\sqrt{1 + \ln x}}\,\mathrm{d}x$;　　　（Ⅱ）$\int_1^4 \dfrac{1}{1 + \sqrt{x}}\,\mathrm{d}x$;　　　（Ⅲ）$\int_0^2 \sqrt{4 - x^2}\,\mathrm{d}x$。

【解析】（Ⅰ）$\int_1^{e^2} \dfrac{1}{x\sqrt{1 + \ln x}}\,\mathrm{d}x = \int_1^{e^2} \dfrac{1}{\sqrt{1 + \ln x}}\,\mathrm{d}(1 + \ln x) = 2(1 + \ln x)^{\frac{1}{2}}\,\Big|_1^{e^2} = 2\sqrt{3} - 2$。

（Ⅱ）令 $x = t^2$,$\int_1^4 \dfrac{1}{1 + \sqrt{x}}\,\mathrm{d}x = \int_1^2 \dfrac{2t}{1 + t}\,\mathrm{d}t = 2\int_1^2 \left(1 - \dfrac{1}{1 + t}\right)\mathrm{d}t = 2t\,\Big|_1^2 - 2\ln(1 + t)\,\Big|_1^2 = 2 - \ln\dfrac{9}{4}$。

（Ⅲ）令 $x = 2\sin t$,$\int_0^2 \sqrt{4 - x^2}\,\mathrm{d}x = 4\int_0^{\frac{\pi}{2}} \cos^2 t\,\mathrm{d}t = 2\int_0^{\frac{\pi}{2}} (\cos 2t + 1)\,\mathrm{d}t = 2\left(\dfrac{1}{2}\sin 2t + t\right)\Big|_0^{\frac{\pi}{2}} = \pi$。

注:本题中（Ⅲ）也可通过定积分的几何意义和分部积分法等方法进行求解。

考点 7　定积分的应用

1. 平面图形的面积

一般地,由上、下两条连续曲线 $y = f_2(x)$ 与 $y = f_1(x)$ 以及两条直线 $x = a$ 与 $x = b(a < b)$ 所围成的平面图形(如图 2 – 1 – 4 所示),它的面积计算公式为

$$S = \int_a^b [f_2(x) - f_1(x)]\,\mathrm{d}x。$$

特别地,由连续曲线 $y = f(x)(\geqslant 0)$,以及直线 $x = a, x = b(a < b)$ 和

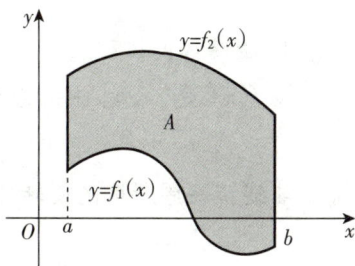

图 2 – 1 – 4

x 轴所围曲边梯形的面积为

$$S = \int_a^b f(x)\,dx。$$

如果 $f(x)$ 在 $[a,b]$ 上不都是非负的,则所围成图形的面积为

$$S = \int_a^b |f(x)|\,dx。$$

【例题 7】求由抛物线 $y = x^2$ 与 $y = 2 - x^2$ 所围图形的面积。

【解析】如图 2 - 1 - 5 所示,两曲线的交点 $(-1,1)$ 和 $(1,1)$,所以所围成的平面图形的面积为

$$S = \int_{-1}^1 [(2 - x^2) - x^2]\,dx = \left(2x - \frac{2}{3}x^3\right)\Big|_{-1}^1 = \frac{8}{3}。$$

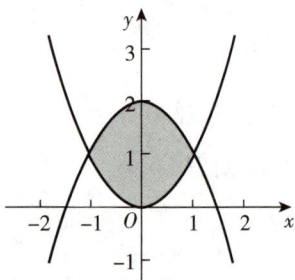

图 2 - 1 - 5

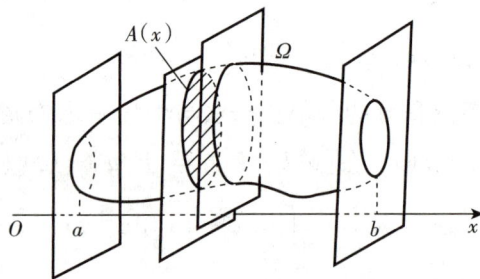

图 2 - 1 - 6

2. 由平行截面面积求体积

设 Ω 是三维空间内的一个几何体,它夹在垂直于 x 轴的两个平面 $x = a$ 与 $x = b$ 之间 $(a < b)$。若在 $x \in [a,b]$ 处作垂直于 x 轴的平面,它截得 Ω 的截面面积显然是 x 的函数,记为 $A(x)$,$x \in [a,b]$,并称之为 Ω 的截面面积函数(如图 2 - 1 - 6)。则立体 Ω 的体积为

$$V = \int_a^b A(x)\,dx。$$

【例题 8】求由两个圆柱面 $x^2 + y^2 = a^2$ 与 $z^2 + x^2 = a^2$ 所围成立体图形的体积。

【解析】如图 2 - 1 - 7 所示为该立体图形在第一卦限部分的图像(占整体的八分之一)。对任一 $x_0 \in [0,a]$,平面 $x = x_0$ 与这部分立体的截面是一个边长为 $\sqrt{a^2 - x_0^2}$ 的正方形,所以截面面积函数 $A(x) = a^2 - x^2$,$x \in [0,a]$。由定积分的知识知,对截面面积函数 $A(x)$ 在区间 $[0,a]$ 上积分就是该立体图形在第一卦限部分的体积。所以

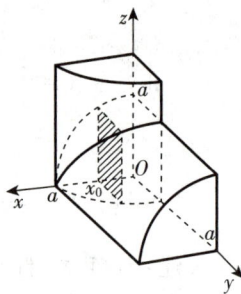

图 2 - 1 - 7

$$V = 8\int_0^a (a^2 - x^2)\,dx = \frac{16}{3}a^3。$$

3. 旋转体的体积

设 $f(x)$ 是 $[a,b]$ 上的连续函数,Ω 是由平面图形

$$0 \leqslant |y| \leqslant |f(x)|,\; x \in [a,b],$$

绕 x 轴旋转一周所得的旋转体。那么易知截面面积函数为

$$A(x) = \pi[f(x)]^2,\; x \in [a,b],$$

则旋转体 Ω 的体积为

$$V = \pi \int_a^b [f(x)]^2 \mathrm{d}x。$$

【例题 9】 试用上述公式导出圆锥体的体积公式。

【解析】 设正圆锥的高为 h,底圆半径为 r。如图 2-1-8 所示,这个圆锥可由平面图形 $0 \leqslant |y| \leqslant \dfrac{r}{h}x, x \in [0, h]$ 绕 x 轴旋转一周而得。所以其体积为

$$V = \pi \int_0^h \left(\frac{r}{h}x\right)^2 \mathrm{d}x = \frac{1}{3}\pi r^2 h。$$

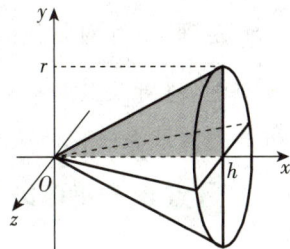

图 2-1-8

第五节　级　数

一、数项级数

考点 1　数项级数的定义

给定一个无穷数列 $\{u_n\}$,把它的各项用"+"连接起来所得的表达式 $u_1 + u_2 + \cdots + u_n + \cdots$ 称为一个数项级数,记作 $\displaystyle\sum_{n=1}^{\infty} u_n$。

记级数的前 n 项部分和 $\displaystyle\sum_{k=1}^{n} u_k$ 为 S_n。若前 n 项部分和数列 $\{S_n\}$ 收敛,即 $\lim\limits_{n \to \infty} S_n$ 存在,则称级数 $\displaystyle\sum_{n=1}^{\infty} u_n$ 收敛,并称 $\lim\limits_{n \to \infty} S_n$ 为级数 $\displaystyle\sum_{n=1}^{\infty} u_n$ 的和,记作 $\displaystyle\sum_{n=1}^{\infty} u_n = \lim\limits_{n \to \infty} S_n$;否则称级数 $\displaystyle\sum_{n=1}^{\infty} u_n$ 发散。

注: 研究级数的敛散性与级数的和实际上就是研究其部分和数列的极限,所以级数的性质和定理本质上都是极限的相关性质和定理的推理。

设级数 $\displaystyle\sum_{n=1}^{\infty} u_n$ 的前 n 项部分和数列为 $\{S_n\}$。若级数 $\displaystyle\sum_{n=1}^{\infty} u_n$ 收敛,即数列 $\{S_n\}$ 收敛,根据数列收敛的柯西准则可知,对 $\forall \varepsilon > 0, \exists N \in \mathbf{N}^*$,当 $n-1 > N$ 时,有 $\left|S_n - S_{n-1}\right| = \left|\displaystyle\sum_{k=1}^{n} u_k - \sum_{k=1}^{n-1} u_k\right| = |u_n| < \varepsilon$ 成立,即有 $\lim\limits_{n \to \infty} u_n = 0$(级数收敛的必要条件)。

两种常用的数项级数:

几何级数 $\displaystyle\sum_{n=1}^{\infty} q^n$,当 $|q| < 1$ 时收敛,当 $|q| \geqslant 1$ 时发散;

p 级数 $\displaystyle\sum_{n=1}^{\infty} \frac{1}{n^p}$,当 $p > 1$ 时收敛,当 $p \leqslant 1$ 时发散,特别地,$p = 1$ 时也称调和级数。

考点 2　绝对收敛与条件收敛

若级数 $\displaystyle\sum_{n=1}^{\infty} |u_n|$ 收敛,则称级数 $\displaystyle\sum_{n=1}^{\infty} u_n$ 绝对收敛;若级数 $\displaystyle\sum_{n=1}^{\infty} u_n$ 收敛,但级数 $\displaystyle\sum_{n=1}^{\infty} |u_n|$ 发散,则称级数 $\displaystyle\sum_{n=1}^{\infty} u_n$ 条件收敛。

定理 绝对收敛的级数一定收敛,即若级数 $\sum\limits_{n=1}^{\infty} |u_n|$ 收敛,则 $\sum\limits_{n=1}^{\infty} u_n$ 收敛。

注:绝对收敛和条件收敛可以看成是对收敛级数的一种分类:一个收敛的级数,如果加上绝对值后仍然收敛,那么它就是绝对收敛的;如果加上绝对值后发散,那么它就是条件收敛的。

考点3　正项级数及其敛散性

若 $u_n \geqslant 0 \,(\forall n \in \mathbf{N}^*)$,则称 $\sum\limits_{n=1}^{\infty} u_n$ 为正项级数。显然对于正项级数 $\sum\limits_{n=1}^{\infty} u_n$,它的部分和数列 $\{S_n\}$ 是单调递增数列,根据数列收敛的单调有界原理可知,正项级数收敛的充要条件是它的部分和数列 $\{S_n\}$ 有界。

考点4　正项级数敛散性判别法

1. 比较判别法

设 $\sum\limits_{n=1}^{\infty} u_n$ 和 $\sum\limits_{n=1}^{\infty} v_n$ 是两个正项级数,c 是一个正数。若 $\exists N \in \mathbf{N}^*$,当 $n > N$ 时,有 $cv_n \geqslant u_n$,则当 $\sum\limits_{n=1}^{\infty} v_n$ 收敛时,$\sum\limits_{n=1}^{\infty} u_n$ 收敛;当 $\sum\limits_{n=1}^{\infty} u_n$ 发散时,$\sum\limits_{n=1}^{\infty} v_n$ 发散。

【例题1】设级数 $\sum\limits_{n=1}^{\infty} (-1)^n a_n 2^n$ 收敛,则级数 $\sum\limits_{n=1}^{\infty} a_n($ 　　　$)$。

A. 绝对收敛　　　　　　　　　　B. 条件收敛

C. 发散　　　　　　　　　　　　D. 敛散性不确定

【答案】A。解析:由级数 $\sum\limits_{n=1}^{\infty} (-1)^n a_n 2^n$ 收敛得,$\lim\limits_{n \to \infty} (-1)^n a_n 2^n = 0$,所以存在 $N \in \mathbf{N}^*$,使得对 $\forall n > N$,有 $|(-1)^n a_n 2^n| < 1$,即 $|a_n| < \dfrac{1}{2^n}$ 成立。因为级数 $\sum\limits_{n=1}^{\infty} \dfrac{1}{2^n}$ 收敛,所以由比较判别法知级数 $\sum\limits_{n=1}^{\infty} |a_n|$ 收敛,即级数 $\sum\limits_{n=1}^{\infty} a_n$ 绝对收敛。

2. 比较判别法的极限形式

设 $\sum\limits_{n=1}^{\infty} u_n$ 和 $\sum\limits_{n=1}^{\infty} v_n$ 是两个正项级数,且 $\lim\limits_{n \to \infty} \dfrac{v_n}{u_n} = A$,则

当 $0 < A < +\infty$ 时,$\sum\limits_{n=1}^{\infty} u_n$ 和 $\sum\limits_{n=1}^{\infty} v_n$ 具有相同的敛散性;

当 $A = 0$ 时,若 $\sum\limits_{n=1}^{\infty} u_n$ 收敛,则 $\sum\limits_{n=1}^{\infty} v_n$ 收敛;

当 $A = +\infty$ 时,若 $\sum\limits_{n=1}^{\infty} u_n$ 发散,则 $\sum\limits_{n=1}^{\infty} v_n$ 发散。

【例题2】判断级数 $\sum\limits_{n=1}^{\infty} \dfrac{1}{n^{1+\frac{1}{n}}}$ 的敛散性。

【解析】因为 $\lim\limits_{n \to \infty} \dfrac{\frac{1}{n^{1+\frac{1}{n}}}}{\frac{1}{n}} = \lim\limits_{n \to \infty} n^{-\frac{1}{n}} = \lim\limits_{n \to \infty} \dfrac{1}{\sqrt[n]{n}} = 1$,所以级数 $\sum\limits_{n=1}^{\infty} \dfrac{1}{n^{1+\frac{1}{n}}}$ 与级数 $\sum\limits_{n=1}^{\infty} \dfrac{1}{n}$ 具有相同的敛散性。

因为调和级数 $\sum\limits_{n=1}^{\infty}\dfrac{1}{n}$ 发散，所以级数 $\sum\limits_{n=1}^{\infty}\dfrac{1}{n^{1+\frac{1}{n}}}$ 发散。

3. 比值判别法与根值判别法

应用比较原理将正项级数与几何级数 $\sum\limits_{n=1}^{\infty}q^n$ 进行比较可以得到如下两种判别法。

（1）比值判别法（达朗贝尔判别法）

设 $\sum\limits_{n=1}^{\infty}u_n$ 是一个正项级数，若 $\lim\limits_{n\to\infty}\dfrac{u_{n+1}}{u_n}=\rho$ $\begin{cases} <1, & \sum\limits_{n=1}^{\infty}u_n \text{ 收敛,}\\[2mm] >1, & \sum\limits_{n=1}^{\infty}u_n \text{ 发散,}\\[2mm] =1, & \text{此判别法失效。}\end{cases}$

（2）根值判别法（柯西判别法）

设 $\sum\limits_{n=1}^{\infty}u_n$ 是一个正项级数，若 $\lim\limits_{n\to\infty}\sqrt[n]{u_n}=\rho$ $\begin{cases} <1, & \sum\limits_{n=1}^{\infty}u_n \text{ 收敛,}\\[2mm] >1, & \sum\limits_{n=1}^{\infty}u_n \text{ 发散,}\\[2mm] =1, & \text{此判别法失效。}\end{cases}$

【例题 3】判断下列级数的敛散性：

$$（\text{I}）\sum_{n=1}^{\infty}\frac{1}{3^n}\left(1+\frac{1}{n}\right)^{n^2}; \qquad\qquad （\text{II}）\sum_{n=1}^{\infty}\frac{2^n n!}{n^n}。$$

【解析】（I）使用根值判别法，因为 $\lim\limits_{n\to\infty}\sqrt[n]{\dfrac{1}{3^n}\left(1+\dfrac{1}{n}\right)^{n^2}}=\lim\limits_{n\to\infty}\dfrac{1}{3}\left(1+\dfrac{1}{n}\right)^{n}=\dfrac{\mathrm{e}}{3}<1$，所以级数

$\sum\limits_{n=1}^{\infty}\dfrac{1}{3^n}\left(1+\dfrac{1}{n}\right)^{n^2}$ 收敛。

（II）使用比值判别法，因为 $\lim\limits_{n\to\infty}\dfrac{\dfrac{2^{n+1}(n+1)!}{(n+1)^{n+1}}}{\dfrac{2^n n!}{n^n}}=\lim\limits_{n\to\infty}\dfrac{2}{\left(1+\dfrac{1}{n}\right)^n}=\dfrac{2}{\mathrm{e}}<1$，所以级数 $\sum\limits_{n=1}^{\infty}\dfrac{2^n n!}{n^n}$ 收敛。

考点 5　交错级数

1. 交错级数的定义

若 $u_n\geqslant 0(\forall n\in\mathbf{N}^*)$，则称 $\sum\limits_{n=1}^{\infty}(-1)^{n-1}u_n$ 或 $\sum\limits_{n=1}^{\infty}(-1)^n u_n$ 为交错级数。

2. 莱布尼茨判别法

若 $\{u_n\}$ 是一个单调数列，且 $\lim\limits_{n\to\infty}u_n=0$，则交错级数 $\sum\limits_{n=1}^{\infty}(-1)^{n-1}u_n$ 收敛。

考点 6　数项级数的性质

性质 1　改变级数有限项的值不改变级数的敛散性。

性质2　若两个级数 $\sum\limits_{n=1}^{\infty} u_n$ 与 $\sum\limits_{n=1}^{\infty} v_n$ 都收敛,则级数 $\sum\limits_{n=1}^{\infty} (\lambda u_n + \mu v_n)$ 也收敛,且 $\sum\limits_{n=1}^{\infty} (\lambda u_n + \mu v_n) = \lambda \sum\limits_{n=1}^{\infty} u_n + \mu \sum\limits_{n=1}^{\infty} v_n$,其中 $\lambda,\mu \in \mathbf{R}$。

性质3　若级数 $\sum\limits_{n=1}^{\infty} u_n$ 收敛,则在不改变该级数各项次序的前提下任意加括号得到的新级数 $(u_1 + \cdots + u_{n_1}) + (u_{n_1+1} + \cdots + u_{n_2}) + \cdots (u_{n_{k-1}+1} + \cdots + u_{n_k}) + \cdots$ 仍然收敛,且和不变。

二、函数项级数

考点1　函数列与函数项级数

设 $f_1(x), f_2(x), \cdots, f_n(x), \cdots$ 是一列定义在同一数集 I 上的函数,称这一列函数为定义在 I 上的函数列,记作 $\{f_n(x)\}$。若对 I 上一点 x_0,数列 $\{f_n(x_0)\}$ 收敛,则称函数列 $\{f_n(x)\}$ 在点 x_0 处收敛,并称 x_0 为函数列 $\{f_n(x)\}$ 的一个收敛点。函数列 $\{f_n(x)\}$ 所有收敛点所构成的数集 $D \in I$ 称为函数列 $\{f_n(x)\}$ 的收敛域。

对于定义在 I 上的函数列 $\{u_n(x)\}$,称 $\sum\limits_{n=1}^{\infty} u_n(x)$ 为定义在 I 上的函数项级数。记函数项级数的前 n 项部分和 $\sum\limits_{k=1}^{n} u_k(x)$ 为 $S_n(x)$,若部分和函数列 $\{S_n(x)\}$ 在点 x_0 处收敛,则称函数项级数 $\sum\limits_{n=1}^{\infty} u_n(x)$ 在点 x_0 处收敛,并称 x_0 为函数项级数 $\sum\limits_{n=1}^{\infty} u_n(x)$ 的一个收敛点。函数项级数 $\sum\limits_{n=1}^{\infty} u_n(x)$ 所有收敛点所构成的数集 $D \in I$ 称为函数项级数 $\sum\limits_{n=1}^{\infty} u_n(x)$ 的收敛域。

考点2　函数列与函数项级数的一致收敛性

设 $\{f_n(x)\}$ 是定义在 I 上的函数列,$f(x)$ 是定义在 I 上的函数。若对 $\forall \varepsilon > 0, \exists N \in \mathbf{N}^*$,当 $n > N$ 时,对 $\forall x \in I$,有 $|f_n(x) - f(x)| < \varepsilon$,则称函数列 $\{f_n(x)\}$ 在 I 上一致收敛于 $f(x)$。

设 $\sum\limits_{n=1}^{\infty} u_n(x)$ 是定义在 I 上的函数项级数,$S(x)$ 是定义在 I 上的函数。若函数项级数 $\sum\limits_{n=1}^{\infty} u_n(x)$ 的部分和数列 $S_n(x)$ 一致收敛于 $S(x)$,则称函数项级数 $\sum\limits_{n=1}^{\infty} u_n(x)$ 一致收敛于 $S(x)$。

三、幂级数

考点1　幂级数的定义

形如 $\sum\limits_{n=1}^{\infty} a_n(x - x_0)^n$ 的函数项级数称为幂级数,其中 $x_0, a_n(n \in \mathbf{N}^*)$ 都是常数。

考点2　幂级数的性质

若幂级数 $\sum\limits_{n=0}^{\infty} a_n(x - x_0)^n$ 在点 $x = a(a \neq x_0)$ 处收敛,则对 $\forall x \in \{x \mid |x - x_0| < |a - x_0|\}$,幂级数绝对收敛;反之,若幂级数 $\sum\limits_{n=0}^{\infty} a_n(x - x_0)^n$ 在点 $x = a(a \neq x_0)$ 处发散,则对 $\forall x \in \{x \mid |x - x_0| > $

$\left| a - x_0 \right| \}$,幂级数发散。

【例题4】若幂级数 $\sum\limits_{n=0}^{\infty} a_n (x-2)^n$ 在 $x = -1$ 处收敛,则此级数在 $x = 4$ 处( )。

A. 绝对收敛　　　　　　　　　　B. 条件收敛

C. 发散　　　　　　　　　　　　D. 不确定是否收敛

【答案】A。解析:因为 $|4-2| = 2 < 3 = |-1-2|$,且幂级数在 $x = -1$ 处收敛,所以幂级数 $\sum\limits_{n=0}^{\infty} a_n (x-2)^n$ 在 $x = 4$ 处绝对收敛。

考点3　收敛半径及收敛域

根据幂级数的性质可知,如果幂级数 $\sum\limits_{n=1}^{\infty} a_n (x-x_0)^n$ 不是仅在点 $x = a$ 处收敛,也不是在整个数轴上收敛,则必存在一个唯一确定的数 R,使得当 $x \in \{ x \mid |x-x_0| < R \}$ 时,幂级数绝对收敛;当 $x \in \{ x \mid |x-x_0| > R \}$ 时,幂级数发散。我们称数 R 为幂级数的收敛半径,同时规定如果幂级数 $\sum\limits_{n=1}^{\infty} a_n (x-x_0)^n$ 只在点 x_0 处收敛,即收敛域只有一点 x_0,此时收敛半径 $R = 0$;如果幂级数在整个数轴上都收敛,此时收敛半径 $R = +\infty$。

根据收敛半径的定义可以确定幂级数的收敛域一定是 $(x_0 - R, x_0 + R)$,$(x_0 - R, x_0 + R]$,$[x_0 - R, x_0 + R)$,$[x_0 - R, x_0 + R]$ 中的一个。因此求幂级数收敛域只需求出收敛半径,然后判断幂级数在点 $x_0 \pm R$ 处的敛散性。

求幂级数收敛域的步骤如下。

第一步,使用比值法(或根值法)求出幂级数的收敛半径,如果 $\lim\limits_{n \to \infty} \left| \dfrac{a_{n+1}}{a_n} \right| = l$(或 $\lim\limits_{n \to \infty} \sqrt[n]{|a_n|} = l$),则

$$
R = \begin{cases} \dfrac{1}{l}, & 0 < l < +\infty, \\ 0, & l = +\infty, \\ +\infty, & l = 0; \end{cases}
$$

第二步,如果 $0 < R < +\infty$,讨论 $\sum\limits_{n=1}^{\infty} a_n (x-x_0)^n$ 在 $x = x_0 \pm R$ 处的敛散性;

第三步,写出幂级数的收敛域。

【例题5】求幂级数 $\sum\limits_{n=1}^{\infty} \dfrac{x^n}{\sqrt{n}}$ 的收敛域。

【解析】因为 $\lim\limits_{n \to \infty} \left| \dfrac{a_{n+1}}{a_n} \right| = \lim\limits_{n \to \infty} \dfrac{\frac{1}{\sqrt{n+1}}}{\frac{1}{\sqrt{n}}} = \lim\limits_{n \to \infty} \dfrac{\sqrt{n}}{\sqrt{n+1}} = 1$,所以幂级数 $\sum\limits_{n=1}^{\infty} \dfrac{x^n}{\sqrt{n}}$ 的收敛半径为 1。当

$x = -1$ 时,由莱布尼茨判别法知交错级数 $\sum\limits_{n=1}^{\infty} \dfrac{(-1)^n}{\sqrt{n}}$ 收敛;当 $x = 1$ 时,有 p 级数 $\sum\limits_{n=1}^{\infty} \dfrac{1}{\sqrt{n}}$,其中 $p = \dfrac{1}{2} < 1$,

所以级数 $\sum\limits_{n=1}^{\infty} \dfrac{1}{\sqrt{n}}$ 发散。故幂级数 $\sum\limits_{n=1}^{\infty} \dfrac{x^n}{\sqrt{n}}$ 的收敛域为 $[-1,1)$。

考点 4 泰勒级数

1. 泰勒级数的概念

若函数 $f(x)$ 在点 x_0 处具有任意阶导数,则称幂级数 $\sum\limits_{n=0}^{\infty} \dfrac{1}{n!} f^{(n)}(x_0)(x-x_0)^n$ 为 $f(x)$ 在点 x_0 处的泰勒级数。如果在 x_0 的某个邻域内成立 $f(x) = \sum\limits_{n=0}^{\infty} \dfrac{1}{n!} f^{(n)}(x_0)(x-x_0)^n$($f(x)$ 在点 x_0 处的泰勒级数收敛于 $f(x)$),则称泰勒级数 $\sum\limits_{n=0}^{\infty} \dfrac{1}{n!} f^{(n)}(x_0)(x-x_0)^n$ 为 $f(x)$ 在 x_0 处的泰勒展开式。

特别地,令 $x_0 = 0$,则对应的泰勒级数和泰勒展开式也称为麦克劳林级数和麦克劳林展开式。

2. 常用初等函数的麦克劳林展开式

$$\mathrm{e}^x = \sum_{n=0}^{\infty} \frac{1}{n!} x^n = 1 + x + \frac{x^2}{2!} + \cdots + \frac{x^n}{n!} + \cdots, x \in (-\infty, +\infty)。$$

$$\sin x = \sum_{n=0}^{\infty} \frac{(-1)^n}{(2n+1)!} x^{2n+1} = x - \frac{x^3}{3!} + \frac{x^5}{5!} - \cdots + (-1)^n \frac{x^{2n+1}}{(2n+1)!} + \cdots, x \in (-\infty, +\infty)。$$

$$\cos x = \sum_{n=0}^{\infty} \frac{(-1)^n}{(2n)!} x^{2n} = 1 - \frac{x^2}{2!} + \frac{x^4}{4!} - \cdots + (-1)^n \frac{x^{2n}}{(2n)!} + \cdots, x \in (-\infty, +\infty)。$$

$$\ln(1+x) = \sum_{n=1}^{\infty} \frac{(-1)^{n-1}}{n} x^n = x - \frac{x^2}{2} + \frac{x^3}{3} - \cdots + (-1)^{n-1} \frac{x^n}{n} + \cdots, x \in (-1,1]。$$

$$(1+x)^m = 1 + \sum_{n=1}^{\infty} \frac{m(m-1)\cdots(m-n+1)}{n!} x^n$$

$$= 1 + mx + \frac{m(m-1)}{2!} x^2 + \cdots + \frac{m(m-1)\cdots(m-n+1)}{n!} x^n + \cdots,$$

该展开式中的 m 为任意实数,且展开式在区间 $(-1,1)$ 内一定成立,但在区间端点是否成立要依 m 的数值而定。最常用的情况是 $m = -1$ 的情况:

$$\frac{1}{1+x} = \sum_{n=0}^{\infty} (-1)^n x^n, x \in (-1,1)。$$

强 化 练 习

1. 设 $\{a_n\}$ 是一个数列,下列命题中不正确的是(　　　)。

A. 若 $\lim\limits_{n\to\infty} a_n = a$,则 $\lim\limits_{n\to\infty} a_{2n} = \lim\limits_{n\to\infty} a_{2n+1} = a$

B. 若 $\lim\limits_{n\to\infty} a_{2n} = \lim\limits_{n\to\infty} a_{2n+1} = a$,则 $\lim\limits_{n\to\infty} a_n = a$

C. 若 $\lim\limits_{n\to\infty} a_n = a$,则 $\lim\limits_{n\to\infty} a_{3n} = \lim\limits_{n\to\infty} a_{3n+1} = a$

D. 若 $\lim\limits_{n\to\infty} a_{3n} = \lim\limits_{n\to\infty} a_{3n+1} = a$,则 $\lim\limits_{n\to\infty} a_n = a$

2. 设函数 $f(x)$ 在 (a,b) 内连续,则 $f(x)$ 在 (a,b) 内必(   )。

A. 有界   B. 可导   C. 存在原函数   D. 存在零点

3. 设函数 $f(x)=\lim\limits_{n\to\infty}\dfrac{1+x}{1+x^{2n}}$,则(   )。

A. 存在间断点 $x=0$ B. 存在间断点 $x=1$

C. 存在间断点 $x=-1$ D. 不存在间断点

4. 设函数 $f(x),g(x)$ 在 $[0,1]$ 上可积,且对 $\forall x\in[0,1]$,有 $f(x)\leqslant g(x)$,则对 $\forall c\in(0,1)$,有(   )。

A. $\displaystyle\int_{\frac{1}{2}}^{c}f(t)\,\mathrm{d}t\geqslant\int_{\frac{1}{2}}^{c}g(t)\,\mathrm{d}t$ B. $\displaystyle\int_{\frac{1}{2}}^{c}f(t)\,\mathrm{d}t\leqslant\int_{\frac{1}{2}}^{c}g(t)\,\mathrm{d}t$

C. $\displaystyle\int_{c}^{1}f(t)\,\mathrm{d}t\geqslant\int_{c}^{1}g(t)\,\mathrm{d}t$ D. $\displaystyle\int_{c}^{1}f(t)\,\mathrm{d}t\leqslant\int_{c}^{1}g(t)\,\mathrm{d}t$

5. $\displaystyle\int_{a}^{b}\sqrt{(x-a)(b-x)}\,\mathrm{d}x(b>a)=($ $)$。

A. $\pi(b-a)^2$ B. $\dfrac{\pi}{2}(b-a)^2$

C. $\dfrac{\pi}{4}(b-a)^2$ D. $\dfrac{\pi}{8}(b-a)^2$

6. 幂级数 $\displaystyle\sum_{n=1}^{\infty}\dfrac{x^n}{n\cdot 2^n}$ 的收敛域为(   )。

A. $(-2,2)$ B. $[-2,2)$

C. $(-2,2]$ D. $[-2,2]$

7. 求极限 $\lim\limits_{n\to\infty}\sqrt[n]{\left(1+\dfrac{1}{n}\right)^2\left(1+\dfrac{2}{n}\right)^2\cdots\left(1+\dfrac{n}{n}\right)^2}$。

参考答案及解析

1.【答案】D。解析:若数列 $\{a_n\}$ 收敛,则 $\{a_n\}$ 的任意子列 $\{a_{n_k}\}$ 都收敛,且 $\lim\limits_{k\to\infty}a_{n_k}=\lim\limits_{n\to\infty}a_n$,A,C 两项命题正确;若 $\lim\limits_{n\to\infty}a_{2n}=\lim\limits_{n\to\infty}a_{2n+1}=a$,则对 $\forall\varepsilon>0,\exists N\in\mathbf{N}^*$,当 $n>N$ 时,有 $|a_{2n}-a|=|a_{2n+1}-a|<\varepsilon$ 成立,更进一步,对 $\forall\varepsilon>0,\exists 2N+1\in\mathbf{N}^*$,当 $n>2N+1$ 时,有 $|a_n-a|<\varepsilon$ 成立,即 $\lim\limits_{n\to\infty}a_n=a$,B 项命题正确;对于 D 项命题很容易找到反例,令 $a_n=\begin{cases}0,&n\neq 3k+2,\\1,&n=3k+2\end{cases}(k\in\mathbf{N}^*,n\in\mathbf{N}^*)$,显然 $\lim\limits_{n\to\infty}a_{3n}=\lim\limits_{n\to\infty}a_{3n+1}=0$,但数列本身不收敛。故本题选 D。

2.【答案】C。解析:函数 $f(x)=\dfrac{1}{x}$ 在 $(0,1)$ 上连续但无界,A 项错误;函数 $g(x)=|x|$ 在 $(-1,1)$ 上连续但在 $x=0$ 处不可导,B 项错误;函数 $f(x)$ 在 (a,b) 上连续,则由原函数存在定理可知,$f(x)$ 在 (a,b) 上存在原函数,C 项正确;函数 $h(x)=x$ 在 $(1,2)$ 上连续但在 $(1,2)$ 内不存在零点,D 项错误。故本题选 C。

3.【答案】B。解析:当 $|x|<1$ 时,$f(x)=\lim\limits_{n\to\infty}\dfrac{1+x}{1+x^{2n}}=1+x$;当 $|x|>1$ 时,$f(x)=\lim\limits_{n\to\infty}\dfrac{1+x}{1+x^{2n}}=0$;当 $x=1$ 时,

$f(x) = \lim_{n \to \infty} \dfrac{1 + 1}{1 + 1^{2n}} = 1$;当 $x = -1$ 时,$f(x) = \lim_{n \to \infty} \dfrac{1 - 1}{1 + (-1)^{2n}} = 0$。因此 $f(x)$ 所有可能的间断点为 ± 1,又 $\lim_{x \to -1} f(x) = \lim_{x \to -1^{+}} f(x) = \lim_{x \to -1^{-}} (1 + x) = 0 = f(-1)$,$\lim_{x \to 1^{-}} f(x) = \lim_{x \to 1^{-}} (1 + x) = 2 \neq f(1) = 1$,所以 $f(x)$ 有且仅有一个间断点 $x = 1$。故本题选 B。

4.【答案】D。解析:$\int_{\frac{1}{2}}^{c} f(t)\mathrm{d}t - \int_{\frac{1}{2}}^{c} g(t)\mathrm{d}t = \int_{\frac{1}{2}}^{c} [f(t) - g(t)]\mathrm{d}t$,因为 $f(x) \leqslant g(x)$,所以 $[f(t) - g(t)] \leqslant 0$,则当 $c > \dfrac{1}{2}$ 时,$\int_{\frac{1}{2}}^{c} [f(t) - g(t)]\mathrm{d}t \leqslant 0$,即 $\int_{\frac{1}{2}}^{c} f(t)\mathrm{d}t \leqslant \int_{\frac{1}{2}}^{c} g(t)\mathrm{d}t$;当 $c < \dfrac{1}{2}$ 时,$\int_{\frac{1}{2}}^{c} [f(t) - g(t)]\mathrm{d}t \geqslant 0$,即 $\int_{\frac{1}{2}}^{c} f(t)\mathrm{d}t \geqslant \int_{\frac{1}{2}}^{c} g(t)\mathrm{d}t$。因此 A,B 两项错误。同理,因为 $c \in (0,1)$,所以 $\int_{c}^{1} [f(t) - g(t)]\mathrm{d}t \leqslant 0$,即 $\int_{c}^{1} f(t)\mathrm{d}t \leqslant \int_{c}^{1} g(t)\mathrm{d}t$。故本题选 D。

5.【答案】D。解析:令 $y = \sqrt{(x - a)(b - x)}$,则有 $y^2 + (x - a)(x - b) = 0$,整理得,$\left(x - \dfrac{a + b}{2}\right)^2 + y^2 = \left(\dfrac{b - a}{2}\right)^2$。因此,定积分 $\int_{a}^{b} \sqrt{(x - a)(b - x)}\,\mathrm{d}x$ 表示以 $\left(\dfrac{a + b}{2}, 0\right)$ 为圆心、$\dfrac{b - a}{2}$ 为半径的上半圆面积,$\int_{a}^{b} \sqrt{(x - a)(b - x)}\,\mathrm{d}x = \dfrac{1}{2} \times \pi \times \left(\dfrac{b - a}{2}\right)^2 = \dfrac{\pi}{8}(b - a)^2$。故本题选 D。

6.【答案】B。解析:因为 $\lim_{n \to \infty} \dfrac{\dfrac{1}{(n + 1) \cdot 2^{n+1}}}{\dfrac{1}{n \cdot 2^{n}}} = \lim_{n \to \infty} \dfrac{n}{2(n + 1)} = \dfrac{1}{2}$,所以幂级数 $\sum_{n=1}^{\infty} \dfrac{x^{n}}{n \cdot 2^{n}}$ 的收敛半径为 2。当 $x = 2$ 时,$\sum_{n=1}^{\infty} \dfrac{x^{n}}{n \cdot 2^{n}} = \sum_{n=1}^{\infty} \dfrac{1}{n}$ 为调和级数,级数发散;当 $x = -2$ 时,由莱布尼茨判别法知,级数 $\sum_{n=1}^{\infty} \dfrac{x^{n}}{n \cdot 2^{n}} = \sum_{n=1}^{\infty} (-1)^{n} \dfrac{1}{n}$ 收敛。因此幂级数 $\sum_{n=1}^{\infty} \dfrac{x^{n}}{n \cdot 2^{n}}$ 的收敛域为 $[-2, 2)$。故本题选 B。

7.【解析】

对极限取对数得,$\lim_{n \to \infty} \sqrt[n]{\left(1 + \dfrac{1}{n}\right)^2 \left(1 + \dfrac{2}{n}\right)^2 \cdots \left(1 + \dfrac{n}{n}\right)^2} = \mathrm{e}^{\lim_{n \to \infty} \frac{2}{n} \ln\left[\left(1 + \frac{1}{n}\right)\left(1 + \frac{2}{n}\right) \cdots \left(1 + \frac{n}{n}\right)\right]}$。

因为 $\lim_{n \to \infty} \dfrac{2}{n} \ln\left[\left(1 + \dfrac{1}{n}\right)\left(1 + \dfrac{2}{n}\right) \cdots \left(1 + \dfrac{n}{n}\right)\right] = 2 \lim_{n \to \infty} \sum_{i=1}^{n} \ln\left(1 + \dfrac{i}{n}\right) \cdot \dfrac{1}{n} = 2 \int_{0}^{1} \ln(1 + x)\mathrm{d}x$

$= 2x\ln(1 + x) \Big|_{0}^{1} - 2 \int_{0}^{1} \dfrac{x}{1 + x}\mathrm{d}x = 2\ln 2 - 2 \int_{0}^{1} \left(1 - \dfrac{1}{1 + x}\right)\mathrm{d}x = 2\ln 2 - [2x - 2\ln(1 + x)] \Big|_{0}^{1}$

$= 4\ln 2 - 2$,

所以 $\lim_{n \to \infty} \sqrt[n]{\left(1 + \dfrac{1}{n}\right)^2 \left(1 + \dfrac{2}{n}\right)^2 \cdots \left(1 + \dfrac{n}{n}\right)^2} = \mathrm{e}^{4\ln 2 - 2}$。

第二章　高等代数

第一节　行列式

一、行列式的相关概念

考点1　排列与逆序

1. 排列

由 $1,2,\cdots,n$ 组成的一个有序数组称为一个 n 级排列。n 级排列共有 $n!$ 个。

2. 逆序

在一个排列中,如果一对数的前后位置与大小顺序相反,即前面的数大于后面的数,那么称这一对数构成一个逆序。

一个 n 级排列 $i_1,i_2,\cdots,i_n$ 中逆序的总数称为这个排列的逆序数,记作 $\tau(i_1,i_2,\cdots,i_n)$。如 $\tau(2,1)=1,\tau(3,1,2)=2,\tau(4,2,3,1)=3+1+1=5$。逆序数为偶数的排列称为偶排列;逆序数为奇数的排列称为奇排列。

考点2　n 阶行列式

n 阶行列式

$$\begin{vmatrix} a_{11} & a_{12} & \cdots & a_{1n} \\ a_{21} & a_{22} & \cdots & a_{2n} \\ \vdots & \vdots & & \vdots \\ a_{n1} & a_{n2} & \cdots & a_{nn} \end{vmatrix}$$

等于所有取自不同行不同列的 n 个元素的乘积 $a_{1j_1}a_{2j_2}\cdots a_{nj_n}$ 的代数和,这里列指标 $j_1,j_2,\cdots,j_n$ 构成一个 n 级排列,当 $j_1,j_2,\cdots,j_n$ 是偶排列时,该项带正号;当 $j_1,j_2,\cdots,j_n$ 是奇排列时,该项带负号。这一定义又可写成

$$\begin{vmatrix} a_{11} & a_{12} & \cdots & a_{1n} \\ a_{21} & a_{22} & \cdots & a_{2n} \\ \vdots & \vdots & & \vdots \\ a_{n1} & a_{n2} & \cdots & a_{nn} \end{vmatrix} = \sum_{j_1 j_2 \cdots j_n} (-1)^{\tau(j_1 j_2 \cdots j_n)} a_{1j_1} a_{2j_2} \cdots a_{nj_n},$$

这里 $\displaystyle\sum_{j_1 j_2 \cdots j_n}$ 表示对所有 n 级排列求和。

二、行列式的性质

性质1 行列式的行列互换,行列式的值不变,即
$$\begin{vmatrix} a_{11} & a_{12} & \cdots & a_{1n} \\ a_{21} & a_{22} & \cdots & a_{2n} \\ \vdots & \vdots & & \vdots \\ a_{n1} & a_{n2} & \cdots & a_{nn} \end{vmatrix} = \begin{vmatrix} a_{11} & a_{21} & \cdots & a_{n1} \\ a_{12} & a_{22} & \cdots & a_{n2} \\ \vdots & \vdots & & \vdots \\ a_{1n} & a_{2n} & \cdots & a_{nn} \end{vmatrix} \circ$$

性质2 行列式一行的公因子可以提出去,即
$$\begin{vmatrix} a_{11} & a_{12} & \cdots & a_{1n} \\ \vdots & \vdots & & \vdots \\ ka_{i1} & ka_{i2} & \cdots & ka_{in} \\ \vdots & \vdots & & \vdots \\ a_{n1} & a_{n2} & \cdots & a_{nn} \end{vmatrix} = k \begin{vmatrix} a_{11} & a_{12} & \cdots & a_{1n} \\ \vdots & \vdots & & \vdots \\ a_{i1} & a_{i2} & \cdots & a_{in} \\ \vdots & \vdots & & \vdots \\ a_{n1} & a_{n2} & \cdots & a_{nn} \end{vmatrix} \circ$$

性质3 如果行列式的某一行是两组数的和,那么行列式可以分解成两个行列式的和,即
$$\begin{vmatrix} a_{11} & a_{12} & \cdots & a_{1n} \\ \vdots & \vdots & & \vdots \\ b_1+c_1 & b_2+c_2 & \cdots & b_n+c_n \\ \vdots & \vdots & & \vdots \\ a_{n1} & a_{n2} & \cdots & a_{nn} \end{vmatrix} = \begin{vmatrix} a_{11} & a_{12} & \cdots & a_{1n} \\ \vdots & \vdots & & \vdots \\ b_1 & b_2 & \cdots & b_n \\ \vdots & \vdots & & \vdots \\ a_{n1} & a_{n2} & \cdots & a_{nn} \end{vmatrix} + \begin{vmatrix} a_{11} & a_{12} & \cdots & a_{1n} \\ \vdots & \vdots & & \vdots \\ c_1 & c_2 & \cdots & c_n \\ \vdots & \vdots & & \vdots \\ a_{n1} & a_{n2} & \cdots & a_{nn} \end{vmatrix} \circ$$

性质4 交换行列式的两行,行列式变号,即
$$\begin{vmatrix} a_{11} & a_{12} & \cdots & a_{1n} \\ \vdots & \vdots & & \vdots \\ a_{k1} & a_{k2} & \cdots & a_{kn} \\ \vdots & \vdots & & \vdots \\ a_{i1} & a_{i2} & \cdots & a_{in} \\ \vdots & \vdots & & \vdots \\ a_{n1} & a_{n2} & \cdots & a_{nn} \end{vmatrix} = - \begin{vmatrix} a_{11} & a_{12} & \cdots & a_{1n} \\ \vdots & \vdots & & \vdots \\ a_{i1} & a_{i2} & \cdots & a_{in} \\ \vdots & \vdots & & \vdots \\ a_{k1} & a_{k2} & \cdots & a_{kn} \\ \vdots & \vdots & & \vdots \\ a_{n1} & a_{n2} & \cdots & a_{nn} \end{vmatrix} \circ$$

性质5 如果行列式有两行相同,则行列式的值为0。

性质6 如果行列式有两行成比例,则行列式的值为0。

性质7 把行列式某一行的倍数加到另一行,行列式的值不变,即
$$\begin{vmatrix} a_{11} & a_{12} & \cdots & a_{1n} \\ \vdots & \vdots & & \vdots \\ a_{i1} & a_{i2} & \cdots & a_{in} \\ \vdots & \vdots & & \vdots \\ a_{k1}+la_{i1} & a_{k2}+la_{i2} & \cdots & a_{kn}+la_{in} \\ \vdots & \vdots & & \vdots \\ a_{n1} & a_{n2} & \cdots & a_{nn} \end{vmatrix} = \begin{vmatrix} a_{11} & a_{12} & \cdots & a_{1n} \\ \vdots & \vdots & & \vdots \\ a_{i1} & a_{i2} & \cdots & a_{in} \\ \vdots & \vdots & & \vdots \\ a_{k1} & a_{k2} & \cdots & a_{kn} \\ \vdots & \vdots & & \vdots \\ a_{n1} & a_{n2} & \cdots & a_{nn} \end{vmatrix} \circ$$

注:性质2~性质7都可以通过性质1推广到行列式列的变换。由此,行列式作一系列初等变换（初等行变换和初等列变换）所得的新行列式的值等于原行列式的值乘一个实数 k。

三、行列式按一行（列）展开

在 n 阶行列式中,划去元素 a_{ij} 所在的行与列所得的 $n-1$ 阶行列式称为元素 a_{ij} 的余子式,记作 M_{ij}。令 $A_{ij}=(-1)^{i+j}M_{ij}$,称 A_{ij} 为元素 a_{ij} 的代数余子式。

例如,在行列式 $\begin{vmatrix} 1 & 2 & 3 \\ 4 & 5 & 6 \\ 7 & 8 & 9 \end{vmatrix}$ 中,第1行第2列的元素2的余子式是 $\begin{vmatrix} 4 & 6 \\ 7 & 9 \end{vmatrix}=-6$,代数余子式是

$(-1)^{1+2}\begin{vmatrix} 4 & 6 \\ 7 & 9 \end{vmatrix}=6$。

定理1 n 阶行列式 D 等于它的任一行（列）的各元素与其对应的代数余子式的乘积之和,即

$$D=a_{i1}A_{i1}+a_{i2}A_{i2}+\cdots+a_{in}A_{in}(i=1,2,\cdots,n)$$

或

$$D=a_{1j}A_{1j}+a_{2j}A_{2j}+\cdots+a_{nj}A_{nj}(j=1,2,\cdots,n)。$$

定理1称为行列式的按一行（列）展开法则,这个法则是计算行列式的基本方法之一。

定理2 n 阶行列式 D 的某一行（列）元素与另一行（列）相应元素的代数余子式的乘积之和等于0,即

$$a_{i1}A_{j1}+a_{i2}A_{j2}+\cdots+a_{in}A_{jn}=0(i\neq j)$$

或

$$a_{1i}A_{1j}+a_{2i}A_{2j}+\cdots+a_{ni}A_{nj}=0(i\neq j)。$$

四、几类特殊行列式

（1）上（下）三角形行列式

$$\begin{vmatrix} a_{11} & a_{12} & \cdots & a_{1n} \\ 0 & a_{22} & \cdots & a_{2n} \\ \vdots & \vdots & & \vdots \\ 0 & 0 & \cdots & a_{nn} \end{vmatrix} = \begin{vmatrix} a_{11} & 0 & \cdots & 0 \\ a_{21} & a_{22} & \cdots & 0 \\ \vdots & \vdots & & \vdots \\ a_{n1} & a_{n2} & \cdots & a_{nn} \end{vmatrix} = a_{11}a_{22}\ldots a_{nn}。$$

（2）反对角线行列式

$$\begin{vmatrix} a_{11} & a_{12} & \cdots & a_{1,n-1} & a_{1n} \\ a_{21} & a_{22} & \cdots & a_{2,n-1} & 0 \\ \vdots & \vdots & & \vdots & \vdots \\ a_{n-1,1} & a_{n-1,2} & \cdots & 0 & 0 \\ a_{n1} & 0 & \cdots & 0 & 0 \end{vmatrix} = \begin{vmatrix} 0 & 0 & \cdots & 0 & a_{1n} \\ 0 & 0 & \cdots & a_{2,n-1} & a_{2n} \\ \vdots & \vdots & & \vdots & \vdots \\ 0 & a_{n-1,2} & \cdots & a_{n-1,n-1} & a_{n-1,n} \\ a_{n1} & a_{n2} & \cdots & a_{n,n-1} & a_{nn} \end{vmatrix} = (-1)^{\frac{n(n-1)}{2}}a_{1n}a_{2,n-1}\ldots a_{n1}。$$

（3）范德蒙德行列式

$$\begin{vmatrix} 1 & 1 & \cdots & 1 \\ x_1 & x_2 & \cdots & x_n \\ x_1^2 & x_2^2 & \cdots & x_n^2 \\ \vdots & \vdots & & \vdots \\ x_1^{n-1} & x_2^{n-1} & \cdots & x_n^{n-1} \end{vmatrix} = \begin{vmatrix} 1 & x_1 & x_1^2 & \cdots & x_1^{n-1} \\ 1 & x_2 & x_2^2 & \cdots & x_2^{n-1} \\ \vdots & \vdots & \vdots & & \vdots \\ 1 & x_n & x_n^2 & \cdots & x_n^{n-1} \end{vmatrix} = \prod_{1 \leqslant j < i \leqslant n} (x_i - x_j),$$

即 $n(n \geqslant 2)$ 级范德蒙德行列式等于 $x_1, x_2, \cdots, x_n$ 这 n 个数所有可能的差 $x_i - x_j (1 \leqslant j < i \leqslant n)$ 的乘积。

注：范德蒙德行列式为零的充要条件是 $x_1, x_2, \cdots, x_n$ 这 n 个数中至少有两个数相等。

五、行列式的计算

1. 利用行列式的性质计算行列式

一般来说，任意 n 阶行列式总能利用行列式的性质对其进行一系列初等变换，将其化为上三角形行列式或下三角形行列式，进而简化行列式的计算。

【例题 1】 计算 $D_1 = \begin{vmatrix} 1 & 2 & 3 & 4 \\ 2 & 3 & 4 & 1 \\ 3 & 4 & 1 & 2 \\ 4 & 1 & 2 & 3 \end{vmatrix}$。

【解析】 $D_1 = \begin{vmatrix} 1 & 2 & 3 & 4 \\ 2 & 3 & 4 & 1 \\ 3 & 4 & 1 & 2 \\ 4 & 1 & 2 & 3 \end{vmatrix} = \begin{vmatrix} 10 & 2 & 3 & 4 \\ 10 & 3 & 4 & 1 \\ 10 & 4 & 1 & 2 \\ 10 & 1 & 2 & 3 \end{vmatrix} = 10 \begin{vmatrix} 1 & 2 & 3 & 4 \\ 1 & 3 & 4 & 1 \\ 1 & 4 & 1 & 2 \\ 1 & 1 & 2 & 3 \end{vmatrix} = 10 \begin{vmatrix} 1 & 2 & 3 & 4 \\ 0 & 1 & 1 & -3 \\ 0 & 2 & -2 & -2 \\ 0 & -1 & -1 & -1 \end{vmatrix}$

$= 10 \begin{vmatrix} 1 & 2 & 3 & 4 \\ 0 & 1 & 1 & -3 \\ 0 & 0 & -4 & 4 \\ 0 & 0 & 0 & -4 \end{vmatrix} = 10 \times 16 = 160$。

2. 利用行列式按一行（列）展开法则计算行列式

对于一个行列式可以直接使用按一行（列）展开法则进行计算，也可以结合行列式的性质化简行列式后再使用展开法则进行计算。

【例题 2】 计算 $D_2 = \begin{vmatrix} 1 & 1 & 1 & 1 \\ 2 & 1 & 1 & -3 \\ 1 & 2 & 2 & 5 \\ 4 & 3 & 2 & 1 \end{vmatrix}$。

【解析】 计算该行列式时先利用行列式的性质将第一行的四个元素中的三个化为 0，再利用行列式按行展开法则，按第一行展开进行计算。

$$D_2 = \begin{vmatrix} 1 & 1 & 1 & 1 \\ 2 & 1 & 1 & -3 \\ 1 & 2 & 2 & 5 \\ 4 & 3 & 2 & 1 \end{vmatrix} = \begin{vmatrix} 1 & 0 & 0 & 0 \\ 2 & -1 & -1 & -5 \\ 1 & 1 & 1 & 4 \\ 4 & -1 & -2 & -3 \end{vmatrix} = 1 \times (-1)^{1+1} \times \begin{vmatrix} -1 & -1 & -5 \\ 1 & 1 & 4 \\ -1 & -2 & -3 \end{vmatrix} =$$

$$\begin{vmatrix} 0 & 0 & -1 \\ 1 & 1 & 4 \\ 0 & -1 & 1 \end{vmatrix} = 1 \times (-1)^{2+1} \times \begin{vmatrix} 0 & -1 \\ -1 & 1 \end{vmatrix} = 1_\circ$$

六、克拉默法则

对于含有 n 个未知量 n 个方程的非齐次线性方程组

$$\begin{cases} a_{11}x_1 + a_{12}x_2 + \cdots + a_{1n}x_n = b_1, \\ a_{21}x_1 + a_{22}x_2 + \cdots + a_{2n}x_n = b_2, \\ \qquad \cdots\cdots\cdots\cdots \\ a_{n1}x_1 + a_{n2}x_2 + \cdots + a_{nn}x_n = b_n, \end{cases}$$

如果它的系数矩阵的行列式 $|\boldsymbol{A}| = \begin{vmatrix} a_{11} & a_{12} & \cdots & a_{1n} \\ a_{21} & a_{22} & \cdots & a_{2n} \\ \vdots & \vdots & & \vdots \\ a_{n1} & a_{n2} & \cdots & a_{nn} \end{vmatrix} \neq 0$,那么非齐次线性方程组存在唯一解

$$\left(\frac{|\boldsymbol{B}_1|}{|\boldsymbol{A}|}, \frac{|\boldsymbol{B}_2|}{|\boldsymbol{A}|}, \cdots, \frac{|\boldsymbol{B}_n|}{|\boldsymbol{A}|} \right)^{\mathrm{T}},$$

其中,$|\boldsymbol{B}_i|$ 是把系数矩阵第 i 列换成常数项得到的矩阵的行列式,即

$$|\boldsymbol{B}_i| = \begin{vmatrix} a_{11} & \cdots & a_{1,i-1} & b_1 & a_{1,i+1} & \cdots & a_{1n} \\ a_{21} & \cdots & a_{2,i-1} & b_2 & a_{2,i+1} & \cdots & a_{2n} \\ \vdots & & \vdots & \vdots & \vdots & & \vdots \\ a_{n1} & \cdots & a_{n,i-1} & b_n & a_{n,i+1} & \cdots & a_{nn} \end{vmatrix}_\circ$$

【例题 3】解方程组 $\begin{cases} 2x_1 + 2x_2 + x_3 = 1, \\ 3x_1 + x_2 + 5x_3 = 2, \\ 3x_1 + 2x_2 + 3x_3 = 3_\circ \end{cases}$

【解析】该方程组对应的系数矩阵行列式 $D = \begin{vmatrix} 2 & 2 & 1 \\ 3 & 1 & 5 \\ 3 & 2 & 3 \end{vmatrix} = 1 \neq 0$,故可利用克拉默法则进行求

解,其中 $D_1 = \begin{vmatrix} 1 & 2 & 1 \\ 2 & 1 & 5 \\ 3 & 2 & 3 \end{vmatrix} = 12$;$D_2 = \begin{vmatrix} 2 & 1 & 1 \\ 3 & 2 & 5 \\ 3 & 3 & 3 \end{vmatrix} = -9$;$D_3 = \begin{vmatrix} 2 & 2 & 1 \\ 3 & 1 & 2 \\ 3 & 2 & 3 \end{vmatrix} = -5$,进而可得,$x_1 = \frac{D_1}{D} = 12, x_2 =$

$\frac{D_2}{D} = -9, x_3 = \frac{D_3}{D} = -5_\circ$

第二节　向量空间

一、数域

设 K 是由一些复数组成的集合,其中包括 0 与 1,如果 K 中任意两个数的和、差、积、商(除数不为 0) 仍是 K 中的数,即对加法、减法、乘法、除法都封闭,那么称集合 K 为一个数域。

注:有理数域是最小的数域,即任何数域都包含有理数域。

二、矩阵的基本概念

由数域 K 上 $m \times n$ 个数 $a_{ij}(i = 1,2,\cdots,m;j = 1,2,\cdots,n)$ 排成的 m 行 n 列的数表

$$A = \begin{bmatrix} a_{11} & a_{12} & \cdots & a_{1n} \\ a_{21} & a_{22} & \cdots & a_{2n} \\ \vdots & \vdots & & \vdots \\ a_{m1} & a_{m2} & \cdots & a_{mn} \end{bmatrix}$$

称为数域 K 上一个 $m \times n$ 矩阵,记作 $A_{m \times n}$ 或 $A = (a_{ij})_{m \times n}$。特别地,$n \times n$ 矩阵也称为 n 阶矩阵或 n 阶方阵。矩阵中的每一个数叫作矩阵的元素。

数域 K 上两个矩阵 A,B,如果它们的行数与列数相等,并且它们的所有元素对应相等,则称 A 与 B 相等,记作 $A = B$。

下面介绍几类特殊的矩阵。

所有元素全为 0 的矩阵称为零矩阵,记作 O。

主对角线上的元素都是 1,其他元素全为 0 的 n 阶矩阵(方阵)称为 n 阶单位矩阵,记作 E_n 或 E。

主对角线上的元素都是非零数字 k,其他元素全为 0 的 n 阶矩阵称为数量矩阵,记作 kE_n 或 kE。

主对角线以外的元素全为 0 的 n 阶矩阵称为对角矩阵,如

$$\begin{bmatrix} a_1 & 0 & \cdots & 0 \\ 0 & a_2 & \cdots & 0 \\ \vdots & \vdots & & \vdots \\ 0 & 0 & \cdots & a_n \end{bmatrix},$$

记作 $\mathrm{diag}\{a_1,a_2,\cdots,a_n\}$。

主对角线以下的元素全为 0 的 n 阶矩阵称为上三角矩阵。

主对角线以上的元素全为 0 的 n 阶矩阵称为下三角矩阵。

$m \times n$ 矩阵 A 的行列互换得到的 $n \times m$ 矩阵称为矩阵 A 的转置,记作 A^{T}。

设 A 是一个 n 阶矩阵。如果 $A^{\mathrm{T}} = A$,则称 A 是一个对称矩阵;如果 $A^{\mathrm{T}} = -A$,则称 A 是一个反对称矩阵。反对称矩阵主对角线上的元素都是 0。

设 A 是一个 $m \times n$ 矩阵。如果矩阵 A 的零行(元素全为 0 的行)在下方,且每个非零行第一个非零元素的列指标随着行指标的增加而严格增加,则称矩阵 A 是一个阶梯形矩阵,每个非零行第一个

非零元素称为阶梯形矩阵 A 的主元。特别地,如果阶梯形矩阵 A 的所有主元都为 1,且主元所在的列除主元以外的元素全为 0,此时也称阶梯形矩阵为行最简阶梯形矩阵。例如,矩阵 $A = $

$$\begin{bmatrix} 1 & 2 & 2 & 4 \\ 0 & 0 & 2 & 3 \\ 0 & 0 & 0 & 1 \\ 0 & 0 & 0 & 0 \end{bmatrix}$$ 就是一个阶梯形矩阵,矩阵 $B = \begin{bmatrix} 1 & 2 & 0 & 0 \\ 0 & 0 & 1 & 0 \\ 0 & 0 & 0 & 1 \\ 0 & 0 & 0 & 0 \end{bmatrix}$ 就是一个行最简阶梯形矩阵。

三、n 维向量空间 K^n 的定义与性质

由数域 K 中 n 个数组成的有序数组 $(a_1, a_2, \cdots, a_n)$ 称为数域 K 上的一个 n 维向量,其中 $a_i (i = 1, 2, \cdots, n)$ 称为向量的分量。如果两个 n 维向量 $\boldsymbol{\alpha} = (a_1, a_2, \cdots, a_n)$,$\boldsymbol{\beta} = (b_1, b_2, \cdots, b_n)$ 的对应分量都相等,即 $a_i = b_i (i = 1, 2, \cdots, n)$,那么称这两个向量相等,记作 $\boldsymbol{\alpha} = \boldsymbol{\beta}$。

定义两个 n 维向量的加法运算为

$$\boldsymbol{\alpha} + \boldsymbol{\beta} = (a_1, a_2, \cdots, a_n) + (b_1, b_2, \cdots, b_n) = (a_1 + b_1, a_2 + b_2, \cdots, a_n + b_n);$$

数域 K 上的数 k 与 n 维向量的数量乘法运算为

$$k\boldsymbol{\alpha} = k(a_1, a_2, \cdots, a_n) = (ka_1, ka_2, \cdots, ka_n)。$$

n 维向量的加法和数量乘法满足以下 8 条运算法则:

(1) $\boldsymbol{\alpha} + \boldsymbol{\beta} = \boldsymbol{\beta} + \boldsymbol{\alpha}$;

(2) $(\boldsymbol{\alpha} + \boldsymbol{\beta}) + \boldsymbol{\gamma} = \boldsymbol{\alpha} + (\boldsymbol{\beta} + \boldsymbol{\gamma})$;

(3) K^n 中存在一个元素 $\mathbf{0}$(零元素),使得 $\boldsymbol{\alpha} + \mathbf{0} = \boldsymbol{\alpha}$;

(4) $\forall \boldsymbol{\alpha}, \exists \boldsymbol{\beta}$(负元素),使得 $\boldsymbol{\alpha} + \boldsymbol{\beta} = \mathbf{0}$;

(5) $1\boldsymbol{\alpha} = \boldsymbol{\alpha}$;

(6) $k(l\boldsymbol{\alpha}) = (kl\boldsymbol{\alpha})$;

(7) $(k + l)\boldsymbol{\alpha} = k\boldsymbol{\alpha} + l\boldsymbol{\alpha}$;

(8) $k(\boldsymbol{\alpha} + \boldsymbol{\beta}) = k\boldsymbol{\alpha} + k\boldsymbol{\beta}$。

数域 K 上全体 n 维向量的集合 K^n,连同定义在它上面的加法运算和数量乘法运算,及其满足的 8 条运算法则一起,称为数域 K 上的一个 n 维向量空间。

n 维向量空间具有以下简单性质:

(1) K^n 的零元素唯一;

(2) K^n 中任一元素的负元素唯一,把 $\boldsymbol{\alpha}$ 的负元素记为 $-\boldsymbol{\alpha}$;

(3) $0\boldsymbol{\alpha} = \mathbf{0}, \forall \boldsymbol{\alpha} \in K^n$;

(4) $k\mathbf{0} = \mathbf{0}, \forall k \in K$;

(5) 若 $k\boldsymbol{\alpha} = \mathbf{0}$,则 $k = 0$ 或 $\boldsymbol{\alpha} = \mathbf{0}$。

四、n 维向量空间 K^n 的子空间

设 V 是 K^n 的一个非空子集,如果 V 对于 K^n 的加法运算和数量乘法运算封闭,即

$$\boldsymbol{\alpha}, \boldsymbol{\beta} \in V \Rightarrow \boldsymbol{\alpha} + \boldsymbol{\beta} \in V,$$

$$\boldsymbol{\alpha} \in V, k \in K \Rightarrow k\boldsymbol{\alpha} \in V,$$

那么称 V 是 K^n 的一个线性子空间,简称子空间。

K^n 本身和 $\{\mathbf{0}\}$ 都是 K^n 的子空间,$\{\mathbf{0}\}$ 也称零子空间。同时,K^n 中一个向量组 $\boldsymbol{\alpha}_1, \boldsymbol{\alpha}_2, \cdots, \boldsymbol{\alpha}_s$ 的全部线性组合所构成的集合 W,即 $W = \{k_1\boldsymbol{\alpha}_1 + k_2\boldsymbol{\alpha}_2 + \cdots + k_s\boldsymbol{\alpha}_s \mid k_1, k_2, \cdots k_s \in K\}$,也构成 K^n 的一个子空间,称为由 $\boldsymbol{\alpha}_1, \boldsymbol{\alpha}_2, \cdots, \boldsymbol{\alpha}_s$ 生成的子空间,记作 $L(\boldsymbol{\alpha}_1, \boldsymbol{\alpha}_2, \cdots, \boldsymbol{\alpha}_s)$。

【例题1】设 $\boldsymbol{\alpha}_1 = (x_1, x_2, x_3)^{\mathrm{T}}$,则下列集合中,关于向量的加法和数乘运算,构成 $\mathbf{R}^3$ 的子空间的是( )。

A. $\{\boldsymbol{\alpha} \mid x_3 > 0\}$

B. $\{\boldsymbol{\alpha} \mid x_3 = 1\}$

C. $\{\boldsymbol{\alpha} \mid x_1 + 2x_2 + 3x_3 = 0\}$

D. $\{\boldsymbol{\alpha} \mid x_1 + 2x_2 + 3x_3 = 1\}$

【答案】C。解析:对于 A 项,取 $\boldsymbol{\alpha}_1 = (x_1, x_2, x_3)^{\mathrm{T}} \in \{\boldsymbol{\alpha} \mid x_3 > 0\}$,则 $-\boldsymbol{\alpha}_1 = (-x_1, -x_2, -x_3)^{\mathrm{T}}$,因为 $-x_3 < 0$,所以 $-\boldsymbol{\alpha}_1 \notin \{\boldsymbol{\alpha} \mid x_3 > 0\}$,则 $\{\boldsymbol{\alpha} \mid x_3 > 0\}$ 不构成子空间,A 项错误;同理可证 B,D 两项错误;对于 C 项,任取 $\boldsymbol{\alpha}_2, \boldsymbol{\alpha}_3 \in \{\boldsymbol{\alpha} \mid x_1 + 2x_2 + 3x_3 = 0\}$,则 $k_1\boldsymbol{\alpha}_2 + k_2\boldsymbol{\alpha}_3 \in \{\boldsymbol{\alpha} \mid x_1 + 2x_2 + 3x_3 = 0\}$,其中 $k_1, k_2 \in \mathbf{R}$,所以 $\{\boldsymbol{\alpha} \mid x_1 + 2x_2 + 3x_3 = 0\}$ 对向量的加法和数乘运算封闭,构成 $\mathbf{R}^3$ 的子空间,C 项正确。

五、线性相关与极大线性无关组

考点1　线性表出与线性相关性

给定 K^n 中的一个向量组 $\boldsymbol{\alpha}_1, \boldsymbol{\alpha}_2, \cdots, \boldsymbol{\alpha}_s$,对 K^n 中的一个向量 $\boldsymbol{\beta}$,如果存在 $k_1, k_2, \cdots k_s \in K$,使得

$$\boldsymbol{\beta} = k_1\boldsymbol{\alpha}_1 + k_2\boldsymbol{\alpha}_2 + \cdots + k_s\boldsymbol{\alpha}_s,$$

那么称 $\boldsymbol{\beta}$ 可以由向量组 $\boldsymbol{\alpha}_1, \boldsymbol{\alpha}_2, \cdots, \boldsymbol{\alpha}_s$ 线性表出。

对于 K^n 中的两个向量组(Ⅰ)$\boldsymbol{\alpha}_1, \boldsymbol{\alpha}_2, \cdots, \boldsymbol{\alpha}_s$,(Ⅱ)$\boldsymbol{\beta}_1, \boldsymbol{\beta}_2, \cdots, \boldsymbol{\beta}_t$,如果向量组(Ⅰ)中每一个向量都可以被向量组(Ⅱ)线性表出,则称向量组(Ⅰ)可由向量组(Ⅱ)线性表出。如果向量组(Ⅰ)与向量组(Ⅱ)可以互相线性表出,则称两向量组等价。

给定 K^n 中的一个向量组 $\boldsymbol{\alpha}_1, \boldsymbol{\alpha}_2, \cdots, \boldsymbol{\alpha}_s$,如果存在 K 中一组不全为 0 的数 $k_1, k_2, \cdots k_s$,有

$$k_1\boldsymbol{\alpha}_1 + k_2\boldsymbol{\alpha}_2 + \cdots + k_s\boldsymbol{\alpha}_s = \mathbf{0},$$

则称向量组 $\boldsymbol{\alpha}_1, \boldsymbol{\alpha}_2, \cdots, \boldsymbol{\alpha}_s$ 线性相关;否则,即当且仅当 $k_1 = k_2 = \cdots = k_s = 0$ 时上式成立,则称向量组 $\boldsymbol{\alpha}_1, \boldsymbol{\alpha}_2, \cdots, \boldsymbol{\alpha}_s$ 线性无关。

注:单独一个零向量线性相关,单独一个非零向量线性无关。

考点2　极大线性无关组

设 $\boldsymbol{\alpha}_1, \boldsymbol{\alpha}_2, \cdots, \boldsymbol{\alpha}_t$ 是向量组 $\boldsymbol{\alpha}_1, \boldsymbol{\alpha}_2, \cdots, \boldsymbol{\alpha}_s$ 的一个部分组(由该向量组中的若干个向量组成的新的向量组),如果这个部分组线性无关,且从向量组 $\boldsymbol{\alpha}_1, \boldsymbol{\alpha}_2, \cdots, \boldsymbol{\alpha}_s$ 的其余向量中(如果还有的话)任取一个添加进去,得到的新向量组都线性相关,那么称 $\boldsymbol{\alpha}_1, \boldsymbol{\alpha}_2, \cdots, \boldsymbol{\alpha}_t$ 是向量组 $\boldsymbol{\alpha}_1, \boldsymbol{\alpha}_2, \cdots, \boldsymbol{\alpha}_s$ 的一个极大线性无关组。

向量组 $\boldsymbol{\alpha}_1, \boldsymbol{\alpha}_2, \cdots, \boldsymbol{\alpha}_s$ 的极大线性无关组所含向量的个数称为这个向量组的秩,记作 $\mathrm{r}(\boldsymbol{\alpha}_1, \boldsymbol{\alpha}_2, \cdots, \boldsymbol{\alpha}_s)$。

极大线性无关组的一个基本性质是,任意一个极大线性无关组都与向量组本身等价。

求一组向量极大线性无关组的主要步骤为:以所给向量组为矩阵 A 的列向量,对矩阵 A 作初等行变换化为阶梯形矩阵,阶梯形矩阵主元所在的列对应的向量就是该向量组的一个极大线性无关组。

【例题 2】 求向量组 $\boldsymbol{\alpha}_1 = (1, -1, 2, 4)$, $\boldsymbol{\alpha}_2 = (0, 3, 1, 2)$, $\boldsymbol{\alpha}_3 = (3, 0, 7, 14)$, $\boldsymbol{\alpha}_4 = (1, -1, 2, 0)$ 的一个极大线性无关组。

【解析】 令 $A = (\boldsymbol{\alpha}_1^{\mathrm{T}}, \boldsymbol{\alpha}_2^{\mathrm{T}}, \boldsymbol{\alpha}_3^{\mathrm{T}}, \boldsymbol{\alpha}_4^{\mathrm{T}}) = \begin{bmatrix} 1 & 0 & 3 & 1 \\ -1 & 3 & 0 & -1 \\ 2 & 1 & 7 & 2 \\ 4 & 2 & 14 & 0 \end{bmatrix}$,施行若干次初等行变换后得 $A \rightarrow$

$\begin{bmatrix} 1 & 0 & 3 & 1 \\ 0 & 1 & 1 & 0 \\ 0 & 0 & 0 & 1 \\ 0 & 0 & 0 & 0 \end{bmatrix}$,主元所在的列分别是第 1 列、第 2 列以及第 4 列,所以 $\boldsymbol{\alpha}_1, \boldsymbol{\alpha}_2, \boldsymbol{\alpha}_4$ 是该向量组的一个极大线性无关组。

考点 3 线性表出的相关结论

(1)向量组 $\boldsymbol{\alpha}_1, \boldsymbol{\alpha}_2, \cdots, \boldsymbol{\alpha}_s (s \geqslant 2)$ 线性相关的充要条件是向量组中至少存在一个向量 $\boldsymbol{\alpha}_i$ 可被其余向量线性表出。

(2)向量组 $\boldsymbol{\alpha}_1, \boldsymbol{\alpha}_2, \cdots, \boldsymbol{\alpha}_s (s \geqslant 2)$ 线性无关的充要条件是向量组的任意一个向量都不能被其余向量线性表出。

(3)n 个 n 维行(列)向量 $\boldsymbol{\alpha}_1, \boldsymbol{\alpha}_2, \cdots, \boldsymbol{\alpha}_n$ 线性相关的充要条件是以 $\boldsymbol{\alpha}_1, \boldsymbol{\alpha}_2, \cdots, \boldsymbol{\alpha}_n$ 为行(列)向量组的矩阵的行列式等于 0。

(4)n 个 n 维行(列)向量 $\boldsymbol{\alpha}_1, \boldsymbol{\alpha}_2, \cdots, \boldsymbol{\alpha}_n$ 线性无关的充要条件是以 $\boldsymbol{\alpha}_1, \boldsymbol{\alpha}_2, \cdots, \boldsymbol{\alpha}_n$ 为行(列)向量组的矩阵的行列式不等于 0。

(5)设向量组 $\boldsymbol{\alpha}_1, \boldsymbol{\alpha}_2, \cdots, \boldsymbol{\alpha}_n, \boldsymbol{\beta}$ 线性相关,则 $\boldsymbol{\beta}$ 由向量组 $\boldsymbol{\alpha}_1, \boldsymbol{\alpha}_2, \cdots, \boldsymbol{\alpha}_n$ 线性表出方法唯一的充要条件是向量组 $\boldsymbol{\alpha}_1, \boldsymbol{\alpha}_2, \cdots, \boldsymbol{\alpha}_n$ 线性无关。

注:由本条结论可以推出,向量组的所有向量都可被这组向量的极大线性无关组线性表出且表出方法唯一。

(6)设向量组 $\boldsymbol{\beta}_1, \boldsymbol{\beta}_2, \cdots, \boldsymbol{\beta}_r$ 可以由向量组 $\boldsymbol{\alpha}_1, \boldsymbol{\alpha}_2, \cdots, \boldsymbol{\alpha}_s$ 线性表出,如果 $\boldsymbol{\beta}_1, \boldsymbol{\beta}_2, \cdots, \boldsymbol{\beta}_r$ 线性无关,则 $r \leqslant s$。

(7)向量组(Ⅰ)可以由向量组(Ⅱ)线性表出 $\Rightarrow \mathrm{r}(Ⅰ) \leqslant \mathrm{r}(Ⅱ)$。

(8)向量组(Ⅰ)与向量组(Ⅱ)等价 $\Leftrightarrow \mathrm{r}(Ⅰ) = \mathrm{r}(Ⅱ)$,且其中一个向量组可以由另外一个向量组线性表出。

六、向量空间 K^n 及其子空间的基与维数

设 V 是 K^n 的一个子空间,如果 V 中一个向量组 $\boldsymbol{\alpha}_1, \boldsymbol{\alpha}_2, \cdots, \boldsymbol{\alpha}_n$ 满足:

（1）$\boldsymbol{\alpha}_1,\boldsymbol{\alpha}_2,\cdots,\boldsymbol{\alpha}_n$ 线性无关；

（2）V 中每一个向量都可以由 $\boldsymbol{\alpha}_1,\boldsymbol{\alpha}_2,\cdots,\boldsymbol{\alpha}_n$ 线性表出，那么称 $\boldsymbol{\alpha}_1,\boldsymbol{\alpha}_2,\cdots,\boldsymbol{\alpha}_n$ 是 V 的一个基。

K^n 的非零子空间 V 的一个基所含向量的个数叫作线性空间 V 的维数，记作 $\dim V$。同时规定，零子空间的维数为 0。

对于 $\boldsymbol{\alpha}_1,\boldsymbol{\alpha}_2,\cdots,\boldsymbol{\alpha}_s$ 生成的子空间 $L(\boldsymbol{\alpha}_1,\boldsymbol{\alpha}_2,\cdots,\boldsymbol{\alpha}_s)$，有 $\dim(L(\boldsymbol{\alpha}_1,\boldsymbol{\alpha}_2,\cdots,\boldsymbol{\alpha}_s)) = r(\boldsymbol{\alpha}_1,\boldsymbol{\alpha}_2,\cdots,\boldsymbol{\alpha}_s)$。

七、矩阵的秩

考点 1　矩阵的 k 阶子式

在一个 $m \times n$ 矩阵 $\boldsymbol{A}$ 中任取 k 行 k 列 $(k \leq m, k \leq n)$，位于这些行列交叉处的 k^2 个元素，不改变它们在 $\boldsymbol{A}$ 中所处的位置次序而得到的 k 阶行列式，称为矩阵 $\boldsymbol{A}$ 的 k 阶子式。

在矩阵

$$\boldsymbol{A} = \begin{bmatrix} 2 & 1 & 1 & -1 \\ 0 & 3 & 2 & 4 \\ 0 & 0 & 0 & 3 \\ 0 & 0 & 0 & 0 \end{bmatrix}$$

中，选第 1,3 行和第 3,4 列，它们的交点上的元素所成的 2 阶行列式

$$\begin{vmatrix} 1 & -1 \\ 0 & 3 \end{vmatrix} = 3$$

就是一个 2 阶子式。又如选第 1,2,3 行和第 1,2,4 列，相应的 3 阶子式就是

$$\begin{vmatrix} 2 & 1 & -1 \\ 0 & 3 & 4 \\ 0 & 0 & 3 \end{vmatrix} = 18。$$

考点 2　矩阵的秩

矩阵的行秩（行向量组的秩）和列秩（列向量组的秩）相等，统称为矩阵的秩，记作 $r(\boldsymbol{A})$。

显然，对于 $m \times n$ 矩阵 $\boldsymbol{A}$，有 $r(\boldsymbol{A}) \leq \min\{m,n\}$。

定理　任意非零矩阵的秩等于它的不为零的子式的最高阶数。

由上述定理可知，矩阵

$$\boldsymbol{A} = \begin{bmatrix} 2 & 1 & 1 & -1 \\ 0 & 3 & 2 & 4 \\ 0 & 0 & 0 & 3 \\ 0 & 0 & 0 & 0 \end{bmatrix}$$

有非零的 3 阶子式 $\begin{vmatrix} 2 & 1 & -1 \\ 0 & 3 & 4 \\ 0 & 0 & 3 \end{vmatrix} = 18 \neq 0$，而 4 阶子式 $|\boldsymbol{A}| = 0$，所以 $r(\boldsymbol{A}) = 3$。

如果一个 n 级矩阵 $\boldsymbol{A}$ 的秩等于 n，那么称矩阵 $\boldsymbol{A}$ 是满秩矩阵。

推论 n 级矩阵 A 是满秩矩阵的充要条件是 $|A| \neq 0$。

八、线性方程组

考点1　线性方程组的基本概念

n 个未知量的一次方程组称为 n 元线性方程组,它的一般形式是

$$\begin{cases} a_{11}x_1 + a_{12}x_2 + \cdots + a_{1n}x_n = b_1, \\ a_{21}x_1 + a_{22}x_2 + \cdots + a_{2n}x_n = b_2, \\ \cdots\cdots\cdots\cdots \\ a_{m1}x_1 + a_{m2}x_2 + \cdots + a_{mn}x_n = b_m, \end{cases} \quad (1)$$

其中 $a_{11}, a_{12}, \cdots, a_{mn}$ 是系数,$b_1, b_2, \cdots, b_m$ 是常数项。

当常数项 $b_1, b_2, \cdots, b_m$ 都为零时,线性方程组也称齐次线性方程组;当常数项 $b_1, b_2, \cdots, b_n$ 不全为零时,线性方程组也称非齐次线性方程组。

将方程组(1)的常数项换成0,就得到 n 元齐次线性方程组

$$\begin{cases} a_{11}x_1 + a_{12}x_2 + \cdots + a_{1n}x_n = 0, \\ a_{21}x_1 + a_{22}x_2 + \cdots + a_{2n}x_n = 0, \\ \cdots\cdots\cdots\cdots \\ a_{m1}x_1 + a_{m2}x_2 + \cdots + a_{mn}x_n = 0, \end{cases} \quad (2)$$

齐次线性方程组(2)称为方程组(1)的导出组。

由 n 元线性方程组的系数按它们原来的次序排成的 $m \times n$ 矩阵

$$\begin{bmatrix} a_{11} & a_{12} & \cdots & a_{1n} \\ a_{21} & a_{22} & \cdots & a_{2n} \\ \vdots & \vdots & & \vdots \\ a_{m1} & a_{m2} & \cdots & a_{mn} \end{bmatrix}$$

称为线性方程组的系数矩阵。

由 n 元线性方程组的系数和常数项按它们原来的次序排成的 $m \times (n+1)$ 矩阵

$$\begin{bmatrix} a_{11} & a_{12} & \cdots & a_{1n} & b_1 \\ a_{21} & a_{22} & \cdots & a_{2n} & b_2 \\ \vdots & \vdots & & \vdots & \vdots \\ a_{m1} & a_{m2} & \cdots & a_{mn} & b_m \end{bmatrix}$$

称为线性方程组的增广矩阵。

考点2　线性方程组解的判定

利用向量的加法运算和数乘运算,可以将 n 元线性方程组(1)写成

$$x_1\boldsymbol{\alpha}_1 + x_2\boldsymbol{\alpha}_2 + \cdots + x_n\boldsymbol{\alpha}_n = \boldsymbol{b},$$

其中,$\boldsymbol{\alpha}_i = (a_{1i}, a_{2i}, \cdots, a_{mi})^{\mathrm{T}}(i = 1, 2, \cdots, n)$,$\boldsymbol{b} = (b_1, b_2, \cdots, b_m)^{\mathrm{T}}$。

注:利用矩阵乘法,线性方程组(1)还可以进一步地简写为 $Ax = b$,其中 A 是线性方程组(1)的系数矩阵,$x = (x_1, x_2, \cdots, x_n)^T$。为方便表述,后文采用这种表述方式。

显然,若 n 元线性方程组(1)有解,则 $\boldsymbol{\beta}$ 可以由向量组 $\boldsymbol{\alpha}_1, \boldsymbol{\alpha}_2, \cdots, \boldsymbol{\alpha}_n$ 线性表出。

定理 1　数域 K 上的 n 元线性方程组有解的充要条件是它的系数矩阵的秩与增广矩阵的秩相等。

定理 2　数域 K 上的 n 元线性方程组有解时,如果它的系数矩阵的秩等于 n,那么方程组有唯一解;如果它的系数矩阵的秩小于 n,那么方程组有无穷多解。

推论 1　数域 K 上的 n 元齐次线性方程组,如果方程的个数小于未知量的个数,那么方程组有非零解。

推论 2　数域 K 上含有 n 个方程的 n 元齐次线性方程组有非零解的充要条件是它的系数矩阵的行列式等于 0。

考点3　齐次线性方程组解的结构

1. 齐次线性方程组的解

性质 1　设 $\boldsymbol{\xi}_1, \boldsymbol{\xi}_2$ 是 n 元齐次线性方程组 $Ax = 0$ 的两个解,则 $\boldsymbol{\xi}_1 + \boldsymbol{\xi}_2$ 也是该方程组的解。

性质 2　设 $\boldsymbol{\xi}$ 是 n 元齐次线性方程组 $Ax = 0$ 的一个解,则 $k\boldsymbol{\xi}(k \in K)$ 也是该方程组的解。

因为齐次线性方程组的解一定包含 $\mathbf{0}$,所以结合性质 1 和性质 2 可知,齐次线性方程组 $Ax = 0$ 的所有解构成 K^n 的一个子空间,这个子空间称为 n 元齐次线性方程组 $Ax = 0$ 的解空间。

当 n 元齐次线性方程组 $Ax = 0$ 有非零解时,它的解空间的一个基称为 $Ax = 0$ 的一个基础解系,线性方程组的所有解向量都可由这组解向量线性表出。

定理　n 元齐次线性方程组 $Ax = 0$ 的解空间 W 的维数为 $\dim W = n - r(A)$。

由定理可知,齐次线性方程组有非零解时,它的每一个基础解系所含解向量的个数都是 $n - r(A)$。

2. 基础解系的计算

设 $r(A) = r < n$,对于齐次线性方程组 $Ax = 0$,可以按照如下的步骤计算其基础解系。

第一步,对系数矩阵 A 施行初等行变换,化为行最简阶梯形矩阵;

第二步,对应的齐次线性方程组化为阶梯形方程组;

第三步,在阶梯形方程组中,分别令"自由变量"(主元以外的变量)其中一个为 1,其余为 0,代入齐次线性方程组可以得到 $n - r$ 个线性无关的解向量,这 $n - r$ 个解向量就是齐次线性方程组 $Ax = 0$ 的基础解系。

【例题 3】 求齐次线性方程组 $\begin{cases} x_1 + x_2 - x_3 - x_4 = 0, \\ x_1 + 2x_2 + 2x_3 + 3x_4 = 0, \\ 2x_1 + 3x_2 + x_3 + 2x_4 = 0 \end{cases}$ 的通解。

【解析】 对方程组的系数矩阵进行初等行变换化成阶梯形矩阵,有 $\begin{bmatrix} 1 & 1 & -1 & -1 \\ 1 & 2 & 2 & 3 \\ 2 & 3 & 1 & 2 \end{bmatrix} \rightarrow$

$$\begin{bmatrix} 1 & 0 & -4 & -5 \\ 0 & 1 & 3 & 4 \\ 0 & 0 & 0 & 0 \end{bmatrix},$$ 即 $\begin{cases} x_1 = 4x_3 + 5x_4, \\ x_2 = -3x_3 - 4x_4, \end{cases}$ 所以齐次线性方程组的一个基础解系为 $\boldsymbol{\alpha}_1 = \begin{bmatrix} 4 \\ -3 \\ 1 \\ 0 \end{bmatrix}$，$\boldsymbol{\alpha}_2 =$

$\begin{bmatrix} 5 \\ -4 \\ 0 \\ 1 \end{bmatrix}$，通解为 $k_1 \boldsymbol{\alpha}_1 + k_2 \boldsymbol{\alpha}_2 = k_1 \begin{bmatrix} 4 \\ -3 \\ 1 \\ 0 \end{bmatrix} + k_2 \begin{bmatrix} 5 \\ -4 \\ 0 \\ 1 \end{bmatrix}$，其中 k_1, k_2 为任意实数。

考点4　非齐次线性方程组解的结构

性质　设 $\boldsymbol{\eta}_1, \boldsymbol{\eta}_2$ 是 n 元非齐次线性方程组 $\boldsymbol{Ax} = \boldsymbol{b}$ 的两个解，则 $\boldsymbol{\eta}_1 - \boldsymbol{\eta}_2$ 是 n 元齐次线性方程组 $\boldsymbol{Ax} = \boldsymbol{0}$ 的解。

定理　设 $\boldsymbol{\eta}$ 是 n 元非齐次线性方程组 $\boldsymbol{Ax} = \boldsymbol{b}$ 的一个解，$\boldsymbol{\xi}$ 是导出组 $\boldsymbol{Ax} = \boldsymbol{0}$ 的通解，则 $\boldsymbol{\xi} + \boldsymbol{\eta}$ 是 n 元非齐次线性方程组 $\boldsymbol{Ax} = \boldsymbol{b}$ 的通解。

注：非齐次线性方程组的通解为其导出组的通解加上它的任意一个特解。

【例题4】 求线性方程组 $\begin{cases} x_1 + x_2 - 2x_4 = -6, \\ 4x_1 - x_2 - x_3 - x_4 = 1, \\ 3x_1 - x_2 - x_3 = 3 \end{cases}$ 的通解。

【解析】 对方程组的增广矩阵 $(\boldsymbol{A}, \boldsymbol{b})$ 做行初等变换，将其化为行最简阶梯形矩阵，即

$$(\boldsymbol{A}, \boldsymbol{b}) = \begin{bmatrix} 1 & 1 & 0 & -2 & \vdots & -6 \\ 4 & -1 & -1 & -1 & \vdots & 1 \\ 3 & -1 & -1 & 0 & \vdots & 3 \end{bmatrix} \rightarrow \begin{bmatrix} 1 & 0 & 0 & -1 & \vdots & -2 \\ 0 & 1 & 0 & -1 & \vdots & -4 \\ 0 & 0 & 1 & -2 & \vdots & -5 \end{bmatrix},$$

由此易得，方程组的一个特解 $\boldsymbol{x}_0 = \begin{bmatrix} -2 \\ -4 \\ -5 \\ 0 \end{bmatrix}$，对应导出组的通解为 $k \begin{bmatrix} 1 \\ 1 \\ 2 \\ 1 \end{bmatrix}$。所以方程组的通解为

$\begin{bmatrix} -2 \\ -4 \\ -5 \\ 0 \end{bmatrix} + k \begin{bmatrix} 1 \\ 1 \\ 2 \\ 1 \end{bmatrix}$，其中 k 为任意实数。

第三节　矩　阵

一、矩阵的运算

考点1　矩阵的加减运算

两个 $m \times n$ 矩阵 $\boldsymbol{A} = (a_{ij})_{m \times n}$，$\boldsymbol{B} = (b_{ij})_{m \times n}$ 对应位置上的元素相加（减）得到的 $m \times n$ 矩阵称为矩

阵 A 与矩阵 B 的和（差），

$$A \pm B = (a_{ij} \pm b_{ij})_{m \times n} = \begin{bmatrix} a_{11} \pm b_{11} & a_{12} \pm b_{12} & \cdots & a_{1n} \pm b_{1n} \\ a_{21} \pm b_{21} & a_{22} \pm b_{22} & \cdots & a_{2n} \pm b_{2n} \\ \vdots & \vdots & & \vdots \\ a_{m1} \pm b_{m1} & a_{m2} \pm b_{m2} & \cdots & a_{mn} \pm b_{mn} \end{bmatrix} \circ$$

矩阵的加减运算满足如下运算律。

① 交换律：$A \pm B = B \pm A$；

② 结合律：$(A \pm B) \pm C = A \pm (B \pm C)$。

考点2　矩阵的数乘运算

数域 K 上的数 k 与数域 K 上的矩阵 $A = (a_{ij})_{m \times n}$ 的乘积 $kA = (ka_{ij})_{m \times n}$ 称为矩阵的数量乘法，简称数乘，即

$$kA = (ka_{ij})_{m \times n} = \begin{bmatrix} ka_{11} & ka_{12} & \cdots & ka_{1n} \\ ka_{21} & ka_{22} & \cdots & ka_{2n} \\ \vdots & \vdots & & \vdots \\ ka_{m1} & ka_{m2} & \cdots & ka_{mn} \end{bmatrix} \circ$$

矩阵的数乘运算满足如下运算律。

① $k(lA) = (kl)A$；

② $(k + l)A = kA + lA$；

③ $k(A + B) = kA + kB$。

考点3　矩阵的乘法运算

设 $A = (a_{ij})$ 是一个 $m \times n$ 矩阵，$B = (b_{ij})$ 是一个 $n \times l$ 矩阵，定义

$$AB = C_{m \times l} = \begin{bmatrix} c_{11} & c_{12} & \cdots & c_{1l} \\ c_{21} & c_{22} & \cdots & c_{2l} \\ \vdots & \vdots & & \vdots \\ c_{m1} & c_{m2} & \cdots & c_{ml} \end{bmatrix},$$

其中 $c_{ij} = a_{i1}b_{1j} + a_{i2}b_{2j} + \cdots + a_{in}b_{nj} = \sum_{k=1}^{n} a_{ik}b_{kj}$，即 c_{ij} 等于矩阵 A 的第 i 行与 B 的第 j 列的对应元素乘积之和。如 $\begin{bmatrix} 1 & 4 \\ 2 & 5 \\ 3 & 6 \end{bmatrix} \begin{bmatrix} 3 & 2 & 1 \\ 6 & 5 & 4 \end{bmatrix} = \begin{bmatrix} 1 \times 3 + 4 \times 6 & 1 \times 2 + 4 \times 5 & 1 \times 1 + 4 \times 4 \\ 2 \times 3 + 5 \times 6 & 2 \times 2 + 5 \times 5 & 2 \times 1 + 5 \times 4 \\ 3 \times 3 + 6 \times 6 & 3 \times 2 + 6 \times 5 & 3 \times 1 + 6 \times 4 \end{bmatrix} = \begin{bmatrix} 27 & 22 & 17 \\ 36 & 29 & 22 \\ 45 & 36 & 27 \end{bmatrix} \circ$

显然，只有矩阵 A 的列数等于矩阵 B 的行数时，两矩阵才可以相乘，且乘得的矩阵 C 的行数等于矩阵 A 的行数，列数等于矩阵 B 的列数。

矩阵的乘法运算满足如下运算律。

① 结合律：$(AB)C = A(BC)$；

② 数乘结合律：$k(AB) = (kA)B = A(kB)$；

③ 左分配律：$C(A + B) = CA + CB$；

④ 右分配律：$(A + B)C = AC + BC$。

一般地，对两个 n 阶矩阵 A 和 B，$AB \neq BA$，即矩阵乘法不满足交换律。如果 $AB = BA$，则称 A 和 B 可交换。

此外，矩阵的乘法运算不满足消去律，即由 $AB = AC$，$A \neq O$，不能得到 $B = C$。

对于矩阵乘法的转置有 $(AB)^{\mathrm{T}} = B^{\mathrm{T}}A^{\mathrm{T}}$。

设 A，B 是两个 n 阶矩阵，则乘积 AB 的行列式等于 A 和 B 的行列式的乘积，即 $|AB| = |A||B|$。

二、逆矩阵

考点1 逆矩阵的定义

设 A 是数域 K 上的 n 阶矩阵。如果存在数域 K 上的矩阵 B，使得

$$AB = BA = E,$$

则称矩阵 A 是可逆矩阵，并称矩阵 B 是 A 的逆矩阵，记作 A^{-1}，即 $B = A^{-1}$。

矩阵 A 可逆的充要条件是矩阵 A 的行列式 $|A| \neq 0$。

考点2 可逆矩阵的性质

设 A，B 是数域 K 上的两个 n 阶矩阵，

（1）若 A 可逆，则 A 的逆矩阵唯一；

（2）若 A 可逆，则 A^{-1} 也可逆，且 $(A^{-1})^{-1} = A$；

（3）若 A 可逆，则 $kA(k \in K, k \neq 0)$ 也可逆，且 $(kA)^{-1} = \dfrac{1}{k}A^{-1}$；

（4）若 A，B 都可逆，则 AB 也可逆，且 $(AB)^{-1} = B^{-1}A^{-1}$。

三、伴随矩阵

考点1 伴随矩阵的定义

设 A_{ij} 是 n 阶矩阵 $A = (a_{ij})_{n \times n}$ 中元素 a_{ij} 的代数余子式，矩阵

$$\begin{bmatrix} A_{11} & A_{21} & \cdots & A_{n1} \\ A_{12} & A_{22} & \cdots & A_{n2} \\ \vdots & \vdots & & \vdots \\ A_{1n} & A_{2n} & \cdots & A_{nn} \end{bmatrix}$$

称为矩阵 A 的伴随矩阵，记作 A^*。

考点2 伴随矩阵的性质

根据代数余子式的性质与矩阵乘法可知

$$AA^* = \begin{bmatrix} |A| & 0 & \cdots & 0 \\ 0 & |A| & \cdots & 0 \\ \vdots & \vdots & & \vdots \\ 0 & 0 & \cdots & |A| \end{bmatrix} = |A|E,$$

所以当 $|\boldsymbol{A}| \neq 0$，即 $\boldsymbol{A}$ 可逆时，$\boldsymbol{A} \dfrac{\boldsymbol{A}^*}{|\boldsymbol{A}|} = \boldsymbol{E}$，$\boldsymbol{A}^{-1} = \dfrac{\boldsymbol{A}^*}{|\boldsymbol{A}|}$。

注：这也是求逆矩阵的一种方法。

由矩阵乘法可知，$|\boldsymbol{A}\boldsymbol{A}^*| = |\boldsymbol{A}||\boldsymbol{A}^*| = |\boldsymbol{A}|^n$，所以 $|\boldsymbol{A}^*| = |\boldsymbol{A}|^{n-1}$。

注：矩阵 $\boldsymbol{A}$ 与它的伴随矩阵 $\boldsymbol{A}^*$ 秩的关系为

$$r(\boldsymbol{A}^*) = \begin{cases} n, & r(\boldsymbol{A}) = n, \\ 1, & r(\boldsymbol{A}) = n - 1, \\ 0, & r(\boldsymbol{A}) < n - 1。 \end{cases}$$

四、矩阵的初等变换和初等矩阵

考点 1　基本概念

1. 初等行(列)变换

如下三种行(列)变换称为矩阵的初等行(列)变换：

(1) 交换矩阵的两行(列)；

(2) 将一个非零数 k 乘到矩阵的某一行(列)；

(3) 将矩阵的某一行(列)的 k 倍加到另一行(列)上。

矩阵的初等行变换和初等列变换统称为矩阵的初等变换。

定理　对矩阵作初等变换不改变矩阵的秩。

2. 初等矩阵

对单位矩阵实施一次初等行(列)变换得到的矩阵称为初等矩阵。由于初等行(列)变换有三种，所以初等矩阵也有三种：

(1) 交换单位矩阵的第 i 行和第 j 行得到的初等矩阵记作 $\boldsymbol{E}(i,j)$，该矩阵也可以看作是交换单位矩阵的第 i 列和第 j 列得到的。例如 $\boldsymbol{E}(1,2) = \begin{bmatrix} 0 & 1 & 0 \\ 1 & 0 & 0 \\ 0 & 0 & 1 \end{bmatrix}$。

(2) 将一个非零数 k 乘到单位矩阵的第 i 行得到的初等矩阵记作 $\boldsymbol{E}(i(k))$，该矩阵也可以看作是将单位矩阵的第 i 列乘非零数 k 得到的。例如 $\boldsymbol{E}(3(-5)) = \begin{bmatrix} 1 & 0 & 0 \\ 0 & 1 & 0 \\ 0 & 0 & -5 \end{bmatrix}$。

(3) 将单位矩阵的第 j 行的 k 倍加到第 i 行上得到的初等矩阵记作 $\boldsymbol{E}(i,j(k))$，该矩阵也可以看作是将单位矩阵的第 i 列的 k 倍加到第 j 列上得到的。例如 $\boldsymbol{E}(3,1(2)) = \begin{bmatrix} 1 & 0 & 0 \\ 0 & 1 & 0 \\ 2 & 0 & 1 \end{bmatrix}$。

注：对每个初等矩阵，要从行和列两个角度理解。需要注意初等矩阵 $\boldsymbol{E}(i,j(k))$ 看作列变换时是将单位矩阵第 i 列的 k 倍加到第 j 列上，这一点容易记错。

考点2 重要公式与定理

1. 左行右列

定理 对矩阵 A 左乘一个初等矩阵相当于对 A 作相应的行变换;对矩阵 A 右乘一个初等矩阵相当于对 A 作相应的列变换。

需要注意的是第三类初等矩阵 $E(i,j(k))$,对矩阵 A 左乘 $E(i,j(k))$ 是将矩阵 A 第 j 行的 k 倍加到第 i 行,右乘 $E(i,j(k))$ 是将第 i 列的 k 倍加到第 j 列。

【例题1】 设 A 是3阶方阵,将 A 的第一列与第二列交换得 B,再把 B 的第二列加到第三列得 C,则满足 $AQ = C$ 的可逆矩阵 Q 是(   )。

A. $\begin{bmatrix} 0 & 1 & 0 \\ 1 & 0 & 0 \\ 1 & 0 & 1 \end{bmatrix}$
B. $\begin{bmatrix} 0 & 1 & 0 \\ 1 & 0 & 1 \\ 0 & 0 & 1 \end{bmatrix}$
C. $\begin{bmatrix} 0 & 1 & 0 \\ 1 & 0 & 0 \\ 0 & 1 & 1 \end{bmatrix}$
D. $\begin{bmatrix} 0 & 1 & 1 \\ 1 & 0 & 0 \\ 0 & 0 & 1 \end{bmatrix}$

【答案】 D。**解析:** 根据矩阵初等变换可知,将 A 的第一列与第二列交换得到 B,即为 $AE(1,2) = B$,将 B 的第二列加到第三列得到 C,即为 $BE(2,3(1)) = C$,所以 $AE(1,2)E(2,3(1)) = C$,$Q = E(1,2)E(2,3(1)) = \begin{bmatrix} 0 & 1 & 0 \\ 1 & 0 & 0 \\ 0 & 0 & 1 \end{bmatrix}\begin{bmatrix} 1 & 0 & 0 \\ 0 & 1 & 1 \\ 0 & 0 & 1 \end{bmatrix} = \begin{bmatrix} 0 & 1 & 1 \\ 1 & 0 & 0 \\ 0 & 0 & 1 \end{bmatrix}$。故本题选 D。

2. 初等矩阵与可逆矩阵

定理1 所有初等矩阵都是可逆的,并且它们的逆矩阵均为同类初等矩阵,即

$$E(i,j)^{-1} = E(i,j), E(i(k))^{-1} = E(i(k^{-1})), E(i,j(k))^{-1} = E(i,j(-k))。$$

由该定理可知有限个初等矩阵的乘积是可逆的。

定理2 矩阵 A 可逆的充要条件是它能表示成有限个初等矩阵的乘积,即 $A = P_1 P_2 \cdots P_m$,其中 $P_1, P_2, \cdots, P_m$ 均为初等矩阵。

通过该定理可以得到一个求可逆矩阵逆矩阵的思路:因为 A 可逆,所以 A^{-1} 也可逆,则 A^{-1} 分解为有限个初等矩阵的乘积,即 $A^{-1} = P_1 P_2 \cdots P_n$。$A^{-1}A = P_1 P_2 \cdots P_n A = E$,相当于对矩阵 A 进行一系列初等行变换把矩阵 A 化成单位矩阵 E,如果对单位矩阵 E 作同样的初等行变换可以得到矩阵 $P_1 P_2 \cdots P_n E = P_1 P_2 \cdots P_n = A^{-1}$。因此,在求逆矩阵时,可以对矩阵 (A,E) 作初等行变换,把矩阵 A 化成单位矩阵,此时单位矩阵就变为 A 的逆矩阵 A^{-1}。

【例题2】 求矩阵 $A = \begin{bmatrix} 1 & 1 & 1 \\ 0 & 1 & 1 \\ 0 & 0 & 1 \end{bmatrix}$ 的逆矩阵。

【解析】 $(A,E) = \begin{bmatrix} 1 & 1 & 1 & 1 & 0 & 0 \\ 0 & 1 & 1 & 0 & 1 & 0 \\ 0 & 0 & 1 & 0 & 0 & 1 \end{bmatrix} \rightarrow \begin{bmatrix} 1 & 1 & 0 & 1 & 0 & -1 \\ 0 & 1 & 0 & 0 & 1 & -1 \\ 0 & 0 & 1 & 0 & 0 & 1 \end{bmatrix} \rightarrow \begin{bmatrix} 1 & 0 & 0 & 1 & -1 & 0 \\ 0 & 1 & 0 & 0 & 1 & -1 \\ 0 & 0 & 1 & 0 & 0 & 1 \end{bmatrix} =$

(E, A^{-1}),所以矩阵 A 的逆矩阵为 $\begin{bmatrix} 1 & -1 & 0 \\ 0 & 1 & -1 \\ 0 & 0 & 1 \end{bmatrix}$。

五、正交矩阵与欧几里得空间 $\mathbf{R}^n$

考点1　正交矩阵

实数域上的 n 阶矩阵 $\boldsymbol{A}$，如果满足 $\boldsymbol{A}\boldsymbol{A}^{\mathrm{T}} = \boldsymbol{E}$，那么称 $\boldsymbol{A}$ 是正交矩阵。

正交矩阵具有如下性质。

（1）若 $\boldsymbol{A}$ 是正交矩阵，则 $\boldsymbol{A}^{-1} = \boldsymbol{A}^{\mathrm{T}}$，且 $\boldsymbol{A}^{-1}$ 也是正交矩阵；

（2）若 $\boldsymbol{A}$ 是正交矩阵，则 $|\boldsymbol{A}| = 1$ 或 -1；

（3）若 $\boldsymbol{A}$ 和 $\boldsymbol{B}$ 都是正交矩阵，则 $\boldsymbol{A}\boldsymbol{B}$ 也是正交矩阵。

考点2　欧几里得空间 $\mathbf{R}^n$

在 n 维向量空间 $\mathbf{R}^n$ 中，对于任意两个向量 $\boldsymbol{\alpha} = (a_1, a_2, \cdots, a_n)$，$\boldsymbol{\beta} = (b_1, b_2, \cdots, b_n)$，定义二元实值函数

$$(\boldsymbol{\alpha}, \boldsymbol{\beta}) = a_1 b_1 + a_2 b_2 + \cdots + a_n b_n。$$

二元实值函数 $(\boldsymbol{\alpha}, \boldsymbol{\beta})$ 称为 $\mathbf{R}^n$ 的一个内积，它具有如下性质。

（1）$(\boldsymbol{\alpha}, \boldsymbol{\beta}) = (\boldsymbol{\beta}, \boldsymbol{\alpha})$；

（2）$(k\boldsymbol{\alpha}, \boldsymbol{\beta}) = k(\boldsymbol{\alpha}, \boldsymbol{\beta})$；

（3）$(\boldsymbol{\alpha} + \boldsymbol{\beta}, \boldsymbol{\gamma}) = (\boldsymbol{\alpha}, \boldsymbol{\gamma}) + (\boldsymbol{\beta}, \boldsymbol{\gamma})$；

（4）$(\boldsymbol{\alpha}, \boldsymbol{\alpha}) \geq 0$，当且仅当 $\boldsymbol{\alpha} = \boldsymbol{0}$ 时等号成立。

n 维向量空间 $\mathbf{R}^n$ 定义了内积后，就称 $\mathbf{R}^n$ 为一个欧几里得空间。

在欧几里得空间中，非负实数 $\sqrt{(\boldsymbol{\alpha}, \boldsymbol{\alpha})}$ 称为向量 $\boldsymbol{\alpha}$ 的长度，记作 $|\boldsymbol{\alpha}|$。长度为1的向量称为单位向量，容易验证对于任意非零向量 $\boldsymbol{\alpha}$，$\dfrac{1}{|\boldsymbol{\alpha}|}\boldsymbol{\alpha}$ 就是一个单位向量。非零向量 $\boldsymbol{\alpha}$ 乘 $\dfrac{1}{|\boldsymbol{\alpha}|}$ 称为把 $\boldsymbol{\alpha}$ 单位化。

考点3　正交向量组与施密特正交化过程

1. 正交向量组

在欧几里得空间 $\mathbf{R}^n$ 中，如果 $(\boldsymbol{\alpha}, \boldsymbol{\beta}) = 0$，那么称 $\boldsymbol{\alpha}$ 与 $\boldsymbol{\beta}$ 正交。

欧几里得空间 $\mathbf{R}^n$ 中一组非零向量，如果它们是两两正交的向量，那么就称它们为正交向量组。特别地，如果正交向量组的每个向量都是单位向量，那么称它为正交单位向量组。

容易证明，正交向量组是线性无关的。因此，欧几里得空间 $\mathbf{R}^n$ 中，n 个向量组成的正交向量组是 $\mathbf{R}^n$ 的一个基，我们称它为正交基。特别地，n 个单位向量组成的正交向量组称为 $\mathbf{R}^n$ 的一个标准正交基。

2. 施密特正交化过程

对欧几里得空间 $\mathbf{R}^n$ 中任意一组线性无关的向量都可以通过施密特正交化过程变成与它等价的正交向量组。施密特正交化过程如下：

设 $\boldsymbol{\alpha}_1, \boldsymbol{\alpha}_2, \cdots, \boldsymbol{\alpha}_s$ 是欧几里得空间 $\mathbf{R}^n$ 中一组线性无关的向量，令

$$\boldsymbol{\beta}_1 = \boldsymbol{\alpha}_1,$$

$$\boldsymbol{\beta}_2 = \boldsymbol{\alpha}_2 - \frac{(\boldsymbol{\alpha}_2, \boldsymbol{\beta}_1)}{(\boldsymbol{\beta}_1, \boldsymbol{\beta}_1)} \boldsymbol{\beta}_1,$$

$$\cdots\cdots$$

$$\boldsymbol{\beta}_s = \boldsymbol{\alpha}_s - \sum_{i=1}^{s-1} \frac{(\boldsymbol{\alpha}_s, \boldsymbol{\beta}_i)}{(\boldsymbol{\beta}_i, \boldsymbol{\beta}_i)} \boldsymbol{\beta}_i,$$

则 $\boldsymbol{\beta}_1, \boldsymbol{\beta}_2, \cdots, \boldsymbol{\beta}_s$ 就是与 $\boldsymbol{\alpha}_1, \boldsymbol{\alpha}_2, \cdots, \boldsymbol{\alpha}_s$ 等价的正交向量组。

在欧几里得空间 $\mathbf{R}^n$ 中,如果给定了一个基 $\boldsymbol{\alpha}_1, \boldsymbol{\alpha}_2, \cdots, \boldsymbol{\alpha}_n$,那么经过施密特正交化过程得到的向量组 $\boldsymbol{\beta}_1, \boldsymbol{\beta}_2, \cdots, \boldsymbol{\beta}_n$ 就是 $\mathbf{R}^n$ 的一个正交基,进一步,把 $\boldsymbol{\beta}_1, \boldsymbol{\beta}_2, \cdots, \boldsymbol{\beta}_n$ 单位化得到的向量组 $\boldsymbol{\eta}_1, \boldsymbol{\eta}_2, \cdots, \boldsymbol{\eta}_n$ 就是 $\mathbf{R}^n$ 的一个标准正交基。

第四节　矩阵的相似与特殊矩阵的对角化

一、矩阵的相似

设 A, B 是数域 K 上两个 n 阶矩阵(方阵)。如果存在数域 K 上 n 阶可逆矩阵 P,使得 $B = P^{-1}AP$,那么称 A 与 B 相似,记作 $A \sim B$。

矩阵的相似具有如下性质。

(1) 反身性: $A \sim A$;

(2) 对称性: 若 $A \sim B$,则 $B \sim A$;

(3) 传递性: 若 $A \sim B, B \sim C$,则 $A \sim C$。

若两个矩阵相似,那么它们具有相同的行列式、相同的秩、相同的迹(主对角元素之和)。

二、矩阵的特征值与特征向量

考点1　矩阵的特征值与特征向量

设 A 是数域 K 上的一个 n 阶矩阵,如果存在 K 上一个数 λ_0, K^n 中一个非零向量 $\boldsymbol{\alpha}$,使得

$$A\boldsymbol{\alpha} = \lambda_0 \boldsymbol{\alpha},$$

那么称 λ_0 是矩阵 A 的一个特征值,$\boldsymbol{\alpha}$ 是 A 的属于特征值 λ_0 的一个特征向量。

考点2　特征多项式

由矩阵特征值与特征向量的定义可知,若 λ_0 为矩阵的特征值,则属于特征值 λ_0 的特征向量 $\boldsymbol{\alpha}$ 是齐次线性方程组 $(\lambda_0 E - A)x = 0$ 的一个非零解,同时,这也说明,$|\lambda_0 E - A| = 0$,更进一步,λ_0 是多项式 $|\lambda E - A|$ 在数域 K 中的一个根。反过来,若 λ_0 是多项式 $|\lambda E - A|$ 的一个根,则齐次线性方程组 $(\lambda_0 E - A)x = 0$ 有非零解,进而 λ_0 是矩阵 A 的一个特征值。多项式 $|\lambda E - A|$ 称为矩阵 A 的特征多项式。

定理　设 A 是数域 K 上的一个 n 阶矩阵,则

（1）λ_0 是 A 的一个特征值,当且仅当 λ_0 是特征多项式 $|\lambda E - A|$ 的一个根;

（2）α 是 A 的属于特征值 λ_0 的一个特征向量,当且仅当 α 是齐次线性方程组 $(\lambda_0 E - A)x = 0$ 的非零解。

求矩阵特征值和特征向量的主要步骤如下。

第一步,求解特征多项式 $|\lambda E - A|$,特征多项式在数域 K 内的全部解就是矩阵 A 的全部特征值;

第二步,对每个特征值 λ_i,求齐次线性方程组 $(\lambda_i E - A)x = 0$ 的基础解系,其全部非零解即为 A 的属于特征值 λ_i 的全部特征向量。

考点3　特征值与特征向量的性质

属于不同特征值的特征向量线性无关。

相似矩阵具有相同的特征多项式与特征值。

设 A 是数域 K 上的一个 n 阶矩阵,如果 λ_0 是 A 的 m 重特征值(特征多项式根的重数),则属于特征值 λ_0 的线性无关的特征向量的个数(几何重数)不超过 m。

若 λ_0 是矩阵 A 的特征值,α 是 A 的属于 λ_0 的特征向量,则

（1）对任意的常数 k,$k\lambda_0$ 是 kA 的特征值,α 是 kA 的属于 $k\lambda_0$ 的特征向量;

（2）对任意的自然数 m,λ_0^m 是 A^m 的特征值,α 是 A^m 的属于 λ_0^m 的特征向量;

（3）A 的多项式 $f(A)$ 的特征值为 $f(\lambda_0)$,α 是 $f(A)$ 的属于 $f(\lambda_0)$ 的特征向量;

（4）当 A 可逆时,λ_0^{-1} 是 A^{-1} 的特征值,α 是 A^{-1} 的属于 λ_0^{-1} 的特征向量。

设 A 是数域 K 上的一个 n 阶矩阵,则 A 的特征多项式的全部复数根的和等于矩阵的迹(即主对角线元素的和)$\mathrm{tr}(A)$,全部复数根的积等于矩阵 A 的行列式 $|A|$。

$|A| \neq 0$ 的充要条件是矩阵 A 无零特征值;$|A| = 0$ 的充要条件是矩阵 A 有零特征值。

三、矩阵可对角化

如果 n 阶矩阵 A 能够相似于一个对角矩阵,那么称矩阵 A 可对角化。

定理　数域 K 上 n 阶矩阵 A 可对角化的充要条件是 A 有 n 个线性无关的特征向量。

注:因为不同特征值的特征向量线性无关,所以如果矩阵 A 有 n 个不同的特征值,则矩阵 A 可对角化。

由上述定理知,若矩阵 A 可对角化,则 A 有 n 个线性无关的特征向量 $\alpha_1, \alpha_2, \cdots, \alpha_n$,此时令 $P = (\alpha_1, \alpha_2, \cdots, \alpha_n)$,则有 $P^{-1}AP = \mathrm{diag}\{\lambda_1, \lambda_2, \cdots, \lambda_n\}$,其中 λ_i 是特征向量 $\alpha_i(i = 1, 2, \cdots, n)$ 对应的特征值。

【例题1】求矩阵 $A = \begin{bmatrix} 1 & 1 & -1 \\ -2 & 4 & -2 \\ -2 & 2 & 0 \end{bmatrix}$ 的特征值,并判断矩阵 A 是否可对角化,如果矩阵 A 可对角化,求出可逆矩阵 P,使得 $P^{-1}AP$ 为对角矩阵。

【解析】矩阵 A 的特征多项式为 $|\lambda E - A| = (\lambda - 1)(\lambda - 2)^2$,所以矩阵 A 的特征值为 1,2(二重)。

对于特征值 1，求出线性方程组 $(E-A)x=0$ 的一个基础解系 $\boldsymbol{\alpha}_1=\begin{bmatrix}1\\2\\2\end{bmatrix}$；

对于特征值 2，求出线性方程组 $(2E-A)x=0$ 的一个基础解系 $\boldsymbol{\alpha}_2=\begin{bmatrix}-1\\0\\1\end{bmatrix},\boldsymbol{\alpha}_3=\begin{bmatrix}0\\1\\1\end{bmatrix}$。

三阶矩阵 $\boldsymbol{A}$ 具有 3 个线性无关的特征向量，所以矩阵 $\boldsymbol{A}$ 可对角化。

令 $\boldsymbol{P}=(\boldsymbol{\alpha}_1,\boldsymbol{\alpha}_2,\boldsymbol{\alpha}_3)=\begin{bmatrix}1&-1&0\\2&0&1\\2&1&1\end{bmatrix}$，则有 $\boldsymbol{P}^{-1}\boldsymbol{A}\boldsymbol{P}=\mathrm{diag}\{1,2,2\}$。

四、实对称矩阵的对角化

任意一个 n 阶实对称矩阵 $\boldsymbol{A}$ 都能正交相似于一个对角矩阵 $\boldsymbol{C}$，即存在一个正交矩阵 $\boldsymbol{Q}$，使得 $\boldsymbol{Q}^{-1}\boldsymbol{A}\boldsymbol{Q}=\boldsymbol{C}$。

对 n 阶实对称矩阵 $\boldsymbol{A}$，求 n 阶正交矩阵 $\boldsymbol{Q}$，使得 $\boldsymbol{Q}^{-1}\boldsymbol{A}\boldsymbol{Q}$ 为对角矩阵的主要步骤如下。

第一步，利用特征多项式 $|\lambda E-A|=0$ 求出矩阵 $\boldsymbol{A}$ 的特征值 $\lambda_1,\lambda_2,\cdots,\lambda_s$，它们的重数依次为 $k_1,k_2,\cdots,k_s(k_1+k_2+\cdots+k_s=n)$。

第二步，对每个 k_i 重特征值 λ_i，求 $(\lambda_i E-A)x=0$ 的基础解系，得到 k_i 个线性无关的特征向量，再把它们正交化（施密特正交化）、单位化，得到 k_i 个两两正交的单位向量。因为 $k_1+k_2+\cdots+k_s=n$，所以共可得 n 个两两正交的单位特征向量。

第三步，用这 n 个两两正交的单位特征向量构成正交矩阵 $\boldsymbol{Q}$，则有 $\boldsymbol{Q}^{-1}\boldsymbol{A}\boldsymbol{Q}=\boldsymbol{Q}^{\mathrm{T}}\boldsymbol{A}\boldsymbol{Q}=\boldsymbol{C}$。注意对角矩阵 $\boldsymbol{C}$ 对角元的排列次序与 $\boldsymbol{Q}$ 中列向量的排列次序对应。

【例题 2】求正交矩阵 $\boldsymbol{T}$，使得 $\boldsymbol{T}^{-1}\boldsymbol{A}\boldsymbol{T}$ 为对角矩阵，并且写出这个对角矩阵，其中 $\boldsymbol{A}=\begin{bmatrix}0&-1&1\\-1&0&1\\1&1&0\end{bmatrix}$。

【解析】矩阵 $\boldsymbol{A}$ 的特征多项式为 $|\lambda E-A|=(\lambda-1)^2(\lambda+2)$，所以矩阵 $\boldsymbol{A}$ 的特征值为 1（二重），-2。

求出线性方程组 $(E-A)x=0$ 的一个基础解系 $\boldsymbol{\alpha}_1=\begin{bmatrix}1\\0\\1\end{bmatrix},\boldsymbol{\alpha}_2=\begin{bmatrix}0\\1\\1\end{bmatrix}$，$\boldsymbol{\alpha}_1,\boldsymbol{\alpha}_2$ 经施密特正交化和单位化得 $\boldsymbol{\eta}_1=\begin{bmatrix}\dfrac{\sqrt{2}}{2}\\0\\\dfrac{\sqrt{2}}{2}\end{bmatrix},\boldsymbol{\eta}_2=\begin{bmatrix}-\dfrac{\sqrt{6}}{6}\\\dfrac{\sqrt{6}}{3}\\\dfrac{\sqrt{6}}{6}\end{bmatrix}$。

求出线性方程组 $(-2E-A)x=0$ 的一个基础解系 $\alpha_3 = \begin{bmatrix} 1 \\ 1 \\ -1 \end{bmatrix}$，$\alpha_3$ 经单位化得 $\eta_3 = \begin{bmatrix} \dfrac{\sqrt{3}}{3} \\ \dfrac{\sqrt{3}}{3} \\ -\dfrac{\sqrt{3}}{3} \end{bmatrix}$。

令 $T = (\eta_1, \eta_2, \eta_3) = \begin{bmatrix} \dfrac{\sqrt{2}}{2} & -\dfrac{\sqrt{6}}{6} & \dfrac{\sqrt{3}}{3} \\ 0 & \dfrac{\sqrt{6}}{3} & \dfrac{\sqrt{3}}{3} \\ \dfrac{\sqrt{2}}{2} & \dfrac{\sqrt{6}}{6} & -\dfrac{\sqrt{3}}{3} \end{bmatrix}$，则 $T^{-1}AT = \mathrm{diag}\{1, 1, -2\}$。

第五节 二次型

一、二次型的基本概念

考点1 二次型及其矩阵

数域 K 上一个 n 元二次齐次多项式称为数域 K 上的一个二次型，其一般形式为

$$f(x_1, x_2, \cdots, x_n) = a_{11}x_1^2 + 2a_{12}x_1x_2 + 2a_{13}x_1x_3 + \cdots + 2a_{1n}x_1x_n$$
$$+ a_{22}x_2^2 + 2a_{23}x_2x_3 + \cdots + 2a_{2n}x_2x_n$$
$$+ \cdots + a_{nn}x_n^2$$
$$= \sum_{i=1}^{n} \sum_{j=1}^{n} a_{ij}x_ix_j。$$

利用矩阵乘法，二次型还可以写成

$$f(x_1, x_2, \cdots, x_n) = (x_1, x_2, \cdots, x_n) \begin{bmatrix} a_{11} & a_{12} & \cdots & a_{1n} \\ a_{12} & a_{22} & \cdots & a_{2n} \\ \vdots & \vdots & & \vdots \\ a_{1n} & a_{2n} & \cdots & a_{nn} \end{bmatrix} \begin{bmatrix} x_1 \\ x_2 \\ \vdots \\ x_n \end{bmatrix} = x^\mathrm{T}Ax,$$

其中 $x = (x_1, x_2, \cdots, x_n)^\mathrm{T}$，对称矩阵 A 称为二次型 $f(x_1, x_2, \cdots, x_n)$ 的矩阵。矩阵 A 的秩称为二次型 $f(x_1, x_2, \cdots, x_n)$ 的秩。

考点2 非退化变量替换与矩阵的合同

对二次型 $f(x_1, x_2, \cdots, x_n)$ 作变量替换，引进新的变量 $y_1, y_2, \cdots, y_n$，并把 $x_1, x_2, \cdots, x_n$ 表示为它们的线性组合

$$\begin{cases} x_1 = c_{11}y_1 + c_{12}y_2 + \cdots + c_{1n}y_n, \\ x_2 = c_{21}y_1 + c_{22}y_2 + \cdots + c_{2n}y_n, \\ \quad\cdots\cdots\cdots\cdots \\ x_n = c_{n1}y_1 + c_{n2}y_2 + \cdots + c_{nn}y_n, \end{cases}$$

利用矩阵乘法可以简写为 $x = Cy$，其中 $C = \begin{bmatrix} c_{11} & c_{12} & \cdots & c_{1n} \\ c_{21} & c_{22} & \cdots & c_{2n} \\ \vdots & \vdots & & \vdots \\ c_{n1} & c_{n2} & \cdots & c_{nn} \end{bmatrix}$。如果 C 是可逆矩阵，则称变量替换 $x = Cy$ 是一个非退化线性替换。

设二次型 $f(x_1, x_2, \cdots, x_n)$ 的矩阵为 A，经非退化线性替换 $x = Cy$ 后得到新二次型 $g(y_1, y_2, \cdots, y_n) = (Cy)^{\mathrm{T}}A(Cy) = y^{\mathrm{T}}C^{\mathrm{T}}ACy$，于是二次型 $g(y_1, y_2, \cdots, y_n)$ 的矩阵为 $C^{\mathrm{T}}AC$。

设 A, B 是数域 K 上的两个 n 阶实对称矩阵，如果存在数域 K 上的 n 阶可逆矩阵 P，使得 $B = P^{\mathrm{T}}AP$，则称 A 和 B 合同，记作 $A \simeq B$。易知合同的两个矩阵具有相同的秩。

注：讨论合同关系的矩阵必须是实对称矩阵。

矩阵的合同具有如下性质。

（1）反身性：$A \simeq A$；

（2）对称性：若 $A \simeq B$，则 $B \simeq A$；

（3）传递性：若 $A \simeq B, B \simeq C$，则 $A \simeq C$。

如果存在一个非退化线性替换使一个二次型变成另一个二次型，则称这两个二次型等价。显然两个二次型等价的充要条件是它们的矩阵合同。

二、二次型的标准形

考点1　二次型的标准形的定义

如果二次型 $f(x_1, x_2, \cdots, x_n)$ 等价于一个只含平方项的二次型 $g(y_1, y_2, \cdots, y_n)$，则称二次型 $g(y_1, y_2, \cdots, y_n)$ 是二次型 $f(x_1, x_2, \cdots, x_n)$ 的一个标准形。

定理　任意二次型都可以化成标准形。

根据标准形的定义可知，标准形二次型对应的矩阵是对角矩阵。因为等价的两个二次型它们的矩阵合同，所以化二次型为标准形，就是对实对称矩阵 A，寻找可逆矩阵 P，使 $P^{\mathrm{T}}AP$ 为对角矩阵。

考点2　化二次型为标准形的方法

1. 配方法

通过配方法，配出完全平方式消去交叉项可以把二次型化为标准形。

【例题1】 使用配方法求二次型 $f(x_1, x_2, x_3) = x_1^2 + 2x_2^2 - x_3^2 + 2x_1x_2 - 2x_1x_3$ 的一个标准形，并写出所作的非退化线性替换。

【解析】 $f(x_1, x_2, x_3) = x_1^2 + 2x_2^2 - x_3^2 + 2x_1x_2 - 2x_1x_3$

$= [x_1^2 + 2x_1(x_2 - x_3) + (x_2 - x_3)^2] + x_2^2 - 2x_3^2 + 2x_2x_3$

$$= [x_1^2 + 2x_1(x_2 - x_3) + (x_2 - x_3)^2] + (x_2^2 + 2x_2x_3 + x_3^2) - 3x_3^2$$

$$= (x_1 + x_2 - x_3)^2 + (x_2 + x_3)^2 - 3x_3^2$$

令 $\begin{cases} y_1 = x_1 + x_2 - x_3, \\ y_2 = x_2 + x_3, \\ y_3 = x_3, \end{cases}$ 则有 $g(y_1, y_2, y_3) = y_1^2 + y_2^2 - 3y_3^2$,即为二次型 $f(x_1, x_2, x_3)$ 的一个标准形。

解方程组 $\begin{cases} y_1 = x_1 + x_2 - x_3, \\ y_2 = x_2 + x_3, \\ y_3 = x_3, \end{cases}$ 可得 $\begin{cases} x_1 = y_1 - y_2 + 2y_3, \\ x_2 = y_2 - y_3, \\ x_3 = y_3, \end{cases}$ 故所作非退化线性替换为

$$\begin{bmatrix} x_1 \\ x_2 \\ x_3 \end{bmatrix} = \begin{bmatrix} 1 & -1 & 2 \\ 0 & 1 & -1 \\ 0 & 0 & 1 \end{bmatrix} \begin{bmatrix} y_1 \\ y_2 \\ y_3 \end{bmatrix}。$$

2. 正交变换法

任意一个 n 阶实对称矩阵 $\boldsymbol{A}$ 都能正交相似于一个对角矩阵,即存在正交矩阵 $\boldsymbol{Q}$ 及对角矩阵 $\boldsymbol{C}$,使得 $\boldsymbol{Q}^{-1}\boldsymbol{A}\boldsymbol{Q} = \boldsymbol{Q}^{\mathrm{T}}\boldsymbol{A}\boldsymbol{Q} = \boldsymbol{C}$,所以有下面的定理。

定理 对于任意一个 n 元二次型 $f(x_1, x_2, \cdots, x_n) = \boldsymbol{x}^{\mathrm{T}}\boldsymbol{A}\boldsymbol{x}$,存在正交变换 $\boldsymbol{x} = \boldsymbol{Q}\boldsymbol{y}$($\boldsymbol{Q}$ 为 n 阶正交矩阵),使得

$$\boldsymbol{x}^{\mathrm{T}}\boldsymbol{A}\boldsymbol{x} = \boldsymbol{y}^{\mathrm{T}}(\boldsymbol{Q}^{\mathrm{T}}\boldsymbol{A}\boldsymbol{Q})\boldsymbol{y} = \lambda_1 y_1^2 + \lambda_2 y_2^2 + \cdots + \lambda_n y_n^2,$$

其中 $\lambda_1, \lambda_2, \cdots, \lambda_n$ 是实对称矩阵的 n 个特征值,$\boldsymbol{Q}$ 的 n 个列向量 $\boldsymbol{\alpha}_1, \boldsymbol{\alpha}_2, \cdots, \boldsymbol{\alpha}_n$ 是 $\boldsymbol{A}$ 对应于特征值 λ_1,$\lambda_2, \cdots, \lambda_n$ 的标准正交特征向量。

注:使用此方法求标准形的步骤可以参考第四节中实对称矩阵的对角化部分。

3. 初等变换法

因为可逆矩阵可以分解成有限个初等矩阵的乘积,所以对于可逆矩阵 $\boldsymbol{P}$,有 $\boldsymbol{P} = \boldsymbol{P}_1\boldsymbol{P}_2\cdots\boldsymbol{P}_n$($\boldsymbol{P}_1$,$\boldsymbol{P}_2, \cdots, \boldsymbol{P}_n$ 是初等矩阵),则 $\boldsymbol{P}^{\mathrm{T}}\boldsymbol{A}\boldsymbol{P} = \boldsymbol{P}_n^{\mathrm{T}}\cdots\boldsymbol{P}_2^{\mathrm{T}}\boldsymbol{P}_1^{\mathrm{T}}\boldsymbol{A}\boldsymbol{P}_1\boldsymbol{P}_2\cdots\boldsymbol{P}_n$。因为矩阵 $\boldsymbol{A}$ 右乘初等矩阵 $\boldsymbol{P}_i$ 相当于作一次初等列变换,左乘初等矩阵 $\boldsymbol{P}_i^{\mathrm{T}}$ 相当于作一次同类型的初等行变换,所以如果对单位矩阵作同样的初等列变换,即可得到我们所要求的可逆矩阵 $\boldsymbol{P}$。因此,在化二次型为标准形时,可以对矩阵 $\begin{pmatrix} \boldsymbol{A} \\ \boldsymbol{E} \end{pmatrix}$ 作初等行、列变换(同类型成对出现),把矩阵 $\boldsymbol{A}$ 化成对角矩阵,此时单位矩阵就变为化标准形所作的非退化线性替换。

【例题2】使用初等变换法求二次型 $f(x_1, x_2, x_3) = x_1^2 + 2x_2^2 - x_3^2 + 2x_1x_2 - 2x_1x_3$ 的一个标准形,并写出所作的非退化线性替换。

【解析】$f(x_1, x_2, x_3)$ 的矩阵是 $\begin{bmatrix} 1 & 1 & -1 \\ 1 & 2 & 0 \\ -1 & 0 & -1 \end{bmatrix}$,

$$\begin{bmatrix} 1 & 1 & -1 \\ 1 & 2 & 0 \\ -1 & 0 & -1 \\ \hline 1 & 0 & 0 \\ 0 & 1 & 0 \\ 0 & 0 & 1 \end{bmatrix} \xrightarrow[\text{②}+\text{①}\cdot(-1)]{\text{②}+\text{①}\cdot(-1)} \begin{bmatrix} 1 & 1 & -1 \\ 0 & 1 & 1 \\ -1 & 0 & -1 \\ \hline 1 & 0 & 0 \\ 0 & 1 & 0 \\ 0 & 0 & 1 \end{bmatrix} \xrightarrow{\text{②}+\text{①}\cdot(-1)} \begin{bmatrix} 1 & 0 & -1 \\ 0 & 1 & 1 \\ -1 & 1 & -1 \\ \hline 1 & -1 & 0 \\ 0 & 1 & 0 \\ 0 & 0 & 1 \end{bmatrix} \xrightarrow{\text{③}+\text{①}\cdot 1}$$

$$\begin{bmatrix} 1 & 0 & -1 \\ 0 & 1 & 1 \\ 0 & 1 & -2 \\ \hline 1 & -1 & 0 \\ 0 & 1 & 0 \\ 0 & 0 & 1 \end{bmatrix} \xrightarrow[\text{③}+\text{①}\cdot 1]{} \begin{bmatrix} 1 & 0 & 0 \\ 0 & 1 & 1 \\ 0 & 1 & -2 \\ \hline 1 & -1 & 1 \\ 0 & 1 & 0 \\ 0 & 0 & 1 \end{bmatrix} \xrightarrow{\text{③}+\text{②}\cdot(-1)} \begin{bmatrix} 1 & 0 & 0 \\ 0 & 1 & 1 \\ 0 & 0 & -3 \\ \hline 1 & -1 & 0 \\ 0 & 1 & 0 \\ 0 & 0 & 1 \end{bmatrix} \xrightarrow[\text{③}+\text{②}\cdot(-1)]{}$$

$$\begin{bmatrix} 1 & 0 & 0 \\ 0 & 1 & 0 \\ 0 & 0 & -3 \\ \hline 1 & -1 & 2 \\ 0 & 1 & -1 \\ 0 & 0 & 1 \end{bmatrix}$$ ，所以二次型 $f(x_1,x_2,x_3)$ 的一个标准形为 $g(y_1,y_2,y_3)=y_1^2+y_2^2-3y_3^2$，所作非退化线

性替换为 $\begin{bmatrix} x_1 \\ x_2 \\ x_3 \end{bmatrix} = \begin{bmatrix} 1 & -1 & 2 \\ 0 & 1 & -1 \\ 0 & 0 & 1 \end{bmatrix} \begin{bmatrix} y_1 \\ y_2 \\ y_3 \end{bmatrix}$。

注：上述解析中，箭头上方的 ②+①·(-1) 表示将矩阵第一行的 -1 倍加到第二行；箭头下方的 ②+①·(-1) 表示将矩阵第一列的 -1 倍加到第二列。

三、二次型的规范形

设二次型 $g(y_1,y_2,\cdots,y_n)$ 是二次型 $f(x_1,x_2,\cdots,x_n)$ 的一个标准形，如果 $g(y_1,y_2,\cdots,y_n)$ 中平方项的系数仅为 1，或 -1，或 0，且系数为 1 的平方项都在前面，即
$$g(y_1,y_2,\cdots,y_n)=y_1^2+\cdots+y_p^2-y_{p+1}^2-\cdots-y_r^2,$$
则称 $g(y_1,y_2,\cdots,y_n)$ 是二次型 $f(x_1,x_2,\cdots,x_n)$ 的规范形。

注：规范形中的 r 等于二次型的秩。

定理 1（惯性定理） 任意一个实二次型都可以化成规范形，且规范形是唯一的。

在 n 元实二次型 $\boldsymbol{x}^\mathrm{T}\boldsymbol{A}\boldsymbol{x}$ 的规范形中，系数为 1 的平方项个数 p 称为 $\boldsymbol{x}^\mathrm{T}\boldsymbol{A}\boldsymbol{x}$ 的正惯性指数，系数为 -1 的平方项个数 $r-p$ 称为 $\boldsymbol{x}^\mathrm{T}\boldsymbol{A}\boldsymbol{x}$ 的负惯性指数，正惯性指数减去负惯性指数所得的差 $2p-r$ 称为

$x^{\mathrm{T}}Ax$ 的符号差。

注:惯性指数也可以对应到实对称矩阵中,分别把二次型 $x^{\mathrm{T}}Ax$ 的正惯性指数和负惯性指数称为实对称矩阵 A 的正惯性指数和负惯性指数。

定理 2　两个 n 元实二次型等价的充要条件是它们的正惯性指数和负惯性指数都相同。

四、正定二次型

考点 1　正定二次型的定义

设有 n 元实二次型 $x^{\mathrm{T}}Ax$。若对 $\forall x \neq 0, x \in \mathbf{R}^n$,都有 $x^{\mathrm{T}}Ax > 0$,则称二次型 $x^{\mathrm{T}}Ax$ 是正定的,并称矩阵 A 是正定矩阵。

注:对比于正定二次型,如果对 $\forall x \neq 0, x \in \mathbf{R}^n$,都有 $x^{\mathrm{T}}Ax < 0$,则称二次型 $x^{\mathrm{T}}Ax$ 是负定的,并称矩阵 A 是负定矩阵。既不正定也不负定的二次型称为不定二次型。如果把正定、负定二次型定义里的严格不等式改为非严格不等式,即可得到半正定、半负定二次型的定义。

考点 2　正定二次型的性质

若 A 是正定矩阵,则 $A^{\mathrm{T}}, A^{-1}, A^*, kA(k > 0)$ 也是正定矩阵。

若 A 是正定矩阵,则 $a_{ii} > 0(i = 1, 2, \cdots, n)$,且 $|A| > 0$。

若 A, B 都是正定矩阵,则 $A + B$ 也是正定矩阵。

考点 3　二次型正定的充要条件

子式

$$P_i = \begin{vmatrix} a_{11} & a_{12} & \cdots & a_{1i} \\ a_{21} & a_{22} & \cdots & a_{2i} \\ \vdots & \vdots & & \vdots \\ a_{i1} & a_{i2} & \cdots & a_{ii} \end{vmatrix} (i = 1, 2, \cdots, n)$$

称为矩阵 $A = (a_{ij})_{n \times n}$ 的顺序主子式。

定理　二次型 $x^{\mathrm{T}}Ax$ 是正定的充要条件是矩阵 A 的顺序主子式全大于零。

对于 n 元正定二次型 $x^{\mathrm{T}}Ax$,以下结论与上述定理等价。

(1)对于任意非零的 n 维列向量 $x, x^{\mathrm{T}}Ax > 0$;

(2)二次型 $x^{\mathrm{T}}Ax$ 的正惯性指数等于 n;

(3)矩阵 A 的特征值全大于 0;

(4)矩阵 A 与单位矩阵 E 合同;

(5)存在可逆矩阵 Q,使得 $A = Q^{\mathrm{T}}Q$。

【例题 3】二次型 $f(x_1, x_2, x_3) = (x_1 + x_2 - 2x_3)^2 + (2x_2 + 3x_3)^2 + (x_1 + 3x_2 + ax_3)^2$ 正定的充分必要条件是(　　)。

A. $a < -1$　　　　　B. $a \neq -1$　　　　　C. $a \neq 1$　　　　　D. $a > 1$

【答案】C。解析：根据二次型正定的定义，若题干中的二次型正定，则齐次线性方程组

$$\begin{cases} x_1 + x_2 - 2x_3 = 0, \\ 2x_2 + 3x_3 = 0, \\ x_1 + 3x_2 + ax_3 = 0 \end{cases} \quad \text{只有零解,进而齐次线性方程组系数矩阵的行列式} \begin{vmatrix} 1 & 1 & -2 \\ 0 & 2 & 3 \\ 1 & 3 & a \end{vmatrix} = 2(a-1) \neq 0,$$

解得 $a \neq 1$。故本题选 C。

强 化 练 习

1. 设 A, B, C 均为二阶非零矩阵,则下列各式正确的是(　　)。

A. $AB = BA$

B. $(AB)C = A(BC)$

C. 若 $AB = O$,则 $A = O$ 或 $B = O$

D. 若 $AB = C$,则 $B = CA^{-1}$

2. 设 $A = \begin{bmatrix} 1 & 2 \\ 3 & 4 \end{bmatrix}$,$B = \begin{bmatrix} 2 & -1 \\ 1 & 3 \end{bmatrix}$,则 $(AB)^{-1} = ($　　$)$。

A. $\begin{bmatrix} -\dfrac{9}{14} & \dfrac{5}{7} \\ \dfrac{5}{14} & -\dfrac{2}{7} \end{bmatrix}$

B. $\begin{bmatrix} -\dfrac{9}{14} & \dfrac{5}{14} \\ \dfrac{5}{7} & -\dfrac{2}{7} \end{bmatrix}$

C. $\begin{bmatrix} -1 & \dfrac{5}{7} \\ 0 & 1 \end{bmatrix}$

D. $\begin{bmatrix} -1 & 0 \\ \dfrac{5}{7} & \dfrac{1}{14} \end{bmatrix}$

3. 已知 $Q = \begin{bmatrix} 1 & 2 & 3 \\ 2 & 4 & t \\ 3 & 6 & 9 \end{bmatrix}$,$P$ 为三阶非零矩阵,且满足 $QP = O$,则(　　)。

A. 当 $t = 6$ 时,P 的秩必为 1

B. 当 $t = 6$ 时,P 的秩必为 2

C. 当 $t \neq 6$ 时,P 的秩必为 1

D. 当 $t \neq 6$ 时,P 的秩必为 2

4. 若向量组 $\boldsymbol{\alpha}, \boldsymbol{\beta}, \boldsymbol{\lambda}$ 线性无关,向量组 $\boldsymbol{\alpha}, \boldsymbol{\beta}, \boldsymbol{\delta}$ 线性相关,则(　　)。

A. $\boldsymbol{\alpha}$ 必可由 $\boldsymbol{\beta}, \boldsymbol{\lambda}, \boldsymbol{\delta}$ 线性表出

B. $\boldsymbol{\beta}$ 必不可由 $\boldsymbol{\alpha}, \boldsymbol{\lambda}, \boldsymbol{\delta}$ 线性表出

C. $\boldsymbol{\delta}$ 必可由 $\boldsymbol{\alpha}, \boldsymbol{\beta}, \boldsymbol{\lambda}$ 线性表出

D. $\boldsymbol{\delta}$ 必不可由 $\boldsymbol{\alpha}, \boldsymbol{\beta}, \boldsymbol{\lambda}$ 线性表出

5. 设 A 是 n 阶矩阵,$\boldsymbol{\alpha}$ 是 n 维列向量,若秩 $r\begin{bmatrix} A & \boldsymbol{\alpha} \\ \boldsymbol{\alpha}^{\mathrm{T}} & 0 \end{bmatrix} = r(A)$,则线性方程组(　　)。

A. $Ax = \boldsymbol{\alpha}$ 必有无穷多解

B. $Ax = \boldsymbol{\alpha}$ 必有唯一解

C. $\begin{bmatrix} A & \boldsymbol{\alpha} \\ \boldsymbol{\alpha}^{\mathrm{T}} & 0 \end{bmatrix}\begin{bmatrix} x \\ y \end{bmatrix} = \boldsymbol{0}$ 仅有零解

D. $\begin{bmatrix} A & \boldsymbol{\alpha} \\ \boldsymbol{\alpha}^{\mathrm{T}} & 0 \end{bmatrix}\begin{bmatrix} x \\ y \end{bmatrix} = \boldsymbol{0}$ 必有非零解

参考答案及解析

1.【答案】B。解析：矩阵乘法满足结合律但不满足交换律，A 项错误，B 项正确；取 $A = \begin{bmatrix} 1 & 0 \\ 0 & 0 \end{bmatrix}$，$B = \begin{bmatrix} 0 & 0 \\ 1 & 0 \end{bmatrix}$，有 $AB = O$，C 项错误；若 A 可逆，则 $AB = C \Rightarrow A^{-1}AB = A^{-1}C \Rightarrow B = A^{-1}C$，D 项错误。故本题选 B。

2.【答案】B。解析：$AB = \begin{bmatrix} 1 & 2 \\ 3 & 4 \end{bmatrix} \begin{bmatrix} 2 & -1 \\ 1 & 3 \end{bmatrix} = \begin{bmatrix} 4 & 5 \\ 10 & 9 \end{bmatrix}$，对于 AB 的逆矩阵 $(AB)^{-1}$ 下面用两种方法进行求解。

（方法一）因为 AB 的伴随矩阵 $(AB)^{*} = \begin{bmatrix} 9 & -5 \\ -10 & 4 \end{bmatrix}$，所以 $(AB)^{-1} = \dfrac{(AB)^{*}}{|AB|} = -\dfrac{1}{14}(AB)^{*}$

$= \begin{bmatrix} -\dfrac{9}{14} & \dfrac{5}{14} \\ \dfrac{5}{7} & -\dfrac{2}{7} \end{bmatrix}$。

（方法二）对矩阵 (AB, E) 作初等行变换得，$(AB, E) = \begin{bmatrix} 4 & 5 & \vdots & 1 & 0 \\ 10 & 9 & \vdots & 0 & 1 \end{bmatrix} \rightarrow \begin{bmatrix} 1 & \dfrac{5}{4} & \vdots & \dfrac{1}{4} & 0 \\ 10 & 9 & \vdots & 0 & 1 \end{bmatrix} \rightarrow$

$\begin{bmatrix} 1 & \dfrac{5}{4} & \vdots & \dfrac{1}{4} & 0 \\ 0 & -\dfrac{7}{2} & \vdots & -\dfrac{5}{2} & 1 \end{bmatrix} \rightarrow \begin{bmatrix} 1 & \dfrac{5}{4} & \vdots & \dfrac{1}{4} & 0 \\ 0 & 1 & \vdots & \dfrac{5}{7} & -\dfrac{2}{7} \end{bmatrix} \rightarrow \begin{bmatrix} 1 & 0 & \vdots & -\dfrac{9}{14} & \dfrac{5}{14} \\ 0 & 1 & \vdots & \dfrac{5}{7} & -\dfrac{2}{7} \end{bmatrix}$，故 $(AB)^{-1} = \begin{bmatrix} -\dfrac{9}{14} & \dfrac{5}{14} \\ \dfrac{5}{7} & -\dfrac{2}{7} \end{bmatrix}$。

3.【答案】C。解析：因为 $QP = O$，所以矩阵 P 的列向量都是齐次线性方程组 $Qx = 0$ 的解向量。对矩阵 Q 作初等行变换化阶梯形矩阵得，$Q = \begin{bmatrix} 1 & 2 & 3 \\ 2 & 4 & t \\ 3 & 6 & 9 \end{bmatrix} \rightarrow \begin{bmatrix} 1 & 2 & 3 \\ 0 & 0 & t-6 \\ 0 & 0 & 0 \end{bmatrix}$，所以当 $t = 6$ 时，$r(Q) = 1$，此时齐次线性方程组 $Qx = 0$ 基础解系中有两个向量，则非零矩阵 P 的秩可能为 1 也可能为 2，A，B 两项错误；当 $t \neq 6$ 时，$r(Q) = 2$，此时齐次线性方程组 $Qx = 0$ 基础解系中有一个向量，则非零矩阵 P 的秩只能为 1，C 项正确。故本题选 C。

4.【答案】C。解析：α, β, λ 线性无关，则 α, β 线性无关，又 α, β, δ 线性相关，所以 δ 可以由 α, β 线性表出，进一步可由 α, β, λ 线性表出。故本题选 C。

5.【答案】D。解析：若 n 维向量 α 是零向量，则无论矩阵 A 是否是满秩矩阵都有 $r\begin{bmatrix} A & \alpha \\ \alpha^{\mathrm{T}} & 0 \end{bmatrix} = r(A)$，所以不能确定 $Ax = \alpha$ 解的情况，A，B 两项错误；因为 $r\begin{bmatrix} A & \alpha \\ \alpha^{\mathrm{T}} & 0 \end{bmatrix} = r(A)$，所以向量 $\begin{bmatrix} \alpha \\ 0 \end{bmatrix}$ 可以被矩阵 $\begin{bmatrix} A \\ \alpha^{\mathrm{T}} \end{bmatrix}$ 的列向量组线性表出，则 $\begin{bmatrix} A & \alpha \\ \alpha^{\mathrm{T}} & 0 \end{bmatrix} \begin{bmatrix} x \\ y \end{bmatrix} = 0$ 必有非零解。故本题选 D。

第三章　空间解析几何

第一节　向量的外积与混合积

向量的定义、线性运算、内积(数量积)在第一部分中已经介绍了,本节重点介绍空间向量的外积和混合积。

一、两向量的外积（向量积）

考点1　外积的定义

设向量 c 由向量 a 与向量 b 按如下方式确定:

(1) 向量 c 的模 $|c| = |a||b|\sin\theta$, θ 为向量 a 与 b 的夹角;

(2) 向量 c 既垂直于向量 a,又垂直于向量 b,且它的方向就是当右手四指从 a 弯向 b(转角小于 π)时拇指的指向,则向量 c 叫作向量 a 与向量 b 的外积或向量积,记作 $c = a \times b$。

考点2　坐标表示

设向量 $a = (x_1, y_1, z_1)$, $b = (x_2, y_2, z_2)$,则

$$a \times b = \begin{vmatrix} i & j & k \\ x_1 & y_1 & z_1 \\ x_2 & y_2 & z_2 \end{vmatrix} = \begin{vmatrix} y_1 & z_1 \\ y_2 & z_2 \end{vmatrix} i - \begin{vmatrix} x_1 & z_1 \\ x_2 & z_2 \end{vmatrix} j + \begin{vmatrix} x_1 & y_1 \\ x_2 & y_2 \end{vmatrix} k$$

$$= (y_1 z_2 - z_1 y_2, z_1 x_2 - x_1 z_2, x_1 y_2 - y_1 x_2)。$$

考点3　运算规律

反交换律: $a \times b = - b \times a$。

分配律: $a \times (b + c) = a \times b + a \times c$。

与数乘的结合律: $(\lambda a) \times b = a \times (\lambda b) = \lambda (a \times b)$。

二、向量的混合积

考点1　混合积的定义

把 $a \times b \cdot c$(先作外积,再作内积) 称为向量 a, b, c 的混合积,记作 (a, b, c)。

考点2　混合积的几何意义

如果 a, b, c 共面,则 $a \times b$ 与 c 垂直,从而 $(a, b, c) = 0$。

如果 a, b, c 不共面,则混合积 (a, b, c) 的绝对值等于以 a, b, c 为棱的平行六面体的体积,并且当 a, b, c 构成右手系时混合积是正数;当 a, b, c 构成左手系时,混合积是负数。

注:对于不共面的三个向量 a, b, c,从空间内一点 O 出发,分别记以 a, b, c 为方向的有向直线为 x

轴、y 轴、z 轴。将右手四指从 x 轴方向弯向 y 轴方向(转角小于 π),如果拇指所指方向与 z 轴方向在 Oxy 平面同侧,则称这三个向量构成右手系;否则,称这三个向量构成左手系。

考点3　常用性质

$(a,b,c) = 0 \Leftrightarrow a,b,c$ 共面;

$(a,b,c) = (b,c,a) = (c,a,b)$;

$(a,b,c) = a \cdot b \times c$。

考点4　用坐标计算混合积

设向量 a,b,c 在直角坐标系中的坐标分别为 $(a_1,a_2,a_3),(b_1,b_2,b_3),(c_1,c_2,c_3)$,则

$$(a,b,c) = \begin{vmatrix} a_1 & a_2 & a_3 \\ b_1 & b_2 & b_3 \\ c_1 & c_2 & c_3 \end{vmatrix}。$$

第二节　空间的平面与直线

一、平面方程

1. 点法式方程

设平面 π 过点 $M_0(x_0,y_0,z_0)$,其一个法向量 $n = (A,B,C)$,$M(x,y,z)$ 是平面 π 上任意一点,则向量 $\overrightarrow{M_0M} = (x - x_0,y - y_0,z - z_0)$ 与平面的法向量 n 垂直,即 $\overrightarrow{M_0M} \cdot n = 0$,所以平面 π 的方程为

$$A(x - x_0) + B(y - y_0) + C(z - z_0) = 0。$$

2. 一般式方程

由平面的点法式方程可知,任一平面都可以用三元一次方程来表示,所以平面 π 的一般方程为

$$Ax + By + Cz + D = 0,$$

其中 A,B,C 不全为零。A,B,C 表示平面 π 的法方向数。

3. 三点式方程

过空间中不共线的三个点可确定一平面。设 $M_1 = (x_1,y_1,z_1),M_2 = (x_2,y_2,z_2),M_3 = (x_3,y_3,z_3)$ 不在一条直线上,则这三点可以确定一个平面。设 $M(x,y,z)$ 是平面上任意一点,则向量 $\overrightarrow{M_1M} = (x - x_1,y - y_1,z - z_1),\overrightarrow{M_1M_2} = (x_2 - x_1,y_2 - y_1,z_2 - z_1),\overrightarrow{M_1M_3} = (x_3 - x_1,y_3 - y_1,z_3 - z_1)$ 共面,所以 $(\overrightarrow{M_1M},\overrightarrow{M_1M_2},\overrightarrow{M_1M_3}) = 0$,即得到过不共线三点的平面方程为

$$\begin{vmatrix} x - x_1 & y - y_1 & z - z_1 \\ x_2 - x_1 & y_2 - y_1 & z_2 - z_1 \\ x_3 - x_1 & y_3 - y_1 & z_3 - z_1 \end{vmatrix} = 0。$$

4. 截距式方程

方程

$$\frac{x}{a} + \frac{y}{b} + \frac{z}{c} = 1\,(a,b,c\ 均不为零)$$

叫作平面的截距式方程,a,b,c 分别叫作平面在 x 轴、y 轴、z 轴上的截距。

二、空间直线方程

1. 一般式方程

空间直线 l 可以看成平面 $\pi_1 : A_1 x + B_1 y + C_1 z + D_1 = 0$ 和平面 $\pi_2 : A_2 x + B_2 y + C_2 z + D_2 = 0$ 的交线,即

$$\begin{cases} A_1 x + B_1 y + C_1 z + D_1 = 0, \\ A_2 x + B_2 y + C_2 z + D_2 = 0。 \end{cases}$$

该方程叫作直线 l 的一般式方程。直线 l 的一个方向向量

$$\boldsymbol{s} = \begin{vmatrix} \boldsymbol{i} & \boldsymbol{j} & \boldsymbol{k} \\ A_1 & B_1 & C_1 \\ A_2 & B_2 & C_2 \end{vmatrix} = \left(\begin{vmatrix} B_1 & C_1 \\ B_2 & C_2 \end{vmatrix}, - \begin{vmatrix} A_1 & C_1 \\ A_2 & C_2 \end{vmatrix}, \begin{vmatrix} A_1 & B_1 \\ A_2 & B_2 \end{vmatrix} \right)。$$

2. 标准式方程

已知直线上一点 $M_0 = (x_0, y_0, z_0)$ 和直线的一个方向向量 $\boldsymbol{s} = (X, Y, Z)$。设 $M(x,y,z)$ 是直线 l 上任意一点,则向量 $\overrightarrow{M_0 M} = (x - x_0, y - y_0, z - z_0)$ 与直线的方向向量 $\boldsymbol{s}$ 平行,故直线方程为

$$\frac{x - x_0}{X} = \frac{y - y_0}{Y} = \frac{z - z_0}{Z}。$$

3. 两点式方程

已知直线上不同的两点 $M_1 = (x_1, y_1, z_1), M_2 = (x_2, y_2, z_2)$。设 $M(x,y,z)$ 是直线 l 上的任意一点,则向量 $\overrightarrow{M_1 M} = (x - x_1, y - y_1, z - z_1)$ 与向量 $\overrightarrow{M_1 M_2} = (x_2 - x_1, y_2 - y_1, z_2 - z_1)$ 平行,故直线方程为

$$\frac{x - x_1}{x_2 - x_1} = \frac{y - y_1}{y_2 - y_1} = \frac{z - z_1}{z_2 - z_1}。$$

4. 参数式方程

已知直线 l 过点 $M_0(x_0, y_0, z_0)$,且与向量 $\boldsymbol{s} = (X, Y, Z)$ 平行,则其参数方程为

$$\begin{cases} x = x_0 + Xt, \\ y = y_0 + Yt, \\ z = z_0 + Zt, \end{cases}$$

其中 t 是参数。

三、平面、直线之间的相互关系与距离公式

考点 1　两个平面间的关系

设 $\pi_1 : A_1 x + B_1 y + C_1 z + D_1 = 0, \pi_2 : A_2 x + B_2 y + C_2 z + D_2 = 0$,则

（1）$\pi_1 \parallel \pi_2 \Leftrightarrow \dfrac{A_1}{A_2} = \dfrac{B_1}{B_2} = \dfrac{C_1}{C_2} \neq \dfrac{D_1}{D_2}$（法向量共线但两平面不重合）；

（2）$\pi_1 \perp \pi_2 \Leftrightarrow \boldsymbol{n}_1 \perp \boldsymbol{n}_2 \Leftrightarrow A_1 A_2 + B_1 B_2 + C_1 C_2 = 0$；

（3）π_1 与 π_2 的夹角 θ 的余弦值为

$$\cos\theta = \frac{|\boldsymbol{n}_1 \cdot \boldsymbol{n}_2|}{|\boldsymbol{n}_1||\boldsymbol{n}_2|} = \frac{|A_1 A_2 + B_1 B_2 + C_1 C_2|}{\sqrt{A_1^2 + B_1^2 + C_1^2}\sqrt{A_2^2 + B_2^2 + C_2^2}}。$$

考点 2　两条直线间的关系

设 $l_1 : \dfrac{x - x_1}{X_1} = \dfrac{y - y_1}{Y_1} = \dfrac{z - z_1}{Z_1}$，$l_2 : \dfrac{x - x_2}{X_2} = \dfrac{y - y_2}{Y_2} = \dfrac{z - z_2}{Z_2}$，则

（1）$l_1 \parallel l_2 \Leftrightarrow \boldsymbol{s}_1 \parallel \boldsymbol{s}_2$，即 $\dfrac{X_1}{X_2} = \dfrac{Y_1}{Y_2} = \dfrac{Z_1}{Z_2}$ 且 (x_1, y_1, z_1) 不满足 l_2 的方程；

（2）$l_1 \perp l_2 \Leftrightarrow \boldsymbol{s}_1 \perp \boldsymbol{s}_2$，即 $X_1 X_2 + Y_1 Y_2 + Z_1 Z_2 = 0$；

（3）设点 A 是 l_1 上任意一点，点 B 是 l_2 上任意一点，则

$$l_1 \text{ 与 } l_2 \text{ 异面} \Leftrightarrow \text{向量 } \boldsymbol{s}_1, \boldsymbol{s}_2, \overrightarrow{AB} \text{ 不共面} \Leftrightarrow (\boldsymbol{s}_1, \boldsymbol{s}_2, \overrightarrow{AB}) \neq 0；$$

（4）l_1 与 l_2 间的夹角记为 θ，则

$$\cos\theta = \frac{|\boldsymbol{s}_1 \cdot \boldsymbol{s}_2|}{|\boldsymbol{s}_1||\boldsymbol{s}_2|} = \frac{|X_1 X_2 + Y_1 Y_2 + Z_1 Z_2|}{\sqrt{X_1^2 + Y_1^2 + Z_1^2}\sqrt{X_2^2 + Y_2^2 + Z_2^2}}。$$

考点 3　直线与平面的关系

设 $l : \dfrac{x - x_0}{X} = \dfrac{y - y_0}{Y} = \dfrac{z - z_0}{Z}$，$\pi : Ax + By + Cz + D = 0$，则

（1）$l \parallel \pi \Leftrightarrow \boldsymbol{s} \perp \boldsymbol{n}$，即 $AX + BY + CZ = 0$ 且 $Ax_0 + By_0 + Cz_0 + D \neq 0$；

（2）$l \perp \pi \Leftrightarrow \boldsymbol{s} \parallel \boldsymbol{n}$，即 $\dfrac{A}{X} = \dfrac{B}{Y} = \dfrac{C}{Z}$；

（3）l 与 π 的夹角 $\theta = \dfrac{\pi}{2} - \langle \boldsymbol{s}, \boldsymbol{n} \rangle$ 或 $\langle \boldsymbol{s}, \boldsymbol{n} \rangle - \dfrac{\pi}{2}$，则

$$\sin\theta = |\cos\langle \boldsymbol{s}, \boldsymbol{n} \rangle| = \frac{|\boldsymbol{n} \cdot \boldsymbol{s}|}{|\boldsymbol{n}||\boldsymbol{s}|} = \frac{|AX + BY + CZ|}{\sqrt{A^2 + B^2 + C^2}\sqrt{X^2 + Y^2 + Z^2}}。$$

考点 4　距离公式

1. 两点间的距离

空间中的点 $M_1(x_1, y_1, z_1)$ 与点 $M_2(x_2, y_2, z_2)$ 之间的距离

$$d = |\overrightarrow{M_1 M_2}| = \sqrt{(x_2 - x_1)^2 + (y_2 - y_1)^2 + (z_2 - z_1)^2}。$$

2. 点到直线的距离

空间中的点 $M_0(x_0, y_0, z_0)$ 到直线 $l : \dfrac{x - x_1}{X} = \dfrac{y - y_1}{Y} = \dfrac{z - z_1}{Z}$ 的距离

$$d = |\overrightarrow{M_0M_1}|\sin\langle\overrightarrow{M_0M_1},s\rangle = \frac{|\overrightarrow{M_0M_1}\times s|}{|s|}$$

$$= \frac{|(x_1-x_0,y_1-y_0,z_1-z_0)\times(X,Y,Z)|}{\sqrt{X^2+Y^2+Z^2}},$$

其中 $M_1=(x_1,y_1,z_1)$ 和 s 分别是直线 l 上的定点和方向向量。

3. 点到平面的距离

空间中的点 $M_0(x_0,y_0,z_0)$ 到平面 $\pi:Ax+By+Cz+D=0$ 的距离

$$d = ||\overrightarrow{M_0M_1}|\cos\langle\overrightarrow{M_0M_1},n\rangle| = \frac{|\overrightarrow{M_0M_1}\cdot n|}{|n|}$$

$$= \frac{|Ax_0+By_0+Cz_0+D|}{\sqrt{A^2+B^2+C^2}},$$

其中 $M_1(x_1,y_1,z_1)$ 和 n 分别是平面 π 上的定点和法向量。

4. 异面直线间的距离

异面直线间的距离也可转化为点到平面的距离。

设 l_1,l_2 是一对异面直线,它们之间的距离 $d(l_1,l_2)$ 是指它们的公垂线(即和 l_1,l_2 都是既垂直又相交的直线)与它们的两个交点间的距离。如果过 l_1 作平行于 l_2 的平面 π,则 $d(l_1,l_2)$ 也就是 l_2 到 π 的距离。

设 l_1 过点 M_1,平行于向量 s_1;l_2 过点 M_2,平行于向量 s_2;记 π 为过 l_1 且平行于 l_2 的平面,则 $d(l_1,l_2)$ 就是 M_2 到 π 的距离。π 的法向量为 $s_1\times s_2$,于是有公式

$$d(l_1,l_2) = \frac{|(s_1,s_2,\overrightarrow{M_1M_2})|}{|s_1\times s_2|}。$$

考点 5　平面束方程

通过直线 $l:\begin{cases}A_1x+B_1y+C_1z+D_1=0,\\A_2x+B_2y+C_2z+D_2=0\end{cases}$ 的平面束方程是 $\lambda(A_1x+B_1y+C_1z+D_1)+\mu(A_2x+$

$B_2y+C_2z+D_2)=0$,其中 λ,μ 是不同时为零的任意常数。

第三节　曲面及曲线方程

一、空间曲面

考点 1　曲面的概念

如果曲面 S 上的点的坐标都满足三元方程 $F(x,y,z)=0$,而不在曲面 S 上的点的坐标不满足该方程,则称方程

$$F(x,y,z)=0$$

为曲面 S 的(一般)方程。

考点2　旋转曲面的方程

1. 一般方程的旋转曲面方程

设有 xOy 平面上的一条曲线 Γ：$\begin{cases} F(x,y) = 0, \\ z = 0, \end{cases}$ 则曲线 Γ 绕 x 轴旋转产生的曲面方程为

$$F(x, \pm\sqrt{y^2 + z^2}) = 0。$$

曲线 Γ 绕 y 轴旋转产生的曲面方程为

$$F(\pm\sqrt{x^2 + z^2}, y) = 0。$$

类似地，可得到 yOz 面或 xOz 面上的曲线绕其所在坐标面上的坐标轴旋转产生的旋转曲面方程。

【例题】曲面 $z = \sqrt{x^2 + y^2}$ 是（　　　）。

A. zOx 平面上曲线 $z = x$ 绕 z 轴旋转而成的旋转曲面

B. zOy 平面上曲线 $z = |y|$ 绕 z 轴旋转而成的旋转曲面

C. zOx 平面上曲线 $z = x$ 绕 x 轴旋转而成的旋转曲面

D. zOy 平面上曲线 $z = |y|$ 绕 y 轴旋转而成的旋转曲面

【答案】B。解析：zOy 平面上曲线 $z = y$，即曲线 $\begin{cases} F(y,z) = y - z = 0, \\ x = 0, \end{cases}$ 它绕 z 轴旋转而成的旋转曲

面方程为 $F(\pm\sqrt{x^2 + y^2}, z) = \pm\sqrt{x^2 + y^2} - z = 0$，即 $z = \pm\sqrt{x^2 + y^2}$。所以 zOy 平面上曲线 $z = |y|$ 绕 z 轴

旋转而成的旋转曲面方程为 $z = \sqrt{x^2 + y^2}$。

2. 参数方程的旋转曲面方程

一般地，空间曲线 Γ：$\begin{cases} x = x(t), \\ y = y(t), \\ z = z(t) \end{cases}$ 绕 z 轴旋转形成一旋转曲面，其方程为

$$\begin{cases} x^2 + y^2 = x^2(t) + y^2(t), \\ z = z(t), \end{cases}$$

由上式消去 t，即得曲线 Γ 绕 z 轴旋转形成的旋转曲面方程。

类似地，可求出 Γ 绕 x 轴、y 轴旋转形成的旋转曲面方程。

二、常见曲面方程

1. 球面

球心为点 (x_0, y_0, z_0)，半径为 R 的球面方程可写成 $(x - x_0)^2 + (y - y_0)^2 + (z - z_0)^2 = R^2$。一般地，设有三元二次方程 $Ax^2 + Ay^2 + Az^2 + Dx + Ey + Fz + G = 0$，这个方程的特点是缺 xy, yz, zx 各项，而且平方项系数相同，只要将方程经过配方后可化成方程 $(x - x_0)^2 + (y - y_0)^2 + (z - z_0)^2 = R^2$ 的形式，它的图形就是一个球面。

2. 柱面

平行于定直线并沿定曲线 C 移动的直线 l 形成的轨迹叫作柱面，定曲线 C 叫作柱面的准线，动直线 l 叫作柱面的母线。

由直线绕与它平行的轴线旋转一周所得的旋转面称为圆柱面。空间直角坐标系中,平行于 z 轴且到 z 轴的距离为 R 的直线 l,绕 z 轴旋转一周所得的圆柱面方程为 $x^2 + y^2 = R^2$,参数方程为

$$\begin{cases} x = R\cos\theta, \\ y = R\sin\theta, (0 \leqslant \theta < 2\pi, -\infty < \mu < +\infty)。 \\ z = \mu \end{cases}$$

3. 圆锥面

直线 l 绕另一条与 l 相交的直线旋转一周,所得旋转曲面叫作圆锥面。两条直线的交点叫作圆锥面的顶点,两条直线的夹角叫作圆锥面的半顶角。在 yOz 坐标面内,直线 l 的方程为 $z = y\cot\alpha$,将方程中的 y 改成 $\pm\sqrt{x^2 + y^2}$,就得到所要求的圆锥面的方程:$z = \pm\sqrt{x^2 + y^2}\cot\alpha$,或 $z^2 = a^2(x^2 + y^2)$,其中 $a = \cot\alpha$。

4. 椭球面

标准方程:$\dfrac{x^2}{a^2} + \dfrac{y^2}{b^2} + \dfrac{z^2}{c^2} = 1(a,b,c > 0)$。

参数方程:$\begin{cases} x = a\cos\theta\cos\varphi, \\ y = b\cos\theta\sin\varphi, (-\dfrac{\pi}{2} \leqslant \theta \leqslant \dfrac{\pi}{2}, 0 \leqslant \varphi < 2\pi)。 \\ z = c\sin\theta \end{cases}$

5. 双曲面

(1)单叶双曲面

标准方程:$\dfrac{x^2}{a^2} + \dfrac{y^2}{b^2} - \dfrac{z^2}{c^2} = 1(a,b,c > 0)$。

参数方程:$\begin{cases} x = a\cos\varphi\sec\theta, \\ y = b\sin\varphi\sec\theta, (-\dfrac{\pi}{2} < \theta < \dfrac{\pi}{2}, 0 \leqslant \varphi < 2\pi)。 \\ z = c\tan\theta \end{cases}$

(2)双叶双曲面

标准方程:$\dfrac{x^2}{a^2} + \dfrac{y^2}{b^2} - \dfrac{z^2}{c^2} = -1(a,b,c > 0)$。

参数方程:$\begin{cases} x = a\cos\varphi\tan\theta, \\ y = b\sin\varphi\tan\theta, (-\dfrac{\pi}{2} < \theta < \dfrac{\pi}{2}, 0 \leqslant \varphi < 2\pi)。 \\ z = c\sec\theta \end{cases}$

6. 抛物面

(1)椭圆抛物面 $\dfrac{x^2}{p} + \dfrac{y^2}{q} = 2z(p,q > 0)$。

注:当 $p = q$ 时,曲面也称为旋转抛物面,它可以由抛物线绕着它的轴旋转而成。

(2)双曲抛物面 $\dfrac{x^2}{p} - \dfrac{y^2}{q} = 2z(p,q > 0)$。

1. $\begin{cases} x = 1, \\ y = 2 \end{cases}$ 在空间直角坐标系中表示(　　)。

A. 一个点

B. 两条直线

C. 两个平面的交线,即直线

D. 两个点

2. 设直线 $l_1: \dfrac{x-1}{1} = \dfrac{y-5}{-2} = \dfrac{z+8}{1}, l_2: \begin{cases} x - y - 6 = 0, \\ 2y + z - 3 = 0, \end{cases}$ 则直线 l_1, l_2 的夹角为(　　)。

A. $\dfrac{\pi}{6}$

B. $\dfrac{\pi}{4}$

C. $\dfrac{\pi}{3}$

D. $\dfrac{\pi}{2}$

3. 直线 $l_1: \dfrac{x}{2} = \dfrac{y+3}{3} = \dfrac{z}{4}$ 与 $l_2: \begin{cases} x = 1 + t, \\ y = -2 + t, \\ z = 2 + 2t \end{cases}$ 的关系为(　　)。

A. 相互垂直

B. 斜交

C. 相互平行

D. 异面

参考答案及解析

1.【答案】C。解析:在空间直角坐标系中,$x = 1$ 是平行于面 yOz 的平面;$y = 2$ 是平行于面 xOz 的平面,$\begin{cases} x = 1, \\ y = 2 \end{cases}$ 即为两平面的交线。故本题选 C。

2.【答案】C。解析:直线 l_1, l_2 的方向向量分别是 $\boldsymbol{s}_1 = (1, -2, 1)$,$\boldsymbol{s}_2 = \begin{vmatrix} \boldsymbol{i} & \boldsymbol{j} & \boldsymbol{k} \\ 1 & -1 & 0 \\ 0 & 2 & 1 \end{vmatrix} = -\boldsymbol{i} - \boldsymbol{j} + 2\boldsymbol{k} = (-1, -1, 2)$,故其夹角为 $\langle \boldsymbol{s}_1, \boldsymbol{s}_2 \rangle = \arccos \dfrac{|\boldsymbol{s}_1 \cdot \boldsymbol{s}_2|}{|\boldsymbol{s}_1| \cdot |\boldsymbol{s}_2|} = \arccos \dfrac{1}{2} = \dfrac{\pi}{3}$。

3.【答案】B。解析:直线 l_1, l_2 的方向向量分别是 $\boldsymbol{s}_1 = (2, 3, 4)$,$\boldsymbol{s}_2 = (1, 1, 2)$,故其夹角为 $\langle \boldsymbol{s}_1, \boldsymbol{s}_2 \rangle = \arccos \dfrac{|\boldsymbol{s}_1 \cdot \boldsymbol{s}_2|}{|\boldsymbol{s}_1| \cdot |\boldsymbol{s}_2|} = \arccos \dfrac{13}{\sqrt{174}}$,这说明两条直线不平行也不垂直,又直线 l_1 过点 $(0, -3, 0)$,而点 $(0, -3, 0)$ 也在直线 l_2 上(当 $t = -1$ 时),即点 $(0, -3, 0)$ 是两直线的交点,所以两直线斜交。

本部分为全书的第三部分,由五章内容构成,主要介绍了中学数学课程与教学论的相关知识。其中,第一章"中学数学课程标准"包括两部分内容,即《义务教育数学课程标准(2011年版)》(初中部分)和《普通高中数学课程标准(2017年版2020年修订)》(节选);第二至五章为教学论相关内容,主要对实际教育教学活动中涉及的教法、原则等进行讲解。

本部分内容在历年教师招聘考试中均属于必考内容。考生在备考本部分时,可采取以下复习策略:①准确掌握教学的基本原则、教学方法,遵守教学要求,尝试在教育教学活动中以教学对象为本,灵活运用教学知识;②通过解答、分析"考题再现",把握考查特点及规律,总结经验,有计划、有重点地展开分层次学习;③结合章节后的"强化练习"强化教学方法的学习。

第三部分 中学数学课程与教学论

第一章　中学数学课程标准

第一节　《义务教育数学课程标准（2011年版）》（初中部分）

一、前言

数学是研究数量关系和空间形式的科学。数学与人类发展和社会进步息息相关，随着现代信息技术的飞速发展，数学更加广泛应用于社会生产和日常生活的各个方面。数学作为对于客观现象抽象概括而逐渐形成的科学语言与工具，不仅是自然科学和技术科学的基础，而且在人文科学与社会科学中发挥着越来越大的作用。特别是20世纪中叶以来，数学与计算机技术的结合在许多方面直接为社会创造价值，推动着社会生产力的发展。

数学是人类文化的重要组成部分，数学素养是现代社会每一个公民应该具备的基本素养。作为促进学生全面发展的重要组成部分，数学教育既要使学生掌握现代生活和学习中所需要的数学知识与技能，更要发挥数学在培养人的思维能力和创新能力方面的不可替代的作用。

二、课程的性质

义务教育阶段的数学课程是培养公民素质的基础课程，具有基础性、普及性和发展性。数学课程能使学生掌握必备的基础知识和基本技能，培养学生的抽象思维和推理能力，培养学生的创新意识和实践能力，促进学生在情感、态度与价值观等方面的发展。义务教育的数学课程能为学生未来生活、工作和学习奠定重要的基础。

三、课程基本理念

1. 数学课程应致力于实现义务教育阶段的培养目标，要面向全体学生，适应学生个性发展的需要，使得人人都能获得良好的数学教育，不同的人在数学上得到不同的发展。

考题再现

【2019年初中真题】《义务教育数学课程标准（2011年版）》指出："数学课程应致力于实现义务教育阶段的培养目标，要面向全体学生，适应（　　　）个性发展的需要，使得人人都能获得良好的数学教育，不同的人在数学上得到不同的发展。"

A. 学生　　　　　　　　　　　B. 教师

C. 家长　　　　　　　　　　　D. 学生和教师

【答案】A。

2. 课程内容要反映社会的需要、数学的特点，要符合学生的认知规律。它不仅包括数学的结果，也包括数学结果的形成过程和蕴含的数学思想方法。课程内容的选择要贴近学生的实际，有利于学生体验与理解、思考与探索。课程内容的组织要重视过程,处理好过程与结果的关系;要重视直观,处理好直观与抽象的关系;要重视直接经验,处理好直接经验与间接经验的关系。课程内容的呈现应注意层次性和多样性。

3. 教学活动是师生积极参与、交往互动、共同发展的过程。有效的教学活动是学生学与教师教的统一,学生是学习的主体,教师是学习的组织者、引导者与合作者。

数学教学活动,特别是课堂教学应激发学生兴趣,调动学生积极性,引发学生的数学思考,鼓励学生的创造性思维;要注重培养学生良好的数学学习习惯,使学生掌握恰当的数学学习方法。

考题再现

【2021年初中真题】数学教学活动要注重培养学生良好的( ),使学生掌握恰当的数学学习方法。

A. 数学思考方法   B. 数学思考能力

C. 数学学习习惯   D. 数学学习能力

【答案】C。

视频讲解

学生学习应当是一个生动活泼的、主动的和富有个性的过程。认真听讲、积极思考、动手实践、自主探索、合作交流等,都是学习数学的重要方式。学生应当有足够的时间和空间经历观察、实验、猜测、计算、推理、验证等活动过程。

教师教学应该以学生的认知发展水平和已有的经验为基础,面向全体学生,注重启发式和因材施教。教师要发挥主导作用,处理好讲授与学生自主学习的关系,引导学生独立思考、主动探索、合作交流,使学生理解和掌握基本的数学知识与技能,体会和运用数学思想与方法,获得基本的数学活动经验。

4. 学习评价的主要目的是全面了解学生数学学习的过程和结果,激励学生学习和改进教师教学。应建立目标多元、方法多样的评价体系。评价既要关注学生学习的结果,也要重视学习的过程;既要关注学生数学学习的水平,也要重视学生在数学活动中所表现出来的情感与态度,帮助学生认识自我、建立信心。

5. 信息技术的发展对数学教育的价值、目标、内容以及教学方式产生了很大的影响。数学课程的设计与实施应根据实际情况合理地运用现代信息技术,要注意信息技术与课程内容的整合,注重实效。要充分考虑信息技术对数学学习内容和方式的影响,开发并向学生提供丰富的学习资源,把现代信息技术作为学生学习数学和解决问题的有力工具,有效地改进教与学的方式,使学生乐意并有可能投入到现实的、探索性的数学活动中去。

四、课程设计思路

义务教育阶段数学课程的设计,充分考虑本阶段学生数学学习的特点,符合学生的认知规律和心理特征,有利于激发学生的学习兴趣,引发学生的数学思考;充分考虑数学本身的特点,体现数学的实质;在呈现作为知识与技能的数学结果的同时,重视学生已有的经验,使学生体验从实际背景中抽象出数学问题、构建数学模型、寻求结果、解决问题的过程。

按以上思路具体设计如下。

考点1　学段划分

为了体现义务教育数学课程的整体性,统筹考虑九年的课程内容。同时,根据学生发展的生理和心理特征,将九年的学习时间划分为三个学段:第一学段(1～3年级)、第二学段(4～6年级)、第三学段(7～9年级)。

考点2　课程目标

义务教育阶段数学课程目标分为总体目标和学段目标,从知识技能、数学思考、问题解决、情感态度四个方面加以阐述。

考题再现

【2021年初中真题】《义务教育数学课程标准(2011年版)》中提出了总目标和学段目标,从(　　)四个方面加以阐述。

A. 知识技能、数学思考、解决能力、应试能力

B. 数学思考、问题解决、运算能力、情感态度

C. 知识技能、数学思考、问题解决、情感态度

D. 问题解决、解决能力、运算能力、应试能力

【答案】C。

视频讲解

数学课程目标包括结果目标和过程目标。结果目标使用"了解""理解""掌握""运用"等行为动词表述,过程目标使用"经历""体验""探索"等行为动词表述。

考点3　课程内容

在各学段中,安排了四个部分的课程内容:"数与代数""图形与几何""统计与概率""综合与实践"。其中,"综合与实践"内容设置的目的在于培养学生综合运用有关的知识与方法解决实际问题,培养学生的问题意识、应用意识和创新意识,积累学生的活动经验,提高学生解决现实问题的能力。

"数与代数"的主要内容有数的认识,数的表示,数的大小,数的运算,数量的估计;字母表示数,代数式及其运算;方程、方程组、不等式、函数等。

"图形与几何"的主要内容有空间和平面基本图形的认识,图形的性质、分类和度量;图形的平移、旋转、轴对称、相似和投影;平面图形基本性质的证明;运用坐标描述图形的位置和运动。

"统计与概率"的主要内容有收集、整理和描述数据,包括简单抽样、整理调查数据、绘制统计图表等;处理数据,包括计算平均数、中位数、众数、方差等;从数据中提取信息并进行简单的推断;简单随机事件及其发生的概率。

"综合与实践"是一类以问题为载体、以学生自主参与为主的学习活动。在学习活动中,学生将综合运用"数与代数""图形与几何""统计与概率"等知识和方法解决问题。"综合与实践"的教学活动应当保证每学期至少一次,可以在课堂上完成,也可以课内外相结合。

在数学课程中,应当注重发展学生的数感、符号意识、空间观念、几何直观、数据分析观念、运算能力、推理能力和模型思想。为了适应时代发展对人才培养的需要,数学课程还要特别注重发展学生的应用意

识和创新意识。

数感主要是指关于数与数量、数量关系、运算结果估计等方面的感悟。建立数感有助于学生理解现实生活中数的意义，理解或表述具体情境中的数量关系。

◆— 知识拓展 —◆

学生的数感主要表现在以下几个方面：理解数的意义；能用多种方法来表示数与数量；能在具体的情境中把握数的相对大小关系；能用数来表达和交流信息；能为解决问题而选择适当的算法；能估计运算的结果，并对结果的合理性做出解释。

符号意识主要是指能够理解并且运用符号表示数、数量关系和变化规律；知道使用符号可以进行运算和推理，得到的结论具有一般性。建立符号意识有助于学生理解符号的使用是数学表达和进行数学思考的重要形式。

空间观念主要是指根据物体特征抽象出几何图形，根据几何图形想象出所描述的实际物体；想象出物体的方位和相互之间的位置关系；描述图形的运动和变化；依据语言的描述画出图形等。

几何直观主要是指利用图形描述和分析问题。借助几何直观可以把复杂的数学问题变得简明、形象，有助于探索解决问题的思路，预测结果。几何直观可以帮助学生直观地理解数学，在整个数学学习过程中都发挥着重要作用。

数据分析观念包括了解在现实生活中有许多问题应当先做调查研究，收集数据，通过分析做出判断，体会数据中蕴含着的信息；了解对于同样的数据可以有多种分析的方法，需要根据问题的背景选择合适的方法；通过数据分析体验随机性，一方面对于同样的事情每次收集到的数据可能不同，另一方面只要有足够的数据就可能从中发现规律。数据分析是统计的核心。

运算能力主要是指能够根据法则和运算律正确地进行运算的能力。培养运算能力有助于学生理解运算的算理，寻求合理简洁的运算途径解决问题。

推理能力的发展应贯穿于整个数学学习过程中。推理是数学的基本思维方式，也是人们学习和生活中经常使用的思维方式。推理一般包括合情推理和演绎推理，合情推理是从已有的事实出发，凭借经验和直觉，通过归纳和类比等推断某些结果；演绎推理是从已有的事实（包括定义、公理、定理等）和确定的规则（包括运算的定义、法则、顺序等）出发，按照逻辑推理的法则证明和计算。在解决问题的过程中，两种推理功能不同，相辅相成，合情推理用于探索思路，发现结论；演绎推理用于证明结论。

模型思想的建立是学生体会和理解数学与外部世界联系的基本途径。建立和求解模型的过程包括从现实生活或具体情境中抽象出数学问题，用数学符号建立方程、不等式、函数等表示数学问题中的数量关系和变化规律，求出结果、并讨论结果的意义。这些内容的学习有助于学生初步形成模型思想，提高学习数学的兴趣和应用意识。

应用意识有两个方面的含义：一方面，有意识利用数学的概念、原理和方法解释现实世界中的现象，解决现实世界中的问题；另一方面，认识到现实生活中蕴含着大量与数量和图形有关的问题，这些问题可以抽象成数学问题，用数学的方法予以解决。在整个数学教育的过程中都应该培养学生的应用意识，综合实践活动是培养应用意识很好的载体。

创新意识的培养是现代数学教育的基本任务，应体现在数学教与学的过程之中。学生自己发现和提出问题是创新的基础;独立思考、学会思考是创新的核心;归纳概括得到猜想和规律,并加以验证,是创新的重要方法。创新意识的培养应该从义务教育阶段做起,贯穿数学教育的始终。

五、课程目标

考点1　总目标

通过义务教育阶段的数学学习,学生能:

1. 获得适应社会生活和进一步发展所必需的数学的基础知识、基本技能、基本思想、基本活动经验(即"四基");

2. 体会数学知识之间、数学与其他学科之间、数学与生活之间的联系,运用数学的思维方式进行思考,增强发现和提出问题的能力、分析和解决问题的能力(即"四能");

3. 了解数学的价值,提高学习数学的兴趣,增强学好数学的信心,养成良好的学习习惯,具有初步的创新意识和科学态度。

考题再现

【2019年初中真题】下列不属于义务教育数学课程总目标的是(　　　)。

A. 获得适应社会生活和进一步发展所必需的数学的基础知识、基本技能、基本思想、基本活动经验(简称"四基")

B. 体会数学知识之间、数学与其他学科之间、数学与生活之间的联系,运用数学的思维方式进行思考,增强发现和提出问题的能力、分析和解决问题的能力

C. 了解数学的价值,提高学习数学的兴趣,增强学好数学的信心,养成良好的学习习惯,具有初步的创新意识和科学态度

D. 开阔数学视野,形成批判性的思维习惯,崇尚数学的理性精神,树立辩证唯物主义和历史唯物主义世界观

【答案】D。解析:《义务教育数学课程标准(2011年版)》对义务教育数学课程总目标的叙述为"通过义务教育阶段的数学学习,学生能:①获得适应社会生活和进一步发展所必需的数学的基础知识、基本技能、基本思想、基本活动经验;②体会数学知识之间、数学与其他学科之间、数学与生活之间的联系,运用数学的思维方式进行思考,增强发现和提出问题的能力、分析和解决问题的能力;③了解数学的价值,提高学习数学的兴趣,增强学好数学的信心,养成良好的学习习惯,具有初步的创新意识和实事求是的科学态度"。故本题选D。

总目标具体阐述见表3-1-1。

表3-1-1　课程总目标具体阐述

知识技能	● 经历数与代数的抽象、运算与建模等过程,掌握数与代数的基础知识和基本技能。 ● 经历图形的抽象、分类、性质探讨、运动、位置确定等过程,掌握图形与几何的基础知识和基本技能。 ● 经历在实际问题中收集和处理数据、利用数据分析问题、获取信息的过程,掌握统计与概率的基础知识和基本技能。 ● 参与综合实践活动,积累综合运用数学知识、技能和方法等解决简单问题的数学活动经验

数学思考	● 建立数感、符号意识和空间观念,初步形成几何直观和运算能力,发展形象思维与抽象思维。 ● 体会统计方法的意义,发展数据分析观念,感受随机现象。 ● 在参与观察、实验、猜想、证明、综合实践等数学活动中,发展合情推理和演绎推理能力,清晰地表达自己的想法。 ● 学会独立思考,体会数学的基本思想和思维方式
问题解决	● 初步学会从数学的角度发现问题和提出问题,综合运用数学知识解决简单的实际问题,增强应用意识,提高实践能力。 ● 获得分析问题和解决问题的一些基本方法,体验解决问题方法的多样性,发展创新意识。 ● 学会与他人合作交流。 ● 初步形成评价与反思的意识
情感态度	● 积极参与数学活动,对数学有好奇心和求知欲。 ● 在数学学习过程中,体验获得成功的乐趣,锻炼克服困难的意志,建立自信心。 ● 体会数学的特点,了解数学的价值。 ● 养成认真勤奋、独立思考、合作交流、反思质疑等学习习惯。 ● 形成坚持真理、修正错误、严谨求实的科学态度

总目标的这四个方面,不是相互独立和割裂的,而是一个密切联系、相互交融的有机整体。在课程设计和教学活动组织中,应同时兼顾这四个方面的目标。这些目标的整体实现,是学生受到良好数学教育的标志,它对学生的全面、持续、和谐发展有着重要的意义。数学思考、问题解决、情感态度的发展离不开知识技能的学习,知识技能的学习必须有利于其他三个目标的实现。

考点2 学段目标

第三学段(7～9年级)

知识技能

1. 体验从具体情境中抽象出数学符号的过程,理解有理数、实数、代数式、方程、不等式、函数;掌握必要的运算(包括估算)技能;探索具体问题中的数量关系和变化规律,掌握用代数式、方程、不等式、函数进行表述的方法。

2. 探索并掌握相交线、平行线、三角形、四边形和圆的基本性质与判定,掌握基本的证明方法和基本的作图技能;探索并理解平面图形的平移、旋转、轴对称;认识投影与视图;探索并理解平面直角坐标系及其应用。

3. 体验数据收集、处理、分析和推断过程,理解抽样方法,体验用样本估计总体的过程;进一步认识随机现象,能计算一些简单事件的概率。

数学思考

1. 通过用代数式、方程、不等式、函数等表述数量关系的过程,体会模型的思想,建立符号意识;在研究图形性质和运动、确定物体位置等过程中,进一步发展空间观念;经历借助图形思考问题的过程,初步建立几何直观。

2. 了解利用数据可以进行统计推断,发展建立数据分析观念;感受随机现象的特点。

3. 体会通过合情推理探索数学结论,运用演绎推理加以证明的过程,在多种形式的数学活动中,发展合情推理与演绎推理的能力。

4. 能独立思考,体会数学的基本思想和思维方式。

◆◆ 知识拓展 ◆◆

这一目标主要提出了怎样在"数与代数""图形与几何""统计与概率"等课程内容的学习过程中,通过达成"过程性目标"的相关步骤,实现对发展学生"符号意识""模型思想""几何直观""数据分析观念"等核心概念的教学落实。

问题解决

1. 初步学会在具体的情境中从数学的角度发现问题和提出问题,并综合运用数学知识和方法等解决简单的实际问题,增强应用意识,提高实践能力。

2. 经历从不同角度寻求分析问题和解决问题的方法的过程,体验解决问题方法的多样性,掌握分析问题和解决问题的一些基本方法。

3. 在与他人合作和交流过程中,能较好地理解他人的思考方法和结论。

4. 能针对他人所提的问题进行反思,初步形成评价与反思的意识。

情感态度

1. 积极参与数学活动,对数学有好奇心和求知欲。

2. 感受成功的快乐,体验独自克服困难、解决数学问题的过程,有克服困难的勇气,具备学好数学的信心。

3. 在运用数学表述和解决问题的过程中,认识数学具有抽象、严谨和应用广泛的特点,体会数学的价值。

4. 敢于发表自己的想法、勇于质疑、敢于创新,养成认真勤奋、独立思考、合作交流等学习习惯,形成严谨求实的科学态度。

六、课程内容

第三学段(7 ~ 9 年级)

考点1 数与代数

数与式

1. 有理数

(1) 理解有理数的意义,能用数轴上的点表示有理数,能比较有理数的大小。

(2) 借助数轴理解相反数和绝对值的意义,掌握求有理数的相反数与绝对值的方法,知道 $|a|$ 的含义(这里 a 表示有理数)。

(3) 理解乘方的意义,掌握有理数的加、减、乘、除、乘方及简单的混合运算(以三步以内为主)。

(4) 理解有理数的运算律,能运用运算律简化运算。

(5) 能运用有理数的运算解决简单的问题。

2. 实数

（1）了解平方根、算术平方根、立方根的概念，会用根号表示数的平方根、算术平方根、立方根。

（2）了解乘方与开方互为逆运算，会用平方运算求百以内整数的平方根，会用立方运算求百以内整数（对应的负整数）的立方根，会用计算器求平方根和立方根。

（3）了解无理数和实数的概念，知道实数与数轴上的点一一对应，能求实数的相反数与绝对值。

（4）能用有理数估计一个无理数的大致范围。

（5）了解近似数，在解决实际问题中，能用计算器进行近似计算，并会按问题的要求对结果取近似值。

（6）了解二次根式、最简二次根式的概念，了解二次根式（根号下仅限于数）加、减、乘、除运算法则，会用它们进行有关的简单四则运算。

3. 代数式

（1）借助现实情境了解代数式，进一步理解用字母表示数的意义。

（2）能分析具体问题中的简单数量关系，并用代数式表示。

（3）会求代数式的值；能根据特定的问题查阅资料，找到所需要的公式，并会代入具体的值进行计算。

4. 整式与分式

（1）了解整数指数幂的意义和基本性质；会用科学记数法表示数（包括在计算器上表示）。

（2）理解整式的概念，掌握合并同类项和去括号的法则，能进行简单的整式加法和减法运算；能进行简单的整式乘法运算（其中多项式相乘仅指一次式之间以及一次式与二次式相乘）。

（3）能推导乘法公式：$(a+b)(a-b)=a^2-b^2$，$(a \pm b)^2 = a^2 \pm 2ab + b^2$，了解公式的几何背景，并能利用公式进行简单计算。

（4）能用提公因式法、公式法（直接利用公式不超过二次）进行因式分解（指数是正整数）。

（5）了解分式和最简分式的概念，能利用分式的基本性质进行约分和通分；能进行简单的分式加、减、乘、除运算。

◆◆◆ 知识拓展 ◆◆◆

《义务教育数学课程标准（2011年版）》在"数与代数"这一部分强调通过现实情境使学生体验、感受和理解"数与代数"的意义。无论在总目标还是在具体课程内容中，都适时地提出结合现实情境来理解、把握"数与代数"的概念与内容。例如，对于"数的认识"，《义务教育数学课程标准（2011年版）》在第一学段中提出"在现实情境中理解万以内数的意义"的要求；在第二学段又提出"在熟悉的生活情境中，了解负数的意义，会用负数表示日常生活中的一些量"的要求；在第三学段中对于"数与式"提出"借助现实情境了解代数式，进一步理解用字母表示数的意义"的要求。从中我们可以看出数感、符号意识是"数与代数"学习的核心概念。

方程与不等式

1. 方程与方程组

（1）能根据具体问题中的数量关系列出方程，体会方程是刻画现实世界数量关系的有效模型。

（2）经历估计方程解的过程。

（3）掌握等式的基本性质。

（4）能解一元一次方程、可化为一元一次方程的分式方程。

（5）掌握代入消元法和加减消元法，能解二元一次方程组。

（6）＊能解简单的三元一次方程组。（标有 ＊ 的内容为选学内容，不做考试要求）

（7）理解配方法，能用配方法、公式法、因式分解法解数字系数的一元二次方程。

（8）会用一元二次方程根的判别式判别方程是否有实根和两个实根是否相等。

（9）＊了解一元二次方程的根与系数的关系。

（10）能根据具体问题的实际意义，检验方程的解是否合理。

2. 不等式与不等式组

（1）结合具体问题，了解不等式的意义，探索不等式的基本性质。

（2）能解数字系数的一元一次不等式，并能在数轴上表示出解集；会用数轴确定由两个一元一次不等式组成的不等式组的解集。

（3）能根据具体问题中的数量关系，列出一元一次不等式，解决简单的问题。

函数

1. 函数

（1）探索简单实例中的数量关系和变化规律，了解常量、变量的意义。

（2）结合实例，了解函数的概念和三种表示法，能举出函数的实例。

（3）能结合图像对简单实际问题中的函数关系进行分析。

（4）能确定简单实际问题中函数自变量的取值范围，并会求出函数值。

（5）能用适当的函数表示法刻画简单实际问题中变量之间的关系。

（6）结合对函数关系的分析，能对变量的变化情况进行初步讨论。

2. 一次函数

（1）结合具体情境体会一次函数的意义，能根据已知条件确定一次函数的表达式。

（2）会利用待定系数法确定一次函数的表达式。

（3）能画出一次函数的图像，根据一次函数的图像和表达式 $y = kx + b (k \neq 0)$ 探索并理解 $k > 0$ 和 $k < 0$ 时，图像的变化情况。

（4）理解正比例函数。

（5）体会一次函数与二元一次方程的关系。

（6）能用一次函数解决简单实际问题。

3. 反比例函数

（1）结合具体情境体会反比例函数的意义，能根据已知条件确定反比例函数的表达式。

（2）能画出反比例函数的图像，根据图像和表达式 $y = \dfrac{k}{x} (k \neq 0)$ 探索并理解 $k > 0$ 和 $k < 0$ 时，图像的变化情况。

（3）能用反比例函数解决简单实际问题。

4. 二次函数

（1）通过对实际问题的分析，体会二次函数的意义。

（2）会用描点法画出二次函数的图像,通过图像了解二次函数的性质。

（3）会用配方法将数字系数的二次函数的表达式化为 $y = a(x - h)^2 + k$ 的形式,并能由此得到二次函数图像的顶点坐标,说出图像的开口方向,画出图像的对称轴,并能解决简单实际问题。

（4）会利用二次函数的图像求一元二次方程的近似解。

（5）＊ 知道给定不共线三点的坐标可以确定一个二次函数。

考点 2　图形与几何

图形的性质

1. 点、线、面、角

（1）通过实物和具体模型,了解从物体抽象出来的几何体、平面、直线和点等。

（2）会比较线段的长短,理解线段的和、差,以及线段中点的意义。

（3）掌握基本事实:两点确定一条直线。

（4）掌握基本事实:两点之间线段最短。

（5）理解两点间距离的意义,能度量两点间的距离。

（6）理解角的概念,能比较角的大小。

（7）认识度、分、秒,会对度、分、秒进行简单的换算,并会计算角的和、差。

2. 相交线与平行线

（1）理解对顶角、余角、补角等概念,探索并掌握对顶角相等、同角（等角）的余角相等,同角（等角）的补角相等的性质。

（2）理解垂线、垂线段等概念,能用三角尺或量角器过一点画已知直线的垂线。

（3）理解点到直线的距离的意义,能度量点到直线的距离。

（4）掌握基本事实:过一点有且只有一条直线与已知直线垂直。

（5）识别同位角、内错角、同旁内角。

（6）理解平行线概念;掌握基本事实:两条直线被第三条直线所截,如果同位角相等,那么这两条直线平行。

（7）掌握基本事实:过直线外一点有且只有一条直线与这条直线平行。

（8）掌握平行线的性质定理:两条平行直线被第三条直线所截,同位角相等。＊ 了解平行线性质定理的证明。

（9）能用三角尺和直尺过已知直线外一点画这条直线的平行线。

（10）探索并证明平行线的判定定理:两条直线被第三条直线所截,如果内错角相等（或同旁内角互补）,那么这两条直线平行;探索并证明平行线的性质定理:两条平行直线被第三条直线所截,内错角相等（或同旁内角互补）。

（11）了解平行于同一条直线的两条直线平行。

3. 三角形

（1）理解三角形及其内角、外角、中线、高线、角平分线等概念,了解三角形的稳定性。

（2）探索并证明三角形的内角和定理。掌握它的推论:三角形的外角等于与它不相邻的两个内角的和。证明三角形的任意两边之和大于第三边。

（3）理解全等三角形的概念,能识别全等三角形中的对应边、对应角。

（4）掌握基本事实:两边及其夹角分别相等的两个三角形全等。

（5）掌握基本事实:两角及其夹边分别相等的两个三角形全等。

（6）掌握基本事实:三边分别相等的两个三角形全等。

（7）证明定理:两角分别相等且其中一组等角的对边相等的两个三角形全等。

（8）探索并证明角平分线的性质定理:角平分线上的点到角两边的距离相等;反之,角的内部到角两边距离相等的点在角的平分线上。

（9）理解线段垂直平分线的概念,探索并证明线段垂直平分线的性质定理:线段垂直平分线上的点到线段两端的距离相等;反之,到线段两端距离相等的点在线段的垂直平分线上。

（10）了解等腰三角形的概念,探索并证明等腰三角形的性质定理:等腰三角形的两底角相等;底边上的高线、中线及顶角平分线重合。探索并掌握等腰三角形的判定定理:有两个角相等的三角形是等腰三角形。探索等边三角形的性质定理:等边三角形的各角都等于60°,及等边三角形的判定定理:三个角都相等的三角形(或有一个角是60°的等腰三角形)是等边三角形。

（11）了解直角三角形的概念,探索并掌握直角三角形的性质定理:直角三角形的两个锐角互余,直角三角形斜边上的中线等于斜边的一半。掌握有两个角互余的三角形是直角三角形。

（12）探索勾股定理及其逆定理,并能运用它们解决一些简单的实际问题。

（13）探索并掌握判定直角三角形全等的"斜边、直角边"定理。

（14）了解三角形重心的概念。

4. 四边形

（1）了解多边形的定义,多边形的顶点、边、内角、外角、对角线等概念;探索并掌握多边形内角和与外角和公式。

（2）理解平行四边形、矩形、菱形、正方形的概念,以及它们之间的关系;了解四边形的不稳定性。

（3）探索并证明平行四边形的性质定理:平行四边形的对边相等、对角相等、对角线互相平分;探索并证明平行四边形的判定定理:一组对边平行且相等的四边形是平行四边形;两组对边分别相等的四边形是平行四边形;对角线互相平分的四边形是平行四边形。

（4）了解两条平行线之间距离的意义,能度量两条平行线之间的距离。

（5）探索并证明矩形、菱形、正方形的性质定理:矩形的四个角都是直角,对角线相等;菱形的四条边相等,对角线互相垂直;以及它们的判定定理:三个角是直角的四边形是矩形,对角线相等的平行四边形是矩形;四边相等的四边形是菱形,对角线互相垂直的平行四边形是菱形。正方形具有矩形和菱形的一切性质。

（6）探索并证明三角形的中位线定理。

5. 圆

（1）理解圆、弧、弦、圆心角、圆周角的概念,了解等圆、等弧的概念;探索并了解点与圆的位置关系。

（2）* 探索并证明垂径定理:垂直于弦的直径平分弦以及弦所对的两条弧。

（3）探索圆周角与圆心角及其所对弧的关系，了解并证明圆周角定理及其推论：圆周角的度数等于它所对弧上的圆心角度数的一半；直径所对的圆周角是直角；90°的圆周角所对的弦是直径；圆内接四边形的对角互补。

（4）知道三角形的内心和外心。

（5）了解直线和圆的位置关系，掌握切线的概念，探索切线与过切点的半径的关系，会用三角尺过圆上一点画圆的切线。

（6）＊探索并证明切线长定理：过圆外一点所画的圆的两条切线长相等。

（7）会计算圆的弧长、扇形的面积。

（8）了解正多边形的概念及正多边形与圆的关系。

6. 尺规作图

（1）能用尺规完成以下基本作图：作一条线段等于已知线段；作一个角等于已知角；作一个角的平分线；作一条线段的垂直平分线；过一点作已知直线的垂线。

（2）会利用基本作图作三角形：已知三边、两边及其夹角、两角及其夹边作三角形；已知底边及底边上的高线作等腰三角形；已知一直角边和斜边作直角三角形。

（3）会利用基本作图完成：过不在同一直线上的三点作圆；作三角形的外接圆、内切圆；作圆的内接正方形和正六边形。

（4）在尺规作图中，了解作图的道理，保留作图的痕迹，不要求写出作法。

7. 定义、命题、定理

（1）通过具体实例，了解定义、命题、定理、推论的意义。

（2）结合具体实例，会区分命题的条件和结论，了解原命题及其逆命题的概念。会识别两个互逆的命题，知道原命题成立其逆命题不一定成立。

（3）知道证明的意义和证明的必要性，知道证明要合乎逻辑，知道证明的过程可以有不同的表达形式，会综合法证明的格式。

（4）了解反例的作用，知道利用反例可以判断一个命题是错误的。

（5）通过实例体会反证法的含义。

◆━━━◆ **知识拓展** ◆━━━◆

《义务教育数学课程标准（2011年版）》列出以下9个基本事实，作为义务教育阶段图形性质证明的出发点。

（1）两点确定一条直线。

（2）两点之间线段最短。

（3）过一点有且只有一条直线与这条直线垂直。

（4）两条直线被第三条直线所截，如果同位角相等，那么两直线平行。

（5）过直线外一点有且只有一条直线与这条直线平行。

（6）两边及其夹角分别相等的两个三角形全等。

（7）两角及其夹边分别相等的两个三角形全等。

（8）三边分别相等的两个三角形全等。

（9）两条直线被一组平行线所截,所得的对应线段成比例。

图形的变化

1. 图形的轴对称

（1）通过具体实例了解轴对称的概念,探索它的基本性质:成轴对称的两个图形中,对应点的连线被对称轴垂直平分。

（2）能画出简单平面图形(点、线段、直线、三角形等)关于给定对称轴的对称图形。

（3）了解轴对称图形的概念;探索等腰三角形、矩形、菱形、正多边形、圆的轴对称性质。

（4）认识并欣赏自然界和现实生活中的轴对称图形。

2. 图形的旋转

（1）通过具体实例认识平面图形关于旋转中心的旋转。探索它的基本性质:一个图形和它经过旋转所得到的图形中,对应点到旋转中心距离相等,两组对应点分别与旋转中心连线所成的角相等。

（2）了解中心对称、中心对称图形的概念,探索它的基本性质:成中心对称的两个图形中,对应点的连线经过对称中心,且被对称中心平分。

（3）探索线段、平行四边形、正多边形、圆的中心对称性质。

（4）认识并欣赏自然界和现实生活中的中心对称图形。

3. 图形的平移

（1）通过具体实例认识平移,探索它的基本性质:一个图形和它经过平移所得的图形中,两组对应点的连线平行(或在同一条直线上)且相等。

（2）认识并欣赏平移在自然界和现实生活中的应用。

（3）运用图形的轴对称、旋转、平移进行图案设计。

4. 图形的相似

（1）了解比例的基本性质、线段的比、成比例的线段;通过建筑、艺术上的实例了解黄金分割。

（2）通过具体实例认识图形的相似。了解相似多边形和相似比。

（3）掌握基本事实:两条直线被一组平行线所截,所得的对应线段成比例。

（4）了解相似三角形的判定定理:两角分别相等的两个三角形相似;两边成比例且夹角相等的两个三角形相似;三边成比例的两个三角形相似。 ＊了解相似三角形判定定理的证明。

（5）了解相似三角形的性质定理:相似三角形对应线段的比等于相似比;面积比等于相似比的平方。

（6）了解图形的位似,知道利用位似可以将一个图形放大或缩小。

（7）会利用图形的相似解决一些简单的实际问题。

（8）利用相似的直角三角形,探索并认识锐角三角函数($sinA$,$cosA$,$tanA$),知道 $30°$,$45°$,$60°$ 角的三角函数值。

（9）会使用计算器由已知锐角求它的三角函数值,由已知三角函数值求它的对应锐角。

（10）能用锐角三角函数解直角三角形,能用相关知识解决一些简单的实际问题。

5. 图形的投影

（1）通过丰富的实例,了解中心投影和平行投影的概念。

（2）会画直棱柱、圆柱、圆锥、球的主视图、左视图、俯视图,能判断简单物体的视图,并会根据视图描述简单的几何体。

（3）了解直棱柱、圆锥的侧面展开图,能根据展开图想象和制作实物模型。

（4）通过实例,了解上述视图与展开图在现实生活中的应用。

图形与坐标

1. 坐标与图形位置

（1）结合实例进一步体会用有序数对可以表示物体的位置。

（2）理解平面直角坐标系的有关概念,能画出直角坐标系;在给定的直角坐标系中,能根据坐标描出点的位置、由点的位置写出它的坐标。

（3）在实际问题中,能建立适当的直角坐标系,描述物体的位置。

（4）对给定的正方形,会选择合适的直角坐标系,写出它的顶点坐标,体会可以用坐标刻画一个简单图形。

（5）在平面上,能用方位角和距离刻画两个物体的相对位置。

2. 坐标与图形运动

（1）在直角坐标系中,以坐标轴为对称轴,能写出一个已知顶点坐标的多边形的对称图形的顶点坐标,并知道对应顶点坐标之间的关系。

（2）在直角坐标系中,能写出一个已知顶点坐标的多边形沿坐标轴方向平移后图形的顶点坐标,并知道对应顶点坐标之间的关系。

（3）在直角坐标系中,探索并了解将一个多边形依次沿两个坐标轴方向平移后所得到的图形与原来的图形具有平移关系,体会图形顶点坐标的变化。

（4）在直角坐标系中,探索并了解将一个多边形的顶点坐标(有一个顶点为原点、有一条边在横坐标轴上)分别扩大或缩小相同倍数时所对应的图形与原图形是位似的。

考点3　统计与概率

1. 抽样与数据分析

（1）经历收集、整理、描述和分析数据的活动,了解数据处理的过程;能用计算器处理较为复杂的数据。

（2）体会抽样的必要性,通过实例了解简单随机抽样。

（3）会制作扇形统计图,能用统计图直观、有效地描述数据。

（4）理解平均数的意义,能计算中位数、众数、加权平均数,了解它们是数据集中趋势的描述。

（5）体会刻画数据离散程度的意义,会计算简单数据的方差。

（6）通过实例,了解频数和频数分布的意义,能画频数直方图,能利用频数直方图解释数据中蕴含的信息。

（7）体会样本与总体的关系,知道可以通过样本平均数、样本方差推断总体平均数、总体方差。

（8）能解释统计结果,根据结果作出简单的判断和预测,并能进行交流。

（9）通过表格、折线图、趋势图等,感受随机现象的变化趋势。

2. 事件的概率

（1）能通过列表、画树状图等方法列出简单随机事件所有可能的结果，以及指定事件发生的所有可能结果，了解事件的概率。

（2）知道通过大量地重复试验，可以用频率来估计概率。

考点4　综合与实践

1. 结合实际情境，经历设计解决具体问题的方案，并加以实施的过程，体验建立模型、解决问题的过程，并在此过程中，尝试发现和提出问题。

2. 会反思参与活动的全过程，将研究的过程和结果形成报告或小论文，并能进行交流，进一步获得数学活动经验。

3. 通过对有关问题的探讨，了解所学过知识（包括其他学科知识）之间的关联，进一步理解有关知识，发展应用意识和能力。

七、实施建议

考点1　教学建议

教学活动是师生积极参与、交往互动、共同发展的过程。

数学教学应根据具体的教学内容，注意使学生在获得间接经验的同时也能够有机会获得直接经验。即从学生实际出发，创设有助于学生自主学习的问题情境，引导学生通过实践、思考、探索、交流等，获得数学的基础知识、基本技能、基本思想、基本活动经验，促使学生主动地、富有个性地学习，不断提高发现问题和提出问题的能力、分析问题和解决问题的能力。

在数学教学活动中，教师要把基本理念转化为自己的教学行为，处理好教师讲授与学生自主学习的关系，注重启发学生积极思考；发扬教学民主，当好学生数学活动的组织者、引导者、合作者；激发学生的学习潜能，鼓励学生大胆创新与实践；创造性地使用教材，积极开发、利用各种教学资源，为学生提供丰富多彩的学习素材；关注学生的个体差异，有效地实施有差异的教学，使每个学生都得到充分的发展；合理地运用现代信息技术，有条件的地区，要尽可能合理、有效地使用计算机和有关软件，提高教学效益。

1. 数学教学活动要注重课程目标的整体实现

为使每个学生都受到良好的数学教育，数学教学不仅要使学生获得数学的知识技能，而且要把知识技能、数学思考、问题解决、情感态度四个方面目标有机结合，整体实现课程目标。

课程目标的整体实现需要日积月累。在日常的教学活动中，教师应努力挖掘教学内容中可能蕴含的、与上述四个方面目标有关的教育价值，通过长期的教学过程，逐渐实现课程的整体目标。因此，无论是设计、实施课堂教学方案，还是组织各类教学活动，不仅要重视学生获得知识技能，而且要激发学生的学习兴趣，通过独立思考或者合作交流感悟数学的基本思想，引导学生在参与数学活动的过程中积累基本经验，帮助学生形成认真勤奋、独立思考、合作交流、反思质疑等良好的学习习惯。

例如，关于"零指数"教学方案的设计可做如下考虑：教学目标不仅要包括了解零指数幂的"规定"、会进行简单计算，还要包括感受这个"规定"的合理性，并在这个过程中学会数学思考、感悟理性精神。

2. 重视学生在学习活动中的主体地位

有效的数学教学活动是教师教与学生学的统一,应体现"以人为本"的理念,促进学生的全面发展。

（1）学生是数学学习的主体,在积极参与学习活动的过程中不断得到发展。

学生获得知识,必须建立在自己思考的基础上,可以通过接受学习的方式,也可以通过自主探索等方式;学生应用知识并逐步形成技能,离不开自己的实践;学生在获得知识技能的过程中,只有亲身参与教师精心设计的教学活动,才能在数学思考、问题解决和情感态度方面得到发展。

（2）教师应成为学生学习活动的组织者、引导者、合作者,为学生的发展提供良好的环境和条件。

教师的"组织"作用主要体现在两个方面:第一,教师应当准确把握教学内容的数学实质和学生的实际情况,确定合理的教学目标,设计一个好的教学方案;第二,在教学活动中,教师要选择适当的教学方式,因势利导、适时调控、努力营造师生互动、生生互动、生动活泼的课堂氛围,形成有效的学习活动。

教师的"引导"作用主要体现在:通过恰当的问题,或者准确、清晰、富有启发性的讲授,引导学生积极思考、求知求真,激发学生的好奇心;通过恰当的归纳和示范,使学生理解知识、掌握技能、积累经验、感悟思想;能关注学生的差异,用不同层次的问题或教学手段,引导每一个学生都能积极参与学习活动,提高教学活动的针对性和有效性。

教师与学生的"合作"主要体现在:教师以平等、尊重的态度鼓励学生积极参与教学活动,启发学生共同探索,与学生一起感受成功和挫折、分享发现和成果。

（3）处理好学生主体地位和教师主导作用的关系。

好的教学活动,应是学生主体地位和教师主导作用的和谐统一。一方面,学生主体地位的真正落实,依赖于教师主导作用的有效发挥;另一方面,有效发挥教师主导作用的标志,是学生能够真正成为学习的主体,得到全面的发展。

实行启发式教学有助于落实学生的主体地位和发挥教师的主导作用。教师富有启发性的讲授;创设情境、设计问题,引导学生自主探索、合作交流;组织学生操作实验、观察现象、提出猜想、推理论证等,都能有效地启发学生的思考,使学生成为学习的主体,逐步学会学习。

3. 注重学生对基础知识、基本技能的理解和掌握

"知识技能"既是学生发展的基础性目标,又是落实"数学思考""问题解决""情感态度"目标的载体。

（1）数学知识的教学,应注重学生对所学知识的理解,体会数学知识之间的关联。

学生掌握数学知识,不能依赖死记硬背,而应以理解为基础,并在知识的应用中不断巩固和深化。为了帮助学生真正理解数学知识,教师应注重数学知识与学生生活经验的联系、与学生学科知识的联系,组织学生开展实验、操作、尝试等活动,引导学生进行观察、分析、抽象概括、运用知识进行判断。教师还应揭示知识的数学实质及其体现的数学思想,帮助学生理清相关知识之间的区别和联系等。

数学知识的教学,要注重知识的"生长点"与"延伸点",把每堂课教学的知识置于整体知识的

体系中,注重知识的结构和体系,处理好局部知识与整体知识的关系,引导学生感受数学的整体性,体会对于某些数学知识可以从不同的角度加以分析、从不同的层次进行理解。

（2）在基本技能的教学中,不仅要使学生掌握技能操作的程序和步骤,还要使学生理解程序和步骤的道理。例如,对于整数乘法计算,学生不仅要掌握如何进行计算,而且要知道相应的算理;对于尺规作图,学生不仅要知道作图的步骤,而且要能知道实施这些步骤的理由。

基本技能的形成,需要一定量的训练,但要适度,不能依赖机械地重复操作,要注重训练的实效性。教师应把握技能形成的阶段性,根据内容的要求和学生的实际,分层次地落实。

4. 感悟数学思想、积累数学活动经验

数学思想蕴含在数学知识形成、发展和应用的过程中,是数学知识和方法在更高层次上的抽象与概括,如抽象、分类、归纳、演绎、模型等。学生在积极参与教学活动的过程中,通过独立思考、合作交流,逐步感悟数学思想。

例如,分类是一种重要的数学思想。学习数学的过程中经常会遇到分类问题,如数的分类、图形的分类、代数式的分类、函数的分类等。在研究数学问题中,常常需要通过分类讨论解决问题,分类的过程就是对事物共性的抽象过程。教学活动中,要使学生逐步体会为什么要分类,如何分类,如何确定分类的标准,在分类的过程中如何认识对象的性质,如何区别不同对象的不同性质。通过多次反复的思考和长时间的积累,使学生逐步感悟分类是一种重要的思想。学会分类,可以有助于学习新的数学知识,有助于分析和解决新的数学问题。

数学活动经验的积累是提高学生数学素养的重要标志。帮助学生积累数学活动经验是数学教学的重要目标,是学生不断经历、体验各种数学活动过程的结果。数学活动经验需要在"做"的过程和"思考"的过程中积淀,是在数学学习活动过程中逐步积累的。

教学中注重结合具体的学习内容,设计有效的数学探究活动,使学生经历数学的发生发展过程,是学生积累数学活动经验的重要途径。

例如,在统计教学中,设计有效的统计活动,使学生经历完整的统计过程,包括收集数据、整理数据、展示数据、从数据中提取信息,并利用这些信息说明问题。学生在这样的过程中,不断积累统计活动经验,加深理解统计思想与方法。

"综合与实践"是积累数学活动经验的重要载体。在经历具体的"综合与实践"问题的过程中,引导学生体验如何发现问题,如何选择适合自己完成的问题,如何把实际问题变成数学问题,如何有效地呈现实践的成果,让别人体会自己成果的价值。通过这样的教学活动,学生会逐步积累运用数学解决问题的经验。

5. 关注学生情感态度的发展

根据课程目标,广大教师要把落实情感态度的目标作为己任,努力把情感态度目标有机地融合在数学教学过程之中。设计教学方案、进行课堂教学活动时,应当经常考虑如下问题:

如何引导学生积极参与教学过程?

如何组织学生探索,鼓励学生创新?

如何引导学生感受数学的价值?

如何使他们愿意学,喜欢学,对数学感兴趣?

如何让学生体验成功的喜悦,从而增强自信心?

如何引导学生善于与同伴合作交流,既能理解、尊重他人的意见,又能独立思考、大胆质疑?

如何让学生做自己能做的事,并对自己做的事情负责?

如何帮助学生锻炼克服困难的意志?

如何培养学生良好的学习习惯?

在教育教学活动中,教师要尊重学生,以强烈的责任心、严谨的治学态度、健全的人格感染和影响学生;要不断提高自身的数学素养,善于挖掘教学内容的教育价值;要在教学实践中善于用《义务教育数学课程标准(2011 年版)》的理念分析各种现象,恰当地进行养成教育。

6. 合理把握"综合与实践"的实施

"综合与实践"的实施是以问题为载体、以学生自主参与为主的学习活动。它有别于学习具体知识的探索活动,更有别于课堂上教师的直接讲授。它是教师通过问题引领、学生全程参与、实践过程相对完整的学习活动。

积累数学活动经验、培养学生应用意识和创新意识是数学课程的重要目标,应贯穿整个数学课程之中。"综合与实践"是实现这些目标的重要和有效的载体。"综合与实践"的教学,重在实践、重在综合。重在实践是指在活动中,注重学生自主参与、全过程参与,重视学生积极动脑、动手、动口。重在综合是指在活动中,注重数学与生活实际、数学与其他学科、数学内部知识的联系和综合应用。

教师在教学设计和实施时应特别关注的几个环节是问题的选择,问题的展开过程,学生参与的方式,学生的合作交流,活动过程和结果的展示与评价等。

要使学生能充分、自主地参与"综合与实践"活动,选择恰当的问题是关键。这些问题既可来自教材,也可以由教师、学生开发。提倡教师研制、开发、生成出更多适合本地学生特点的且有利于实现"综合与实践"课程目标的好问题。

实施"综合与实践"时,教师要放手让学生参与,启发和引导学生进入角色,组织好学生之间的合作交流,并照顾到所有的学生。教师不仅要关注结果,更要关注过程,不要急于求成,要鼓励引导学生充分利用"综合与实践"的过程,积累活动经验、展现思考过程、交流收获体会、激发创造潜能。

在实施过程中,教师要注意观察、积累、分析、反思,使"综合与实践"的实施成为提高教师自身和学生素质的互动过程。

教师应该根据不同学段学生的年龄特征和认知水平,根据学段目标,合理设计并组织实施"综合与实践"活动。

7. 教学中应当注意的几个关系

(1) 面向全体学生与关注学生个体差异的关系

教学活动应努力使全体学生达到课程目标的基本要求,同时要关注学生的个体差异,促进每个学生在原有基础上的发展。

对于学习有困难的学生,教师要给予及时的关注与帮助,鼓励他们主动参与数学学习活动,并尝试用自己的方式解决问题、发表自己的看法,要及时地肯定他们的点滴进步,耐心地引导他们分析产生困难或错误的原因,并鼓励他们自己去改正,从而增强学习数学的兴趣和信心。对于学有余力并对数学有兴趣的学生,教师要为他们提供足够的材料和思维空间,指导他们阅读,发展他们的数学才能。

在教学活动中,要鼓励与提倡解决问题策略的多样化,恰当评价学生在解决问题过程中所表现出的不同水平;问题情境的设计、教学过程的展开、练习的安排等要尽可能地让所有学生都能主动参与,提出各自解决问题的策略,并引导学生通过与他人的交流选择合适的策略,丰富数学活动的经验,提高思维水平。

(2)"预设"与"生成"的关系

教学方案是教师对教学过程的"预设",教学方案的形成依赖于教师对教材的理解、钻研和再创造。理解和钻研教材,应以《义务教育数学课程标准(2011年版)》为依据,把握好教材的编写意图和教学内容的教育价值。对教材的再创造,集中表现在:能根据所教班级学生的实际情况,选择贴切的教学素材和教学流程,准确地体现基本理念和内容标准规定的要求。

实施教学方案,是把"预设"转化为实际的教学活动。在这个过程中,师生双方的互动往往会"生成"一些新的教学资源,这就需要教师能够及时把握,因势利导,适时调整预案,使教学活动收到更好的效果。

(3)合情推理与演绎推理的关系

推理贯穿于数学教学的始终,推理能力的形成和提高需要一个长期的、循序渐进的过程。义务教育阶段要注重学生思考的条理性,不要过分强调推理的形式。

推理包括合情推理和演绎推理。教师在教学过程中,应该设计适当的学习活动,引导学生通过观察、尝试、估算、归纳、类比、画图等活动发现一些规律,猜测某些结论,发展合情推理能力;通过实例使学生逐步意识到,结论的正确性需要演绎推理的确认,可以根据学生的年龄特征提出不同程度的要求。

在第三学段中,应把证明作为探索活动的自然延续和必要发展,使学生知道合情推理与演绎推理是相辅相成的两种推理形式。"证明"的教学应关注学生对证明必要性的感受,对证明基本方法的掌握和证明过程的体验。证明命题时,应要求证明过程及其表述符合逻辑,清晰而有条理。此外,还可以恰当地引导学生探索证明同一命题的不同思路和方法,进行比较和讨论,激发学生对数学证明的兴趣,发展学生思维的广阔性和灵活性。

(4)使用现代信息技术与教学手段多样化的关系

积极开发和有效利用各种课程资源,合理地应用现代信息技术,注重信息技术与课程内容的整合,能有效地改变教学方式,提高课堂教学的效益。有条件的地区,教学中要尽可能地使用计算器、计算机以及有关软件;暂时没有这种条件的地区,一方面要积极创造条件改善教学设施,另一方面广大教师应努力自制教具以弥补教学设施的不足。

在学生理解并能正确应用公式、法则进行计算的基础上,鼓励学生用计算器完成较为繁杂的计算。课堂教学、课外作业、实践活动中,应当根据内容标准的要求,允许学生使用计算器,还应当鼓励学生用计算器进行探索规律等活动。

现代信息技术的作用不能完全替代原有的教学手段,其真正价值在于实现原有的教学手段难以达到甚至达不到的效果。例如,利用计算机展示函数图像、几何图形的运动变化过程;从数据库中获得数据,绘制合适的统计图表;利用计算机的随机模拟结果,引导学生更好地理解随机事件以及随机事件发生的概率等等。在应用现代信息技术的同时,教师还应注重课堂教学的板书设计。必要的板书有利于实现学生的思维与教学过程同步,有助于学生更好地把握教学内容的脉络。

【2020年初中真题】《义务教育数学课程标准(2011年版)》指出,教学中应当注意几个重要关系,其中不包括( )的关系。

A. 合情推理与演绎推理　　　　　　　B. "预设"与"生成"

C. 面向全体学生与关注学生个体差异　D. 理论与实践

【答案】D。

视频讲解

考点2　评价建议

评价的主要目的是全面了解学生数学学习的过程和结果,激励学生学习和改进教师教学。评价应以课程目标和课程内容为依据,体现数学课程的基本理念,全面评价学生在知识技能、数学思考、问题解决和情感态度等方面的表现。

评价不仅要关注学生的学习结果,更要关注学生在学习过程中的发展和变化。应采用多样化的评价方式,恰当呈现并合理利用评价结果,发挥评价的激励作用,保护学生的自尊心和自信心。通过评价得到的信息,可以了解学生数学学习达到的水平和存在的问题,帮助教师进行总结与反思,调整和改进教学内容与教学过程。

考点3　教材编写建议

数学教材为学生的数学学习活动提供了学习主题、基本线索和知识结构,是实现数学课程目标、实施数学教学的重要资源。

数学教材的编写应以《义务教育数学课程标准(2011年版)》为依据。教材编写要努力凸显特色,积极探索教材的多样化。教材所选择的学习素材应尽量与学生的生活现实、数学现实、其他学科现实相联系,应有利于加深学生对所要学习内容的数学理解。教材内容的呈现要体现数学知识的整体性,体现重要的数学知识和方法的产生、发展和应用过程;应引导学生进行自主探索与合作交流,并关注对学生人文精神的培养;教材的编写要有利于调动教师的主动性和积极性,有利于教师进行创造性教学。

课程内容是按照学段制订的,并未规定学习内容的呈现顺序。因此,教材可以在不违背数学知识逻辑关系的基础上,根据学生的数学学习认知规律、知识背景和活动经验,合理地安排学习内容,形成自己的编排体系,体现出自己的风格和特色。

教材编写应体现以下风格和特色:

1. 教材编写应体现科学性;

2. 教材编写应体现整体性;

3. 教材内容的呈现应体现过程性;

4. 呈现内容的素材应贴近学生现实;

5. 教材内容设计要有一定的弹性;

6. 教材编写要体现可读性。

考点4　课程资源开发与利用建议

数学课程资源是指应用于教与学活动中的各种资源。主要包括文本资源 —— 如教科书、教师用书、教与学的辅助用书、教学挂图等;信息技术资源 —— 如网络、数学软件、多媒体光盘等;社会教育资源 —— 如教育与学科专家,图书馆、少年宫、博物馆、报纸杂志、电视广播等;环境与工具 —— 如日常生活环境中的数学信息,用于操作的学具或教具,数学实验室等;生成性资源 —— 如教学活动中提出的问题、学生的作品、学生学习过程中出现的问题、课堂实录等。

数学教学过程中恰当地使用数学课程资源,将在很大程度上提高学生从事数学活动的水平和教师从事教学活动的质量。教材编写者、教学研究人员、教师和有关人员应依据《义务教育数学课程标准(2011年版)》,有意识、有目的地开发和利用各种课程资源。

◆ 知识拓展 ◆

课程资源一般包括以下几类:

(1)文本资源;(2)信息技术资源;(3)社会教育资源;(4)环境与工具;(5)生成性资源。

第二节 《普通高中数学课程标准（2017年版2020年修订）》（节选）

一、课程性质与基本理念

考点1 课程性质

数学是研究数量关系和空间形式的一门科学。数学源于对现实世界的抽象,基于抽象结构,通过符号运算、形式推理、模型构建等,理解和表达现实世界中事物的本质、关系和规律。数学与人类生活和社会发展紧密关联。数学不仅是运算和推理的工具,还是表达和交流的语言。数学承载着思想和文化,是人类文明的重要组成部分。数学是自然科学的重要基础,并且在社会科学中发挥越来越大的作用,数学的应用已渗透到现代社会及人们日常生活的各个方面。随着现代科学技术特别是计算机科学、人工智能的迅猛发展,人们获取数据和处理数据的能力都得到很大的提升,伴随着大数据时代的到来,人们常常需要对网络、文本、声音、图像等反映的信息进行数字化处理,这使数学的研究领域与应用领域得到极大拓展。数学直接为社会创造价值,推动社会生产力的发展。

数学在形成人的理性思维、科学精神和促进个人智力发展的过程中发挥着不可替代的作用。数学素养是现代社会每一个人应该具备的基本素养。

数学教育承载着落实立德树人根本任务、发展素质教育的功能。数学教育帮助学生掌握现代生活和进一步学习所必需的数学知识、技能、思想和方法;提升学生的数学素养,引导学生会用数学眼光观察世界,会用数学思维思考世界,会用数学语言表达世界;促进学生思维能力、实践能力和创新意识的发展,探寻事物变化规律,增强社会责任感;在学生形成正确人生观、价值观、世界观等方面发挥独特作用。

高中数学课程是义务教育阶段后普通高级中学的主要课程,具有基础性、选择性和发展性。必修课程面向全体学生,构建共同基础;选择性必修课程、选修课程充分考虑学生的不同成长需求,提供多样性的课程供学生自主选择;高中数学课程为学生的可持续发展和终身学习创造条件。

考点2　基本理念

1. 学生发展为本,立德树人,提升素养

高中数学课程以学生发展为本,落实立德树人根本任务,培育科学精神和创新意识,提升数学学科核心素养。高中数学课程面向全体学生,实现人人都能获得良好的数学教育,不同的人在数学上得到不同的发展。

2. 优化课程结构,突出主线,精选内容

高中数学课程体现社会发展的需求、数学学科的特征和学生的认知规律,发展学生数学学科核心素养。优化课程结构,为学生发展提供共同基础和多样化选择;突出数学主线,凸显数学的内在逻辑和思想方法;精选课程内容,处理好数学学科核心素养与知识技能之间的关系,强调数学与生活以及其他学科的联系,提升学生应用数学解决实际问题的能力,同时注重数学文化的渗透。

3. 把握数学本质,启发思考,改进教学

高中数学教学以发展学生数学学科核心素养为导向,创设合适的教学情境,启发学生思考,引导学生把握数学内容的本质。提倡独立思考、自主学习、合作交流等多种学习方式,激发学习数学的兴趣,养成良好的学习习惯,促进学生实践能力和创新意识的发展。注重信息技术与数学课程的深度融合,提高教学的实效性。不断引导学生感悟数学的科学价值、应用价值、文化价值和审美价值。

4. 重视过程评价,聚焦素养,提高质量

高中数学学习评价关注学生知识技能的掌握,更关注数学学科核心素养的形成和发展,制定科学合理的学业质量要求,促进学生在不同学习阶段数学学科核心素养水平的达成。评价既要关注学生学习的结果,更要重视学生学习的过程。开发合理的评价工具,将知识技能的掌握与数学学科核心素养的达成有机结合,建立目标多元、方式多样、重视过程的评价体系。通过评价,提高学生学习兴趣,帮助学生认识自我,增强自信;帮助教师改进教学,提高质量。

二、学科核心素养与课程目标

考点1　学科核心素养

学科核心素养是育人价值的集中体现,是学生通过学科学习而逐步形成的正确价值观念、必备品格和关键能力。数学学科核心素养是数学课程目标的集中体现,是具有数学基本特征的思维品质、关键能力以及情感、态度与价值观的综合体现,是在数学学习和应用的过程中逐步形成和发展的。数学学科核心素养包括数学抽象、逻辑推理、数学建模、直观想象、数学运算和数据分析。这些数学学科核心素养既相对独立、又相互交融,是一个有机的整体。

考题再现

【2021年高中真题】数学学科(　　)是数学课程目标的集中体现,是具有数学基本特征的思维品质、关键能力以及情感、态度与价值观的综合体现,是在数学学习和应用的过程中逐步形成和发展的。

A. 核心素养　　　　B. 课程安排　　　　C. 教学重点　　　　D. 评价体系

【答案】A。

视频讲解

1. 数学抽象

数学抽象是指通过对数量关系与空间形式的抽象,得到数学研究对象的素养。主要包括从数量与数量关系、图形与图形关系中抽象出数学概念及概念之间的关系,从事物的具体背景中抽象出一般规律和结构,并用数学语言予以表征。

数学抽象是数学的基本思想,是形成理性思维的重要基础,反映了数学的本质特征,贯穿在数学产生、发展、应用的过程中。数学抽象使得数学成为高度概括、表达准确、结论一般、有序多级的系统。

数学抽象主要表现为获得数学概念和规则,提出数学命题和模型,形成数学方法与思想,认识数学结构与体系。

通过高中数学课程的学习,学生能在情境中抽象出数学概念、命题、方法和体系,积累从具体到抽象的活动经验;养成在日常生活和实践中一般性思考问题的习惯,把握事物的本质,以简驭繁;运用数学抽象的思维方式思考并解决问题。

2. 逻辑推理

逻辑推理是指从一些事实和命题出发,依据规则推出其他命题的素养。主要包括两类:一类是从特殊到一般的推理,推理形式主要有归纳、类比;一类是从一般到特殊的推理,推理形式主要有演绎。

逻辑推理是得到数学结论、构建数学体系的重要方式,是数学严谨性的基本保证,是人们在数学活动中进行交流的基本思维品质。

逻辑推理主要表现为掌握推理基本形式和规则,发现问题和提出命题,探索和表述论证过程,理解命题体系,有逻辑地表达与交流。

通过高中数学课程的学习,学生能掌握逻辑推理的基本形式,学会有逻辑地思考问题;能够在比较复杂的情境中把握事物之间的关联,把握事物发展的脉络;形成重论据、有条理、合乎逻辑的思维品质和理性精神,增强交流能力。

考题再现

【2021年高中真题】(　　)是指从一些事实和命题出发,依据规则推出其他命题的素养。主要包括两类:一类是从特殊到一般的推理,推理形式主要有归纳、类比,一类是从一般到特殊的推理,推理形式主要有演绎。

A. 符号运算　　　　　B. 逻辑推理　　　　　C. 空间想象　　　　　D. 创新意识

【答案】B。

视频讲解

3. 数学建模

数学建模是对现实问题进行数学抽象,用数学语言表达问题、用数学方法构建模型解决问题的素养。数学建模过程主要包括在实际情境中从数学的视角发现问题、提出问题、分析问题、建立模型、确定参数、计算求解、检验结果、改进模型、最终解决实际问题。

数学模型搭建了数学与外部世界联系的桥梁,是数学应用的重要形式。数学建模是应用数学解决实际问题的基本手段,也是推动数学发展的动力。

数学建模主要表现为发现和提出问题,建立和求解模型,检验和完善模型,分析和解决问题。

通过高中数学课程的学习,学生能有意识地用数学语言表达现实世界,发现和提出问题,感悟数学与现实之间的关联;学会用数学模型解决实际问题,积累数学实践的经验;认识数学模型在科学、社会、工程技术诸多领域的作用,提升实践能力,增强创新意识和科学精神。

4. 直观想象

直观想象是指借助几何直观和空间想象感知事物的形态与变化,利用空间形式特别是图形,理解和解决数学问题的素养。主要包括借助空间形式认识事物的位置关系、形态变化与运动规律;利用图形描述、分析数学问题;建立形与数的联系,构建数学问题的直观模型,探索解决问题的思路。

直观想象是发现和提出问题、分析和解决问题的重要手段,是探索和形成论证思路、进行数学推理、构建抽象结构的思维基础。

直观想象主要表现为建立形与数的联系,利用几何图形描述问题,借助几何直观理解问题,运用空间想象认识事物。

通过高中数学课程的学习,学生能提升数形结合的能力,发展几何直观和空间想象能力;增强运用几何直观和空间想象思考问题的意识;形成数学直观,在具体的情境中感悟事物的本质。

5. 数学运算

数学运算是指在明晰运算对象的基础上,依据运算法则解决数学问题的素养。主要包括理解运算对象,掌握运算法则,探究运算思路,选择运算方法,设计运算程序,求得运算结果等。

数学运算是解决数学问题的基本手段。数学运算是演绎推理,是计算机解决问题的基础。

数学运算主要表现为理解运算对象,掌握运算法则,探究运算思路,求得运算结果。

通过高中数学课程的学习,学生能进一步发展数学运算能力;有效借助运算方法解决实际问题;通过运算促进数学思维发展,形成规范化思考问题的品质,养成一丝不苟、严谨求实的科学精神。

6. 数据分析

数据分析是指针对研究对象获取数据,运用数学方法对数据进行整理、分析和推断,形成关于研究对象知识的素养。数据分析过程主要包括收集数据,整理数据,提取信息,构建模型,进行推断,获得结论。

数据分析是研究随机现象的重要数学技术,是大数据时代数学应用的主要方法,也是"互联网 +"相关领域的主要数学方法,数据分析已经深入到科学、技术、工程和现代社会生活的各个方面。

数据分析主要表现为收集和整理数据,理解和处理数据,获得和解释结论,概括和形成知识。

通过高中数学课程的学习,学生能提升获取有价值信息并进行定量分析的意识和能力;适应数字化学习的需要,增强基于数据表达现实问题的意识,形成通过数据认识事物的思维品质;积累依托数据探索事物本质、关联和规律的活动经验。

考点 2　课程目标

通过高中数学课程的学习,学生能获得进一步学习以及未来发展所必需的数学基础知识、基本技能、基本思想、基本活动经验(简称"四基");提高从数学角度发现和提出问题的能力、分析和解决问题的能力(简称"四能")。

在学习数学和应用数学的过程中,学生能发展数学抽象、逻辑推理、数学建模、直观想象、数学运算、数据分析等数学学科核心素养。

通过高中数学课程的学习,学生能提高学习数学的兴趣,增强学好数学的自信心,养成良好的数学学习习惯,发展自主学习的能力;树立敢于质疑、善于思考、严谨求实的科学精神;不断提高实践能力,提升创新意识;认识数学的科学价值、应用价值、文化价值和审美价值。

三、课程结构

考点1　设计依据

1. 依据高中数学课程理念,实现"人人都能获得良好的数学教育,不同的人在数学上得到不同的发展",促进学生数学学科核心素养的形成和发展。

2. 依据高中课程方案,借鉴国际经验,体现课程改革成果,调整课程结构,改进学业质量评价。

3. 依据高中数学课程性质,体现课程的基础性、选择性和发展性,为全体学生提供共同基础,为满足学生的不同志趣和发展提供丰富多样的课程。

4. 依据数学学科特点,关注数学逻辑体系、内容主线、知识之间的关联,重视数学实践和数学文化。

考点2　结构

高中数学课程分为必修课程、选择性必修课程和选修课程。高中数学课程内容突出函数、几何与代数、概率与统计、数学建模活动与数学探究活动四条主线,它们贯穿必修、选择性必修和选修课程。数学文化融入课程内容。高中数学课程结构如图3-1-1所示。

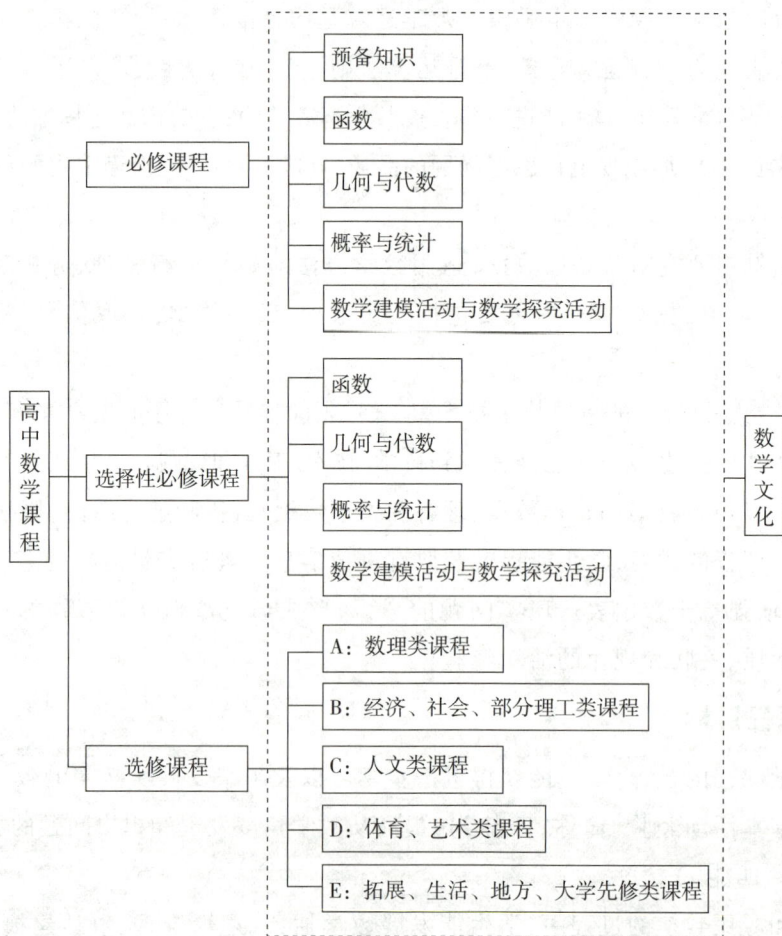

图 3-1-1

说明:数学文化是指数学的思想、精神、语言、方法、观点,以及它们的形成和发展;还包括数学在人类生活、科学技术、社会发展中的贡献和意义,以及与数学相关的人文活动。

考点3　学分与选课

1. 学分设置

必修课程 8 学分,选择性必修课程 6 学分,选修课程 6 学分。

选修课程的分类、内容及学分如下。

A 类课程包括微积分、空间向量与代数、概率与统计三个专题,其中微积分 2.5 学分,空间向量与代数 2 学分,概率与统计 1.5 学分。供有志于学习数理类(如数学、物理、计算机、精密仪器等)专业的学生选择。

B 类课程包括微积分、空间向量与代数、应用统计、模型四个专题,其中微积分 2 学分,空间向量与代数 1 学分,应用统计 2 学分,模型 1 学分。供有志于学习经济、社会类(如数理经济、社会学等)和部分理工类(如化学、生物、机械等)专业的学生选择。

C 类课程包括逻辑推理初步、数学模型、社会调查与数据分析三个专题,每个专题 2 学分。供有志于学习人文类(如语言、历史等)专业的学生选择。

D 类课程包括美与数学、音乐中的数学、美术中的数学、体育运动中的数学四个专题,每个专题 1 学分。供有志于学习体育、艺术(包括音乐、美术)类等专业的学生选择。

E 类课程包括拓展视野、日常生活、地方特色的数学课程,还包括大学数学先修课程等。大学数学先修课程包括三个专题:微积分、解析几何与线性代数、概率论与数理统计,每个专题 6 学分。

2. 课程定位

必修课程为学生发展提供共同基础,是高中毕业的数学学业水平考试的内容要求,也是高考的内容要求。

选择性必修课程是供学生选择的课程,也是高考的内容要求。

选修课程为学生确定发展方向提供引导,为学生展示数学才能提供平台,为学生发展数学兴趣提供选择,为大学自主招生提供参考。

3. 选课说明

如果学生以高中毕业为目标,可以只学习必修课程,参加高中毕业的数学学业水平考试。

如果学生计划通过参加高考进入高等学校学习,必须学习必修课程和选择性必修课程。参加数学高考。

如果学生在上述选择的基础上,还希望多学习一些数学课程,可以在选择性必修课程或选修课程中,根据自身未来发展的需求进行选择。

在选修课程中可以选择某一类课程,例如,A 类课程;也可以选择某类课程中的某个专题,例如,E 类大学先修课程中的微积分;还可以选择某些专题的组合,例如,D 类课程中的美与数学、C 类课程中的社会调查与数据分析等。

四、课程内容

考点 1　必修课程

必修课程包括五个主题,分别是预备知识、函数、几何与代数、概率与统计、数学建模活动与数学探究活动。数学文化融入课程内容。

必修课程共 8 学分 144 课时,表 3－1－2 给出了课时分配建议,教材编写、教学实施时可以根据实际作适当调整。

表 3－1－2　必修课程课时分配建议表

主题	单元	建议课时
主题一 预备知识	集合	18
	常用逻辑用语	
	相等关系与不等关系	
	从函数观点看一元二次方程和一元二次不等式	
主题二 函数	函数概念与性质	52
	幂函数、指数函数、对数函数	
	三角函数	
	函数应用	
主题三 几何与代数	平面向量及其应用	42
	复数	
	立体几何初步	
主题四 概率与统计	概率	20
	统计	
主题五 数学建模活动与数学探究活动	数学建模活动与数学探究活动	6
机动		6

主题一　预备知识

以义务教育阶段数学课程内容为载体,结合集合、常用逻辑用语、相等关系与不等关系、从函数观点看一元二次方程和一元二次不等式等内容的学习,为高中数学课程做好学习心理、学习方式和知识技能等方面的准备,帮助学生完成初高中数学学习的过渡。

【内容要求】

内容包括:集合、常用逻辑用语、相等关系与不等关系、从函数观点看一元二次方程和一元二次不等式。

1.集合

在高中数学课程中,集合是刻画一类事物的语言和工具。本单元的学习,可以帮助学生使用集合的语言简洁、准确地表述数学的研究对象,学会用数学的语言表达和交流,积累数学抽象的经验。

内容包括:集合的概念与表示、集合的基本关系、集合的基本运算。

2. 常用逻辑用语

常用逻辑用语是数学语言的重要组成部分,是数学表达和交流的工具,是逻辑思维的基本语言。本单元的学习,可以帮助学生使用常用逻辑用语表达数学对象,进行数学推理,体会常用逻辑用语在表述数学内容和论证数学结论中的作用,提高交流的严谨性与准确性。

内容包括:必要条件、充分条件、充要条件,全称量词与存在量词,全称量词命题与存在量词命题的否定。

3. 相等关系与不等关系

相等关系、不等关系是数学中最基本的数量关系,是构建方程、不等式的基础。本单元的学习,可以帮助学生通过类比,理解等式和不等式的共性与差异,掌握基本不等式。

内容包括:等式与不等式的性质、基本不等式。

4. 从函数观点看一元二次方程和一元二次不等式

用函数理解方程和不等式是数学的基本思想方法。本单元的学习,可以帮助学生用一元二次函数认识一元二次方程和一元二次不等式。通过梳理初中数学的相关内容,理解函数、方程和不等式之间的联系,体会数学的整体性。

内容包括:从函数观点看一元二次方程、从函数观点看一元二次不等式。

【教学提示】

初中阶段数学知识相对具体,高中阶段数学知识相对抽象。教师应针对这一特征帮助学生完成从初中到高中数学学习的过渡,包括知识与技能、方法与习惯、能力与态度等方面。

在集合、常用逻辑用语的教学中,教师应创设合适的教学情境,以义务教育阶段学过的数学内容为载体,引导学生用集合语言和常用逻辑用语梳理、表达学过的相应数学内容。应引导学生理解属于关系是集合的基本关系,了解元素 A 与由元素 A 组成的集合 $\{A\}$ 的差异,即 $A \in \{A\}$,A 与 $\{A\}$ 不相同。在梳理过程中,可以针对学生的实际布置不同的任务,采用自主学习与合作学习相结合的方式组织教学活动。

在相等关系与不等关系的教学中,应引导学生通过类比学过的等式与不等式的性质,进一步探索等式与不等式的共性与差异。

在从函数观点看一元二次方程和一元二次不等式的教学中,可以先以讨论具体的一元二次函数变化情况为情境,引导学生发现一元二次函数与一元二次方程的关系,引出一元二次不等式概念;然后进一步引导学生探索一般的一元二次函数与一元二次方程、一元二次不等式的关系,归纳总结出用一元二次函数解一元二次不等式的程序。

教学中,要根据内容的定位和教育价值,关注数学学科核心素养的培养。要让学生逐渐养成借助直观理解概念,进行逻辑推理的思维习惯,以及独立思考、合作交流的学习习惯,引导学生感悟高中阶段数学课程的特征,适应高中阶段的数学学习。

【学业要求】

能够在现实情境或数学情境中,概括出数学对象的一般特征,并用集合语言予以表达。初步学会用三种语言（自然语言、图形语言、符号语言）表达数学研究对象,并能进行转换。掌握集合的基本关系与基本运算。

能够借助常用逻辑用语进行数学表达、论证和交流,体会常用逻辑用语在数学中的作用。

能够从函数的观点认识方程和不等式,感悟数学知识之间的关联,认识函数的重要性。掌握等式与不等式的性质。

重点提升数学抽象、逻辑推理和数学运算素养。

主题二   函数

函数是现代数学中最基本的概念,是描述客观世界中变量关系和规律的最为基本的数学语言和工具,在解决实际问题中发挥重要作用。函数是贯穿高中数学课程的主线。

【内容要求】

内容包括:函数概念与性质,幂函数、指数函数、对数函数,三角函数,函数应用。

1. 函数概念与性质

本单元的学习,可以帮助学生建立完整的函数概念,不仅把函数理解为刻画变量之间依赖关系的数学语言和工具,也把函数理解为实数集合之间的对应关系;能用代数运算和函数图像揭示函数的主要性质;在现实问题中,能利用函数构建模型,解决问题。

内容包括:函数概念、函数性质、＊函数的形成与发展。

2. 幂函数、指数函数、对数函数

幂函数、指数函数与对数函数是最基本的、应用最广泛的函数,是进一步研究数学的基础。本单元的学习,可以帮助学生学会用函数图像和代数运算的方法研究这些函数的性质;理解这些函数中所蕴含的运算规律;运用这些函数建立模型,解决简单的实际问题,体会这些函数在解决实际问题中的作用。

内容包括:幂函数、指数函数、对数函数。

3. 三角函数

三角函数是一类最典型的周期函数。本单元的学习,可以帮助学生在用锐角三角函数刻画直角三角形中边角关系的基础上,借助单位圆建立一般三角函数的概念,体会引入弧度制的必要性;用几何直观和代数运算的方法研究三角函数的周期性、奇偶性(对称性)、单调性和最大(小)值等性质;探索和研究三角函数之间的一些恒等关系;利用三角函数构建数学模型,解决实际问题。

内容包括:角与弧度、三角函数概念和性质、同角三角函数的基本关系式、三角恒等变换、三角函数应用。

4. 函数应用

函数应用不仅体现在用函数解决数学问题,更重要的是用函数解决实际问题。本单元的学习,可以帮助学生掌握运用函数性质求方程近似解的基本方法(二分法);理解用函数构建数学模型的基本过程;运用模型思想发现和提出、分析和解决问题。

内容包括:二分法与求方程近似解、函数与数学模型。

【教学提示】

教师应把本主题的内容视为一个整体,引导学生从变量之间的依赖关系、实数集合之间的对应

关系、函数图像的几何直观等角度整体认识函数概念;通过梳理函数的单调性、周期性、奇偶性(对称性)、最大(小)值等,认识函数的整体性质;经历运用函数解决实际问题的全过程。

函数概念的引入,可以用学生熟悉的例子为背景进行抽象。例如,可以从学生已知的、基于变量关系的函数定义入手,引导学生通过生活或数学中的问题,构建函数的一般概念,体会用对应关系定义函数的必要性,感悟数学抽象的层次。

函数单调性的教学,要引导学生正确使用符号语言清晰地刻画函数的性质。在函数定义域、值域以及函数性质的教学过程中,应避免编制偏题、怪题,避免繁琐的技巧训练。

指数函数的教学,应关注指数函数的运算法则和变化规律,引导学生经历从整数指数幂到有理数指数幂、再到实数指数幂的拓展过程,掌握指数函数的运算法则和变化规律。

对数函数的教学,应通过比较同底数的指数函数和对数函数(例如 $y = 2^x$ 和 $y = \log_2 x$),认识它们互为反函数。

三角函数的教学,应发挥单位圆的作用,引导学生结合实际情境,借助单位圆的直观,探索三角函数的有关性质。在三角恒等变换的教学中,可以采用不同的方式得到三角恒等变换基本公式;也可以在向量的学习中,引导学生利用向量的数量积推导出两角差的余弦公式。

函数应用的教学,要引导学生理解如何用函数描述客观世界事物的变化规律,体会幂函数、指数函数、对数函数、三角函数等函数与现实世界的密切联系。

鼓励学生运用信息技术学习、探索和解决问题。例如,利用计算器、计算机画出幂函数、指数函数、对数函数、三角函数等的图像,探索、比较它们的变化规律,研究函数的性质,求方程的近似解等。

可以组织学生收集、阅读函数的形成与发展的历史资料,结合内容撰写报告,论述函数发展的过程、重要结果、主要人物、关键事件及其对人类文明的贡献。

【学业要求】

能够从两个变量之间的依赖关系、实数集合之间的对应关系、函数图像的几何直观等多个角度,理解函数的意义与数学表达;理解函数符号表达与抽象定义之间的关联,知道函数抽象概念的意义。

能够理解函数的单调性、最大(小)值,了解函数的奇偶性、周期性;掌握一些基本函数类(一元一次函数、反比例函数、一元二次函数、幂函数、指数函数、对数函数、三角函数等)的背景、概念和性质。

能够对简单的实际问题,选择适当的函数构建数学模型,解决问题;能够从函数观点认识方程,并运用函数的性质求方程的近似解;能够从函数观点认识不等式,并运用函数的性质解不等式。

重点提升数学抽象、数学建模、数学运算、直观想象和逻辑推理素养。

主题三   几何与代数

几何与代数是高中数学课程的主线之一。在必修课程与选择性必修课程中,突出几何直观与代数运算之间的融合,即通过形与数的结合,感悟数学知识之间的关联,加强对数学整体性的理解。

【内容要求】

内容包括:平面向量及其应用、复数、立体几何初步。

1. 平面向量及其应用

向量理论具有深刻的数学内涵、丰富的物理背景。向量既是代数研究对象,也是几何研究对象,是沟通几何与代数的桥梁。向量是描述直线、曲线、平面、曲面以及高维空间数学问题的基本工具,是进一步学习和研究其他数学领域问题的基础,在解决实际问题中发挥重要作用。本单元的学习,可以帮助学生理解平面向量的几何意义和代数意义;掌握平面向量的概念、运算、向量基本定理以及向量的应用;用向量语言、方法表述和解决现实生活、数学和物理中的问题。

内容包括:向量概念、向量运算、向量基本定理及坐标表示、向量应用。

2. 复数

复数是一类重要的运算对象,有广泛的应用。本单元的学习,可以帮助学生通过方程求解,理解引入复数的必要性,了解数系的扩充,掌握复数的表示、运算及其几何意义。

内容包括:复数的概念、复数的运算、* 复数的三角表示。

3. 立体几何初步

立体几何研究现实世界中物体的形状、大小与位置关系。本单元的学习,可以帮助学生以长方体为载体,认识和理解空间点、直线、平面的位置关系;用数学语言表述有关平行、垂直的性质与判定,并对某些结论进行论证;了解一些简单几何体的表面积与体积的计算方法;运用直观感知、操作确认、推理论证、度量计算等认识和探索空间图形的性质,建立空间观念。

内容包括:基本立体图形、基本图形位置关系、* 几何学的发展。

【教学提示】

在平面向量及其应用的教学中,应从力、速度、加速度等实际情境入手,从物理、几何、代数三个角度理解向量的概念与运算法则,引导学生运用类比的方法探索实数运算与向量运算的共性与差异,可以通过力的分解引出向量基本定理,建立基的概念和向量的坐标表示;可以引导学生运用向量解决一些物理和几何问题。例如,利用向量计算力使物体沿某方向运动所作的功,利用向量解决与平面内两条直线平行或垂直有关的问题等。对于向量的非正交分解只要求学生一般了解,不必展开。

在复数的教学中,应注重对复数的表示及几何意义的理解,避免繁琐的计算与技巧训练。对于学有余力的学生,可以安排一些引申内容,如复数的三角表示等。可以适当融入数学文化,让学生体会数系扩充过程中理性思维的作用。

立体几何初步的教学重点是帮助学生逐步形成空间观念,应遵循从整体到局部、从具体到抽象的原则,提供丰富的实物模型或利用计算机软件呈现空间几何体,帮助学生认识空间几何体的结构特征,进一步掌握在平面上表示空间图形的方法和技能。通过对图形的观察和操作,引导学生发现和提出描述基本图形平行、垂直关系的命题,逐步学会用准确的数学语言表达这些命题,直观解释命题的含义和表述证明的思路,并证明其中一些命题,对相应的判定定理只要求直观感知、操作确认,在选择性必修课程中将用向量方法对这些定理加以论证。

可以使用信息技术展示空间图形,为理解和掌握图形几何性质(包括证明)提供直观。教师可以指导和帮助学生选择一些立体几何问题作为数学探究活动的课题。

可以组织学生收集、阅读几何学发展的历史资料,结合内容撰写报告,论述几何学发展过程中的重要结果、主要人物、关键事件及其对人类文明的贡献。

【学业要求】

能够从多种角度理解向量概念和运算法则,掌握向量基本定理;能够运用向量运算解决简单的几何和物理问题,知道数学运算与逻辑推理的关系。

能够理解复数的概念,掌握复数代数表示式的四则运算。

能够通过直观图理解空间图形,掌握基本空间图形及其简单组合体的概念和基本特征,解决简单的实际问题。能够运用图形的概念描述图形的基本关系和基本结果。能够证明简单的几何命题(平行、垂直的性质定理),并会进行简单应用。

重点提升直观想象、逻辑推理、数学运算和教学抽象素养。

主题四　概率与统计

概率的研究对象是随机现象,为人们从不确定性的角度认识客观世界提供重要的思维模式和解决问题的方法。统计的研究对象是数据,核心是数据分析。概率为统计的发展提供理论基础。

【内容要求】

内容包括:概率、统计。

1. 概率

本单元的学习,可以帮助学生结合具体实例,理解样本点、有限样本空间、随机事件,会计算古典概型中简单随机事件的概率,加深对随机现象的认识和理解。

内容包括:随机事件与概率、随机事件的独立性。

2. 统计

本单元的学习,可以帮助学生进一步学习数据收集和整理的方法、数据直观图表的表示方法、数据统计特征的刻画方法,通过具体实例,感悟在实际生活中进行科学决策的必要性和可能性;体会统计思维与确定性思维的差异、归纳推断与演绎证明的差异;通过实际操作、计算机模拟等活动,积累数据分析的经验。

内容包括:获取数据的基本途径及相关概念、抽样、统计图表、用样本估计总体。

【教学提示】

在概率的教学中,应引导学生通过日常生活中的实例了解随机事件与概率的意义。在随机事件和样本空间的教学中,应引导学生通过古典概型,认识样本空间,理解随机事件发生的含义;理解古典概型的特征,试验结果的有限性和每一个试验结果出现的等可能性,知道只有在这种特征下,才能定义出古典概型中随机事件发生的概率。教学中要适当介绍基本计数方法(如树状图、列表等),计算古典概率中随机事件发生的概率。

在统计的教学中,应引导学生根据实际问题的需求,选择不同的抽样方法获取数据,理解数据蕴含的信息,根据数据分析的需求,选择适当的统计图表描述和表达数据,并从样本数据中提取需要的数字特征,估计总体的统计规律,解决相应的实际问题。对统计中的基本概念(如总体、样本、样本量等),应结合具体问题进行描述性说明,在此基础上适当引入严格的定义,并利用数字特征(平均值、方差等)和数据直观图表(直方图、散点图等)进行数据分析。

统计学的教学活动应通过典型案例进行。教学中应通过对一些典型案例的处理,使学生经历较为系统的数据处理全过程,在此过程中学习数据分析的方法,理解数据分析的思路,运用所学知识和方法解决实际问题。

可以鼓励学生尽可能运用计算器、计算机进行模拟活动,处理数据,更好地体会概率的意义和统计思想。例如,利用计算器产生随机数来模拟掷硬币试验等,利用计算机来计算样本量较大的数据的样本均值、样本方差等。

【学业要求】

能够掌握古典概率的基本特征,根据实际问题构建概率模型,解决简单的实际问题。能够借助古典概型初步认识有限样本空间、随机事件,以及随机事件的概率。

能够根据实际问题的需求,选择恰当的抽样方法获取样本数据,并从中提取需要的数字特征推断总体,能够正确运用数据分析的方法解决简单的实际问题。

能够区别统计思维与确定性思维的差异、归纳推断与演绎证明的差异。能够结合具体问题,理解统计推断结果的或然性,正确运用统计结果解释实际问题。

重点提升数据分析、数学建模、逻辑推理和数学运算素养。

主题五　数学建模活动与数学探究活动

【内容要求】

数学建模活动是对现实问题进行数学抽象,用数学语言表达问题、用数学方法构建模型解决问题的过程。主要包括:在实际情境中从数学的视角发现问题、提出问题、分析问题、构建模型、确定参数、计算求解、检验结果、改进模型、最终解决实际问题。数学建模活动是基本数学思维运用模型解决实际问题的一类综合实践活动,是高中阶段数学课程的重要内容。

数学建模活动的基本过程如图 3 - 1 - 2。

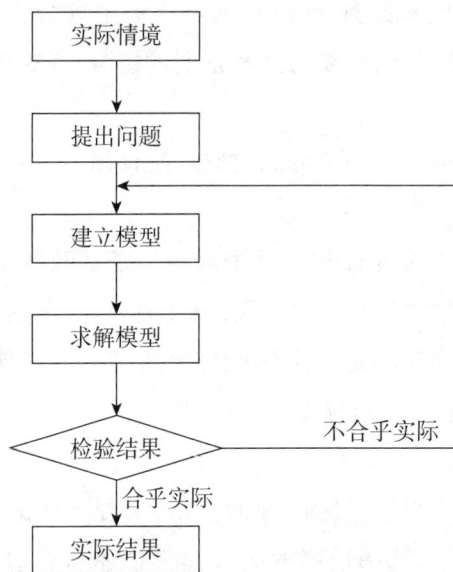

图 3 - 1 - 2

数学探究活动是围绕某个具体的数学问题,开展自主探究、合作研究并最终解决问题的过程。具体表现为:发现和提出有意义的数学问题,猜测合理的数学结论,提出解决问题的思路和方案,通过自主探索、合作研究论证数学结论。数学探究活动是运用数学知识解决数学问题的一类综合实践活动,也是高中阶段数学课程的重要内容。

数学建模活动与数学探究活动以课题研究的形式开展,在必修课程中,要求学生完成其中的一个课题研究。

【教学提示】

课题可以由教师给定,也可以由学生与教师协商确定,课题研究的过程包括选题、开题、做题、结题四个环节。学生需要撰写开题报告,教师要组织开展开题交流活动,开题报告应包括选题意义、文献综述、解决问题思路、研究计划、预期结果等。做题是解决问题的过程,包括描述问题、教学表达、建立模型、求解模型、得到结论、反思完善等。结题包括撰写研究报告和报告研究结果,由教师组织学生开展结题答辩。根据选题的内容,报告可以采用专题作业、测量报告、算法程序、制作的实物、研究报告或小论文等多种形式。

在数学建模活动与数学探究活动中,鼓励学生使用信息技术。

【学业要求】

经历数学建模活动与数学探究活动的全过程,整理资料,撰写研究报告或小论文,并进行报告、交流。对于研究报告或小论文的评价,教师应组织评价小组,可以邀请校外专家、社会人士、家长等参与评价,也可以组织学生互评。教师要引导学生遵循学术规范,坚守诚信底线。研究报告或小论文及其评价应存入学生个人学习档案,为大学招生提供参考和依据。学生可以采取独立完成或者小组合作(2 ~ 3 人为宜)的方式,完成课题研究。

重点提升数学建模、数学抽象、数据分析、数学运算、逻辑推理和直观想象素养。

考点2　选择性必修课程

选择性必修课程包括四个主题,分别是函数、几何与代数、概率与统计、数学建模活动与数学探究活动。数学文化融入课程内容。

选择性必修课程共6学分108课时,表3－1－3给出了课时分配建议,教材编写、教学实施时可以根据实际做适当调整。

表3－1－3　选择性必修课程课时分配表

主题	单元	建议课时
主题一 函数	数列	30
	一元函数导数及其应用	
主题二 几何与代数	空间向量与立体几何	44
	平面解析几何	
主题三 概率与统计	计数原理	26
	概率	
	统计	
主题四 数学建模活动与数学探究活动	数学建模活动 与数学探究活动	4
机动		4

主题一　函数

在必修课程中,学生学习了函数的概念和性质,总结了研究函数的基本方法,掌握了一些具体的基本函数类,探索了函数的应用。在本主题中,学生将学习数列和一元函数导数及其应用。数列是一类特殊的函数,是数学重要的研究对象,是研究其他类型函数的基本工具,在日常生活中也有着广泛的应用。导数是微积分的核心内容之一,是现代数学的基本概念,蕴含微积分的基本思想,导数定量地刻画了函数的局部变化,是研究函数性质的基本工具。

【内容要求】

内容包括:数列、一元函数导数及其应用。

1. 数列

本单元的学习,可以帮助学生通过对日常生活中实际问题的分析,了解数列的概念;探索并掌握等差数列和等比数列的变化规律,建立通项公式和前 n 项和公式;能运用等差数列、等比数列解决简单的实际问题和数学问题,感受数学模型的现实意义与应用;了解等差数列与一元一次函数、等比数列与指数函数的联系,感受数列与函数的共性与差异,体会数学的整体性。

内容包括:数列概念、等差数列、等比数列、* 数学归纳法。

2. 一元函数导数及其应用

本单元的学习,可以帮助学生通过丰富的实际背景理解导数的概念,掌握导数的基本运算,运用导数研究函数的性质,并解决一些实际问题。

内容包括:导数概念及其意义、导数运算、导数在研究函数中的应用、* 微积分的创立与发展。

【教学提示】

在数列的教学中,应引导学生通过具体实例(如购房贷款、放射性物质的衰变、人口增长等),理解等差数列、等比数列的概念、性质和应用,引导学生掌握数列中各个量之间的基本关系。

应特别强调数列作为一类特殊的函数在解决实际问题中的作用,突出等差数列、等比数列的本质,引导学生通过类比的方法探索等差数列与一元一次函数、等比数列与指数函数的联系,加深对数列及函数概念的理解。

在教学中可以组织学生收集、阅读数列方面的研究成果,特别是我国古代的优秀研究成果,如"杨辉三角"、《四元玉鉴》等,撰写小论文,论述数列发展的过程、重要结果、主要人物、关键事件及其对人类文明的贡献,感悟我国古代数学的辉煌成就。

在一元函数导数及其应用的教学中,应通过丰富的实际背景和具体实例引入导数的概念,例如斜率、增长率、膨胀率、效率、密度、速度、加速度等;应引导学生经历由平均变化率过渡到瞬时变化率的过程,了解导数是如何刻画瞬时变化率的,感悟极限的思想;应引导学生通过具体实例感受导数在研究函数和解决实际问题中的作用,体会导数的意义。学生对导数概念的理解不可能一步到位,导数概念的学习应该贯穿在一元函数导数及其应用学习的始终。一般地,在高中阶段研究与导数有关的问题中,涉及的函数都是可导函数。

在教学中可以组织学生收集、阅读微积分创立与发展的历史资料,撰写小论文,论述微积分创立与发展的过程、重要结果、主要人物、关键事件及其对人类文明的贡献。

【学业要求】

能够结合具体实例,理解通项公式对于数列的重要性,知道通项公式是这类函数的解析表达式;通过等差数列和等比数列的研究,感悟数列是可以用来刻画现实世界中一类具有递推规律事物的数学模型,掌握通项公式与前 n 项和公式的关系;能够运用数列解决简单的实际问题。

能够通过具体情境,直观理解导数概念,感悟极限思想,知道极限思想是人类深刻认识和表达现实世界必备的思维品质。理解导数是一种借助极限的运算,掌握导数的基本运算规则,能求简单函数和简单复合函数的导数。能够运用导数研究简单函数的性质和变化规律,能够利用导数解决简单的实际问题。知道微积分创立过程,以及微积分对数学发展的作用。

重点提升数学抽象、数学运算、直观想象、数学建模和逻辑推理素养。

主题二　几何与代数

在必修课程学习平面向量的基础上,本主题将学习空间向量,并运用空间向量研究立体几何中图形的位置关系和度量关系。解析几何是数学发展过程中的标志性成果,是微积分创立的基础。本主题将学习平面解析几何,通过建立坐标系,借助直线、圆与圆锥曲线的几何特征,导出相应方程;用代数方法研究它们的几何性质,体现形与数的结合。

【内容要求】

内容包括:空间向量与立体几何、平面解析几何。

1. 空间向量与立体几何

本单元的学习,可以帮助学生在学习平面向量的基础上,利用类比的方法理解空间向量的概念、运算、基本定理和应用,体会平面向量和空间向量的共性和差异,运用向量的方法研究空间基本图形的位置关系和度量关系,体会向量方法和综合几何方法的共性和差异,运用向量方法解决简单的数学问题和实际问题,感悟向量是研究几何问题的有效工具。

内容包括:空间直角坐标系、空间向量及其运算、向量基本定理及坐标表示、空间向量的应用。

2. 平面解析几何

本单元的学习,可以帮助学生在平面直角坐标系中,认识直线、圆、椭圆、抛物线、双曲线的几何特征,建立它们的标准方程;运用代数方法进一步认识圆锥曲线的性质以及它们的位置关系;运用平面解析几何方法解决简单的数学问题和实际问题,感悟平面解析几何中蕴含的数学思想。

内容包括:直线与方程、圆与方程、圆锥曲线与方程、＊ 平面解析几何的形成与发展。

【教学提示】

本主题的研究对象是几何图形,所用的研究方法主要是代数方法。

在空间向量与立体几何的教学中,应重视以下两方面:第一,引导学生运用类比的方法,经历向量及其运算由平面向空间的推广过程,探索空间向量与平面向量的共性和差异,引发学生思考维数增加所带来的影响;第二,鼓励学生灵活选择运用向量方法与综合几何方法,从不同角度解决立体几何问题(如距离问题),通过对比体会向量方法的优势。在上述过程中,引导学生理解向量基本定理的本质,感悟"基"的思想,并运用它解决立体几何中的问题。

在平面解析几何的教学中,应引导学生经历以下过程:首先,通过实例了解几何图形的背景,例如,通过行星运行轨道、抛物运动轨迹等,使学生了解圆锥曲线的背景与应用;进而,结合情境清晰地描述图形的几何特征与问题,例如,两点决定一条直线,椭圆是到两个定点的距离之和为定长的动点的轨迹等;再结合具体问题合理地建立坐标系,用代数语言描述这些特征与问题;最后,借助几何图形的特点,形成解决问题的思路,通过直观想象和代数运算得到结果,并给出几何解释,解决问题。

应充分发挥信息技术的作用,通过计算机软件向学生演示方程中参数的变化对方程所表示的曲线的影响,使学生进一步理解曲线与方程的关系。

在教学中,可以组织学生收集、阅读平面解析几何的形成与发展的历史资料,撰写小论文,论述平面解析几何发展的过程、重要结果、主要人物、关键事件及其对人类文明的贡献。

【学业要求】

能够理解空间向量的概念、运算、背景和作用;能够依托空间向量建立空间图形及图形关系的想象力;能够掌握空间向量基本定理,体会其作用,并能简单应用;能够运用空间向量解决一些简单的实际问题,体会用向量解决一类问题的思路。

能够掌握平面解析几何解决问题的基本过程:根据具体问题情境的特点,建立平面直角坐标系;根据几何问题和图形的特点,用代数语言把几何问题转化成为代数问题;根据对几何问题(图形)的分析,探索解决问题的思路,运用代数方法得到结论,给出代数结论合理的几何解释,解决几何问题。

能够根据不同的情境,建立平面直线和圆的方程,建立椭圆、抛物线、双曲线的标准方程,能够运用代数的方法研究上述曲线之间的基本关系,能够运用平面解析几何的思想解决一些简单的实际问题。

重点提升直观想象、数学运算、数学建模、逻辑推理和数学抽象素养。

主题三　概率与统计

本主题是必修课程中概率与统计内容的延续,将学习计数原理、概率、统计的相关知识。计数原理的内容包括两个基本计数原理、排列与组合、二项式定理。概率的内容包括随机事件的条件概率、离散型随机变量及其分布列、正态分布。统计的内容包括成对数据的统计相关性、一元线性回归模型、2×2 列联表。

【内容要求】

内容包括:计数原理、概率、统计。

1. 计数原理

分类加法计数原理和分步乘法计数原理是解决计数问题的基础,称为基本计数原理。本单元的学习,可以帮助学生理解两个基本计数原理,运用计数原理探索排列、组合、二项式定理等问题。

内容包括:两个基本计数原理、排列与组合、二项式定理。

2. 概率

本单元的学习,可以帮助学生了解条件概率及其与独立性的关系,能进行简单计算;感悟离散型随机变量及其分布列的含义,知道可以通过随机变量更好地刻画随机现象;理解伯努利试验,掌握二项分布,了解超几何分布;感悟服从正态分布的随机变量,知道连续型随机变量;基于随机变量及其分布解决简单的实际问题。

内容包括:随机事件的条件概率、离散型随机变量及其分布列、正态分布。

3. 统计

本单元的学习,可以帮助学生了解样本相关系数的统计含义,了解一元线性回归模型和 2×2 列联表,运用这些方法解决简单的实际问题。会利用统计软件进行数据分析。

内容包括:成对数据的统计相关性、一元线性回归模型、2×2列联表。

【教学提示】

教师应通过典型案例开展教学活动,案例的情境应是丰富的、有趣的、学生熟悉的。在案例教学中要重视过程,层次清楚,从具体到抽象,从实际到理论。

在计数原理的教学中,应结合具体情境,引导学生理解许多计数问题可以归结为分类和分步两类问题,引导学生根据计数原理分析问题、解决问题。

在概率的教学中,应引导学生通过具体实例,理解可以用随机变量更好地刻画随机现象,感悟随机变量与随机事件的关系;理解随机事件独立性与条件概率之间的关系;通过二项分布、超几何分布、正态分布的学习,理解随机变量及其分布。在教学过程中,应在引导学生利用所学知识解决一些实际问题的基础上,适当进行严格、准确的描述。

在统计的教学中,应通过具体案例,引导学生理解两个随机变量的相关性可以通过成对样本数据进行分析;理解利用一元线性回归模型可以研究变量之间的随机关系,进行预测;理解利用2×2列联表可以检验两个随机变量的独立性。在教学过程中,应通过具体案例引导学生参与数据分析的全过程,并鼓励学生使用相应的统计软件。

【学业要求】

能够结合具体实例,识别和理解分类加法计数原理和分步乘法计数原理及其作用,并能够运用这些原理解决简单的实际问题。

能够结合具体实例,理解排列、组合、二项式定理与两个计数原理的关系,能够运用两个计数原理推导排列、组合、二项式定理的相关公式,并能够运用它们解决简单的实际问题,特别是概率中的某些问题。

能够结合具体实例,理解随机事件的独立性和条件概率的关系,理解离散型随机变量在描述随机现象中的作用,掌握两个基本概率模型及其应用,了解正态分布的作用,进一步深入理解随机思想在解决实际问题中的作用。

能够解决成对数据统计相关性的简单实际问题。能够结合具体实例,掌握运用一元线性回归分析的方法。掌握运用2×2列联表的方法,解决独立性检验的简单实际问题。

重点提升数据分析、数学建模、逻辑推理、数学运算和数学抽象素养。

主题四　　数学建模活动与数学探究活动

【内容要求】

数学建模活动与数学探究活动以课题研究的形式开展。在选择性必修课程中,要求学生完成一个课题研究,可以是数学建模的课题研究,也可以是数学探究的课题研究。课题可以是学生在学习必修课程时已完成课题的延续,或者是新的课题。

【教学提示】

选题可以在教师的指导下,自主选题,也可以在必修课程中数学建模活动或数学探究活动的研究基础上继续进行深入探究。类似必修课程的要求,课题研究应经历选题、开题、做题、结题四个环节。如果选题不变,需要在研究报告中说明与必修课程中研究的差异,深入研究的新思路、新方法,得到的新结果。根据选题的内容,报告可以采用专题作业、测量报告、算法程序、制作的实物或研究论文等多种形式。

【学业要求】

参考必修课程的主题五。

考点3　选修课程

选修课程是由学校根据自身情况选择设置的课程,供学生依据个人志趣自主选择,分为 A,B,C,D,E 五类。

这些课程为学生确定发展方向提供引导,为学生展示数学才能提供平台,为学生发展数学兴趣提供选择,为大学自主招生提供参考。学生可以根据自己的志向和大学专业的要求选择学习其中的某些课程。

A 类课程是供有志于学习数理类(如数学、物理、计算机、精密仪器等)专业的学生选择的课程。

B 类课程是供有志于学习经济、社会类(如数理经济、社会学等)和部分理工类(如化学、生物、机械等)专业的学生选择的课程。

C 类课程是供有志于学习人文类(如语言、历史等)专业的学生选择的课程。

D 类课程是供有志于学习体育、艺术(包括音乐、美术)专业的类学生选择的课程。

E 类课程包括拓展视野、日常生活、地方特色的数学课程,还包括大学数学的先修课程等。大学数学先修课程包括:微积分、解析几何与线性代数、概率论与数理统计。

数学建模活动、数学探究活动、数学文化融入课程内容。

选修课程的修习情况应列为综合素质评价的内容。不同高等院校、不同专业的招生,根据需要可以对选修课程中某些内容提出要求。国家、地方政府、社会权威机构可以组织命题考试,考试成绩应存入学生个人学习档案,供高等院校自主招生参考。

A 类课程

A 类课程包括微积分、空间向量与代数、概率与统计三个专题,其中微积分 2.5 学分,空间向量与代数 2 学分,概率与统计 1.5 学分。

微积分

本专题在数列极限的基础上建立函数极限和连续的概念;在具体的情境中用极限刻画导数,给出借助导数研究函数性质的一般方法;通过极限建立微分和积分的概念,阐述微分和积分的关系(微积分基本定理)及其应用。本专题要考虑高中学生的接受能力,重视课程内容的实际背景,关注数学内容的直观理解,培养学生的数学抽象、数学运算、数学建模和逻辑推理素养,为进一步学习大学数学课程奠定基础。

内容包括:数列极限、函数极限、连续函数、导数与微分、定积分。

空间向量与代数

本专题在必修课程和选择性必修课程的基础上,通过系统学习三维空间的向量代数,表述各种运算的几何背景,实现几何与代数的融合。引入矩阵与行列式的概念,利用矩阵理论解三元一次方程组;利用向量代数,讨论三维空间中点、直线、平面的位置关系与度量;利用直观想象建立平面和空间的等距变换理论。将空间几何与线性代数融合在一起,把握问题的本质,为代数理论提供几何背景,用代数方法解决几何问题,进而解决实际问题,为大学线性代数课程的学习奠定直观基础。

内容包括:空间向量代数、三阶矩阵与行列式、三元一次方程组、空间中的平面与直线、等距变换。

概率与统计

本专题在必修课程和选择性必修课程的基础上展开。在概率方面,通过具体实例,进一步学习连续型随机变量及其概率分布,二维随机向量及其联合分布,并运用这些数学模型,解决一些简单的实际问题。在统计方面,结合一些具体任务,学习参数估计、假设检验,并运用这些方法解决一些简单的实际问题;在一元线性回归分析的基础上,结合具体实例,进一步学习二元线性回归分析的方法,解决一些简单的实际问题。在教学活动中,要重视课程内容的实际背景,关注学生对数学内容的直观理解;要充分考虑高中学生接受能力,更要注重学生数学学科核心素养的提升。

内容包括:连续型随机变量及其分布、二维随机变量及其联合分布、参数估计、假设检验、二元线性回归模型。

B 类课程

B 类课程包括微积分、空间向量与代数、应用统计、模型四个专题,其中微积分 2 学分,空间向量与代数 1 学分,应用统计 2 学分,模型 1 学分。

微积分

本专题在数列极限的基础上建立函数极限的概念;在具体的情境中用极限刻画导数,给出借助导数研究函数性质的一般方法;通过极限建立微分和积分的概念,阐述微分和积分的关系(微积分基本定理)及其应用。在学习一元函数的基础上,了解二元函数及其偏导数的概念。本专题要考虑高中学生接受能力,重视课程内容的实际背景,关注数学内容的直观理解,培养学生的运算能力,为进一步学习大学相关课程奠定基础。

内容包括:极限、导数与微分、定积分、二元函数。

空间向量与代数

本专题在必修课程和选择性选修课程的基础上,比较系统地学习三维空间的整体结构 —— 向量代数,感悟几何与代数的融合。引入矩阵与行列式的概念,并讨论三元一次方程组解的结构。本专题中强调几何直观,把握问题的本质,培养学生数学运算、数学抽象、逻辑推理和直观想象等素养,为大学线性代数课程的学习奠定直观基础。

内容包括:空间向量代数、三阶矩阵和行列式、三元一次方程组。

应用统计

本专题在必修课程和选择性必修课程的基础上展开。在概率方面,通过具体实例,进一步学习连续型随机变量及其概率分布,二维随机变量及其联合分布,并运用这些数学模型,解决一些简单的实际问题。在统计方面,结合一些具体任务,学习参数估计、假设检验和不依赖于分布的统计检验,并运用这些方法解决一些简单的实际问题;学习数据分析的两种特殊方法 —— 聚类分析和正交设计。在教学活动中,要关注学生对数学内容的直观理解,充分考虑学生的接受能力;要重视课程内容的实际背景,更要重视课程内容的实际应用;要注重全面提升学生数学学科核心素养。

内容包括:连续型随机变量及其分布、二维随机变量及其联合分布、参数估计、假设检验、二元线性回归模型、聚类分析、正交设计。

模型

本专题在必修课程和选择性必修课程的基础上,通过大量的实际问题,建立一些基本的数学模型,包括线性模型、二次曲线模型、指数函数模型、三角函数模型、参变数模型。在教学中,要重视这些模型的背景、形成过程、应用范围,提升数学建模、数学抽象、数学运算和直观想象素养,提升实践能力和创新能力。

内容包括:线性模型、二次函数模型、指数函数模型、三角函数模型、参变数模型。

C 类课程

C 类课程包括逻辑推理初步、数学模型、社会调查与数据分析三个专题,每个专题 2 学分。

逻辑推理初步

本专题内容以数学推理为主线展开,将相关逻辑知识与数学推理有机融合。通过本专题的学习,能进一步认识逻辑推理的本质,体会其在数学推理、论证中的作用;能运用相关逻辑知识正确表述自己的思想、解释社会生活中的现象,提高逻辑思维能力,发展逻辑推理素养。

内容包括:数学定义、命题和推理,数学推理的前提,数学推理的类型,数学证明的主要方法,公理化思想。

数学模型

本专题在必修课程和选择性必修课程的基础上,通过具体实例,建立一些基于数学表达的经济模型和社会模型,包括存款贷款模型、投入产出模型、经济增长模型、凯恩斯模型、生产函数模型、等级评价模型、人口增长模型、信度评价模型等。在教学活动中,要让学生知道这些模型形成的背景、数学表达的道理、模型参数的意义、模型适用的范围,提升数学建模、数学抽象、数学运算和直观想象素养;知道其中的有些模型(以及模型的衍生)获得诺贝尔经济学奖的理由,理解数学的应用,提高学习数学的兴趣,提升实践能力和创新能力。

内容包括:经济数学模型、社会数学模型。

社会调查与数据分析

社会调查是学生进入社会要掌握的基本能力。本专题在必修课程和选择性必修课程的基础上,结合社会调查的实际问题和社会调查中的一些关键环节,引导学生经历社会调查的全过程,包括社会调查方案的设计、抽样设计、数据分析、报告的撰写,并结合具体社会调查案例,分析在社会调查实施过程中可能遇到的问题,以及解决这些问题的对策。本专题的基本特点是实用、具体、有效、有趣。在完成社会调查任务的过程中,要注意引导学生充分运用概率与统计知识,避免采用不科学的社会调查方法与数据分析方法,全面提升学生数学学科核心素养。

内容包括:社会调查概论、社会调查方案设计、抽样设计、社会调查数据分析、社会调查数据报告、社会调查案例选讲。

D 类课程

D 类课程包括美与数学、音乐中的数学、美术中的数学、体育运动中的数学四个专题,每个专题 1 学分。

美与数学

学会审美不仅可以陶冶情操,而且能够改善思维品质。本专题尝试从数学的角度刻画审美的共性,主要包括:简洁、对称、周期、和谐等。通过本课程的学习,学生对美的感受能够从感性走向理性,提升有志于从事艺术、体育事业学生的审美情趣和审美能力,在形象思维的基础上增强理性思维能力。

内容包括:美与数学的简洁、美与数学的对称、美与数学的周期、美与数学的和谐。

音乐中的数学

音乐的要素——音高、音响、音色、节拍、乐音、乐曲、乐器等都与数学相关,特别是音的律制与数学的关系十分密切。通过本专题的学习,学生能够更加理性地理解音乐,鉴赏音乐的美,提升有志于从事音乐事业学生的数学修养,增强理性思维能力。

内容包括:声波与正弦函数,律制、音阶与数列,乐曲的节拍与分数,乐器中的数学,乐曲中的数学等。

美术中的数学

美术主要包括绘画、雕塑、工艺美术、建筑艺术,以及书法、篆刻艺术等。通过本专题的学习,可以帮助学生了解美术中的平移、对称、黄金分割、透视几何等数学方法,了解计算机美术的基本概念和方法,了解美术家在创作过程中所蕴含的数学思想,体会数学在美术中的作用,更加理性地鉴赏美术作品,提升直观想象和数学抽象素养。在教学过程中,应以具体实例为主线展开,将美术作品与相关的数学知识有机联系起来。

内容包括:绘画与数学、其他美术作品中的数学、美术与计算机、美术家的数学思想。

体育运动中的数学

在体育运动中,无论是运动本身还是与运动有关的事都蕴含着许多数学原理。例如,田径运动中的速度、角度、运动曲线,比赛场次安排、运动器械与运动场馆设计等。通过本专题的学习,学生能运用数学知识探索提高运动效率的途径,能运用数学方法合理安排赛事,提升有志于从事体育事业学生的数学修养,增强理性思维能力。

内容包括:运动场上的数学原理、运动成绩的数据分析、运动赛事中的运筹帷幄、体育用具及设施中的数学知识。

E 类课程

E 类课程是学校根据自身的需求开发或选用的课程,包括拓展视野、日常生活、地方特色的数学课程,还包括大学数学的先修课程等。

拓展视野的数学课程,例如,机器人与数学、对称与群、球面上的几何、欧拉公式与闭曲面分类、数列与差分、初等数论初步。

日常生活的数学课程,例如,生活中的数学、家庭理财与数学。

地方特色的数学课程,例如,地方建筑与数学、家乡经济发展的社会调查与数据分析。

大学数学的先修课程,包括微积分、解析几何与线性代数、概率论与数理统计。

五、实施建议

考点 1　教学与评价建议

在教学活动中,教师应准确把握课程目标、课程内容、学业质量的要求,合理设计教学目标,并通过相应的教学实施,在学生掌握知识技能的同时,促进数学学科核心素养的提升及水平的达成。在教学与评价中,要关注学生对具体内容的掌握情况,更要关注学生数学学科核心素养水平的表现;要关注数学学科核心素养各要素的不同特征及要求,更要关注数学学科核心素养的综合性与整体性。教师应结合相应的教学内容,落实"四基",培养"四能",促进学生数学学科核心素养的形成和发展,达到相应水平的要求,部分学生可以达到更高水平的要求。

1. 教学建议

全面落实立德树人要求,深入挖掘数学学科的育人价值,树立以发展学生数学学科核心素养为导向的教学意识,将数学学科核心素养的培养贯穿于教学活动的全过程。在教学实践中,要不断探索和创新教学方式,不仅重视如何教,更要重视如何学,引导学生会学数学,养成良好的学习习惯;要努力激发学生数学学习的兴趣,促使更多的学生热爱数学。

(1)教学目标制定要突出数学学科核心素养

数学学科核心素养是数学课程目标的集中体现,是在数学学习的过程中逐步形成的。教师在制定教学目标时要充分关注数学学科核心素养的达成;要深入理解数学学科核心素养的内涵、价值、表现、水平及其相互联系;要结合特定教学任务,思考相应数学学科核心素养在教学中的孕育点、生长点;要注意数学学科核心素养与具体教学内容的关联;要关注数学学科核心素养目标在教学中的可实现性,研究其融入教学内容和教学过程的具体方式及载体,在此基础上确定教学目标。

学生数学学科核心素养水平的达成不是一蹴而就的,具有阶段性、连续性、整合性等特点。教师应理解不同数学学科核心素养水平的具体要求,不仅关注每一节课的教学目标,更要关注主题、单元的教学目标,明晰这些目标对实现数学学科核心素养发展的贡献。在确定教学目标时,要把握好学生数学学科核心素养发展的各阶段目标之间的关系,合理设计各类课程的教学目标。

数学学科核心素养是"四基"的继承和发展。"四基"是培养学生数学学科核心素养的沃土,是发展学生数学学科核心素养的有效载体。教学中要引导学生理解基础知识,掌握基本技能,感悟数学基本思想,积累数学基本活动经验,促进学生数学学科核心素养的不断提升。

(2)情境创设和问题设计要有利于发展数学学科核心素养

基于数学学科核心素养的教学活动应该把握数学的本质,创设合适的教学情境、提出合适的数学问题,引发学生思考与交流,形成和发展数学学科核心素养。

教学情境和数学问题是多样的、多层次的。教学情境包括现实情境、数学情境、科学情境,每种情境可以分为熟悉的、关联的、综合的。数学问题是指在情境中提出的问题,分为简单问题、较复杂问题、复杂问题。数学学科核心素养在学生与情境、问题的有效互动中得到提升。在教学活动中,应结合教学任务及其蕴含的数学学科核心素养设计合适的情境和问题,引导学生用数学的眼光观察现象、发现问题,使用恰当的数学语言描述问题,用数学的思想、方法解决问题。在问题解决的过程中,理解数学内容的本质,促进学生数学学科核心素养的形成和发展。

设计合适的教学情境,提出合适的数学问题是有挑战性的,也为教师的实践创新提供了平台。教师应不断学习、探索、研究、实践,提升自身的数学素养,了解数学知识之间、数学与生活、数学与其他学科的联系,开发出符合学生认知规律、有助于提升学生数学学科核心素养的优秀案例。

【2021年高中真题】在教学活动中,应结合教学任务及其蕴含的数学学科核心素养设计合适的情境和问题,引导学生用数学的眼光观察现象、(   ),使用恰当的数学语言描述问题,用数学的思想、方法解决问题。

A. 合情推理　　　　　　　　B. 发现问题

C. 自主探究　　　　　　　　D. 空间想象

视频讲解

【答案】B。

(3) 整体把握教学内容,促进数学学科核心素养连续性和阶段性发展

数学学科核心素养的发展具有连续性和阶段性。教师要以数学学科核心素养为导向,抓住函数、几何与代数、概率与统计、数学建模活动与数学探究活动等内容主线,明晰数学学科核心素养在内容体系形成中表现出的连续性和阶段性,引导学生从整体上把握课程,实现学生数学学科核心素养的形成和发展。

数学建模活动与数学探究活动是综合提升数学学科核心素养的载体。教师应整体设计、分步实施数学建模活动与数学探究活动,引导学生从类比、模仿到自主创新、从局部实施到整体构想,经历"选题、开题、做题、结题"的活动过程,积累发现和提出问题、分析和解决问题的经验,养成独立思考与合作交流的习惯。应引导学生遵守学术规范,坚守诚信底线。

数学文化应融入数学教学活动。在教学活动中,教师应有意识地结合相应的教学内容,将数学文化渗透在日常教学中,引导学生了解数学的发展历程,认识数学在科学技术、社会发展中的作用,感悟数学的价值,提升学生的科学精神、应用意识和人文素养;将数学文化融入教学,还有利于激发学生的数学学习兴趣,有利于学生进一步理解数学,有利于开拓学生视野、提升数学学科核心素养。

(4) 既要重视教,更要重视学,促进学生学会学习

教师要把教学活动的重心放在促进学生学会学习上,积极探索有利于促进学生学习的多样化教学方式,不仅限于讲授与练习,也包括引导学生阅读自学、独立思考、动手实践、自主探索、合作交流等。教师要善于根据不同的内容和学习任务采用不同的教学方式,优化教学,抓住关键的教学与学习环节,增强实效。例如,丰富作业的形式,提高作业的质量,提升学生完成作业的自主性、有效性。

教师要加强学习方法指导,帮助学生养成良好的数学学习习惯,敢于质疑、善于思考,理解概念、把握本质,数形结合、明晰算理,厘清知识的来龙去脉,建立知识之间的关联。教师还可以根据自身教学经验和学生学习的个性特点,引导学生总结出一些具有针对性的学习方式,因材施教。

(5) 重视信息技术运用,实现信息技术与数学课程的深度融合

在"互联网+"时代,信息技术的广泛应用正在对数学教育产生深刻影响。在数学教学中,信息技术是学生学习和教师教学的重要辅助手段,为师生交流、生生交流、人机交流搭建了平台,为学习和教学提供了丰富的资源。因此,教师应重视信息技术的运用,优化课堂教学,转变教学与学习方式。例如,为学生理解概念创设背景,为学生探索规律启发思路,为学生解决问题提供直观,引导学生自主获取资源。在这个过程中,教师要有意识地积累数学活动案例,总结出生动、自主、有效的教学方式和学习方式。

教师应注重信息技术与数学课程的深度融合,实现传统教学手段难以达到的效果。例如,利用计算机展示函数图像、几何图形运动变化过程,利用计算机探究算法、进行较大规模的计算,从数据库中获得数据,绘制合适的统计图表;利用计算机的随机模拟结果,帮助学生更好地理解随机事件以及随机事件发生的概率。

2. 评价建议

教学评价是数学教学活动的重要组成部分。评价应以课程目标、课程内容和学业质量标准为基本依据,日常教学活动评价,要以教学目标的达成为依据。评价要关注学生数学知识技能的掌握,还要关注学生的学习态度、方法和习惯,更要关注学生数学学科核心素养水平的达成。教师要基于对学生的评价,反思教学过程,总结经验、发现问题,提出改进思路。因此,数学教学活动的评价目标,既包括对学生学习的评价,也包括对教师教学的评价。

(1) 评价目的

评价的目的是考查学生学习的成效,进而也考查教师教学的成效。通过考查,诊断学生学习过程中的优势与不足,进而诊断教师教学过程中的优势与不足;通过诊断,改进学生的学习行为,进而改进教师的教学行为,促进学生数学学科核心素养的达成。

(2) 评价原则

为了实现上述评价目的,教师应坚持以学生发展为本,以积极的态度促进学生不断发展,日常评价应遵循以下原则。

① 重视学生数学学科核心素养的达成

教学评价要以数学学科核心素养的达成作为评价的基本要素。

基于数学学科核心素养的教学要创设合适的教学情境、提出合适的数学问题。在设计教学评价工具时,应着重对设计的教学情境、提出的问题进行评价。评价内容包括情境设计是否体现数学学科核心素养,数学问题的产生是否自然,解决问题的方法是否为通性通法,情境与问题是否有助于学生数学学科核心素养的达成。基于数学学科核心素养的教学评价具有挑战性,可以采取教研组集体研讨的方式设计评价工具和评价准则。

在设计学习评价工具时,要关注知识技能的范围和难度,要有利于考查学生的思维过程、思维深度和思维广度(例如,设计好的开放题是行之有效的方法),要关注六个数学学科核心素养的分布和水平;应聚焦数学的核心概念和通性通法,聚焦它们所承载的数学学科核心素养。

② 重视评价的整体性与阶段性

基于学业质量标准和内容要求制定必修、选择性必修和选修课程的评价目标,关注评价的整体性。

数学学科核心素养的达成是循序渐进的,基于内容主线对数学的理解与把握也是日积月累的。因此,应当把教学评价的总目标合理分解到日常教学评价的各个阶段,关注评价的阶段性。既要关注数学知识技能的达成,更要关注相关的数学学科核心素养的提升;还应依据必修、选择性必修和选修课程内容的主线和主题,整体把握学业质量与数学学科核心素养水平。

对于基于数学学科核心素养的教学评价,建立一个科学的评价体系是必要的,学校可以组织教师与有关人员,进行专门的研讨,积累经验,特别是积累通过阶段性评价不断改进教学活动的经验,最终建立适合本学校的科学评价体系。

③ 重视过程评价

日常评价不仅要关注学生当前的数学学科核心素养水平,更要关注学生成长和发展的过程;不仅要关注学生的学习结果,更要关注学生在学习过程中的发展和变化。学生的知识掌握、数学理解、学习自信、独立思考等是随着学习过程而变化和发展的,只有通过观察学生的学习行为和思维过程,才能发现学生思维活动的特征及教学中的问题,及时调整学与教的行为,改进学生的学习方法和思维习惯。此外,教师还要注意记录、保留和分析学生在不同时期的学习表现和学业成就,跟踪学生的学习进程,通过过程评价使学生感受成长的快乐,激发其数学学习的积极性。

④ 关注学生的学习态度

良好的学习态度是学生形成和发展数学学科核心素养的必要条件、也是最终形成科学精神的必要条件。在日常评价中应把学生的学习态度作为教学评价的重要目标。

在对学生学习态度的评价中,应关注主动学习、认真思考、善于交流、集中精力、坚毅执着、严谨求实等。与其他目标不同,学习态度是随时表现出来的、与心理因素有关的,又是日积月累的、可以变化的。在日常教学活动中,教师要关注每一个学生的学习态度,对于特殊的学生给予重点关注。可以记录学生学习态度的变化与成长过程,从中分析问题,寻求解决问题的办法。

形成良好的学习态度,需要对学生提出合适的要求,更需要教师的引导与鼓励、同学的帮助与支持,还需要良好学习氛围的激励与熏陶,需要数学教师与班主任以及其他学科教师的协同努力。

(3) 评价方式

教学评价的主体应多元化,评价形式应多样化。评价主体的多元化是指除了教师是评价者之外,同学、家长甚至学生本人都可以作为评价者,这是为了从不同角度获取学生发展过程中的信息,特别是日常生活中关键能力、思维品质和学习态度的信息,最终给出公正客观的评价。合理利用这样的评价,可以有针对性地、有效地指导学生进一步发展。在多元评价的过程中,要重视教师与学生之间、教师与家长之间、学生与学生之间的沟通交流,努力营造良好的学习氛围。

评价形式的多样化是指除了传统的书面测验外,还可以采用课堂观察、口头测验、开放式活动中的表现、课内外作业等评价的形式。这是因为一个人形成的思维品质和关键能力通常会表现在许多方面,因此需要通过多种形式的评价才能全面反映学生数学学科核心素养的达成状况。

在日常评价中,可以采用形成性评价的方式。在本质上,形成性评价是与教学过程融为一体的。在教学过程中,教师既要获取学生的整体学习情况,也要关注个别学生的学习进展,在评价反思的同时调整教学活动,提高教学质量。基于数学学科核心素养的教学,在形成性评价的过程中,不仅要关注学生对知识技能掌握的程度,还要更多地关注学生的思维过程,判断学生是否会用数学的眼光观察世界,是否会用数学的思维思考世界,是否会用数学的语言表达世界。

在数学建模活动与数学探究活动的教学评价中,应引导每个学生都积极参加,可以是个体活动,也可以是小组活动。教学活动包括对于给出的问题情境,经历发现数学关联、提出数学问题、构建数学模型、完善数学模型、得到数学结论、说明结论意义的全过程;也包括根据现实情境,反复修改模型或者结论,最终提交研究报告或者小论文。无论是研究报告还是小论文,都要阐明提出问题的依据、解决问题的思路、得到结论的意义,遵循学术规范,坚守诚信底线。可以召开小型报告会,除了教师和学生之外,还可以邀请家长、有关方面的专家,对研究报告或者小论文作出评价。可以把学生完成的研究报告或者小论文以及各方评价存入学生个人档案,为大学招生提供参考。

(4)评价结果的呈现与利用

评价结果的呈现和利用应有利于增强学生学习数学的自信心,提高学生学习数学的兴趣,使学生养成良好的学习习惯,促进学生的全面发展。应更多地关注学生的进步,关注学生已经掌握了什么,得到了哪些提高,具备了什么能力,还有什么潜能,在哪些方面还存在不足等。

要尽量避免终结性评价的"标签效应"——简单地依据评价结果对学生进行区分。评价的结果应该反映学生的个性特征和学习中的优势与不足,为改进教学的行为和方式、改进学习的行为和方法提供参考。

教师要充分利用信息技术,收集、整理、分析有关反映学生学习过程和结果的数据,从而了解自己教学的成绩和问题,反思教学过程中影响学生能力发展和素养提高的原因,寻求改进教学的对策。

除了考查全班学生在数学学科核心素养上的整体发展水平外,更需要根据学生个体的发展水平和特征进行个性化的反馈,特别是要以适当的方式将学生的一些积极变化及时反馈给学生。个性化的评价反馈不仅要系统、全面、客观地反映学生在数学学科核心素养发展上的成长过程和水平特征,更要为每个学生提供长期、具体、可行的指导和改进建议。

考点2 学业水平考试与高考命题建议

对高中毕业的数学学业水平考试、数学高考的命题提出以下建议。

1. 命题原则

命题应依据学业质量标准和课程内容,注重对学生数学学科核心素养的考查,处理好数学学科核心素养与知识技能的关系,要充分考虑对教学的积极引导作用。在传统评分的基础上,可以根据解题情况对学生的数学学科核心素养水平的达成进行评价。

考查内容应围绕数学内容主线,聚焦学生对重要数学概念、定理、方法、思想的理解和应用,强调基础性、综合性;注重数学本质、通性通法,淡化解题技巧;融入数学文化。

命题时,应有一定数量的应用问题,还应包括开放性问题和探究性问题,重点考查学生的思维过程、实践能力和创新意识,问题情境的设计应自然、合理。开放性问题和探究性问题的评分应遵循满意原则和加分原则,达到测试的基本要求视为满意,有所拓展或创新可以根据实际情况加分。在命制应用问题、开放性问题和探究性问题时,要注意公平性和阅卷的可操作性。

在高中毕业的数学学业水平考试与数学高考的考试命题中,要关注试卷的整体性。处理好考试时间和题量的关系,合理设置题量,给学生充足的思考时间;逐步减少选择题、填空题的题量;适度增加试题的思维量;关注内容与难度的分布、数学学科核心素养的比重与水平的分布;努力提高试卷的信度、效度和公平性。

除了上述要求外,数学高考命题还应依据人才选拔要求,发挥数学高考的选拔功能。

2. 考试命题路径

基于数学学科核心素养的考试命题,应注意以下几个重要环节。

(1)构建数学学科核心素养的评价框架。依据数学学科核心素养的内涵、价值和行为表现的描述,参照学业质量的三个水平,构建基于数学学科核心素养测试的评价框架。评价框架包括三个维度:

第一个维度是反映数学学科核心素养的四个方面,它们分别为情境与问题、知识与技能、思维与表达、交流与反思;

第二个维度是四条内容主线,它们分别为函数、几何与代数、概率与统计、数学建模活动与数学探究活动;

第三个维度是数学学科核心素养的三个水平。

(2)依据评价框架,统筹考虑上述三个维度,编制基于数学学科核心素养的试题,每道试题都有针对性的考查重点。

(3)对于每道试题,除了给出传统评分标准外,还需要给出反映相关数学学科核心素养的水平划分依据。

3. 说明

在命题中,选择合适的问题情境是考查数学学科核心素养的重要载体。情境包括:现实情境、数学情境、科学情境,每种情境可以分为熟悉的、关联的、综合的;数学问题是指在情境中提出的问题,从学生认识的角度分为简单问题、较复杂问题、复杂问题。这些层次是构成数学学科核心素养水平划分的基础,也是数学学科核心素养评价等级划分的基础。

对于知识与技能,要关注能够承载相应数学学科核心素养的知识、技能,层次可以分为了解、理解、掌握、运用以及经历、体验、探索。在命题中,需要突出内容主线和反应数学本质的核心概念、主要结论、通性通法、数学应用和实际应用。

在命题中,应特别关注数学学习过程中思维品质的形成,关注学生会学数学的能力。

考点3 教材编写建议

数学教材为"教"与"学"活动提供学习主题、基本线索和具体内容,是实现数学课程目标、发展学生数学学科核心素养重要的教学资源。

数学教材的编写要全面落实立德树人的基本要求,充分体现数学学科特有的育人价值与功能。要贯彻高中数学课程的基本理念与要求,贯穿发展学生数学学科核心素养的主线;要体现数学内容的逻辑体系,揭示数学内容的发生、发展过程;要遵从学生认知规律,合理安排学习内容,形成教材的编排体系以及相应的特色和风格,积极探索教材的多样化。教材应有利于教师创造性教学,有利于学生自主性学习。

1. 教材编写要以发展学生数学学科核心素养为宗旨

(1)全面体现并落实课程标准提出的基本理念和目标要求

教材编写应全面体现并落实课程标准提出的基本理念和目标要求,以学生发展为本,培养和提高学生的数学学科核心素养。为"人人都能获得良好的数学教育,不同的人在数学上得到不同的发展"提供优质的、可供学生多样选择的数学学习资源。

教材编写要注重将课程标准提出的课程目标转化为实际的教学要求。应突出发展学生数学学科核心素养的目标要求,帮助学生在获得必要的基础知识和基本技能、感悟数学基本思想、不断积累数学基本活动经验的过程中,逐步提高发现和提出问题的能力、分析和解决问题的能力,发展数学实践能力及创新意识,树立科学精神,促进学生学会学习。

(2) 促进学生数学学科核心素养的发展

发展学生数学学科核心素养是数学课程的核心目标,是教材编写的宗旨。编写者应深入理解数学学科核心素养,用以指导内容的选择和编排;应遵循学生认知规律,创设合适的问题情境,设计有效的数学学习活动,展示数学概念、结论、应用的形成发展过程。教材编写者需要以创新的精神,积极探索新的途径和方式,促进学生数学学科核心素养的发展。

(3) 准确把握内容要求和学业质量标准

教材编写者不仅要认真研究内容要求,还要深入研究学业质量标准,准确把握学生经过学习应当达到的要求;要很好地把握学业质量标准的整体性和阶段性,统筹考虑学生的整个学习过程,设计出有利于学生达成学业目标的教材。

在编写相关内容时,要把握好内容所涉及的范围,关注内容中蕴含的数学学科核心素养水平要求;也要把握好用"了解""理解""掌握""运用"等行为动词所表达的内容程度要求的不同,确定教材内容的难度。

2. 教材编写应体现整体性

(1) 凸显内容和数学学科核心素养的融合

教材编写时要凸显内容和数学学科核心素养的相互融合。内容要求中没有对内容呈现的顺序提出要求,因此编写者要认真思考内容主线的逻辑结构,合理设计教材的体系。六个数学学科核心素养既相对独立、又相互交融,是一个有机的整体。编写者既要深刻理解每一个数学学科核心素养,又要把握数学学科核心素养之间的关联。特别重要的是,编写者要认真研究如何在数学内容的表述中体现数学学科核心素养,编写出数学内容与数学学科核心素养融为一体的教材。

(2) 注重教材的整体结构

教材编写必须遵从课程标准设定的课程结构,要充分注意到必修课程是学生高中毕业的内容要求,必修和选择性必修课程是学生高考的内容要求,选修课程是供学校自主设定、学生自主选修的课程。要整体设计必修和选择性必修课程的体系,处理好数学内容的层次性与数学学科核心素养水平发展的连续性与阶段性的关系,使教材形成一个整体的结构体系。

(3) 体现内容之间的有机衔接

高中数学内容主要分为四条主线,它们既相对独立,又相互联系。教材各个章节的设计要体现三个关注:关注同一主线内容的逻辑关系,关注不同主线内容之间的逻辑关系,关注不同数学知识所蕴含的通性通法、数学思想。数学内容的展开应循序渐进、螺旋上升,使教材成为一个有机的整体。

(4) 落实数学建模活动与数学探究活动

数学建模活动与数学探究活动是数学内容的主线之一。这条主线不仅能够帮助学生更好地掌握知识技能,更能帮助学生学会数学地思考和实践,是学生形成和发展数学学科核心素养的有效载体。教材的编写要重视这条主线的设计,按照课程内容的要求通盘考虑、分步实施。基于这条主线的多样性和灵活性,应当在教师教学用书中提出比较详细的教学建议,使这条主线的活动能够收到实效。

(5) 实现内容与数学文化的融合,体现时代性

教材应当把数学文化融入学习内容中,可以适当地介绍数学和科学研究的成果,开拓学生的数学视野,激发学生的学习兴趣与好奇心,培养学生的科学精神。"课程内容"中在相应的地方给出了数学文化的提示,供编写者参考。希望教材编写者重视中国传统文化中的数学元素。

(6) 整体设计习题等课程资源

习题是教材的重要组成部分,要提高习题的有效性,科学、准确地把握习题的容量、难度,防止"题海战术"。应开发一些具有应用性、开放性、探究性的问题,解决这样的问题有助于学生数学学科核心素养的提升。

习题是课堂教学内容的巩固和深化,也应当为学生发展数学学科核心素养提供平台。要重视习题编写的针对性,也要重视习题编排的整体性。例如,练习题要关注习题的层次性、由浅入深,帮助学生在掌握知识技能的同时,进一步感悟数学的基本思想,积累数学思维的经验;思考题要关注情境和问题的创设,有利于学生理解数学知识的本质,提升数学学科核心素养;复习题要关注单元知识的系统性,帮助学生理解数学的结构,增进复习的有效性,达到相应单元的"学业要求";复习题也要关注数学内容主线之间的关联以及六个数学学科核心素养之间的协调,有利于学生整体理解、系统掌握学过的数学内容,实现学业质量的相应要求。

为了体现教材的整体特色和风格,教材的支撑性资源也应当一体设计,形成多样的课程资源。

3. 教材编写应遵循"教与学"的规律

(1) 教材编写要有利于教师的教

编写者要认真研究教学建议,教材的编写要有利于教师实现教学建议中对教师教学提出的要求。要便于教师把握知识本质,驾驭课程内容,要便于教师把握知识结构,统筹教学安排;要便于教师教学设计,创设教学情境、提出合适问题、有效组织教学;要为教师自主选择、增补和调整教学内容预留必要空间。

(2) 教材编写要有利于学生的学

编写者要认真研究学业质量标准,教材的编写要有利于学生达成学业质量标准提出的要求。教材应具备可读性,深入浅出,易于学生理解,激发学习兴趣;应具有探索性,启发学生思考,提供思维空间;要为学生提供学习方法的指导,促进学生形成良好的学习习惯和思维习惯。

(3) 要处理好几个关系

遵循学生数学学习规律要处理好以下几个关系。

处理好数学的科学形态与教育形态之间的关系。教材的编写既要充分反映数学的本质,体现数学应有的逻辑性和严谨性,也要符合高中学生的认知规律,有利于学生自主学习、直观理解。

处理好过程与结果的关系。教材不能只是数学结论的简单表述,应该体现结论产生的背景和形成发展过程,引导学生在背景和过程中主动探究、认识建构、理解结论。

处理好直接经验与间接经验的关系。教材的编写要加强课程内容与学生生活以及现代社会和科技发展的联系,提高学生的学习兴趣,帮助学生积累获取知识的经验。

4. 教材内容呈现方式应丰富多样

内容呈现方式丰富多样可以增强教材的可读性与亲和力,更好地引导学生自主学习。多样化的设计可以体现在教材编写的各个方面,如素材选取、栏目设计、活动方式、情境类型、思路引领、习题选择、图文表达形式等。呈现方式的丰富多样,还可以通过信息技术与课程的深度融合以及课程资源开发的多样化实现。

教材应具有一定的弹性,适应学生学习个性化需求,为学校、教师拓展和开发课程内容资源提供可能。例如,提供具有不同层次要求的习题供学生选用,通过特定设计的问题(非常规问题、开放性问题),引导学生展示数学理解力,满足学生自主探究的欲望,拓展学生的数学视野;也可以设定一些活动环节,让学生自己收集整理资料,形成研究成果等。

5. 注重教材特色建设

为提高数学教材的编写质量,应当突出所编写数学教材的特色。要认真总结课改以来数学实验教材编写的实践经验,借鉴国外优秀数学教材编写案例,广泛听取教材使用者的意见和建议,精心设计、反复修订,凝练并形成所编写教材的风格与特色。教材编写者应锐意创新、勇于实践,编写出能够经得起检验的、把数学内容与数学学科核心素养有机融合的数学教材。

考点4 地方与学校实施课程标准的建议

1. 地方实施课程标准应注意的几个问题

地方应重点关注本地区高中数学课程实施的整体推进,突出重点。通过评价,推动本地区教育的全面发展。

(1)重视顶层设计,建立有效的数学教研体系

逐步完善国家、省(自治区、直辖市)、地(市、县)、学校四级教研体系,重视教研顶层设计,加强与大学、研究机构等的合作,以研促教,建立合理有效的数学教研体系;由专职教研员、兼职教研员、骨干教师组成合作共同体。

(2)示范引领,整体推进数学课程的实施

建立一批数学课程实施的实验学校,不断探索,总结经验,引领、推动本地区整个高中数学课程的实施。

(3)集中力量研究解决课程标准实施中的关键问题

抓住本地区具有普遍性、全局性的关键问题,集中力量深入研究,总结经验,推广经验。例如,解决初高中过渡问题时,不仅要关注知识技能,也要关注学生学习习惯的养成,还要关注初高中学生心理的差异,等等。

(4)重视过程性评价

要加强对数学教学、教研、学习过程的评价,即评价数学教学经验形成的过程、数学教学研究深入的过程、数学学习规律把握的过程。

日常评价与考试要根据学生的学习规律,对于重要的概念、结论和应用的评价,要循序渐进,不要一步到位。

2. 学校实施课程标准应注意的几个问题

（1）加强学校课程建设

学校应根据自身的情况，推动国家课程的全面落实，建设有特色的校本课程，适应学生多样化发展的需求，促进学生全面发展。

（2）形成有效的课程管理机制

学校实施课程标准时，要形成有效的机制，处理好备课组和教研组的关系，使得备课组与教研组协同、高效工作，为数学课程的实施提供保障。学校要为课程的选择提供必要的教学条件，形成相应的管理制度，充分利用社会资源以满足学生的学习需求。

（3）加强数学教师的专业发展和团队建设

教师专业发展是实施课程标准的关键，学校要加强对数学教师的培训，提升教师的专业水平。学校要加强培养数学骨干教师，充分发挥骨干教师的作用，关注青年教师的成长，注重发展教师的数学教育理论、实践能力等，形成高效、专业的教师团队。

（4）开展有针对性的数学教研活动

教研组应定期开展教研活动，除了解决日常教学中的问题，每年还要确定需要集中研究、突破的教学难题。

3. 教师实施课程标准应注意的几个问题

（1）以教师专业标准的理念为指导，提升自身的专业水平

《中学教师专业标准》提出了"育人为本，师德为先，能力为重，终身学习"的基本理念，从专业理念与师德、专业知识、专业能力三个维度提出了教师专业发展的基本要求。数学教师要以《中学教师专业标准》的理念为指导，以数学学科核心素养为依托，终身学习，不断实践，掌握教学所需基础知识，提升教书育人基本能力，达到《中学教师专业标准》对教师专业发展提出的基本要求。

（2）数学教师要努力提升通识素养

教师应主动提升自身的通识素养，包括科学素养、人文素养和信息技术素养等。应养成良好的自主学习习惯，能学习、会学习、善学习，努力成为学生主动学习、不断进取的榜样。在教学活动中，应勇于创新，包括教学方式的创新，也包括从教学实践中总结经验；包括指导学生学习方式的创新，也包括对学生认知规律的探索；包括对数学知识更为深刻的理解，也包括对数学结构的梳理。实现对自身数学教学经验的不断反思和超越。

（3）数学教师要努力提升数学专业素养

教学建议强调："'四基'是培养学生数学学科核心素养的沃土，是发展学生数学学科核心素养的有效载体。"因此，为了培养学生的数学学科核心素养，数学教师必须提升自身的"四基"水平、提升数学专业能力，自觉养成用数学的眼光发现和提出问题、用数学的思维分析和解决问题、用数学的语言表达和交流问题的习惯。可以关注以下几个方面。

把握高中数学的四条主线脉络，理解知识之间的关联。

把握数学核心概念的本质，明晰什么是数学的通性通法。

理解与高中数学关系密切的高等数学的内容，能够从更高的观点理解高中数学知识的本质。例如，通过导函数理解函数的性质，通过运算法则理解初等函数，通过矩阵变换和不变量理解几何与代数,通过样本空间和随机变量理解概率与统计。

理解数学知识产生与发展过程中所蕴含的数学思想,能够通过实例理解和表述数学抽象与数学的一般性、逻辑推理与数学的严谨性、数学模型与数学应用的广泛性之间的必然联系,具有在数学教学中渗透数学基本思想的意识和能力。

(4) 数学教师要努力提升数学教育理论素养

数学教师要有良好的数学教育理论素养,能把握数学教育的价值取向,有效落实数学教育的育人目标。可以关注以下几个方面。

结合教育教学实践,阅读和理解教育与数学教育经典著作,关注前沿进展的要求。

认真研读课程标准,理解和把握高中数学课程的目标,深入思考教与学的关系。

基于课程标准,认真研读教材,把握"四基"与数学学科核心素养的关联。

基于理论与实践,不断探索数学教学的规律,特别是学生学习高中数学的规律,探索如何把科学形态的数学转化为教育形态的数学。

理解和把握评价的作用,思考如何通过评价鼓励学生学习的自觉性、如何通过评价调整自己的教学。

(5) 数学教师要努力提升教学实践能力

数学教师应用理论指导实践,不断总结与反思自己的教学实践,不断提高教学能力,最终落实到课堂、落实到学生。可以关注以下几个方面。

一是提升教学设计和实施能力。首先要把握数学知识的本质、理解其中的教育价值,把握教学中的难点,理解学生认知的特征;在此基础上,探索通过什么样的途径能够引发学生思考,让学生在掌握知识技能的同时,感悟知识的本质,实现教育价值;最后能够创设合适的情境、提出合适的问题,设计教学流程、写好教案。在实施过程中,能够有效处理预设和生成的关系,积极启发学生思考,关注每一个学生的成长。

二是提升教学案例的分析能力。教学活动是不断实践的过程,实践能力的提升本质上是一种经验的积累,除自我反思之外,与同事或者教研组共同分析教学案例也是一种有效手段,同时还能促进数学教师团队的共同成长。要注意不断积累教学资源,掌握基本的教学策略。

三是提升信息技术的使用能力。基于信息技术的教育资源和教学手段日新月异,正在改变着数学教与学的方式。教师要适应时代的发展,按照课程标准的要求,发挥信息技术直观便捷、资源丰富的优势,帮助学生发展数学学科核心素养。

四是提升数学教育研究的能力。数学教育研究要落实到课堂,落实到学生。一方面要善于发现自己教学过程中、学生学习过程中的问题,另一方面要善于借鉴其他教师的教学经验,把这些问题或经验作为自己的研究课题,实现教学活动的理性思考,不断提升理论水平和教学能力。

高中数学课程标准修订的重点是落实数学学科核心素养,这对数学教师提出了新的要求。通过校本教研、学习讨论、教学实验、展示交流等途径,数学教师要深刻认识数学学科核心素养的育人价值,把握数学学科核心素养与知识技能之间的关联,理解数学学科核心素养的内涵和水平划分,将数学学科核心素养的落实变成自己的自觉行动。要通过创设合适的学习任务、学习情境、学习活动等,把学生数学学科核心素养的养成渗透到日常教学中;要创新评价的形式和方法,把知识技能的评价与数学学科核心素养达成状况的评价有机融合,完成课程标准中提出的学业质量的要求,落实立德树人根本任务。

强化练习

一、选择题

1. 初中数学课程的基本性质包括(　　　)。

A. 基础性、多样性、趣味性

B. 普及性、有效性、实用性

C. 基础性、普及性、发展性

D. 基础性、普及性、学术性

2.《义务教育数学课程标准(2011 年版)》将义务教育阶段的数学课程目标分为(　　　)。

A. 过程性目标和结果性目标

B. 总目标和学段目标

C. 学段目标和过程性目标

D. 总目标和结果性目标

3. 下列不属于《义务教育数学课程标准(2011 年版)》所确定的总目标的四个方面的是(　　　)。

A. 知识技能　　　　　　　　　　B. 方法态度

C. 数学思考　　　　　　　　　　D. 问题解决

4.《义务教育数学课程标准(2011 年版)》对于运算能力的基本界定是(　　　)。

A. 正确而快速地运算

B. 正确运算

C. 正确而灵活地运算

D. 迅速而灵活地运算

5. 下列说法中不正确的是(　　　)。

A. 教学活动是教师单方面的活动,教师是学习的领导者

B. 评价既要关注学生学习的结果,也要重视学习的过程

C. 为了适应时代发展对人才培养的需要,新课程标准指出:义务教育阶段的数学教育要特别注重发展学生的应用意识和创新意识

D. 总目标是义务教育阶段数学课程的终极目标,而学段目标则是总体目标的细化和学段化

6.《普通高中数学课程标准(2017 年版 2020 年修订)》中提出的数学学科素养包括(　　　)。

A. 数学抽象、逻辑推理、数学建模、直观想象、数学运算和数据分析

B. 数学抽象、逻辑推理、空间想象、数学建模、数学运算和数据分析

C. 数学抽象、证明能力、数学建模、直观想象、数学运算和数据分析

D. 数学抽象、逻辑推理、数学建模、直观想象、计算能力和数据分析

7. 下列说法中不正确的是(　　)。

A. 以学生发展为本是整个高中数学课程的基本理念

B. 数学教育在学生形成正确的人生观、价值观、世界观等方面发挥独特作用

C. 在教学过程中,结果最重要,老师要时刻关注学生的学习成绩

D. 高中数学课程分为必修课程、选择性必修课程和选修课程

8.《义务教育数学课程标准(2011年版)》设定了九条基本事实,下列属于基本事实的是(　　)。

A. 两条平行线被一条直线所截,同位角相等

B. 两平行线间距离相等

C. 两条平行线被一条直线所截,内错角相等

D. 两直线被平行线所截,对应线段成比例

9.《义务教育数学课程标准(2011年版)》中课程内容的四个部分是(　　)。

A. 数与代数,图形与几何,统计与概率,综合与实践

B. 数与代数,图形与几何,统计与概率,数学实验

C. 数与代数,图形与几何,统计与概率,数学建模

D. 数与代数,图形与几何,统计与概率,数学文化

10. 下列不属于《义务教育数学课程标准(2011年版)》规定的第三学段"图形与几何"领域内容的是(　　)。

A. 图形的性质　　　　　　　　　　B. 图形的变化

C. 图形与位置　　　　　　　　　　D. 图形与坐标

11. 下列内容属于《义务教育数学课程标准(2011年版)》第三学段"数与式"的是(　　)。

① 有理数 ② 方程 ③ 实数 ④ 代数式 ⑤ 整式与分式

A.①②③④　　　　　　　　　　B.①②④⑤

C.①③④⑤　　　　　　　　　　D.①②③⑤

12.《普通高中数学课程标准(2017年版2020年修订)》对空间点、直线、平面的位置关系要求了四个基本事实,下列选项中不属于这四个基本事实的是(　　)。

A. 过不在一条直线上的三点,有且只有一个平面

B. 如果空间中两个角的两条边分别对应平行,那么这两个角相等或互补

C. 平行于同一条直线的两个直线平行

D. 如果两个不重合的平面有一个公共点,那么它们有且只有一条过该点的公共直线

13. 下列关于框图的说法错误的是(　　)。

A. 框图是表示数学计算与正面过程中主要逻辑步骤的工具

B. 框图的作用是在于能够清晰地表达比较复杂的系统各部分之间的关系

C. 框图广泛应用于算法、计算机程序设计、工序流程的表达等方面

D. 框图的学习有助于提高学生的创新能力

14. 下列关于微积分的说法错误的是(　　)。

A. 微积分的创立是数学发展中的里程碑,它的发展和广泛应用开创了向近代数学过渡的新时期

B. 微积分为研究变量和函数提供了重要的方法和手段

C. 导数的概念是微积分的核心概念之一

D. 微积分是高中生必须掌握的数学方法之一

15. 下列选项中不属于评价原则的是(　　)。

A. 重视学生数学思想的培养

B. 重视评价的整体性与阶段性

C. 重视过程评价

D. 关注学生的学习态度

二、填空题

1. 有效的教学活动是学生学与教师教的统一,学生是学习的_____,教师是学习的_____、_____和_____。

2. 学生学习应当是一个生动活泼的、主动和富有个性的过程。除接受学习外,_____、_____与_____也是数学学习的重要方式。学生应当有足够的时间和空间经历观察、实验、猜测、计算、推理、验证等活动过程。

3. 数感主要是指关于数与数量、_____、_____等方面的感悟。

4. 数学是研究_____和_____的一门科学。

5. 高中数学课程是义务教育阶段后普通高级中学的主要课程,具有_____、_____和_____。

6.《普通高中数学课程标准(2017 年版 2020 年修订)》中提出课程标准中"四基"包括_____、_____、_____、_____。

参考答案及解析

一、选择题

1.【答案】C。解析:义务教育阶段的数学课程是培养公民素质的基础课程,具有基础性、普及性和发展性。故本题选 C。

2.【答案】B。解析:义务教育阶段数学课程目标分为总目标和学段目标,总目标是义务教育阶段数学课程的终极目标,而学段目标则是总目标的细化和学段化。故本题选 B。

3.【答案】B。解析:义务教育阶段数学课程目标从知识技能、数学思考、问题解决、情感态度四个方面加以阐述。故本题选 B。

4.【答案】B。解析:《义务教育数学课程标准(2011 年版)》中关于运算能力的表述:运算能力主要是指能够根据法则和运算律正确地进行运算的能力。故本题选 B。

5.【答案】A。解析:《义务教育数学课程标准(2011 年版)》中明确指出,数学教学活动是师生积极参与、交往互动、共同发展的过程,有效的教学活动是学生学与教师教的统一,学生是学习的主体,教师是学习的组织者、引导者与合作者,认为教学活动是教师单方面的活动是完全错误的。故本题选 A。

6.【答案】A。解析:《普通高中数学课程标准(2017年版2020年修订)》中提出数学学科核心素养包括:数学抽象、逻辑推理、数学建模、直观想象、数学运算和数据分析。

7.【答案】C。解析:以学生发展为本,立德树人,提升素养是高中数学课程标准的基本理念之一;《普通高中数学课程标准(2017年版2020年修订)》中强调数学教育应在学生形成正确的人生观、价值观、世界观等方面发挥独特作用;在教学过程中,除了给学生打分的终结性评价之外,更多地提倡过程性评价,所以结果不是最重要的,学习成绩的高低也不能完全反映一个人的综合能力;《普通高中数学课程标准(2017年版2020年修订)》中对高中课程结构做了新的调整,将高中数学课程分为必修课程、选择性必修课程和选修课程。

8.【答案】D。解析:九条基本事实分别为:① 两点确定一条直线;② 两点之间线段最短;③ 过一点有且只有一条直线与已知直线垂直;④ 两条直线被第三条直线所截,如果同位角相等,那么两直线平行;⑤ 过直线外一点有且只有一条直线与这条直线平行;⑥ 两边及其夹角分别相等的两个三角形全等;⑦ 两角及其夹边分别相等的两个三角形全等;⑧ 三边分别相等的两个三角形全等;⑨ 两条直线被一组平行线所截,所得的对应线段成比例。

9.【答案】A。解析:《义务教育数学课程标准(2011年版)》中规定了课程内容的四个部分是数与代数,图形与几何,统计与概率,综合与实践。

10.【答案】C。解析:选项C图形与位置是《义务教育数学课程标准(2011年版)》规定的第二学段"图形与几何"领域内容。

11.【答案】C。解析:数与式是指有理数、实数、代数式、整式与分式。方程属于方程与不等式。

12.【答案】B。解析:B选项是定理,除A,C,D三项外,另一个基本事实是如果一条直线上的两个点在一个平面内,那么这条直线在这个平面内。

13.【答案】D。解析:框图是表示一个系统各部分和各环节之间关系的图示,它的作用在于能够清晰地表达比较复杂的系统各部分之间的关系。框图已经广泛应用于算法、计算机程序设计、工序流程的表述、设计方案的比较等方面,也是表示数学计算与证明过程中主要逻辑步骤的工具,并将成为日常生活和各门学科中进行交流的一种常用表达方式。在学习过程中,体验用框图表示数学问题解决过程以及事物发生、发展过程的优越性,提高抽象概括能力和逻辑思维能力,能清晰地表达和交流思想。

14.【答案】D。解析:微积分的创立是数学发展中的里程碑,它的发展及广泛应用开创了向近代数学过渡的新时期,它为研究变量与函数提供了重要的方法和手段。导数的概念是微积分的核心概念之一,它有极其丰富的实际背景和广泛的应用。

15.【答案】A。解析:教学评价原则包括:① 重视学生数学学科核心素养的达成;② 重视评价的整体性与阶段性;③ 重视过程评价;④ 关注学生的学习态度。

二、填空题

1.【答案】主体;组织者;引导者;合作者。

2.【答案】动手实践;自主探索;合作交流。

3.【答案】数量关系;运算结果估计。

4.【答案】数量关系;空间形式。

5.【答案】基础性;选择性;发展性。

6.【答案】基础知识;基本技能;基本思想;基本活动经验。

第二章　数学教材分析能力

第一节　教材分析

一、教材分析的意义

数学教材是学生学习数学的载体,也是教师从事数学教学和学生从事数学学习的知识依据。读懂、分析和处理教材内容是进行教学设计和实施教学的基本环节和核心任务。教师要根据实际情况灵活处理,调整、补充教材,活用教材,将教材的思想、精神体现出来,更要体现"用"教材来"教"的新课程理念。教材分析是教师备课中一项重要的工作,是教师进行教学设计编写教案、制订教学计划的基础,是备好课、上好课和达到预期的教学目的的前提和关键,对顺利完成教学任务具有十分重要的意义。

二、教材分析总的要求

教材分析总的要求是教师要深入理解和钻研课程标准,充分领会教材的编写意图,熟悉整个教材的基本内容,了解教材的各个部分在整个学科、篇、章或课时中所处的地位。具体分析教材的内容,包括教材的知识结构体系(能准确精练地写出教材的知识结构方框图)、教材的教学目的和要求、教材的特点、教材的重点、难点和关键点。根据教学目的、内容和教学原则,按照课程标准要求,结合学校和学生的实际情况,研究如何优化处理教材,如何突出重点、抓住关键点、克服难点,明确教材中培养学生的能力因素,选择恰当的教学方法和教学手段,写出可行的教学方案,这样才能提高教学质量。

三、教材分析的依据

教材分析的依据是课程标准、教材和学生,同时还需要参阅必要的教学参考书。这里必须指出,尽管教材是课程标准的具体化,是教和学的主要依据。但是,不能就教材分析教材,而应该站在课程标准的高度去分析教材,研究教法。因为教材是根据课程标准编写的,所以,钻研课程标准、领会其实质,是进行教材分析的首要步骤。

教师备课、教课不能单纯地从教材出发,停留于对教材的钻研。教师必须研究学生,对学生进行全面了解,包括了解学生学习的心理特点和思维障碍;了解学生原有的知识基础和已掌握的知识和技能的深广度;了解学生的学习目的、学习方法、兴趣爱好等。

只有在认真钻研课程标准、教材内容和深入了解学生的基础上,教师才能很好地去组织教材、选择恰当的教学方法,突出重点,克服难点,这个过程包括教师对教材内容的自我意识、自我转化和创造性构思的过程。否则教材教法的分析和研究就可能无的放矢或流于形式。只有以课程标准、教材和学生为依据,参考必要的教学资料,才能达到教材分析的目的,教学中做到紧扣教材又不照本宣科,有的放矢地把教材内容用活、讲活。

◆▸ 知识拓展 ◂◆

分析教材要"既见树木,又见森林",要从整体上系统地去把握学科知识体系,又能从单个教学内容局部去把握课时教学的重、难点,沟通前后知识之间的联系,实施课堂教学要体现从"教知识"向"发展能力"发生根本性转变。

四、教材分析的具体内容

考点1 分析教材的内涵

1. 分析教材的地位和作用。分析这段教材在全套教材中的地位和作用及其对后续学习的影响,发挥这段教材对形成学生认知结构、训练技能、品德培养的作用。

2. 分析知识结构和特征。一是分析结构关系,即这段教材与前后教材知识结构的关系——来龙去脉,层次脉络,二是分析类型特征,即分析这段教材所包含的知识类型(陈述性知识、程序性知识和策略性知识)。

3. 分析教材所涉及的技能和能力。一方面要分析这段教材涉及哪些技能和能力,另一方面要分析通过这段教材的教学,训练学生的哪些技能,发展他们的哪些能力。

4. 分析教学的要求。就是确定这段教材的教学目标,一方面必须按课程标准、教科书和学生的实际情况确定每课时的教学目标,另一方面又要有变化和发展,即同样的内容在不同的教学情境、不同的教学阶段中要有改变、发展和提高。总之,对教材的分析,一要深刻,二要全面,三要独到,要有真知灼见,才能揭示教材的本质。

5. 分析教材蕴含的思想方法。数学思想方法是数学知识的精髓,是分析、解决数学问题的基本原则,它是培养学生良好思维品质的催化剂。在知识形成过程中体现数学思想方法。在这个过程中,教师可以引导学生感受从直观操作的具体情境中抽象出概念的抽象思想。教师在研读教材、设计教学时,要注意体现数学思想方法的目标,要结合每堂课的教学内容体现不同的思想方法目标。

考点2 把握教材的重点、难点和关键点

教师对教材要全面把握,要明确教材的重点、难点以设计本课的教学目标以及教学环节,站在学生的角度,多为学生着想,以人为本。

1. 重点是指在整个教材中处于重要地位和作用的内容。一般来说,数学教材中的核心概念、公式、定律、法则以及它们的推导过程和应用等,解题的策略、习惯和方法等均可确定为重点。

2. 难点是指学生理解、掌握或运用起来比较困难的内容,通常教材中内容比较抽象、结构比较复杂、本质属性比较隐蔽、需要运用新的观点和方法或学生缺乏必要的感性认识的知识,均可确定为难点。有些内容可能既是重点又是难点。确定教学的难点必须从学生的实际出发,教师要经常换位思考,以学生的思维、学生的眼光来审视教材。在处理难点时,教师不宜把难点化为极其容易、学生无需努力就可以解决的问题。这样实际上是以教师的思维代替了学生的思维,学生的思维能力未得到发展,学生的主体作用也难以发挥。

3. 关键点是指对理解、掌握某一核心概念和重点知识或解决某一个问题能起决定作用的知识内容。只有把握住教学关键点，才能突破难点，突出重点。教学关键点的确定，要在明确教学重点、难点的基础上，在新旧知识的结合点上做文章。

五、教材处理的一般方法

1. 在数学核心概念的教学上，适当增加学生感兴趣的问题情境，帮助学生感知概念；适当增加概念的辨析问题，帮助学生体会概念；适当增加概念的应用问题，帮助学生内化概念。

2. 在数学知识的教学中，注重让学生经历其形成、发展及应用的过程，帮助学生更好地理解知识的意义，掌握必要的基础知识与基本技能，发展数学思维并积累一定的活动经验。

3. 在例题的教学中，要注重例题的变式与拓展，做到精讲精练。

4. 在学习方式的选择上，鼓励学生自主探究与合作交流，关注认真倾听。

5. 在练习的补充上，紧扣教学重点设计科学合理，适当分层。

第二节　中学数学教学内容的特点

数学已经成为分支极为庞大、内容极为丰富、用途极为广泛的学科。要将所有的内容纳入基础数学的教育体系是不现实的，因而如何选取中学数学的内容便成为一个重要的问题，必须进行认真研究。

一、中学数学内容的选择标准

如何选择中学数学的教学内容是十分复杂的。一般来说，在进行中学数学课程内容选择的时候要遵循以下标准。

1. 基础性标准

中学数学教育是基础教育。因此，在选择内容时应按"大众数学"的标准选择那些对学生来说是基础的、可以接受的知识作为学习内容。

2. 时代性与社会作用标准

随着社会的发展，一方面不断取得新的成果，另一方面社会对人才在数学方面的要求也不断更新。因此，数学教学的内容也不断变化和更新，以适应发展的需要。

新一轮的基础教育改革在数学内容选择上有较大的变化，特别是高中数学选择了一些现代数学的内容，使中学数学的内容更加适合时代对数学教育的要求和社会发展对数学教育的要求。

3. 发展性标准

从发展性标准来看，数学内容应选择那些能充分体现数学研究特点且对学生思维有较大帮助的内容。

4. 后继作用标准

中学数学在内容选择上，应考虑学生后继的需要，也要考虑内容的关系，为学生的后继学习奠定一个基础。

5. 适度性标准

中学生是正在成长的一代,他们的身体和心理都处于发展阶段。因此,选择的内容必须符合中学生的发展水平。

二、中学数学课程编制的原则

在编制中学数学课程时,首先必须考虑所选数学内容的逻辑性和系统性及其知识结构。但是,在编制中学数学课程时,还须考虑学生的认知结构和心理特征。因此,同时考虑数学科学的知识结构、学生的认知结构和心理特征,并将三者有机地结合起来,是编制中学课程应遵循的一个总体原则。除此之外,人们还应该遵循以下原则。

1. 整体化原则

从中学数学课程的内容来看,在编制中学数学课程时,必须周密考虑诸课程成分、课程要素及其相互关系,以及它们与整个学校教育的相互关系,使之成为一个有机的整体。

2. 系统性原则

数学内容选择既要使所选知识与其他学科知识形成一个整体,又要注意到数学知识本身要具有内在联系,这就是要满足系统性原则。

3. 统一化与区别化相结合的原则

在编制中学数学课程时,还要从不同地区的客观实际出发,使所编制的中学数学课程能适应不同地区的生产和经济发展水平。根据各行各业和学生对数学的需求以及学生的认知水平,合理地组织中学数学教学内容及其逻辑体系,贯彻统一化与区别化相结合的原则。

4. 推陈出新的原则

在编制中学数学课程的过程中,要对传统的编制思想和编制技术批判地继承,并不断渗透新的数学思想、观点和方法,更新课程的编制思想和技术,从而编制出既适应时代发展要求又符合学生需求的新数学课程。

5. 面向全体学生的原则

20世纪80年代以来,国际数学教育界提出了“大众数学”的口号,使数学教育从少数人的“精英教育”思想转变为“大众教育”,从“应试教育”转变为“素质教育”,即人人学有用的数学,不同的人学不同的数学。因此,在编制中学数学课程时,立足点应由面向升学考试转变为面向全体学生,注意不同学生的不同需要,从全体学生的不同认知水平和身心发展规律的实际出发,把社会发展的客观要求和学生的实际需要结合起来,并反映在数学课程中,使全体学生在数学方面都能得到提高。

6. 应用、发展性原则

由于中学教育培养目标的一个重要方面是使学生学以致用,理论结合实际。因此编制的中学课程应体现数学知识的实用性,即重视数学知识在实际问题中的应用。

强化练习

1. 请给出关于"二元一次方程与一次函数"的教材分析。

2. 人教版七年级上册第一章是"有理数",试分析这一章内容在教学和数学学习中的地位和作用。

参考答案

1.【参考答案】

"二元一次方程与一次函数"是"方程 — 函数 — 不等式"关系中的重要部分,是在学生初步掌握一次函数的图像和性质及二元一次方程解法的基础上,探求一次函数与二元一次方程关系的途径。通过两者的对应关系,反映代数方程与函数间的密切联系,教材通过在同一坐标系中描出符合二元一次方程的解(即数对),以及相应的一次函数图像的具体情境,使学生领悟用作图像的方法解方程组的实质。同时,教材列举两个日常应用的例子,进一步深化学生对利用作图像解二元一次方程的理解,反映出数学来源于生活又服务于生活的应用意识,增进学生学习数学的兴趣,提高应用数学的能力。本节课内容是一次函数图像和性质及二元一次方程组的解法的深化和延续,它渗透了"函数思想"和"数形结合"的研究方法,也可以为今后研究二次函数的性质乃至高中各种函数的图像和性质打好扎实的基础。

2.【参考答案】

数及其运算是中小学数学与课程的核心内容。"有理数"一章是九年义务教育第三学段"数与式"的起始内容,是在前两个学段已经学习了自然数、正分数与正小数,并在熟悉的生活环境中了解负数的意义,在理解有关数的概念、掌握数的运算的过程中初步建立起数感和符号意识,在此基础上第三学段通过对相反意义的量的讨论,引入相反数、绝对值和有理数等一系列概念,学会用数轴上的点表示有理数,比较有理数的大小,掌握有理数的加减、乘除和乘方运算的法则和规律,从而完成数系的第一次扩充,形成有理数集的初步知识。本章是中学数学学习最重要的基础内容,是学生继续学习代数式、方程与不等式、函数等数学内容及其相关学科的基础。

第三章　数学教学设计能力

第一节　数学教学设计概述

一、教学设计简介

教学设计是根据课程标准的要求和教学对象的特点,将教学的诸多要素有序安排,确定合适的教学方案的设想和计划,一般包括教学内容,教学目标,教学重难点,教学准备,教学过程,板书设计以及课后反思,其中教学过程里面又包括导入环节、新知呈现环节、操练环节、知识拓展与巩固环节和总结环节。

二、数学教学设计的内涵

数学课堂教学设计是根据数学学习、数学教学、数学课程、数学教学评价和数学方法等理论的基本观点与主张,依据课程目标要求,运用系统科学的方法,对教学中的要素(教师、学生、教材)进行分析,从而确定数学教学目标,设计解决数学教学问题的教学活动模式与工作流程,提出教学策略方案和评价办法,并最后形成设计方案的过程。它具备规划性、超前性、创造性和可操作性等特点。数学课堂教学设计既是课堂教学设计理论在数学教学实践中的应用过程,又是具备学科特点的数学教学理论指导下的产物。它不仅具有较强的可操作性,而且能充分展示它的技术性特点,它的主要作用就是构建数学教育理论与数学实践之间的桥梁,使每一位数学教师能把所学的数学教育理论在课堂教学实践中展现。

三、教学设计的原则

1. 系统性原则

教学设计是一项系统工程,是由教学目标和教学对象的分析、教学内容和方法的选择以及教学评估等子系统所组成。各子系统既相对独立,又相互依存、相互制约,组成一个有机的整体。应立足于整体,每个子系统应协调于整个教学系统中,做到整体与部分辩证地统一,将系统的分析与系统的综合有机地结合,最终达到教学系统的整体优化。

2. 程序性原则

教学设计是一项系统工程,诸子系统的排列组合具有程序性特点,即诸子系统有序地成等级结构排列,且前一子系统制约、影响着后一子系统,而后一子系统依存并制约着前一子系统。根据教学设计的程序性特点,教学设计中应体现出其程序的规定性及联系性,确保教学设计的科学性。

3. 可行性原则

教学设计要成为现实,必须具备两个可行性条件。一是符合主客观条件。主观条件应考虑学生的年龄特点、已有知识基础和师资水平;客观条件应考虑教学设备、地区差异等因素。二是具有操作性。教学设计应能指导具体的实践。

4. 反馈性原则

教学成效考评只能以教学过程前后的变化以及对学生作业的科学测量为依据。测评教学效果的目的是获取反馈信息,修正、完善原有的教学设计。

四、数学教学设计的意义

1. 使课堂教学更规范、操作性更强

数学教学是规律性很强的一项工作,备课、上课、作业、辅导、考核、课外活动及教学总结等诸方面都有一定的行为规范。教学设计为教师提供了这些行为规范的工作流程和具体操作方案,使教师的工作具有明确的指导性和自觉性,避免了传统课堂教学中存在的模糊性和不可预见性。这一点对新上岗的数学教师来说尤为重要。通过教学设计的学习,新教师能很快进入角色,熟悉工作流程和具体操作,并能尽早地进行教学科研活动。这样,他们很快就会具备驾驭课堂教学的能力。

2. 使课堂教学更科学

由于课堂教学设计是以现代数学教育理论为基础,用系统科学理论来分析和安排课堂教学活动的,即把数学课堂教学看作一个系统,并对系统的构成要素进行分析,以达到预期的教学目的;同时它对课堂教学活动的影响因素进行系统的规划,并以评价反馈为手段来检验教学实施的效果。因此,它不同于传统的备课。传统的备课(包括个人备课和集体备课)主要靠经验驾驭,主观因素较强,缺乏科学理论指导,没有合理的分析、研究方法和科学的工作流程与操作步骤,而数学课堂教学设计可使数学课堂教学活动更具科学性,这在数学教学现代化改革的进程中显得格外有意义。

3. 使课堂教学过程更优化

数学课堂教学设计科学地编制了教学目标,系统地安排了教学活动,对教学内容、方法、形式和手段等都进行了系统的分析、组织、实施和评价。因而它优化了课堂教学结构,使数学课堂教学过程实现了最优化,提高了教学效率和教学质量。

五、设计教案和教学片段

1. 研究具体的教学内容,确定教学的重点和难点

每一课题的教学所包容的知识和技能是多方面的,在有限的课时内,不可能也不必要等量齐观地传授给学生,这就必须区别轻重缓急和深浅难易,即突出重点、攻破难点。抓准了重点和难点,也就抓住了教学的突破口和关键环节,还可增强教学活动的节奏感。

2. 确定这节课的目的任务

教学目的是每堂课教学的灵魂,它包括传授给学生哪些知识及达到的程度、培养他们的何种能力以及对他们进行怎样的思想品德教育等三个方面的内容(三维目标)。这些内容可用并列复句的形式表述,也可用条文的形式表述;可以三方面俱全,也可以是其中的两个或者一个方面,这要视具体的教学内容而定。

3. 设计这节课的教学步骤和课的类型、结构,分配各个步骤所用的时间

（1）导入新课

① 设计新颖活泼,精简概括。

② 用什么方法? 怎样进行? 复习哪些内容?

③ 提问哪些学生,需用多少时间等。

（2）讲授新课

① 针对不同教学内容,选择不同的教学方法。

② 怎样提出问题,如何逐步启发、诱导?

③ 教师怎么教? 学生怎么学? 详细步骤安排,需用时间。

（3）巩固练习

① 练习设计精巧,有层次、有梯度、有密度。

② 怎样进行,谁上黑板板演?

③ 需要多少时间?

（4）归纳小结

① 怎样进行,是教师还是学生归纳?

② 需用多少时间?

（5）作业安排

① 布置哪些内容? （要考虑知识拓展性、能力性）

② 需不需要提示或解释?

4. 选择教学方法和教具及设计板书

根据教学原则和教材特点,结合学生的具体情况和学校设备条件来组织教材、考虑教法。使用教具可增强直观效果,也可充分利用课时。教具包括挂图、实物、演示仪器和材料、灯、投影、录音、录像等。

5. 写出教案

一份合格的教案常规栏:

（1）课题(说明本课名称);

（2）教学目的(或称教学要求,或称教学目标,说明本课所要完成的教学任务);

（3）课型(说明属新授课,还是复习课);

（4）课时(说明属第几课时);

（5）教学重点(说明本课必须解决的关键性问题);

（6）教学难点(说明本课学习时易产生困难和障碍的知识点);

（7）教学过程(或称课堂结构,说明教学进行的内容、方法步骤);

（8）作业处理(说明如何布置书面或口头作业);

（9）板书设计(说明上课时准备写在黑板上的内容);

（10）教具(或称教具准备,说明辅助教学手段使用的工具)。

六、教学设计与教案的关系

教学设计与教案均是教师在教学前对上课的准备,即备课。教学设计是教师运用系统方法,对学习行为目标、学生学习特征、学生学情、学习环境、选择策略手段等进行分析,制定教学过程,以达到课堂最优化的编制教学预案的过程。教案是一堂教学的实施方案,即教师根据所授课程的特点,结合学生的具体情况,选择最合适的表达方法和顺序以保证学生有效学习。我们所写的教案只是教学设计的表现形式之一,是不全面的。与此相比,教学设计更注重理论和实践的结合,更强调教学情境的策划和教学手段的运用,更具有灵活性和创造性。

具体来说有以下几方面区别。

1. 内容不同

教案的基本组成是教学过程,侧重教什么、如何教。

教学设计的基本组成既包括教学过程,也包括指导思想与理论依据、教学背景分析、学生需要的分析、学习内容分析、教学方法与策略的选定、教学资源的设计与使用以及学习效果评价等。侧重运用现代教学理论进行分析,不仅说明教什么、如何教,而且说明为什么这样教(在设计意图中体现)。

2. 核心目的不同

教案是以"课堂、教师、教材"为中心的传统教学思想的体现,它的核心目的就是教师怎样讲好教学内容。

教学设计不仅重视教师的教,更重视学生的学,以及怎样使学生学得更好。达到更好的教学效果是教学设计的核心目的,所以对学生进行特征分析是教学设计不可缺少的步骤,体现了现代教学理论的鲜明性。

3. 范围不同

教案的范畴主要是课时、框题的教学过程。

教学设计的范围可以大到一个学科、一门课程,也可以小到一节课、一个问题的解决。教学设计可分为学科教学设计、模块教学设计、主题教学设计、单元教学设计、课堂(课时)教学设计等。课堂教学设计只是教学设计中运用最多的一个层次。从研究范围上讲教案只是教学设计的一个重要内容,因此教学设计与教案的层次关系是不完全对等的。

七、数学教学设计的基本要求

1. 充分体现数学课程标准的基本理念,努力体现以学生发展为本

数学教学设计要面向全体学生,着眼于学生掌握最基本的数学知识和思想方法,提高学生的数学思维能力,激发学生的学习热情,提高学生的数学素养,促进学生的全面发展。

2. 适应学生的学习心理和年龄特征

数学教学设计不能只见书本不见人,认真研究中学生的学习心理,了解学生数学学习的认知方式和学习情况,以保证他们的学习需求、知识经验基础、学习方式与课程内容能很好地配合。

3. 重视课程资源的开发和利用

教材为学生提供了精心选择的课程资源,是教师上课的主要依据,教师在细心领会教材的编写

意图后,要根据自己学生的数学学习特点和教师自己的教学优势,联系学生生活实际,对教材内容进行灵活处理,及时调整教学活动,比如更换教学内容、调整教学进度、整合教学内容等,对教材进行二次加工,使教材成为学材。

同时,除此之外,还要重视信息技术的融合和有效使用,优化课堂教学,转变教学与学习的方式,实现传统教学手段难以达到的效果,提高学生的学习兴趣和经验。例如,应用几何画板画出函数的图像、展现几何立体图形的变化等,促进学生学科素养的发展。

4. 注重预设与生成的辩证统一

教学从本质上讲就是预设和生成的矛盾统一体。数学课堂教学是有目标、有计划的活动,预设是其基本要求。没有预设方案的准备,教学只会变成信马由缰的活动。但是课堂是动态的,学生往往是凭着自己已有的知识、经验、灵感和兴致参与课堂教学的,这就使得课堂呈现出丰富性和多变性。因此课堂教学不能过分拘泥于预设固定不变的程序。高明的预设总是在课堂中结合学生的表现,灵活选择、弹性安排、动态修改。一个富有经验的教师总能寓有形的预设于无形的、动态的教学中,真正融入互动的课堂中,随时把握课堂教学中的闪光点,把握促使课堂教学动态生成的切入点,促使学生进行个性化的思考和探索。

◆▶◆ 知识拓展 ◆◀◆

数学教学系统中存在着许多矛盾。比如学生的实际水平和教学目标之间的差异所构成的矛盾、学生和教学内容之间的矛盾、教师的教与学生的学之间的矛盾、教师和教学内容之间的矛盾等。在这些矛盾中,学生的实际水平和教学目标之间的差异所构成的矛盾是数学教学系统最核心的矛盾。它决定着数学教学过程的性质和层次,规定和影响着其他矛盾的存在和发展。

5. 辩证认识和处理教学中的多种关系

教学设计作为一种对教学活动中的各种要素和资源的系统规划与安排,必然要处理好多种关系 —— 师与生、生与生、教与学、书本知识与生活经验、知识的结构与过程、目标与策略等。在认识和处理这些关系时,要多一些辩证法,少一些绝对化;多一些表扬关怀,少一些批评冷漠;多一些具体分析,少一些"一刀切";多一些基本理念,少一些个人观念。这样,才能确保在和谐宽松的教学环境中实现教学目标。

6. 整体把握教学活动的结构

教学设计要通过教学目标把教师的教学、学生的学习、教材的组织以及教学环境的构建等要素统一起来,形成有序的教学运行系统,使课程变成一种完整的、动态的和生长性的"生态系统",达到系统化、组织化资源。

第二节　数学教学设计工作

教学设计是根据教学对象和教学目标,教师对课堂教学的过程与行为所进行的系统规划,形成教学方案的过程。在此期间主要解决"教什么"和"怎么教"两个问题。

下面我们将从以下几个方面具体说明。

一、教材分析

数学教材具体展现了课程标准规定的教学内容,是教学的重要依据。分析和处理教材是教学设计的基本环节和核心任务,此环节教师一定要有"不是教教材,而是用教材"的教材观。但关键是怎样用好教材。

1. 整体系统的观念用教材

数学教材中各部分知识是相互关联的,教师必须明确各部分之间的内在联系。换句话说,就是要掌握教材的知识结构,尤其注意结构中的基本理论和它们内在的通性和通法。所以在教材分析中,我们不能就课论课、就题论题,要用整体的眼光来看待。就某一节课,我们应该思考上这节课之前学生已经有了怎样的基础,之后还将学习什么,这样看起来会更加明晰。从研究的角度来看,一个老师教一套教材不能只看这套教材,如果有可能,可以看国内各版本的教材,甚至看国外的教材,这样获得的信息越多,在比较中发现的也一定越多。

2. 理解教材的编排意图

在充分理解教材的基础上,根据学生和教学的实际情况做适当调整。只有这样的改变,才是改变形式而不改变本质,否则容易造成"捡了芝麻,丢了西瓜"的后果。

3. 突出教材的重点和难点

在教学过程中一定要认真分析教材的重点和难点。有时在预设的过程中,想法很多,追求形式,追求课堂的外显效果,回头反思时,才发现原来那些都不是本节课的重点,也不是要突破的难点,纯粹图个"热闹"而已。因此,教学反思时,要审视教学环节是否围绕教学重点而展开,正视学生的学习起点,以学生的有效发展为选择环节的价值取向。对于教学的重点、难点,要"不遗余力,把力气花在刀刃上"。这样的课堂才会是高效的课堂,才不会是华而不实的课堂。

二、学情分析

学的对象是学生,教师在备课或做教学设计的过程中,关注学生的情况是理所当然的事情,这既反映教师教学设计的基本出发点,也体现了教师是否切实将以学生发展为本的教学理念落到实处,所以,学情分析是教好一堂课的前提和关键。很多老师按常规备课、写教案、做教学设计,教案写得很好而教学效果不佳,很重要的一个原因就是脱离教学实际(特别是学生实际)。按照认知建构的观点,学习过程是知识不断重建的过程,这一过程必须以学生原有的认知结构为基础。因此,教师在教学设计中,必须要认真分析学生的情况,这样的教学才能有的放矢。

学情涉及的内容非常宽广,学生各方面情况都有可能影响学生的学习。学生现有的知识结构、学生的兴趣点、学生的思维情况、学生的认知状态和发展规律,学生生理心理状况、学生个性及其发展状态和发展前景,学生的学习动机、学习兴趣、学习内容、学习方式、学习时间、学习效果,学生的生活环境,学生的"思维最近发展区"、学生感受、学生成功感等都是进行学情分析的切入点。学情分析可以从以下几个方面来进行。

1. 分析学生原有的认知基础

学生学习该内容时所具备的与该内容相联系的知识、技能、方法、能力等,以确定新课的起点,做好承上启下、新旧知识的有机衔接工作。

2. 分析学生的个体差异

现代学生的个体存在着较大的差异,学生由于遗传素质、社会环境、家庭条件和生活经历的不同,形成了独特的个性。教师只有了解学生的个体差异,教学上才能有的放矢。学生的个体差异主要有学习习惯、学习兴趣、知识基础、学习能力、智力因素和非智力因素等。

3. 了解学生的生理、心理

中学生的认知能力是一个逐步发展的过程,他们的抽象思维能力较低,对教材中概念、原理、规律等知识的理解比较困难;形象思维能力强,精力旺盛,但注意力容易分散。通过分析了解不同层次学生的生理心理与学习该内容是否相匹配及可能产生的知识误区,充分预见可能存在的问题,在课堂上有针对性地加以分析,使教学工作具有较强的预见性、针对性和功效性。

4. 了解学生对本学科学习方法的掌握情况

教学过程不仅需要教师的活动,更需要学生的活动,只有教师教得最优化和学生学得最优化融合在一起,才能保证教学效果的最优化。在课堂教学中对学生进行学法指导是非常必要的,它是提高课堂有效教学的必要条件。每个年级的学生都有自己的一套学习方法,不同的教学内容需要不同的学习方法,教师只有事先了解学生对本学科学习方法的掌握情况,才能根据不同的教学内容进行相应的学法指导,才能达到教学效果的最优化。

5. 分析学习知识时可能要遇到的困难

学生在学习中可能遇到的问题和阻力往往会成为他们进一步学习的困难与发展的障碍,教师如果能及时发现这些困难和障碍,并且能够及时地帮助学生克服这些困难和障碍,学生就能获得较快的发展。因此,在备课中要努力去关注和发现学生在学习中可能存在的困难和障碍,具体分析这些困难和障碍产生的原因,思考相应的针对性的教学策略。

【示例】"函数模型的应用实例"一节学生可能遇到的困难。

学生在学习本节内容之前已经学习了几类不同的函数模型,学会了选择适当的函数模型分析和解决实际问题,对函数模型增长变化有了较深刻的认识,这为建立函数模型解决实际问题提供了支持。但学生从实际应用问题获取信息转化为数学问题的能力较薄弱,给建立函数模型增加了一定的难度。因此在教学中应该让学生多阅读,多思考,由易到难逐层引导提问,使学生理解问题的本质从而得出结论。

教师要想使自己的教学效果达到最佳状态,必须要分析好学生的实际情况。学情分析既要分析学生整体具有的特点,同时更要分析学生间的个体差异,要具体分析,切忌空泛化。不同特点的学生,对教材的兴趣点、关注点不同,这种现象普遍存在于学生身上,做教师的要加以理解,要多角度、多层次、多方位地实施教学。

三、数学课堂教学设计的准备

在练习撰写教学设计之前,考生应该了解中学教材相关知识内容,掌握课程标准中的总体要求,理解课标中对于"四基"(基础知识、基本技能、基本思想、基本活动经验)和"四能"(发现问题和提出问题的能力,分析问题和解决问题的能力)的要求,做好准备工作,为接下来教学设计的撰写打好基础。

1. 认真学习新课程标准,了解我国当前数学课程的目标要求

课标与以往的数学大纲相比,形式上已经不再以规定教学内容和教学要求为主,而是集课程设计理念、课程教育目标、课程实施建议等于一体的综合性指导文件。课标要求我们在教学中要注意以下几个方面:三维课程目标体系,多层次的选择性,模块化的课程结构,设置数学探究、数学建模与数学文化内容,关注学生学习多样化,关注信息技术与数学课程的整合等。考生应该对课程标准的内容有一定的了解,这有助于制定课堂教学目标,理解和掌握"四基""四能",也有助于撰写教学过程相应的设计理念。

2. 认真研读中学数学教材,掌握相关知识点

由于历年考试的形式均是抽取中学数学教材的部分知识点作为课题进行出题的,所以考生要想在数学课程的教学设计中完全把握课题相关知识点必须熟练掌握中学数学的相关知识。此外,教学重难点是一份完整的教学设计所必备的内容,考生需要结合学情,掌握高中阶段的学生需求和认知发展水平,充分了解每个知识点对应的教学重难点。

3. 广泛涉猎数学教育的其他优质资源,丰富自己的教学设计

由于教学是一项创造性很强的工作,考生可以利用杂志和网络途径去学习优秀教师的教学方案或教学设计,可从中获得灵感,吸取经验,可以极大地促进和丰富考生的课堂教学设计。例如,有的老师将精心设计的课件上传网络供大家随意使用,有的教师将自己对某些问题的独特见解展示出来供大家讨论,这些既使我们节省了大量的时间,也使我们的数学课堂设计更加的丰富出众。

四、数学课堂教学设计的撰写

一个完整的课堂教学设计包括教学目标、学情分析、教材分析、教学重难点分析、课时要求、教学理念、教学策略、教学环境、教学过程、目标检测作业、教学反思。对于考试而言,考生只需重点掌握教学目标、教学重难点、教学过程这三部分内容。

考点 1 课堂教学目标的制定

教学目标是教学设计的路标,它主要有三大功能:学生学习的目标;教师确定教学范围、教学内容、教学重点,选择教学策略(教学方法、教学组织形式、教学顺序、教学活动程序和教学媒体等)的指导;教学评价的依据。

课堂教学目标的范围与课程目标是一致的,即知识技能、数学思考、问题解决、情感态度。考生在制定合理教学目标的时候应该结合上述四个方面并依据课堂教学目标的基本要求。

制定合理教学目标的要求:

(1)反映学科特点,体现内容本质

制定教学目标时要注意教学目标要反映数学的学科特点,反映当前学习内容的本质。

(2)要实在具体,不浮华

要防止教学目标"高大全",有的甚至是"假大空"的现象。有些教学目标远大、空洞,形同虚设,这样的教学目标毫无意义。例如,一堂课的目标中含有培养学生的数学思维能力和科学的思维方式;培养学生勇于探索、创新的个性品质;体验数学的魅力,激发学生的爱国主义热情等。这些词句就如同虚设。

（3）要多元，有层次感

除了注重知识技能方面的目标外，还要注重数学思考、问题解决、情感态度这三个方面。此外，教学目标的制定还应该具有层次性。考生应该依据不同的学习阶段和个体差异，确定由上而下的教学目标层次，使其形成一个完整的体系。

（4）格式要规范，用词要考究

课堂教学目标在表述对象上应该统一，不能其中的一条目标是以教师角度来描述的"使学生……"，另一条又是以学生角度来描述的"经历……过程"。通常情况下，以学生为主体来表述比较恰当，也能够充分体现学生的主体地位。

在用词上要慎重，既要有刻画知识技能的目标动词"了解、理解、掌握、灵活运用"，又要有刻画数学活动水平的过程性目标"经历（感受、体验、体会）和探索"等。只有明确了每一个词的含义，才能结合自己的教学预设制定教学目标，否则容易"词不达意"，想的和写的不统一。

考点 2　课堂教学目标的分类

考生在撰写课堂教学设计之前，首先要明确教学目标。此外，在历年的江西教师招聘考试中，课堂教学目标的制定经常以一道小题的形式对考生进行考查。因此，在考场上快速制定教学目标对考生而言尤为重要。一般来说，教学目标的制定主要分为三个方面，即知识与技能目标、过程与方法目标、情感态度与价值观目标。

知识与技能目标：主要包括数学学习所不可或缺的核心知识和基本知识。在制定知识与技能目标的过程中，要求考生结合学情熟练掌握教材知识点，能做到依据试题题目中的课题知道中学阶段的学生应该掌握的相关知识点。考生可依据"行为主体 + 行为动词 + 行为对象"格式，其中行为主体是学生，行为动词是"了解、理解、掌握"等，行为对象是指符合中学阶段的学情及相关知识点，也就是"学生能够掌握（了解，理解等） + 课题涉及的知识点"的格式。

【示例】学生能够了解函数的零点和数形结合的思想；理解和掌握函数图像及性质的简单应用。

过程与方法目标：主要包括数学学习所不可或缺的过程与方法。过程指应答性学习环境、交往和体验。方法包括基本的学习方式（自主学习、合作学习、探究学习）和具体的学习方式（发现式学习、小组式学习、交往式学习等）。考生可根据句式"通过某种或者某些活动，学生的哪些能力得到提升"。

【示例】通过学生动手探究正弦函数，提升学生自主学习能力、独立思考能力和创新能力。

情感态度与价值观目标：情感态度指学习兴趣、学习责任、乐观的生活态度、求实的科学态度、宽容的人生态度；价值观主要强调个人价值和社会价值的统一，科学价值和人文价值的统一，人类价值和自然价值的统一。教师除了对相关知识的教授，还应该注重培养学生积极乐观的情感态度和正确价值观的形成。考生在制定这一维度的教学目标时，尽量运用一些与情感态度和价值观贴近的词汇。

【示例】情感方面，可以写"学生懂得热爱自然，尊重科学，乐于分享"等词汇；态度方面，可以写"学生能够积极参与课堂讨论，并且学会与人交流，学会用理论去描述生活中见到的具体现象"等；价值观方面，由于中学阶段的学生价值观还未完全成型，可以写一些喜好和兴趣类词汇，如"学完本节课，学生们对于本学科能够产生浓厚的兴趣"等。

考点 3　课堂教学重难点的制定

教学重难点的制定是教学设计的基础环节，课堂开始之前教师要准确把握相关知识的重点和难点,只有做到这一点,教师才能充分掌控课堂侧重点和课程节奏。因此,考生应该熟练掌握中学阶段相关知识点,结合课程目标了解课程要求以制定教学重点,把握中学阶段学生学情和学生的认知能力以制定教学难点。

1. 准确把握教学重点

教学重点是课堂教学内容中基本的、主要的、中心的内容。考生在全方位分析中学阶段的学习内容和学情的基础上,找出重点。

教学重点的制定要注意层次性,既有课程的重点,也有单元或章节的重点,还有课时(一堂课)的重点。考生在考试过程中应该准确理解题意,制定符合该课题层次的教学重点。对于课时(一堂课)教学重点的制定是常考内容,考生要注意重点除了基本的、主要的、中心的知识内容之外,概念形成的过程,公式、定理、法则的探究过程等也可确定为不同课程的重点。例如,学会用坐标法找出直线与圆的位置关系。

2. 正确估计教学难点

教学难点是学生难以理解和掌握的,或是学生易于混淆和出错的知识点。中学阶段的教学难点一般为对于学生而言较为抽象、复杂,离生活实际较远的内容。

就中学数学而言,主要有五大难关:

(1) 由具体概念到抽象概念的过渡,用符号化概念;

(2) 由代数到几何的过渡,研究对象由数到形的转变,研究方法由计算为主到推理论证为主的转变;

(3) 由常量数学到变量数学的过渡,辩证因素的引入;

(4) 由有限到无限的过渡,辩证思维有了更高的要求;

(5) 由必然到或然的过渡,思维习惯和思维方法的改变。

教学重点和教学难点往往密切相关。因此,教师只有突破教学难点才能解决教学重点。

考点4 课堂教学环节的撰写

课堂教学环节的设计是教学设计的主体部分。其主要包括教学导入环节、新课讲授环节、巩固练习环节、课堂小结环节、作业布置环节。在撰写课堂教学环节之前,考生应结合试题题目中的"课题",选择与之对应的教学策略。考生在确定教学策略之后,按照上述各部分的顺序进行撰写。此外,考生在撰写教学环节的过程中应该置情于景,同时还应站在学生的角度审视自己的教学环节设计过程。本书按照教学环节的内容对各环节的设计技巧和注意事项做如下介绍。

1. 教学策略的选用

教学策略指的是教学的途径和手段,是教学过程中教师教的方法和学生学的方法的结合,是完成教学任务的方法的总和,是根据教学内容和教学对象的接受能力情况所确定的。

选择教学策略应从多方面考虑:如何提出问题,创设情境,激起疑问,引发动机,启迪思考,调动学生学习数学的积极性;如何利用直观教具、多媒体,为学生感知新知创造条件;如何利用学生已有的知识,启发学生经过思考,推导出新的结论、获得新知;如何通过归纳、类比、分析、综合等方法使学生突破难点、掌握重点等。

常用的教学策略有讲授法、谈话法、练习法、演示法、讨论法、尝试教学法、问题探究法和情境教学法,确定教学指导思想的方法是回归学生主体,原则性与灵活性相结合,教学形式注重个体化的过程。

但切记"教学有法,但教无定法"。在选择教学策略时切勿墨守成规,千篇一律,一定要遵循教学规律和学生实际,教学的实际情况是不断发展变化的,相应的教学方法也是不断发展变化的。

2. 教学导入

"良好的开端等于成功的一半。"许多有经验的教师对课堂导入语都十分讲究,好的导入犹如乐曲的前奏、戏剧的序幕,它会紧紧吸引住学生的注意力。好的导入就是一堂课良好的开端。它是一堂课开始时,教师为新课讲授而说的话,它可以引发学生兴趣,调适教学气氛,是切入新旧知识的衔接点,可以为一节课顺利进行打下良好的基础。教师要根据教学内容、教学目的、学情等因素选用不同的导入方式。

3. 新课讲授环节

在教师招聘考试中,教学设计题大多依据中学阶段的数学知识命制,类型包括概念教学、命题教学、课题教学、习题讲解等。对于不同类型的课程知识,考生可选取不同的讲授方法。

对于概念类知识点,考生可运用概念教学法,先引入概念,然后通过直接讲解、引导学生证明或者让学生用自主探究的方式明确概念,之后通过例题帮助学生巩固概念,最后通过课后练习使学生应用概念。因此,考生可按照"引入概念 — 明确概念 — 巩固概念 — 应用概念"这一过程撰写概念类新课的讲授环节。

对于定理公式类知识点,考生可运用命题教学法。命题教学包括公理、定理、公式、性质、定律、法则等内容的教学,这里以定理教学为例。一般过程为"引入定理 — 证明定理 — 明确定理 — 巩固定理 — 应用定理"或"自主探究 — 得出猜想 — 证明猜想 — 得出结论(定理) — 巩固定理 — 应用定理"。

对于课题知识点的教学,考生可以运用启发式,以提问的方式引导学生自主探究新知。此外,有些新知内容与旧知有关,这就要求考生了解中学阶段各知识点的内在联系,对于此类知识,考生可以运用类比教学法,通过新旧知识的类比学习进行新课的讲授;还可寻找新旧知识之间的联结点,在复习旧知的基础上发展新知。

对于习题讲解类教学,有些试题题目要求考生设计相关知识点的例题,并依据例题设计教学过程,旨在让学生从中感受相关的数学思考方法。因此,考生在撰写此类教学过程时,要充分把握知识点对应的数学思想方法。

4. 巩固练习环节

考生应根据新授环节的新知内容,撰写巩固练习内容。对新知的巩固符合新课标"四基""四能"的要求,考生可设计符合新知内容的练习题,续写教学过程,旨在帮助学生巩固新知,加强记忆。在设计巩固练习环节的过程中,考生可通过对话提问的方式引导学生说出答案或者预留时间让学生小组合作进行作答。

5. 课堂小结环节

课堂结尾,教师应该带领学生对本节课的相关知识进行回忆总结。考生可通过对话和板书结合的方式带领学生进行课堂小结,也可在课堂小结之前给学生预留时间,让学生自主回忆知识点以加深记忆。

6. 作业布置环节

在课堂教学环节的最后,考生应该撰写作业布置内容,一般书写形式为"请同学们做一下本节课的课后练习题部分,下节课我们订正答案"。考生还可以结合课堂知识内容为下节课的新知暗设悬念,埋下伏笔。此外,课后作业也可以结合生活实际,例如,在讲授"轴对称图形"知识内容时,可以让学生课后寻找生活中的轴对称图形。

考点5　教学设计意图的撰写

教学设计意图是与教学设计的各环节相对应的,旨在表明设计对应环节的原因和目的以及对学生有什么积极的影响。在教师招聘考试中,部分试题要求写出教学设计各部分内容的设计意图。这就要求考生去思考教学过程的各环节可以培养和提升学生哪部分的能力,考生可以贴近教学目标和新课标中的"四基""四能"内容来撰写。教学设计各环节的设计意图,考生可参考如下结构。

1. 教学引入环节的设计意图

对于直接导入法,其设计意图可以为"使学生在课程开始掌握整节课的基调和轮廓,直接进入学习状态以提升课堂效率和质量"。

对于复习导入法,其设计意图可以为"复习旧知一方面帮助学生巩固旧知,加深其对于旧知的理解,另一方面在旧知的基础上发现新知,符合巩固与发展原则,可以很好地帮助学生建立起新旧知识的联系和知识体系"。

对于事例导入法,其设计意图可以为"结合生活实例使学生较容易地接受新知,加深学生对于新知的理解,感受新知在生活实际中的应用,使学生深切感受到生活中处处有数学"。

对于趣味导入法,其设计意图可以为"有趣的数学知识和数学活动有利于活跃课堂气氛,带动全体学生,激发学生对于数学的兴趣"。

对于悬念导入法,其设计意图可以为"通过巧设带有悬念性的问题激起学生的好奇心,层层设问引导学生自主地探索新知可以培养学生分析问题和解决问题的能力,以及举一反三、独立学习的能力"。

对于类比导入法,其设计意图可以为"通过新旧知识的类比,帮助学生对比分析新旧知识之间的异同点,培养学生发现问题和提出问题的能力,使学生通过自主探究的方式获得基础知识"。

2. 新课讲授环节的设计意图

对于概念教学而言,依据概念教学的过程,设计意图可以为"直接引入定义明确教学目标可以使学生直接获得基础知识,定义证明或进一步帮助学生巩固定义,同时可以加深学生对于新知的记忆,符合学生的思维认知结构"。

对于命题教学而言,依据命题教学的过程,设计意图可以分为两种:其一是基于直接引入命题,其教学设计意图考生可参考上述概念引入部分的设计意图;其二是基于自主探究得出猜想,其教学设计意图可以为"通过让学生经历自主探究过程,学生可以感受基本思想方法;小组合作探究使学生获得基本活动经验;从提出猜想到验证猜想的过程,使学生变被动学习为主动学习,培养学生分析问题的能力"。

对于课题教学而言,依据不同课题的讲授方法,考生可以参考上述设计意图进行撰写。一般地,对于某一课题的教学,以启发式、提问式方法讲授新课的内容较多,主要是以对话的形式,教师层层设问以引导学生说出答案。对此,设计意图可以为"启发式教学提升学生分析问题和解决问题的能力,培养学生善于思考的学习习惯,较多的师生互动可以很好地带动学生的学习兴趣"。

对于习题课而言,主要是通过习题讲解教授数学思想方法,其主要的形式同样为提问启发式。对此,其设计意图可以为"通过层层设问,逐步引导,使学生深刻感受相关的数学思想方法(写出对应的思想方法:数形结合、分类讨论等),循序渐进地帮助学生转变思维方式,符合中学阶段学生的认知能力,避免学生产生抵触心理"。

3. 巩固练习环节的教学设计

巩固练习环节的主要作用为帮助学生进一步巩固新知,所以其对应的设计意图较为固定,其参考的格式为"课堂练习帮助学生进一步巩固新知,加深学生对于新知的理解和记忆;同时,提升学生对于新知运用的熟练程度;教师随堂指导贯彻因材施教原则,也使教师更为全面地了解学生对于新知的掌握程度"。

4. 课堂小结环节的教学设计

课堂小结旨在课堂结尾进一步巩固新知,其设计意图可以为"课堂小结帮助学生养成总结知识点的习惯,帮助学生加深对于新知内容的记忆,使学生宏观地了解整节课的课程结构,帮助其在脑海中形成知识体系"。

5. 作业布置环节的教学设计

作业布置环节是教师结合记忆曲线帮助学生在课后加强新知记忆的辅助环节,其设计意图可以为"布置课后作业使学生在课后进一步加强自己对于新知内容的记忆,起到反复强调的作用;新课悬念培养学生养成独立预习新知的习惯,同时既使学生找到新旧知识之间的联结点,又巧妙地在旧知的基础上进一步发展了新知"。

考点6　课堂教学设计的格式

对于考试而言,课堂教学设计主要有两大基本格式,一个是以师生对话问答的方式进行,一个是叙述各部分的内容框架,预设学生反应情况。这两种格式均需要按过程标题分环节撰写,本书主要介绍第一种格式。结合上述介绍,本书为考生提供了课堂教学设计各环节内容的模板供考生参考。

1. 教学目标设计模板

(1)知识与技能目标

初步掌握(　　)的方法,并能正确进行运算,掌握必要(　　)技能。

认识(　　)符号/数字并理解其含义,知道(　　)的用法,能够用(　　)来描绘生活中的事物;认识(　　)的特点和作用,能看懂并分析(　　)反映的信息。

(2)过程与方法目标

通过合作学习(对数据的分析、整理、描述等教学活动),进一步发展(　　)的观念,培养(　　)思维以及观察能力、操作能力。

(3)情感态度与价值观目标

在学习过程中,感受数学与实际生活的联系,增强(　　)的意识,发展对数学学习的兴趣,获得(　　)体验,树立学习的信心。

2. 教学重难点设计模板

(1)教学重点:掌握(　　)的技能,培养(　　)能力。

(2)教学难点:能够运用(　　)方法解决实际问题,体验(　　),感受(　　)。

3. 教学过程的设计模板(以情境导入为例)

(1)创设情境,导入新课(或新课导入)

设计意图:联系学生生活实际,通过情境图,为引出课题提供了现实背景。激趣导入,活跃课堂气氛,把数学知识与生活实际联系在一起。

（2）合作交流,探索新知（或探索新知）

出示教学案例,提出问题;学生自主探究解决方法;学生开展课堂讨论;学生汇报,教师总结。

设计意图:培养学生（　　　　）能力,根据（　　　　）得出（　　　　）,让学生经历（　　　　）思维活动,加深对（　　　　）的理解。

（3）应用新知,解决问题（或巩固练习）

教师展示问题;学生独立完成;教师巡视并指导。

设计意图:学生运用（　　　　）知识解决实际生活问题的过程,使学生对（　　　　）有一个较为完整、全面的认识。

（4）反思回顾,自主总结（或课堂小结）

设计意图:通过总结归纳,让学生感受知识的学习过程,将所学知识系统化,让学生对自己感兴趣的内容进行分析,让学生进一步感受到（　　　　）的现实意义。

（5）布置作业,新课悬念（或布置作业）

设计意图:布置课后作业使学生在课后进一步加强自己对（　　　　）内容的记忆,起到反复强调的作用。新课悬念既培养了学生独立预习新知的习惯,使学生找到新旧知识之间的联结点,又巧妙地在旧知的基础上进一步发展了新知。

上述教学设计模板主要针对以情境导入（实例或故事）方式引入新课的情况,在前面各小结的讲解中,本书已经给出了每种课堂导入环节和各教学环节对应的撰写格式及其对应的设计意图。考生可以结合本章前面几个小结的内容,设计撰写符合自己习惯的教学设计模板,之后结合本书配套真题和预测试题进行反复练习。

考点 7　教学设计的注意事项

教学设计题在教师招聘考试中占比较大,是考生通过一段时间的学习和练习,较易提高分数的大项。因此,考生要对此有足够的重视。考生在撰写教学设计的过程中,要做好撰写前的知识储备,全面掌握教学设计的撰写要求和格式。据此,本书总结了撰写教学设计需要注意的几点内容供考生参考。

1. 撰写教学目标和教学重难点的注意事项

教学目标和教学重难点的设计均需要考生全面掌握教材,熟悉中学阶段的教学知识点和学情,此外,更需要考生了解课程标准中的内容。

在撰写教学目标的过程中,考生应对"三维目标",即知识与技能目标,过程与方法目标,情感态度与价值观目标,表述全面;避免出现假大空的词汇,如热爱自然之类;避免出现与中学阶段学生认知水平和价值观不符的词汇,如帮助学生养成正确的人生观,这是大学阶段及以后才能逐渐形成的,一般对于中学阶段的学生而言很少涉及人生观的要求;避免出现知识点混淆的情况,如将大学阶段的知识套用到中学阶段。

在撰写教学重难点的过程中,重难点要紧贴题目给出的知识点;把握知识点的核心作为教学重点,以避免定位错误。对于教学难点的预估要合理,是教师对于一节课需要解决的教学问题,而不是教师无法解决的难点问题。教学重难点之间有密切的联系,考生要注意二者之间的关系。

2. 撰写教学过程的注意事项

考生在撰写教学设计的过程中要注意以下几点内容：

（1）考生在撰写教学过程时要注意知识点的讲授与板书和课件相结合，在各环节的过程中对于教学模具的使用要有所体现，一般通过括注加以说明；

（2）考生在给学生预留时间思考时，应表明这一步骤；

（3）考生在以师生对话的形式撰写教学设计时，要避免设计出不需要学生思考而随口回答的问题，如教师在叙述完一个知识点之后，问学生"是不是啊？""对不对啊？"之类；

（4）考生在撰写每部分的设计意图时，要一个环节对应一个设计意图，例如，在新知探究环节，对应的设计意图不要和巩固练习环节一起写；

（5）有些教学环节需要分设多个小环节，如新知探究环节可以分为自主探究和新课讲授或者提出猜想和验证猜想等小环节，考生可以针对这些小环节撰写对应的设计意图，也可在整体的新知探究环节结尾处撰写设计意图，但要描述全面，避免遗漏；

（6）考生在设计例题时，例题要和新知完全对应，避免出现事例无关的现象；

（7）考生在撰写布置课后作业环节时，如果课题内容与下节课的内容衔接很大，考生确定高中阶段教材知识的顺序关系可撰写新课悬念，否则不要撰写，避免出现悬念内容为已经学过的旧知，这样就得不偿失了。

考题再现

【2021年江西初中真题】如图 3 - 3 - 1，矩形 $ABCG\ (AB < BC)$ 和矩形 $CDEF$ 全等，点 B,C,D 在同一条直线上，$\angle APE$ 的顶点 P 在线段 BD 上移动，当点 P 在什么位置时，使得 $\angle APE$ 为直角？

要求：（1）撰写解题教学的教学设计；

（2）至少写出三种解题方法的设计及对应环节的设计意图。

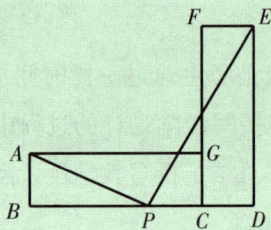

图 3 - 3 - 1

【参考答案】

一、教学目标

知识与技能目标：综合利用图形与几何、函数等知识解决开放性问题，学会一题多解。

过程与方法目标：经历探索一题多解的过程，发展学生的创新思维和推理能力，提高学生综合运用所学知识解决问题的能力。

情感态度与价值观目标：在探索解题方法的过程中，培养学生的积极探索精神，使学生养成良好的数学思考的习惯，建立学好数学的信心。

二、教学重难点

教学重点：综合运用所学知识从多个角度思考和解决问题。

教学难点：多种方法的探索。

三、教学过程

1. 复习旧知

教师带领学生复习三角形全等、相似以及相关的图形与几何知识。

【设计意图】通过复习相关旧知，为学生接下来做相关习题提供思路和理论基础，使学生更容易进入学习状态，发挥出想象力和创造性。

2. 问题探究

教师课件出示例题，并给学生充足的时间独立思考。（教师在此过程中进行巡视，如果多数学生不能够独立地想出解题方法，教师应进行相应的引导）

教师随机请几位学生说说他的解题思路。预设学生有以下几种解题思路：

(1) 连接 AE，若 $AP^2 + PE^2 = AE^2$，则 $\angle APE$ 为直角。

(2) 若 $\triangle ABP \sim \triangle PDE$，则 $\angle APE$ 为直角。

(3) 设 PE 与 CF 交于点 H。若 $\triangle ABP \cong \triangle EFH$，则 $\angle APE$ 为直角。

教师对例题的条件进行补充，设长方形 AB 长为 a，BC 长为 b，请学生利用前面的几种解题思路，求出当 BP 长为多少时，$\angle APE$ 为直角。

先让学生独立尝试解答，然后再小组合作，探讨有疑问的地方或者更简便的解题方法。

各组汇报探究结果，教师同时请几位同学上台板演解题过程。

预设学生的解题过程如下：

(1) 设 BP 长为 x，连接 AE，那么 $AP^2 = a^2 + x^2$，$PE^2 = b^2 + (a + b - x)^2$，$AE^2 = (a + b)^2 + (b - a)^2$，当 $AP^2 + PE^2 = AE^2$ 时，解得 $x = a$ 或 $x = b$。

(2) 设 BP 长为 x。当 $\triangle ABP \sim \triangle PDE$ 时，有 $\dfrac{AB}{PD} = \dfrac{BP}{DE}$，所以 $\dfrac{a}{a + b - x} = \dfrac{x}{b}$，解得 $x = a$ 或 $x = b$。

(3) 设 BP 长为 x。当 $\triangle ABP \cong \triangle EFH$ 时，$FH = BP = x$，此时 $\triangle EFH \sim \triangle PCH$，有 $\dfrac{x}{b - x} = \dfrac{a}{b - x}$，解得 $x = a$；当 $x = b$ 时，P 点与 C 点重合，H 点不存在，此时 $\triangle ABP \cong \triangle PDE$，$\angle APE = 90°$。所以 BP 长为 a 或 b。

教师对学生的回答进行评价，并对学生的板演进行订正，对于学生有疑问或者掌握的不好的地方进行重点讲解。

【设计意图】通过教师引导，学生在自主探索、合作学习的过程中，学会有条理的思考，能比较清楚地表达自己的思考过程与结果，获得分析和解决问题的一些基本方法，体会解决问题方法的多样性，学生的数学思考能力和创新意识能够得到进一步发展。

3. 课堂练习

变式习题：若条件不改变，点 P 在什么位置时，使得 $\triangle APE$ 为等腰直角三角形？

【设计意图】通过创编的变式习题，能够进一步强化学生对多种解题方法的理解与应用，使学生能够根据情况灵活应用所学知识，锻炼学生的发散思维。

4. 课堂小结

(1) 在解题的过程中，你运用了哪些知识？

(2) 哪种解题方法更加简单快捷？

【设计意图】通过教师提问，让学生主动回顾、总结本节课的重要知识，培养学生自主学习、归纳总结的习惯。

五、教学反思

教学反思是教师对自己教学活动的回顾、检验与认识,本质上是对教学的一种反省认知活动。教师以自己的实践过程为思考对象,在"回放过程"的基础上,对其中的成败得失及其原因进行思考,得到能用以指导自己教学的理性认识,并形成更为合理的实践方案。

实践 + 反思 = 成长。教学反思是教师专业发展和自我成长的核心因素。"经验之中有规律",教师的反思能力决定着他的教育教学实践能力和在工作中开展研究的能力。如果教师对自己的教育教学实践缺乏反省,不对自己的教学经验进行概括,课堂教学实践后不反思,那么他们就很难成长为专家型教师。通过反思,教师不断更新教学观念、改善教学活动、提升教学水平,同时形成对教学现象、教学问题的深层次思考和创造性见解,使自己真正成为"研究型教师"。

数学教师的教学反思从以下几方面开展。

1. 对教学设计的反思

教学设计是课堂教学的蓝本,是对课堂教学的整体规划和预设,勾勒出了课堂教学活动的效益取向。设计教学方案时,教师对当前的教学内容及其地位,学生已有知识经验,教学目的,重点与难点,如何依据学生已有认知水平和知识的逻辑过程设计教学过程,如何突出重点和突破难点,学生在理解概念和思想方法时可能会出现哪些情况以及如何处理这些情况,设计哪些练习以巩固新知识,如何评价学生的学习效果等,都已经有了一定的思考和预设。教学设计的反思就是对这些思考和预设是否与教学的实际进程具有适切性进行比较和反思,找出成功和不足之处及其原因,从而有效地改进教学。

2. 对教学过程的反思

具体可以从如下几个方面进行反思:各教学环节的时间分配是否合理(特别要反思是否把时间用在核心概念和思想方法的理解和应用上);教学重点和难点的处理情况;是否启发了学生提问,学生提问的质量如何,问题是否恰时恰点,学生是否有充分的独立思考机会;核心概念的"解构"、思想方法的"析出"是否准确、到位;是否关注到学生的个性差异,学生活动是否高质高效,有没有"奇思妙想"、创新火花,有没有抓住这种机会;是否渗透和强调了数学能力的培养;教学内容的"价值观因素"是否得到充分挖掘,并用学生能理解的方式进行展示;教学媒体使用是否得当;教师语言、行为是否符合教育教学规律,学生有什么反应;各种练习是否适当;教学过程是否存在着"内伤"等。

3. 对教学效果的反思

对数学教学效果的反思,是指在教学活动结束后,教师对整个活动所取得的成效的价值判断,包括学生所获得的发展和教师自己的价值感受两个方面。前者主要考查学生的数学"四基"的掌握,数学能力发展,数学学习方法的掌握,数学的科学、人文价值的认识以及理性精神的养成等诸方面;后者主要考查教师自己在教学活动中对教学内容和学生情况的了解程度的变化,个人教学经验的变化,实施有效教学能力的提升,教学思想观念的变化等。其中,教学是否达到了预期的目标,学生行为是否产生了预期的变化,是教学效果反思的重点。

4. 对个人经验的反思

对个人经验的反思,是教师对自己教学活动的持续不断的反思过程,是教师专业化成长的必经之路。对个人经验的反思有两个层面,一是反思自己的日常教学经历,使之沉淀为真正的经验;二是对经验进行解释、归纳和概括,提炼出其中的规律,使之成为有一定普适性的理论。

在教学反思实践中,教师可以使用"反思档案",其中包括两个方面:一是忠实记录并分析发生的种种情况,使之成为文本形式的经验;二是对文本经验本身不断加工和再创造,使经验得到升华,改善教师的理念与操作体系,甚至可以自下而上地形成新的教学理论。

强化练习

请以"归纳推理(第一课时)"为课题,完成下列教学设计。

(1)教学目标;

(2)教学重点、难点;

(3)教学过程(只要求写出新课导入和新知识探究、巩固、应用等)及设计意图。

参考答案

【参考答案】

(1)教学目标

知识与技能:了解合情推理的含义,掌握归纳推理的基本方法与步骤,能够利用归纳进行简单的推理应用。

过程与方法:通过积极参与、经历归纳推理概念的获得过程,了解归纳推理的含义;通过欣赏一些伟大猜想产生的过程,体会如何利用归纳去猜测和发现一些新的结论,培养归纳推理的思维方式。

情感、态度与价值观:正确认识合情推理在数学中的重要作用,并体会归纳推理在日常活动和科学发现中的作用。通过主动探究、合作学习激发学习兴趣,认识数学的科学价值、应用价值和文化价值,养成认真观察事物、发现探求新知识的习惯和良好的思维品质。

(2)教学重点、难点

重点是用归纳推理解决一般性问题;难点是学会运用联系的观点看问题,思考并解决问题。

(3)教学过程

1. 课题引入

教学内容:问题1:推理是如何定义的? 它包括哪两个部分?

问题2:观察教材上几个推理案例,分析其有何特点?

师生互动:师生共同研读问题。

【设计意图】为学生学习新知识做准备。

2. 探究新知

教学内容:问题3:由几个案例,你能给出归纳推理的定义吗? (教师列出几个案例)

问题4:你能总结出归纳推理的一般模式吗?

师生互动:学生互相讨论,共同寻求问题的答案并进行交流展示。

【设计意图】通过问题的探究,学生能进行有目的地学习与思考。

3．互动探究

教学内容：问题5：你能归纳出下列各题的规律,并在小组内进行交流吗？试试看！（教师给出几道例题）

师生互动：学生之间进行交流与合作,教师适当点拨。教师点评学生思考。

【设计意图】培养学生的观察、猜想、归纳能力,并通过点拨突破难点。

4．矫正反馈

教学内容：考考你对本节课知识的掌握能力。（教师给出几道测验题）

师生互动：分组讨论解答,组长公布解题结果,教师及时批改、表扬。

【设计意图】通过巩固,有利于对新知的及时反馈,查漏补缺,完成教学任务。

5．实际应用

教学内容：教师给出练习题,学生练习。

师生互动：学生思考探究。

【设计意图】梯度性问题培养感性认识上升到理性思维。

6．归纳小结

教学内容：问题：通过本节课的学习,(1) 你学到了哪些知识？（2）你最大的体验是什么？（3）你掌握了哪些知识技能？最后老师给出自己的看法与评价。

师生互动：让学生谈本节课的收获,并进行反思。

【设计意图】关注学生收获知识并让情感得以体验。

第四章　数学教学组织与实践能力

第一节　数学教学组织工作

课堂教学是教育教学中普遍使用的一种手段,是教师给学生传授知识和技能的全过程,主要包括教师讲解、学生问答、教学活动以及教学过程中使用的所有教具等,也称"班级上课制",与"个别教学"相对。把年龄和知识程度相同或相近的学生,编成固定人数的班级集体,按各门学科教学标准规定的内容,组织教材和选择适当的教学方法,根据固定的时间表,向全班学生进行授课的教学组织形式。要求教师对全班学生负责,同时对他们因材施教,辅以分组教学和个别教学,使全体学生都得到发展。

一、有效组织课堂教学

考点1　创设良好的课堂气氛

课堂是师生进行教学活动的主要场所。课堂上学生的心态如何直接影响师生的教学行为、教学质量及学生的个性发展。因此,教师应努力创设一种使学生心情愉悦、有强烈的求知欲、积极探究的课堂气氛,才能激发学生动脑、动手、动口,收到事半功倍的效果。

另外,师生关系的融洽、亲切的教态也可培养良好的课堂气氛。平时教师多与学生沟通、多与学生交流,让学生感到老师可亲可近。课堂上以亲切的教态进行教学,这样,学生在课堂上能够大胆想象、积极发言,使课堂气氛活跃,利于学生掌握知识。

考点2　及时反馈教学信息

数学教学活动实质上是教师与学生的信息交流活动,是师生双方在融洽合作的气氛中,由教师引导学生系统地创造性学习。因此,数学教师应该以应用知识和发展能力为目标,突出教与学信息反馈的及时性和有效性,优化教学程序,提高课堂教学质量。

考点3　掌握有效的调控技能

中学数学课堂教学的调控,指在课堂上教师为获得最佳的教学效果,根据学生的反馈信息,对教学内容、方法和过程等做必要、恰当、适时地调控。教学效果的优劣,在很大程度上取决于教师对教学活动的调控能力。探索教学系统的控制规律,按规律进行教学,是提高教学质量的必由之路。在教学过程中教师应优化组合各种调控方法。

考点4　合理科学地控制教学时间

一节课的内容,应在45分钟内完成。教师要根据课的类型,学生生理、心理特点,适时调整教学过程,合理分配教学时间。整个学期的教学目标,应在大纲规定的时间内实现,决不能靠"加班加点"来实现。因此,要不断改进教学方法,提高45分钟的教学效率。

二、中学数学教师的基本工作

考点1　认真备课，写好教学后记

教学设计也称备课，是教学工作的起始环节。合理地进行教学设计是搞好教学的先决条件，是教师教学能力的体现。备课时，不但备学生，而且备教材、备教法。根据教学内容及学生的实际，设计课的类型，拟定采用的教学方法，并对教学过程的程序及时间安排都做详细的记录，既突出每节课的重点，又突破每节课的难点。每一课都做到"有备而来"，每堂课都在课前做好充分的准备。

教学后记是教学工作的一部分，是提高素质教育质量的重要环节，是对本节课的自我评判，对这一环节，应与备课、上课一样，一丝不苟，认真回忆该节课的"成功"和"不足"之处。课后趁记忆犹新，回顾、反思写下自己执教时的切身体会，记下学生学习中的闪光点或困惑，这是教师最宝贵的资料。长期坚持教学后记，不仅能总结积累教学经验，探索教学规律，还能逐步形成自己独特的教学风格和教学方法。

考点2　注重课堂教学中师生之间、学生之间交往互动与共同发展，提高上课技能，提高教学质量

在课堂上要特别注意调动学生的积极性，加强师生交流，培养学生动口、动手、动脑的能力，把数学教学看成是师生之间、学生之间交往互动与共同发展的过程。教师能创设良好的课堂气氛，注重课堂教学中师生之间、学生之间交往互动与共同发展的过程，增强上课技能，提高教学质量。不仅关注学生学习的结果，更要关注学生学习的过程，教会学生学习的方法。

考点3　创新评价，激励促进学生全面发展

对学生的学习评价，既关注学生知识与技能的理解和掌握，更关注他们情感与态度的形成和发展；既关注学生数学学习的结果，更关注他们在学习过程中的变化和发展。抓基础知识的掌握，抓课堂作业的堂堂清，采用定性与定量相结合，定量采用等级制，定性采用评语的形式，更多地关注学生已经掌握了什么，获得了哪些进步，具备了哪些能力。使评价结果有利于树立学生学习数学的自信心，提高学生学习数学的兴趣，促进学生的发展。

考点4　虚心请教其他老师

在教学上，有疑必问。在各个章节的学习上都积极征求其他老师的意见，学习他们的方法，同时，多听老师的课，做到边听边讲，学习别人的优点，克服自己的不足。

考点5　认真批改作业，布置作业有针对性，有层次性

对学生的作业批改及时，认真分析并记录学生的作业情况，将他们在作业过程出现的问题做出分类总结，进行透彻地讲评，并针对有关情况及时改进教学方法，做到有的放矢。

布置作业的针对性与层次性要求如下。

针对性：布置作业应根据学生情况和存在问题，适当设计，要达到能帮助学生掌握所学的内容，促使他们认真、积极、创造性地完成作业，通过作业充分发挥学生的主体作用。

层次性：作业内容由浅入深，由易到难，做到层层递进，逐步提高。

批改作业既是教育教学过程的重要环节，也是提高教学有效性的必要手段，不可轻视对作业的

批改。

布置作业的目的:一是通过练习,使学生掌握并加深理解学过的课堂知识;二是运用学过的知识融会贯通,举一反三。所以,作业的设计也应当形式多样,并留有思考的余地,给学生以想象的空间,让学生自己选择、计划、探究、体验。因此,教师设计作业,既要顾及作业的一般作用与功能,也要注重学生主体作用的发挥,尊重学生的个别差异,改革作业的形式与内容,从而使每个学生的个性得到充分的发展,学习能力和知识水平都得到提高。

考点6 做好课后辅导工作,注意分层教学

教师要做好课后辅导,注意分层教学。分层教学就是教师根据学生现有的知识、能力水平和潜力倾向把学生科学地分成几组各自水平相近的群体并区别对待。这些群体在教师恰当的分层策略和相互作用中得到最好的发展和提高。为不同层次的学生进行相应的辅导,以满足不同层次学生的需求,同时加大对后进生的辅导力度。

三、课堂教学调控

一个优秀的人民教师必须具备驾驭课堂教学的能力,善于运用科学有效的方法进行课堂教学调控,从而实现最佳的课堂教学效果。

课堂教学调控的要素包括调控客体和调控主体。调控客体又称调控对象,包括学生和教学内容。学生是具有能动作用的人,一方面接受教师的调控,另一方面又反作用于调控者,同时还能进行自我调控。因此,教师对学生的调控是在调控与反调控的作用中进行的,教师实施调控必须通过学生的自我调控才能得以实现。教学内容是被动的调控对象,教师对教学内容的调控要适应学生的具体情况,并得到学生的配合,否则调控失效。课堂调控的主体是教师。教师在其课堂教学中始终起主导作用。

考点1 课堂教学调控的原则

1. 统一性与灵活性相结合原则

教学过程的基本阶段、教学的基本原则、课的结构和环节、教学的基本方法等都是属于教学的"统一性"问题。从课堂教学上看,教师应把握统一性原则,遵循其要求,并使之艺术化。反之,必然使课堂教学支离破碎,失去统一性。然而从课堂教学的实际情况看,完全可能出现千变万化的情况。

教材内容有所不同,学生对教材各部分理解程度不同,学过知识的遗忘多少不同等多种情况要求课堂教学决不能生搬硬套,而应视其具体情况做具体分析,在统一性前提下注意贯彻灵活性原则。课程的结构和教学方法要多样化,并根据教材和学生实际情况随时加以调整。

2. 兴趣性与新颖性相促进原则

教与学是一项艰苦的脑力劳动,教师必须在挖掘教材的基础上保持课堂教学的兴趣性,使学生的注意力指向并集中在教学活动上。教师在保持课堂教学系统性、科学性的前提下,根据教材和学生实际使课堂教学富有新颖性。为使课堂教学充满生机和活力,教师必须花费大量心血对教材进行加工处理、抽象概括、归纳整理、化难为易、化繁为简等。

3. 掌握连贯性增加应变性的原则

课堂教学一般会按照事前设计好的程序组织教学,按照教学计划去完成每一节课的教学任务,因此,从整个课堂教学过程看,应呈现连贯性。从课堂教学实际看,有时可能出现一些教师事先考虑不到的地方,因此,要在掌握连贯性的基础上增强应变性。

考点2　课堂教学调控的方法

1. 适应性调控。适应性调控就是通过调控(包括教师对调控客体的调控和教师与学生的双方的自我调控)达到教师与学生相互适应、协调配合的过程。

2. 预防性调控。预防性调控是调控主体为防止出现偏差所进行的事前调控。

3. 目标性调控。目标性调控就是以确定的课堂教学目标为依据进行课堂教学调控的。

4. 反馈性调控。反馈性调控是利用信息反馈来调控课堂教学活动的。

第二节　课堂教学技能

一、课堂导入技能

知识是人类从实践活动中得来的,是对实际事物及其运动和变化发展规律的反映。这也就是说,知识本身具有丰富生动的实际内容,而表征它的语言文字(包括符号图表)则是抽象和简约的,学生所学的正是语言文字所汇集成的书本知识即教材。这就要求学生不论学习什么知识,都要透过语言文字、符号图表把它们所代表的实际事物想清楚,从而真正把两者统一起来。在教学过程中,教师要通过创设一些教学情境,使学生在不自觉中达到认知活动与情感活动的有机"渗透"与"融合",使学生的情感和兴趣始终处于最佳状态,全身心地投入到学习之中,从而保证教学活动的有效性和预见性。

所谓的教学情境就是教师通过调动学生的情感因素增强教学效果而创设的教学环境。创设教学情境是教师的一项常规教学工作,创设有价值的教学情境则是教学改革的重要追求。教学情境的类型很多,如问题情境、活动情境、实验情境、故事情境等。教师旨在通过精心设计的教学情境创造出一种兴趣盎然的主动求知和乐于探索的情绪气氛。

导入是在课堂教学活动开始的教学行为方式,是教学活动的重要环节。精彩的导入可以激发学生的求知欲,产生学习动机,明确学习方向和建立知识间的联系,为整节课的教学打下良好的基础。它常被用于课堂开始,或者用于开设新学科、进入新单元和新阶段。导入技能主要分为以下六种类型。

考点1　直接导入法

直接导入就是开门见山紧扣教学目标要求直接给出本节课的教学目的的,以引起学生的有意注意,诱发探求新知识的兴趣,使学生直接进入学习状态。这种导入能使学生迅速定向,对本节课的学习有一个总的概念和基本轮廓。它能提高学生自学的效率和质量,适合条理性强的教学内容。

【示例】以"弧度制概念"为例,请用直接导入法为其设计一个课堂导入。

【参考答案】

以前我们研究角的度量时,规定圆周角的 $\dfrac{1}{360}$ 为 1 度的角,这种度量角的制度叫作角度制。今天我们学习另外一种度量角的常用制度 —— 弧度制。本节主要要求是掌握 1 弧度角的概念;能够实现角度制与弧度制两种制度的换算;掌握弧度制下的弧长公式并能运用其进行解题。(这种方法多用于相对能自成一体且与前后知识联系不十分紧密的新知识教学的导入)

考点2　复习导入法

复习导入法即所谓"温故而知新",主要是利用新旧知识间的逻辑联系,即旧知识是新知识的基础,新知识是旧知识的发展与延伸,从而找出新旧知识联结的交点,由旧知识的复习迁移到新知识的学习上来的方法。通过这种方法导入新课,可以淡化学生对新知识的陌生感,使学生迅速将新知识纳入原有的知识结构中,能有效降低学生对新知识的认知难度。使用这种导入方法,教师一定要摸清学生原有的知识水平;要精选复习、提问时新旧知识联系的"支点"。例如,在学习双曲线的定义及标准方程时,先复习椭圆的定义及其标准方程,然后将椭圆定义中的平面上到两个定点的距离之和的"和"改为"差",问学生动点的轨迹是怎样的曲线,然后导入新课;再如,等比数列的概念及通项公式可以先复习等差数列的概念及通项公式来导入。

考点3　事例导入法

事例导入是选取与所授内容有关的生活实例或某种经历,通过对其分析、引申、演绎归纳出从特殊到一般、从具体到抽象的规律来导入新课。这种导入强调了实践性,能使学生产生亲切感,起到触类旁通的功效,同时让学生感觉到现实世界中处处充满数学。这种导入类型也是导入新课的常用方法,尤其对于抽象概念的讲解,采用这种方法更显得优越。

【示例】某班级数学课要学新课,内容是"对数的概念",请用事例导入法为本节课设计一个新课导入。

【参考答案】

铃声刚落,我将面带微笑的这样导入新课:"请同学们思考这样一个问题,我国政府在 1980 年提出要使我国工农业生产总值到 20 世纪末翻两番,因此平均每年的增长率为 7.2%。同学们,你们知道这个增长率是怎样算出来的吗? 你们想知道其中的秘密吗? 本节课我就来和大家共同讨论这个问题。"(通过这样的事例导入很容易牵动学生思维,在他们不会解又急于解决的心理之间制造一种悬念,激起学生强烈的求知欲)

考点4　趣味导入法

趣味导入就是把与课堂内容相关的趣味知识,如数学家的故事、数学典故、数学史、游戏、谜语等讲授给学生来导入新课。俄国教育学家乌申斯基认为"没有丝毫兴趣的强制性学习将会扼杀学生探求真理的欲望"。美国著名心理学家布鲁诺也说过,"学习的最好刺激乃是对所学知识的兴趣"。趣味导入可以避免平铺直叙之弊,可以创设引人入胜的学习情境,有利于学生从无意注意迅速过渡到有意注意。

考点 5　悬念导入法

悬念导入是教师从侧面不断巧设带有启发性的悬念问题,创设学生的认知矛盾,唤起学生的好奇心和求知欲,激起学生解决问题的愿望来导入新课。在悬念中既巧妙地提出了学习任务,又创造出探求知识的良好情境。这种导入类型能使学生由"要我学"转为"我要学",使学生的思维活动和教师的讲课交融在一起,使师生之间产生共振。但悬念的设置要恰当适度,不悬会使学生一眼望穿,则无念可思;太悬学生则无从下手,也就会无趣可激。只有在悬中寓实,才能引起学生开动脑筋、琢磨思考,兴趣盎然地去探索。

【示例】请用悬念导入法给"等比数列前 n 项和"这节课设计一个课堂导入。

【参考答案】

我将从"折纸"这种常见的活动出发,让学生体会一张薄薄的纸片只需对折不多的次数,其厚度就会大幅增长。我首先拿一张纸条,厚0.1毫米,然后把纸条一次又一次地对折,厚度当然越来越厚,然后我这样告诉同学,这样对折14次,厚度可达同学们的身高;对折27次后,其厚度比珠穆朗玛峰还要高;对折42次后,厚度超过从地球到月球的距离。接着我问同学们:"大家相信吗?如果要使厚度达到从地球到太阳的距离(1.5亿 km),需要对折多少次呢?"(两次设疑,会立即引起学生的积极思考)

考点 6　类比导入法

类比就是当两个对象都有某些相同或类似属性,而且已经了解其中一个对象的某些性质时,推测另一个对象也有相同或类似性质的思维形式。所谓联想,就是由一事物想到与之相似的另一事物。采用类比联想导入简洁明快,同时能高效地调动学生思维的积极性。例如,讲圆锥的体积和表面积时,可以与棱锥的体积和表面积类比。

二、课堂提问技能

课堂提问技能是教师引出一个信号以激起学生的语言反应的一种行为方式,它是教师在课堂教学中进行师生交流的一种重要的技能。能否进行恰到好处的提问,是衡量教师教学能力的一个重要尺度。

◆◆◆ 知识拓展 ◆◆◆

提问是一项具有悠久历史渊源的教学技能,我国古代教育家孔子就常用富有启发性的提问进行教学。他认为教学应"循循善诱",运用"叩其两端"的追问方法,引导学生从事物的正反两方面去探求知识。古希腊哲学家苏格拉底也是一位提问高手,他使用"精神产婆术"的方法进行教学,通过不断地提问让学生回答,找出学生回答中的缺陷,使其意识到自己结论的荒谬,通过再思索,最终自己得出正确的结论。

考点 1　课堂提问的原则

1. 目的性原则

课堂提问应有明确的目的,便于有效引导学生积极思维,为实现教学目标服务。内容应结合教学目标,围绕本节课的教学重点和难点来进行设置。所以,课堂提问忌不分主次轻重,为提问而提问,要有的放矢,紧紧围绕重点、针对难点、扣住疑点,体现强烈的目标意识和明确的思维方向,避免随意性、盲目性和主观性。如果脱离这一点,往往会导致"问无实质,问多无趣",影响课堂教学效果和学生能力的发展。

【示例】 针对"函数 $y = A\sin(\omega x + \theta)(A > 0, \omega > 0)$ 的图像"中有关图像变换的问题,很多学生抓不住相位变换的实质,请你对此设计几个问题,通过设问使学生能更好地掌握此知识。

【参考答案】

针对"函数 $y = A\sin(\omega x + \theta)(A > 0, \omega > 0)$"中有关图像变换的问题,很多学生抓不住相位变换的实质,对此可以设计以下几个问题。

① 将函数 $y = \sin\left(x + \dfrac{\pi}{3}\right)$ 的图像上所有的点向左平移 $\dfrac{\pi}{3}$ 个单位长度,所得图像的解析式是什么?

② 将函数 $y = \sin\left(2x + \dfrac{\pi}{3}\right)$ 的图像上所有的点向左平移 $\dfrac{\pi}{3}$ 个单位长度,所得图像的解析式是什么?

③ 将函数 $y = f(x)$ 的图像上所有的点向左平移 $\dfrac{\pi}{3}$ 个单位长度后得到函数 $y = \sin 2x$ 的图像,那么 $y = f(x)$ 的解析式是什么?

然后通过作图、比较、分析,搞清楚变换的实质"平移变换是针对自变量的变换(自身的变换)"。

2. 启发性原则

我国古代教育名著《学记》中提出"道而弗牵,强而弗抑,开而弗达"的教学原则,旨在强调教师的作用在于引导、启发,而不是强迫、代替。现代认知心理学认为,新学知识只有纳入原有的认知结构,并在原有的认知结构中找到联结点,才能将新知识同化,才能牢固地掌握新知识。故在数学教学中,教师要善于利用提问来引导、启迪学生的思维,使之应启而发,切忌问学生"对不对""是不是""好不好"等这样的问题。

3. 适度性原则

课堂提问要根据思维"最近发展区"原理,选择一个"最佳时机"进行。适度性原则有以下两个方面。

一方面,在教学过程中要恰到好处地掌握提问的频率和时间。一节课不能提问不断,否则学生无法冷静有效地思考,反而破坏了课堂结构的严密性和完整性。但也不能没有提问,否则整堂课会毫无生机。

另一方面,问题的难易程度要科学适度。没有难度或难度太大的问题,都会使学生失去兴趣。浅显的随意提问引不起学生的兴趣,他们随声附和的回答并不能反映思维的深度,超前的深奥提问又使学生不知所云,只有适度的提问,才能达到理想的效果。

◆◆◇ 知识拓展 ◇◆◆

课堂提问的功能:①激发学生的学习动机和兴趣;②促进学生学习;③平稳过渡;④为学生提供参与课堂的机会;⑤培养能力;⑥反馈教学信息;⑦管理课堂教学。

4. 兴趣性原则

早在两千多年前,孔子就认为:"疑是思之始,学之端。"现代教育心理学告诉我们,当教学内容引起学生兴趣时,学生学习就能集中注意力,就能对所学知识更好地感知、记忆、思维和想象,从而获得较多、较牢固的知识与技能。

5. 循序渐进性原则

提问的设计要按照课程的逻辑顺序,考虑学生的认知顺序,遵循由浅入深,由易到难,由表及里等一系列规律,让学生能够拾级而上,循序渐进,步步深入。前后颠倒,信口提问,只会扰乱学生的思维顺序。

6. 全面性原则

素质教育是面向全体学生的教育,使每个学生在原有基础上都能够得到应有的提高和发展,因此提问要面向全体学生,要调动每一个学生思考问题的积极性和主动性,让每一个学生都参与到教学过程中来,切忌教室内有"被遗忘的角落";要有亲切的态度,民主的作风,让学生敢于发表自己的见解和不同的意见,充分施展学生的自我个性,暴露学习中的问题;要认真听取学生的回答,运用适当夸张的语气和鼓励、赞扬的言辞去激发学生的求知欲望。

7. 充分思考性原则

提问后适当的停顿便于学生思考,学生答完问题后再稍停数秒,往往可以引出该生或他生更完整确切的补充,也可体现学生的主体地位。

8. 及时评价性原则

对学生的回答教师要做出明确的反应,或肯定,或否定,或追问。恰当的反应可强化提问的效果,同时还要重视学生的反应,鼓励他们质疑问难,作深层次思考,调动学生的积极思维。千万不能说:"不对,这么简单的问题都答不出来。"

考点 2　课堂提问的类型

1. 复习、回忆提问

数学是一门逻辑性、抽象性较强的学科,学生每认识一个新的数学对象,都要建立在学生已有的认知结构上,如果学生对新的数学对象所涉及的某一旧知识认识模糊,就会给新的学习带来影响。为排除这些障碍,教师在课堂上要提一些复习、回忆性的问题,为新的学习做好准备。另一方面,通过复习、回忆提问,使新旧知识相互连贯,强化了所学知识,而且还能检查学生的复习情况。

它的一般形式是"前面我们学习了……现请同学们叙述一下……什么是……"这类提问往往限制学生的独立思考和思维的更新,它一般用于新课的引入或某一问题论证的开始,使学生回忆起所学概念或事实。

2. 理解提问

理解提问是比复习、回忆提问更高一级的提问,包括以下三种。

（1）一般理解

学生学习了某一概念、定理、法则或公式后,能用自己的话对所提问题进行回答。比如说,讲了一元二次方程的解法后,要学生归纳解一元二次方程的步骤是什么。

（2）深入理解

深入理解就是要求学生能用自己的话讲述概念、定理、性质等的实质,或是要求学生对已知信息形式或结构做出改变而不是简单的复述。如学习了不等式概念,可以问"请学生们观察几个不等式,两边同时加上或减去同一个数,不等号的方向产生改变了吗?如果两边同时乘以或除以同一个数,结果会怎样呢？"多提一些这样的问题,对培养学生思维的深刻性是很有好处的。

（3）对比理解

把相似或相近的两个概念组合在一个问题中,要学生区别异同,达到更深入、更本质的理解。如"请同学们比较一下,不等式的性质与等式的性质有区别吗？"这类提问往往用于对所学知识与技能进行检查,以及时了解学生掌握的情况,教师视学生回答的情况组织教学。也常用于某些相似的数学概念或原理的讲解之后,或课程结束时的小结。

3. 应用提问

这种提问的目的是了解学生是否能在理解新知识的基础上应用新知识和旧知识来解决问题,它包括以下两个方面。

（1）一般应用

会使用新知识解决一般性问题。如学习了等腰三角形,问:已知一个角的度数,可以求出其他的两个角的度数吗？

（2）灵活应用

应用新知识解决较复杂的问题。一般是为了检查学生的灵活应用程度而提的问题。

4. 归纳提问

通过观察积累了一定的实际材料后,就可以进行归纳提问。归纳包括不完全归纳和完全归纳两种。不完全归纳不能作为数学的证明方法,但可作为猜想的依据。因此不完全归纳提问在数学中有广泛的应用。教学中,教师可以通过归纳提问,使学生掌握猜想数学结论和命题证明的方法。

5. 比较提问

比较提问是教师针对所研究的某一数学对象联系相近或相似的几个方面要学生研究它们的异同的提问。有比较才有鉴别,因此,这是一种重要的学习方法。通过比较提问,促成学生积极思维,深刻认识数学对象的本质。

6. 分析、综合提问

为了认识研究对象,把它分解成若干个不同的部分加以考查,这是分析;将分析出的各部分再结合起来进行考虑就是综合。该类型提问主要针对综合题型,先化整为零,分解成若干个小问题逐一分析,然后再综合起来,最终解决问题。教师应灵活提出小问题,最后再提出怎样解决原题的问题,逐步培养学生的分析、综合解决问题的能力。使用本法时教师应积极诱导,不能急于求成,更不能包办代替学生说出答案。

7. 评价提问

评价提问是要求学生对分析问题的理由是否充分、结论是否正确、方法的优劣等做出评价性回答的提问,其形式一般如下:"你认为结论是否正确？""你认为这种理由是否充分？为什么？""这两种解法哪种更好？为什么？"

三、有效数学教学

考点1　数学的有效教学

作为学生获取知识的主阵地,课堂教学一直是一种有效形式。无论是现在还是将来,课堂都是学校教学的主阵地,数学教学的主要目标都必须在课堂中完成。

有效的课堂教学是保证教学质量的关键。有效教学需要从学生的角度去认识。有效的课堂教学是指教师遵循教学活动规律,以尽可能少的时间、精力和物力投入,取得尽可能好的教学效果。课堂教学活动的有效性正是在教学效果中体现出来的,教师和学生共同活动引起学生身心素质变化,使之符合预定的目标。通过一段时间的教学,学生有无进步或发展,是衡量教学是否有效的唯一指标。

《义务教育数学课程标准(2011年版)》指出:"通过义务教育阶段的数学学习,学生能获得适应社会生活和进一步发展所必需的数学的基础知识、基本技能、基本思想、基本活动经验(即"四基");体会数学知识之间、数学与其他学科之间、数学与生活之间的联系,运用数学的思维方式进行思考,增强发现和提出问题的能力、分析和解决问题的能力(即"四能")。"《普通高中数学课程标准(2017年版2020年修订)》指出:"通过高中数学课程的学习,学生能获得进一步学习以及未来发展所必需的数学基础知识、基本技能、基本思想、基本活动经验;提高从数学角度发现和提出问题的能力、分析和解决问题的能力。"为此,数学教学要关注两个方面,一是数学教学要从数学出发,突出数学的本质;二是数学教学要从教学出发,关注学生的认知规律。把二者结合起来选择恰当的教学方法和手段,无论是教师的行为还是学生的活动都应有利于激发学生积极地数学思维,从而发展学生的数学抽象、逻辑推理、数学建模、直观想象、数学运算、数据分析等数学学科核心素养。

有效的数学教学并非要求教师遵循一套死板的行为规则,而是要求教师依据有效教学理念的指导,运用自己的专业判断在具体情境中灵活地做出专业决策,即在适当的时间、地点,以适当的方式,对适当的人做适当的事。这需要教师具有持续的反思和创新意识,细致地分析教学过程的各个环节,保证各个环节的有效性。

【示例】下面是一位教师执教函数奇偶性及课后交流的实录。阅读下面材料,分析其中存在的问题。

师:同学们,今天我们学习函数的奇偶性,它是非常重要的函数的性质,在高考中经常被考查,我先给出函数奇偶性的定义。

(教师边板书,边讲解定义)

师:从定义可以得到判断奇偶性的方法和步骤……下面我们讲例题。

(以上的分析讲解不到6分钟,教师接着讲了三种类型的问题:判断、证明函数的奇偶性以及简单应用。接着就是学生的练习,教师的点评。在例题讲解、练习与分析的过程中,学生也积极地参与交流、踊跃发言)

课后评课时,执教老师自信地说,自己十分重视学生的活动,例题讲解清楚,问题分析到位,过程书写规范,充分保障练习,学生在考试时定能考出好成绩。当听课老师提出教学中对函数奇偶性概念建立过程没有很好地展开时,执教教师说:概念就是规定,让学生记住是主要的,没有什么好讲的,有时讲与不讲效果差不多,这样也是为了节省出更多的时间来解题。上述观点也得到了不少教师的赞同。

【参考答案】

第一,上述教学片段提出了一个关于有效教学的重要问题:既然有效教学把"学生所获得的进步或发展"作为唯一指标,那么什么叫作学生的"进步"和"发展"呢? 由此可见,有效教学的实施不得不涉及数学教育价值观的问题。尽管高中数学课程改革已经进行了几年,尽管老师们知道甚至赞同数学教育的根本目的是促进学生的终身发展,但面临着高考的现实,在教师、家长和学生的眼中,真正重要的只是高考的成绩。和高考相比,新的教育理念只能处于弱势地位。没有高考改革的配合,课程改革不可能取得真正的成功。

第二,从执教教师的发言中可以看出,他是把"高考成绩"看作衡量学生"进步和发展"的唯一指标,但是即使对于高考而言,这种"只讲结果,不讲过程"的教学也未必有效。

第三,执教教师的做法也提醒广大教师必须提高教学的效率,必须废止教学中形形色色的花架子,认真地衡量每一个教学环节的价值,使教学确实是有效的。

考点2 有效的教学设计

1. 站在系统的高度设计教学

(1) 数学知识的本质要求

数学学科内在知识的逻辑联系非常紧密,形成了一个层层相连不可分离的整体结构。学生学习时考虑到其接受水平及学习阶段,需要将学习内容进行分解。但是这种分解不能割裂知识体系,应站在系统的高度设计教学,即教学内容融为一体是必要的。

(2) 学生学习规律的要求

心理学的遗忘规律指出,如果所学内容之间缺乏必要的逻辑联系,不仅难以记忆,而且遗忘速度快。教学实践表明先见"森林"再见"树木"的教学设计,往往优于先见"树木"再见"森林"的效果。依课程结构设计,不仅调动了学生内在的学习动机,提高了其参与度,而且符合学生的认知规律。

(3) 多维教学目标的要求

发展是教学的主要任务,思维和能力的发展应基于知识的有效迁移。当代心理学的研究表明学生头脑中的知识只有做到条件化、结构化、熟练化、策略化,才会有效迁移,才能成功地用以解决问题。如果教师能够依从一定的教学目的,遵循知识系统,并考虑学生的身心发展,合理安排内容,学生将会比较容易地实现思维的发展也会比较容易地将知识转化为能力。

2. 有效教学设计的环节

从本质上说,数学活动是一种思维活动,而数学思维活动又集中表现为提出问题和解决问题,因而问题成为数学教学活动的载体。从某种意义上说,数学教学设计就是问题的设计。教学过程设计的中心任务就是要设计出一个(一组)问题,把教学过程组织成为提出问题和解决问题的过程,把教学活动整合到提出问题、解决问题的过程中去 —— 教师通过提出问题来激发、调控学生的思维活动,来揭示知识发生的过程,让学生在解决问题的过程中,做数学,学数学,体验数学,增长知识,形成能力,获得发展,从而完成数学教学的任务。

(1) 问题和情境

① 问题

问题是数学教学活动的载体。在有效教学的设计中应该特别关注问题的有效性,因为题目并不等同于"问题",要知道一个题目是否成为问题是由能不能激发起解题的思维活动为条件的。因此，在教学中必须针对学生的实际状况，特别是思维状况来设置，必须成为学生的问题。

② 情境

所谓情境就是环境。在教学中，情境可以理解为学生从事学习活动、产生学习行为的环境和背景。所谓问题情境，就是指能触发问题，有利于问题产生的环境。教师要认识到，从提出问题，到学生将其接受为问题之间，必须有一个思维过程，所以不能随心所欲地"提出问题"，而必须让学生看到提出的问题是有根据的、合理的、有价值的、有趣的；提出的问题过程是自然的、符合逻辑的。

【示例】阅读下面"函数的图像"一节的问题情境创设，分析其中存在的问题。

平均变化率

一、问题情境

演示实验。将热水通过虹吸管从锥形瓶中输入盛有少量冷水的烧杯，利用温度传感器探测烧杯中的水温，同时通过数据采集器在屏幕上绘制温度随时间变化的曲线。

问题 1：实验中有哪些变化？

问题 2：观察图像，曲线有哪些特点？

问题 3：选定两段曲线 AB，BC，如何用数量来刻画曲线的陡峭程度？

二、学生活动与师生互动（略）

【参考答案】

本节课中的实验不仅没有任何积极意义，反而转移了学生的注意力，并且掩盖了思维活动。因为面对变化的现象，想到用函数的图像来考察这个变化是有一个思考、探索、认定的过程的。可是在上面的教学设计中，这个过程都被电脑绘出的曲线掩盖了，因而，这样的问题情境是无效的。

（2）初始问题的设置

初始问题是作为教学起点的问题，对于实际的教学进程具有决定性的影响，一个好的初始问题，必须具备初始性、生成性、结构性和合理性的特点。初始问题是能使数学概念、定理、法则、方法得以产生的问题，大致可以分成应用性初始问题和结构性初始问题两大类。应用性初始问题是产生于实际问题中的初始问题；结构性初始问题是从原有的知识结构出发，通过逻辑或审美的思考提出的问题。在备课时，教师可以从知识的应用中（如书中的习题或例题）设计应用性初始问题；也可以从新旧知识的联系中，针对知识的增长点，设置结构性初始问题。

（3）解决问题的过程

① 让学生参与解决问题的过程

学生是学习活动的主体，初始问题提出来之后，课程的整体方向和框架也被确定了，所以教师应该放手让学生去思考、去探索、去尝试。

② 设计问题串

问题串是由一连串具有逻辑联系的问题构成的问题系列，可以看成是数学思维过程的"路标"，浓缩了数学思维过程。在教学设计中，教师可以通过问题串设计规划教学过程。在课堂教学中，可以灵活地用问题串对学生的思维活动进行调控。

设置问题串是教师的一项基本功。所谓备课无非是对教学内容的"历史地理性的重建"，而问题串正是这种重建的成果。这就需要教师根据教学对象、教学内容和教学环境的具体情况创造性地进行工作。

（4）学生活动

新课程标准指出：学生的数学学习活动不应只限于对概念、结论以及技能的记忆、模仿和接受，独立思考、自主探索、动手实践、合作交流、阅读自学等都是学习数学的重要方式。

为了有效地开展学生活动，在进行教学设计时要注意如下问题。

① 学生活动体现了学生在学习中的主体地位

学生是学习活动的主体，知识不能简单地由教师或者其他人传授给学生，而是由每个学生依据已有的知识和经验主动地加以建构。因此，学生活动应该贯穿于整个教学过程。

② 作为教学环节之一的"学生活动"是意义建构的组成部分

当前，在很多课堂教学设计中专门设置了"学生活动"的教学环节。其意图是在教学结构的层面，保证学生活动受到重视，确保学生活动成为意义建构的重要组成部分，这也有利于学生主体作用的落实。但是应该看到，这样做容易引起形式主义的做法，使学生活动"外化""表面化""操作化"，游离于建构之外，成为无效的活动，这是需要引起注意的。

③ 学生活动的目的是促进学生的理解

为了使学生活动是有效的，教师必须明确意识到学生活动只是手段，知识的建构（理解）才是目的。

④ 从总体上说，学生活动必须是思维活动

学习是学习者以自身已有的知识和经验为基础的主动的建构活动，它必须通过学习者的内省和反思才能完成。因此，有效的学习活动，必须是思维活动，至少是有助于思维活动的活动。

（5）反思活动

在教学中，不论是教师的启发还是学生自己的活动，包括学生自己忽然而至的灵感和直觉，都只有经过反思才能真正地产生作用，才能帮助学生达到"悟"的境界。那种企图以自己的思维代替学生的思维，以一般的活动代替思维活动，以直觉思维代替反省思维的做法都是不会达到预期结果的。

考点3　课堂教学的常见问题

1. 在课堂中，问题提出后，学生出现沉默

教师在课堂教学中可能经常会遇到：提出问题后，学生半天没有反应，出现一段时间的沉默。有时，点名回答也是支支吾吾，课堂气氛沉闷尴尬。

出现这种现象的原因可能有以下几点：① 教师提出的问题过难，超出了学生的能力范围；② 教师表述不清，学生不知如何回答；③ 教师提问用语不当，学生不愿回答；④ 学生需要一定时间思考，不急于回答；⑤ 个别学生想回答，但是看到其他同学没有出声，也选择沉默。

解决策略：① 切忌问题的设计"以教师为中心"，应站在学生的角度，切实考虑到他们的认知程度；② 提出的问题要少而精，好的问题需要教师花大量时间和精力，充分吃透教材和掌握学生的学情之后才能设计出来。

2. 在教学中，学生的回答或想法在教师的预料之外

学生在课堂上的思维比较活跃，问题比较多，甚至经常在课堂上提出很多新问题，教师如果在课堂上解决学生提出的新问题,那么这节课的教学内容就可能完不成。我们追求课堂教学精品化,不希望看到任何偏差,不允许出现任何瑕疵,但这是不可能的。动态生成的课堂是真实的课堂,因此课堂上可能发生的情况,不是教师可以主观决定的,也不是都能预料的,但是只要教师有足够的应变能力,可以把问题变成新的教学资源,把原来的教学病点变成教学亮点。因此,无论学生提出的问题多么奇怪,教师都应当理性地、心平气和地对待。

3. 课堂上让学生小组交流、自主探索的时间不够

在课堂教学中,时间是最重要的学习资源,所以教师对时间的分配,直接反映这位教师的教学功力。大部分教师往往认为把教材讲解的越明白易懂,学生的疑问就越少,对知识的掌握就越深刻。这仅仅是从自己的感受出发,用教师的标准及主观臆断去"框套"学生,没有去思考学生是如何学习的,不考虑学生的学习效果,不重视"学生的学",脱离了"一切为了学生发展"的新课程目标。教师在课堂上必须以知识为载体,虽然学生在教师指导下通过主动探索发现结论明显要比直接学习结论花费更多时间,但仍需给学生留出足够的时间去发现学习和主动探索,宁可密度和容量小些,也要突出学生的能力培养和创新潜能的开发。

4. 新的教学理念与实际教学的结合需要进一步提升

新课改过程中提出的新的教学理念,不仅有理论性强的特点,同时也有很强的实践性。只有教师以新的教学理念为指导展开教学活动,才能切实地将新课改提出的教学理念落到实处。目前,教师用新的教学理念指导课堂教学的力度还不够,有些教学理念仅仅停留在理论的层次,还没有落到实处。教师要想切实发挥新的教学理念对课堂教学的指导作用,首先应从理论上对新的教学理念有一个清晰的认识,在此基础上将新的教学理念落实到实际的教学中去,这样才能达到预期的教学效果。

考点 4 教学过程中的原则

1. 教学整体性原则

整体性原则包含两层含义:一是教学所承担的任务具有整体性,教学任务的完成应是完整的、全面的,不能有任何方面的偏颇;二是指教学活动的本身具有整体性,教学是由一系列教学要素构成的一个完整系统。

2. 启发性原则

启发性原则是指教师在教学过程中要充分调动学生的主动性,启发学生独立思考、积极思考、融会贯通地掌握知识,提高认识问题、解决问题的能力,这是教育教学的核心问题,也是践行素质教育的关键。

3. 创造性原则

创造性原则是指教师在教学活动中要最大限度地调动学生学习的积极性和自觉性,激发他们的创造性思维,从而使学生在融会贯通地掌握知识的同时,充分发展自己的创造性能力与创造性人格。

4. 有序性原则

有序性原则是指教学工作要结合学科的逻辑结构和学生的身心发展情况,有次序、有步骤地开展和进行,以使学生能够有效地掌握系统的科学知识,有效地促进学生身心的健康发展。

5. 因材施教原则

因材施教原则要求教师在教学活动中,从学生的实际出发,根据不同教学对象的具体情况,采取不同的方式和方法,进行差异性的教育,使每个学生都能在各自原有的基础上得到自己充分的、最好的发展。

6. 反馈调节原则

反馈调节原则是指在教学活动中,教师与学生能够从教和学的活动中及时获得反馈信息,以便及时了解教与学的情况,并能够及时有效地调节和控制教学活动的开展,达到提高教学效率和教学质量的目的。

除了以上原则,教学过程还应坚持科学性、实践性、激励性、公平性、量力性、直观性等原则。这些原则各有侧重,但不是彼此孤立的,而是紧密联系,互为补充,组成一个统一体系。

四、课堂结束技能

一堂好课,不仅应当有良好的开端,还应该有耐人寻味的结尾。然而,在实际的教学过程中,45 分钟的数学教学总嫌太短,许多时候课还没讲完,下课铃就响了,于是老师们就匆忙收尾,或者根本顾不上小结。一些老师和学生觉得课堂小结可有可无,忽视了课堂小结的重要性。而实际上课堂小结在课堂结尾起到画龙点睛的作用,简短的几句话都是重点和精华。因此教师应当合理安排课堂教学的结束,精心设计一个"言有尽而意无穷"的课堂结语,做到善始善终,给课堂教学画上一个完整的句号。

考点 1　结束技能概述

结束技能是教师在一个教学内容结束或一节课的教学任务终了时,有目的、有计划地通过归纳总结、重复强调、实践等活动使学生对所学的新知识、新技能进行及时地巩固、概括、运用,把新知识、新技能纳入原有的认知结构,使学生形成新的完整的认知结构,并为以后的教学做好过渡的一类教学的行为方式。一般来说,一堂课要经历几个教学阶段,每一个阶段都有各自的特点和任务,其中有主有次,而且后面的教学活动往往冲淡了前面的学习内容,学生一时难以形成完善的知识结构。通过恰当的结束语,可以帮助学生做一番简要的回忆和整理,理清知识脉络,便于学生把握教学重点,使学生容易从复杂的教学内容中简化储存信息。结束语其实是一种"及时回忆"。知识的再次重复、深化,能够加深记忆。依据心理学家的研究,课堂及时回忆要比 6 小时后回忆的效率高出4 倍。课堂教学有时要利用几个课时才讲完一个完整的教学内容,这就要求教师进行教学设计时,使结束语既要对本节课的教学内容进行总结概括,又要为下一节或以后的教学内容做好铺垫。

考点 2　结束技能实施的方法

教学结束的具体方法多种多样,以下是一些常用的方法,教师可以根据不同的教学内容和不同年龄段的学生灵活选用。

1. 练习法

练习法是教师通过让学生完成练习、作业结束课堂教学的方法。这是最简单最常用的一种结束方式。教师通过精心设计的练习题,趁热打铁,既使学生对所学基础知识、基本技能得到巩固和运用,又使课堂教学效果得到及时的反馈。

2. 比较法与归纳法

比较法是教师对教学内容采用辨析、比较、讨论等方式结束课堂教学的方法,意在引导学生将新学概念与原有认知结构中的类似概念,进行分析、比较,既找出它们各自的本质特征,又明确它们之间的内在联系和异同点,使学生对内容的理解更加准确、深刻,记忆更加牢固、清晰。归纳法是教师引领学生以准确简练的语言对课堂讲授的知识进行归纳、概括、总结,梳理讲授内容,理清知识脉络,突出重点和难点,归纳出一般的规律、系统的知识结构等的结束方法。它可以在一节课结束时进行,也可以在有联系的几节课结束后进行。

3. 提问法和答疑法

提问法是在课堂教学结束时,教师围绕着教学内容进行口头提问,让学生回答,然后教师或其他学生再根据回答的情况进行必要的修正和补充的方法。需要指出的是,口头提问必须针对要点、难点和关键点,切记走题。答疑法是在新内容讲完后让学生提出问题,教师和学生一起回答问题的结束方法。这种方法主要是让学生提出一些不太明白的问题,然后采用启发诱导的方式,帮助学生理解与解决问题。运用这种方法结束课堂教学,要求教师具有较高的教学调控能力,能引导学生提出与教学内容相关的问题,并能引导学生对所提出的问题做出贴切的回答。

4. 承上法和启下法

承上法是指教学结束与起始相呼应,使整个教学过程前后照应的结束方法。承上的内容包括开头设置的悬念、问题、困难、假设等,是悬念则消释,是问题则解决,是困难则克服,是假设则证实或证伪。承上法使教学表现出更强的逻辑性,让学生豁然开朗、茅塞顿开,同时还使学生产生一种"思路遥遥、惊回起点"的喜悦感,有助于增强学生进一步学习的兴趣。启下法是课堂教学结束时,教师选择时机设置悬念,引发学生探究欲望的方法。课堂在扣人心弦处戛然而止,教师打出"欲知后事如何,且听下回分解"的招牌,引发学生产生继续探究的强烈愿望,为后续教学奠定良好的基础。

5. 发散法和拓展法

发散法是引导学生对教学过程中得出的结论、命题、定律等进行进一步发散性的思考,以拓宽知识的覆盖面和适用面,并加深学生对已讲知识理解的结束方法。这种方法可使教学的主题、内容得到进一步拓展,具有培养学生发散的创造性思维的作用。拓展法是指教师在总结归纳所学知识的同时,与其他科目或以后将要学到的内容或生活实际联系起来,把知识向其他方面扩展或延伸的结束方法,用以拓宽学生的知识面,激发学生学习、研究新知识的兴趣。

考点3　结束技能实施时应注意的问题

结束技能实施时应注意以下三个方面的问题。

1. 自然贴切,水到渠成

课堂教学结束是一堂课发展的必然结果,它既反映了课堂教学内容的客观要求,又是课堂教学自身科学性的必然体现。教师在教学过程中,要严格按照课前设计的教学计划,使教学过程由前而后依次进行,力求做到有目的地调整课堂教学的节奏,使课堂教学的结束自然妥当,水到渠成。

2. 语言精练,紧扣中心

课堂教学结束的语言一定要少而精,紧扣本节课教学的中心,梳理知识,总结要点,形成知识网络结构,干净利落地结束全课,使之做到总结全课、首尾呼应、突出重点、深化主题,让学生的认识产生一个飞跃。有句格言说得好,"没有结束语的结尾贫乏无力,课时没完没了的结尾令人生厌"。课堂教学的结束语切记冗长、拖泥带水,而应高度浓缩,画龙点睛。教师应该在结束前的几分钟内,以精练的语言使讲课的主题得以提炼升华,使学生对课堂所学知识有一个既清晰完整又主题鲜明的认识。

3. 内外沟通,立疑开拓

在学校教学中,课堂教学只是教学的基本形式,而不是唯一的组织形式。为了充分发挥各种教学组织在培养学生中的协同作用,课堂教学结束时,不能只局限于课堂本身,还要注意课内与课外的互动,学科课程与活动课程的联系,以及本学科课程与其他学科课程的沟通,以此拓宽学生的知识面。

【示例】课堂小结在教学过程中往往起到点睛之笔的重要作用。以下内容为某校老师的《对数的性质》的授课实录,请仔细阅读后为本节课设计一个课堂小结。

对数的性质

环节一:熟悉背景、引入课题;

环节二:尝试画图、形成感知(画对数函数图像及对数函数图像的特征);

环节三:理性认识、发现性质(对数函数的图像、定义域、值域、单调性、过定点、取值范围);

环节四:探究问题、变式训练;

环节五:课堂小结。

【参考答案】

1. 议一议:

(1)什么样的函数是对数函数?

(2)对数函数的图像形状与底数有什么样的关系?

(3)对数函数有怎样的性质?

2. 看一看:对数函数的图像特征和相关性质

表 3 - 4 - 1　对数函数的图像特征和相关性质

对数函数的图像特征		对数函数的相关性质	
$a > 1$	$0 < a < 1$	$a > 1$	$0 < a < 1$
函数图像都在 y 轴右侧		函数的定义域为 $(0, +\infty)$	
图像关于原点和 y 轴不对称		非奇非偶函数	
向 y 轴正负方向无限延伸		函数的值域为 $\mathbf{R}$	
函数图像都过定点 $(1,0)$		$\log_a 1 = 0$	
自左向右看,图像逐渐上升	自左向右看,图像逐渐下降	增函数	减函数

本小结设计目的是通过问题设置引导鼓励学生发言,互相补充,总结出对数函数的性质,使学

生在自己讨论、教师引导补充的过程中总结本节课的重难点,并且对所学知识达到融会贯通、灵活运用的程度。

五、现代信息技术教学技能

在"互联网 +"时代,信息技术的广泛应用正在对数学教育产生深刻影响。在数学教学中,信息技术是学生学习和教师教学的重要辅助手段,为师生交流、生生交流、人机交流搭建了平台,为学习和教学提供了丰富的资源。教师应重视信息技术的运用,优化课堂教学,转变教学与学习方式;教师应注重信息技术与数学课程的深度融合,实现传统教学手段难以达到的效果。

考点1 多媒体技术教学的优越性

与传统的教学相比,在中学数学教学中应用多媒体技术的优越性主要有以下几个方面。

1. 有利于学生学习积极性的提高

将多媒体信息技术融于课堂教学,利用多媒体信息技术图文并茂、声像并举、能动会变、形象直观的特点为学生创设各种情境,可激起学生的各种感官的参与,调动学生强烈的学习欲望,激发其学习动机和兴趣。同时,形象直观能突破视觉的限制,多角度地观察对象,并能够突出要点,有助于概念的理解和方法的掌握。在教学中还可常用"几何画板"教学软件,它操作简单、功能丰富、动感十足,能够满足数学教学中化抽象为形象直观的要求。

2. 有利于问题的探索和发现

多媒体技术教学软件能够有效创设逼真的情境,提供给学生情境化的学习活动,使课堂由静态的学习变为图文声像并茂的动态传播过程。通过一环扣一环问题的创设和层层深入的启发,使学生的求知欲望由潜伏状态转入活跃状态,有力地调动了学生的思维积极性和主动性,开发学生的非智力因素,从而有助于学生智力的提高和发展。

3. 有利于课堂教学质量的提高

利用多媒体工具开展数学实验研究,引导学生主动参与学习,通过学生自主建构知识,能够有效地突破数学教学的难点,从而提高课堂教学质量。同时,运用多媒体教学能够增加课堂容量。这样既节约了空间和时间,又提高了教学效率。教师可先在电脑上准备好上课要用的例题、习题、图形,甚至于一些解题步骤,以便上课时选用。在此过程中可以大量地节省时间,腾出更多的时间让学生思考与练习,保证了教学中教师的精讲与学生的多练,达到提高教学质量的目的。

考点2 运用多媒体教学时的注意事项

1. 多媒体的辅助性
多媒体只是对教学起辅助作用,因此教师不能完全依赖多媒体。

2. 多媒体对教学内容的选择性
多媒体作为先进的教学工具和教学手段,有其优点,但并非所有的数学教学内容都适合,在教学中必须针对数学教材自身特点和学生的认知规律合理选用。

3. 多媒体使用过程的适时性
课堂教学中,并非整个教学过程都用多媒体就能有好的教学效果,应遵循因材施教的原则,用得恰到好处。有的教师过分追求全程效果,整节课从头到尾都使用课件,电脑的播放替代了教师的讲解,教师成了放映员,学生成了观众,无法达到预期的教学效果。

譬如在数学例题讲解时,教师应充分调动学生思考问题的积极性,留给学生必要的思考空间和演算推理时间,不能让多媒体成为学生思考注意力的分散因素,因此一般不宜频频使用课件。事实上,并不是每个教学环节都需要多媒体辅助教学,常常只是在一节课的某个阶段才使用电教手段。因此教师课前要周密思考,哪些内容、哪几个环节运用最适宜、最有效。一般来说,教材中难以用语言表达,学生缺少感性认识而难以领悟,且现场演示条件不足时,利用多媒体演示才能起到画龙点睛的作用,以激发学生的思维。

第三节　说课、听课、评课

一、说课

考点1　目前对说课的理解

把握说课的内涵,把握说课与其他教学活动的联系,充分发挥这一产生于我国本土的教学研究方式的作用,必须先对说课进行分析和理解。

关于说课的概念,应该说,到目前为止还没有一种具体的科学的定义。一般认为,说课就是教师将自己的教学设想和教学方法以及教学步骤用语言向同行表达出来,并由教师依据说课中提出的问题进行研究的一种教学活动。简单地说,说课就是针对一定的教学内容的设计情况(内容可以是一单元、一课时、一个知识点等等)对为什么这么设计,其理论依据是什么,这样设计要达到什么样的目的等进行说明。因此,说课的关键是在说明如何设计的同时说明依据。

◆━━━━ 知识拓展 ◆━━━━

说课是目前在中小学比较活跃的一项活动,虽然如此,人们对说课的认识却不能说已经很清楚。事实上,人们对"为什么要说课?"和"怎样说课?"这两个基本问题的认识也还是比较模糊的,对这两个问题的认识不清,使人们目前只将说课看成是一种可以开展的比赛,或可以考查一个教师的途径。因此说课比赛经常开展,在教师聘用时说课也经常被作为一种考查的手段。但将说课真正用于教学研究的情况却还是比较少的,这就难以发挥说课的真正价值。

目前使用较多的是其操作性界定,即认为说课是教师以语言为主要工具,在备课的基础上,面对同行、专家,系统而概括地介绍自己对具体课程的理解,阐述自己的观点,表达自己对某课题的教学设想、方法、策略以及组织教学的理论依据等。这一对说课的操作性界定虽然便于操作,却只是从形式上理解说课,这种理解容易将说课教师放到一个接受检查、等待评审的被动地位。这不但不利于教师主体性的发挥,而且这一界定容易使说课教师对说课的目的不明确,从而为"说"而"说"。另外,各种激烈的竞赛容易使人变得浮躁和急功近利,这不仅对于提高教师的科研水平是不利的,而且对教育的提升也是没有什么帮助的,甚至是有副作用的。

考点2　说课的内涵

为了认识说课,我们必须先认识说课与研究之间的关系。从本质上,"说"和"研"的关系是辩证的,"说"是为了"研","研"是"说"的目的,"说"是"研"的过程,也就是说,说课的重点应该放在"研究"上。说课最核心的内涵是对教学的研究,说课中的研究特点是围绕上课开展的,研究不仅是说课的目的,也是上课的前提,所以我们可以对说课的内涵给出如下界定,即将说课理解为教师通过"说"的方式,对教学问题和教学环节等进行研究,并在与同行交流的前提下达到提升教学的结果。

由于说课以研究为目的,因此通过说课,可以让教育充满智慧。说课不仅是教师教育智慧的展示,也是教师思维能力和理论研究水平的展示,是教师对教育问题的研究和探索的成果展示。从这个角度也就可以认为,说课便是教师提高研究素质的有效途径,也是教师由"经验型"转变为"研究型",实现"专家型"的重要途径。

考点3　说课的价值

所谓价值就是指对事物发展的积极意义。价值具有内在的价值和外在的价值两个方面,说课作为一种对教学的研究活动,我们也可以从内外两个角度来认识其价值。这里的内在价值是指对说课教师自身的价值,主要表现在对教师主体性的彰显和教师素质(主要是研究素质)的提高上,而外在价值是指对学校或学校其他成员的价值,主要表现在对学校文化建设的价值和对学生成长的价值上。

考点4　说课的价值实现

综上所述,可以看出说课有许多重要的价值,但目前的说课大都停留在只"说"不"研",或以"点"(专家点评)代"研"上,这种汇报式的说课很难体现说课的真正价值。因此,说课应该为教师营造"研"的氛围,从而达到"研"的目的,要实现说课的价值,从以下几个方面努力是必需的。

1. 在说课中突出"对话"

"对话"已经成为当代社会的关键词,从国际事务到人与人之间的关系,从政治领域到学术领域,"对话"已经成为人们追求的一种状态。有研究者认为"社会不过是因互动而联系起来的一些个体的名称而已",也就是说,社会就是个体间的互动,只有互动才可能产生交流。而教师之间以教学研究为目的的"对话"就是教师最好的互动,也是形成教师共同体的最好方式。

近来关于教师知识状况的研究也表明,教师的知识包括理论知识和实践知识都是以"缄默"的状态存在于教师个体,其作用是十分有限的。通过说课过程中的对话,则可以将"缄默"的知识激活并转换为"明晰"的知识,使其在教师之间流动。通过"对话"的深入,可以将个体的知识转换为教师共同体的知识,以共同体"财产"的方式存在,这一知识的不断积累和发展,便成为教育的原动力。

现代社会是一个只依靠个人打拼走不远的时代,是一个需要合作的时代。在"说课"这种教师群体间的"对话"互动中,我们不仅要重视教师教学经验的分享,更应该注意教师对教学的研究成果的相互叙说,应将教师的研究成果进行"连接",形成教师群体的研究成果。

2. 将说课发展为教师自我教育的过程

随着教育改革的发展,"教师教育"这一词汇的使用频率也不断增高,然而在各种培训班结束以后,人们发现培训的效果却并不显著。究其原因,主要是因为目前的培训总是将教师作为培训的对象,因此总是离开教师自身在教师外部寻找培训方案。虽然培训模式总是不断更新,却很少注意利用一些传统的教研方式达到教师自己培训和提高的目的。

教师培训中的专家讲座在形成教师的教育观念方面具有重要的作用,但如果不用观念指导教学,观念就只能是观念,要使观念转变为行动,只依靠外部力量的灌输和说服是很难奏效的。建构主义心理学认为,学习是在学习者内部发生的事情,因此,要使教师的知识和素质得到提高和发展,重要的一个方面要使学习在教师的"内部"真正发生。具体地说,就是开发和利用一些传统的教研模式,充分调动教师在教育中的主体作用,以达到自我培训的目的,这样的培训才可能取得实效。

一所好学校不仅应走出优秀的学生,也应该能产生杰出的教育大师。高素质的教师的形成需要教师个体在本体意义上产生质的飞跃,而这种飞跃依靠外部力量是难以奏效的,依靠各种竞赛也是不能达到目的的,必须调动教师的内部主体性。

缺乏理论研究是目前我国教师的主要问题,它使教师的教学发展始终停留在对经验的总结和摸索上,使教师难以摆脱"教书匠"的尴尬。说课为教师提供了研究的对象、目标,使教师的研究成为有的放矢的行为。因此教师应充分利用说课的活动,通过自身的研究,形成与时代相通的教育理念和教育思想,并上升到理论,从而形成自己独特的教学风格。

在说课活动中,教师应该努力提升自己的科研能力,形成探索的习惯,这也是教师进行自我教育的最强大力量。因此,使每位教师都走上科研这条幸福之路(苏霍姆林斯基语)是说课的最佳境界。

3. 将说课作为学校文化建设的重要组成部分

目前教师进行教学研究的问题,不是知识的不足,也不是能力的不足,更不是在于教育经验的缺乏上,关键就是研究的意识不强和学校文化氛围的不支持。也就是说,目前许多学校的文化中还缺乏教学研究的内涵,教育部近来决定在全国中小学开展创建和谐校园活动,而创建和谐校园是关注教育内涵发展的实践要求。说课的目的是研究,对各种教学因素的研究和对各种教学问题的研究,只有形成了研究之风,合作才有可能。同样,只有在相互合作的状况下才能使研究之风更浓。也就是说,研究与合作是互动的,要形成研究与合作之风,说课是重要的途径。因此,说课应该成为建设和谐、合作的校园文化的重要途径。

综上所述,理论研究是说课的重要前提,展示研究结果和研究过程是说课的重要内容,相互研讨是说课的重要过程,共同提高和改进教学是说课的主要目的。在基础教育改革中,应充分发挥说课这一教研活动的作用,由此带动教师素质的提高,从而促进校园良好文化氛围的形成。

考点5　数学说课的内容

我们知道,数学说课是数学教师间的业务交流,其根本宗旨是追求数学课的优化。数学说课,要向同行说什么? 一般认为,一堂数学课的说课内容,主要有以下四个方面。

1. 说教材

说教材,即能制定较为完满的教学方案,为数学课堂教学的改进提供前提条件。这主要包括以下几个方面的内容。

(1)介绍课时教学内容的地位、作用和意义。说课教师首先要阐述所备、所上的数学课在一节、一章乃至整个数学全套教材中的地位、作用和意义,而不是孤立地看待为某课时的教学内容。这是由数学教材环环相扣、具有严密的逻辑性和序列性所决定的。如,直线的参数方程是直线方程的另一种形式,这一部分内容是学生学习参数方程的开始,对于其他参数方程的学习是基础。另外,由于参数方程在解决一些与圆锥曲线相关的问题时(如求直线和圆的交点等问题)具有优势,因此这一部分的学习具有比较重要的意义。其次,在说明教学内容的地位和作用及学习意义时,还应结合对学生的影响来讨论,主要应说明对学生掌握知识的影响、对学生思维的影响、对学生非智力因素发展的影响,因此必须对学生现有状况和通过学习应达到的状况进行分析。

（2）提出本课时具体明确的教学目标。教学目标是课时备课中所规划、课时结束时要实现的教学结果。课时目标越明确、越具体,反映教师的备课认识越充分,教法的设计安排越合理。说课中要注意避免千篇一律地提出"通过教学,提高学生的思维能力 ……"一类的套话,要从识记、理解、掌握、应用四个层次上分析教学目标。教学目标制定中还要提出思维能力和非智力因素方面的培养目标,包括思想品德教育渗透和兴趣、习惯培养目标。如,直线的参数方程的知识与技能目标应该是使学生理解参数的设置过程和参数的意义以及参数方程的形式,并能利用参数方程解决一些问题。另外,说课时对一些重要的教学目标不但要说明目标是什么,而且要说明制定这一目标的意义,还要从学生认知结构的发展角度阐述目标的可行性。如上述直线的参数方程的知识与技能目标的设置,由于利用参数方程解决问题可以简化过程,又由于学生具有平面几何知识作为基础,对参数方程的设置在理解上不存在障碍等原因,所以这一目标的设置是有积极意义的,而且也具有可行性。

（3）说本课教学内容。教学内容应说明包含哪些知识点,教材是如何展示教学内容的,教材叙述语言与例题怎么配套,按什么顺序展开的例题与习题的分布类型,其中的重点、难点是什么,还要说明重点、难点确定的理由。如直线的参数方程的教学难点是参数的几何意义,即如何使学生理解参数 t 是直线上任意一点与已知点的数量关系及 t 的选择的意义(即理解 t 的变化与点的变化的对应关系)。如果没有教师的引导,学生很难直接确定参数。

2. 说教学程序

数学说课中的教学程序有点近乎教案上的教学过程安排。在教案中,过程自己很清楚的可不必都写出来,而说课中不谈清楚,别人不一定都了解;教案上重视具体教学内容的安排,而说课介绍教学中重要环节的次序和安排方式。备课只要备出是什么,而说课不但要说是什么,还要说为什么,让别人接受信服。如为什么这样导入新课,为什么选用这个例子等。

▶━━━◆ 知识拓展 ◆━━━◀

程序是否合理,是否符合认知规律,也是课堂教学是否优化的标准之一。

3. 说教法

说教法是引导学生学习数学所采用的主要方式。这是改进数学课堂教学的主要方面。比如,在教学思路和策略上,可以选择目标教学的方法,尝试教学的方法,发现教学的方法,阅读自学的方法,组织小组讨论交流的方法等;在教学信息和感知材料的呈现上,选用题组呈现方式或一题多变的方法,投影、录音的方法,教具模型演示的方法;在思维活动的组织上,可以采取由实例列算式抽象的方法,从个别到一般的概括方法,由此及彼的类比推理方法,比较对照、区别异同的方法等。教师在说课时,一方面要说明选择了什么教学方法,另一方面也要说明选择这些教学方法的依据。

指导学法方面,有指导学生阅读数学教材的方法,有组织学生按顺序有重点地观察的方法,有分析数量关系的方法,有安排学生操作、演示的方法等。叙述教法和学法,要注意坚持使教法、学法有利于突出教材重点、突破难点,符合学生认识规律和年龄特征。同样地,教师在说明选择方法的同时还应说明选择方法的依据或操作的可行性。

◆ 知识拓展 ◆

说课经常是对某一个教学问题提出自己的看法并与同行探讨,说课也没有僵化的模式,其内容不必包罗万象,应有所侧重,详略得当,要体现出教师的教学理论素养。说课经常出现的用语应该是"对这个问题我是这样思考的"。

4. 说练习和板书

练习作业的安排和板书设计是课堂教学中必不可少的活动,犹如工业生产中的"产后服务"。说课就要谈谈是如何安排练习作业的,比如,从内容上围绕重点,巩固新知;从层次上逐层深化、拾级而上;从数量上适度适量,紧凑而可以完成;等等。板书是教学内容的浓缩和集中反映,板书要醒目突出,具有内在合理性,要让人体察到教学的"序",这就有必要在说课中予以陈述。当然有些数学课的板书并不都显得十分重要和突出,也可不必说。

一般数学说课材料都可从这四个方面去准备,但也不需要面面俱到,应有详有略,有的部分突出一些,而有的部分却可以简单带过。这主要依据教师对哪些问题进行了深入思考,在说课时就将其思考结果或需要共同讨论的遗留问题重点提出。

考点 6　说课的评价方面

1. 教材分析

(1)教材的地位及作用分析准确。这主要指说课教师能准确认识教材对学生的知识学习、能力提高、兴趣养成等方面的重要意义。

(2)教学目标及确立目标的依据恰当。首先教学目标必须全面,既要有知识能力等方面的目标,又要有数学素养的培养、合作意识的形成、自我探索精神的养成等方面的目标。其次,教师所制定的目标要切合实际,既要与教学内容相结合,又要与学生实际相结合,要避免大而空的教学目标。

(3)重点、难点明确。重点的确定,一方面要依据知识的特点来确定,另一方面还要依据非知识的情况来确定。虽然一部分知识对学生知识掌握的影响不大,但这部分知识的学习对学生的能力培养或素质提高有一定的意义,也应将其确定为重点内容。难点内容的分析要依据学生的情况,因此要充分体现因材施教的特点。

2. 教材处理

(1)教学内容的组织与安排合理。教学能围绕一个或两个主要问题开展,研究思路清晰、明确,而且教学设计的可行性强。如果教学中出现两个或三个主要问题,教师能明确这些问题之间的联系。

(2)学生状况分析得准确,采取对策恰当。分析学生状况不仅应注意到学生的知识状况,还应对学生学习数学的兴趣、数学思维能力、数学运用能力、数学解决问题能力等方面进行分析,要掌握所教学的班级的特点。

3. 教学方法

教学方法及选择的依据恰当,教师必须对每一种教学方法的优势和局限性有一定的了解,既要说明运用这一方法的意义,又能说明在运用这一教学方法时要注意的问题。教学方法灵活、实用,能综合运用各种教学方法进行有效的教学。

◆━━━ 知识拓展 ━━━◆

评析教法的选择和运用是否合理、实用的具体标准:

(1)是否适合该学科的教学要求、特点;

(2)是否根据具体的教学目的选用教法;

(3)是否符合学生的年龄特点;

(4)是否调动学生的学习积极性。

4. 教学手段

(1)教学手段新颖,反映在教师的创新意识和创新能力的方面,无论是在概念的抽象概括还是公式的推导或是定理的证明,都体现出教师对教学的驾驭能力,给人耳目一新和美的享受。

(2)实验、教具、电教等教学手段运用恰当,是体现教师运用现代信息教育技术的能力,要能够有效、合理地利用多媒体等教学手段,使教学具有现代化的气息。

5. 教学程序

(1)新课导入自然、新颖。导入新课时教师一般应该为学生创设一个学习的情境,使学生能很快进入学习状态。情境应贴合学生的生活实际,而且与教学内容有密切联系。

(2)新课讲解透彻。这里体现出教师对教学内容的理解程度,教师应站在高等数学的角度审视教学内容,充分挖掘隐含在教学内容中的数学文化、数学思想方法等因素,在教学中不仅能使学生深刻理解知识内容,而且能使学生体验数学研究和解决问题的思想和方法,体验数学知识的产生和发展过程。

(3)演示实验正确、科学。教师必须将正确、清晰的知识传授给学生,而不是把错误的或模糊的知识传授给学生,保证知识传授过程的科学性。

(4)反馈练习恰当。教师选择的练习必须全面,既要有巩固练习和技能训练方面的练习,又要有能力培养、素质形成方面的练习。练习的量也必须合理,不应人为加重学生的学习负担。

(5)归纳总结简要、明确。教师的总结、归纳是教学的画龙点睛之笔,归纳不仅要将本节课的内容加以概括,更重要的是自然地提出一些有意义和学生感兴趣的思考问题,将课堂内容延伸到课外。

(6)板书设计美观合理。教师的板书在一定程度上反映了教师的教学技能状况。板书设计主要体现的就是条理性和美观性,要使板书能反映本节课的主要内容和内容之间的相互联系。

6. 教学基本功

(1)语言清晰、准确、逻辑性强。教师的语言必须富有感染力,能够吸引学生的注意力。数学教师的语言还应条理分明、层层递进、逻辑性强。

(2)板书字迹工整、准确、美观。教师的字体不应太大也不应太小,要根据教学内容合理安排。

教师要尽量使板书在黑板上保留的时间长一些,以便学生进行进一步思考。

教学基本功是教师实践性知识的最基础、最重要的组成部分,它也要与时俱进。教学作为一种社会活动是随着社会的变化而变化的,教学基本功也随着社会的发展、科技的进步而不断地变化。二十年前,人们不可能把信息技术与数学整合作为一项基本功提出来,而今天伴随着现代教育的进步,它已成为教师必须掌握的一项基本功。总之,教学中的语言、课件的制作、表情、动作、提问、板书、导入、结束等,这些无不是教学基本功,这也是我们进行教学工作的必要条件。

考点7 说课与备课、上课的关系

说课所营造的教育科研氛围,有助于引导教师积极参与教学研究,具有很好的导向作用。说课能够强化教师的备课意识,说课要求教师对教材进行"二次开发",促使教师深入钻研课程标准和教材,研究教学对象的具体情况,恰当地确定教学目标,认真研究教法,加强学法指导,精心设计,优化教学过程。

1. 说课与备课的关系

(1)相同点:① 主要内容相同,说课与备课的教学内容都是相同的;② 主要任务相同,都是课前的准备工作,当然说课有时也是课后说;③ 主要工作相同,都要学习大纲(或课程标准),都要认真钻研教材,都要了解学生的认知状况和学习兴趣等方面的情况,都要选择适当的教学方法,都要对教学过程进行精心设计;④ 主要目的相同,都是要达到优化教学和提高教师水平的目的。

(2)不同点:① 概念内涵不同,说课是表达教学思路并与同行切磋,而备课主要是设计使学生理解知识和学习解决问题的方法;② 对象不同,说课的对象是教师,而备课的对象是学生;③ 活动形式不同,备课是教学活动而说课是教研活动;④ 基本要求不同,说课要求重点对所确定的教学目的、教学方法、教学过程等方面从理论和实践两个方面说明依据,而备课要求重点是对实现教学目的的途径所采用的教学方法和教学过程进行精心设计。

2. 说课与上课的关系

说课与上课之间也存在着明显的区别。说课和上课从不同侧面、不同角度反映教师的业务能力,主要表现在以下方面。

(1)说课与上课要求不同。说课的目的主要是通过教学研究优化课堂教学,而上课的主要目的是促进学生有效学习。通俗地说,上课主要是围绕怎么上的问题,而说课主要是围绕为什么要这样上的问题来论述。

(2)说课与上课的对象不同。说课面对的是同行或专家,而上课面对的是学生,所以,说课就不应该对知识本身做过多解释,而应该对知识的教学方案进行解释。如说明什么是函数概念之类的问题应该是上课的内容,而函数概念学生在学习时可能出现的问题和怎样在课堂上引进函数概念则是说课的内容。

(3)说课与上课的评价标准不同。说课是以教学目标、教学方式、教学过程、学生分析等方面阐述的理论和实践依据是否充分、是否可行等作为评价的标准,而上课是以学生的学习状况为依据作为评价标准的。

说课是介于备课和上课之间的一种教学研究活动,对于备课是一种深化和检验,能使备课理性化,对于上课是一种更为严密的科学准备。

考点 8　说课所应遵循的原则

1. 科学性原则

这一原则要求教材分析透彻、准确,对学生的学习状况和知识结构、知识准备状况、认知结构状况分析客观、正确并符合实际;所制定的教学目标符合课程标准、学生情况和教材的要求;教学方法紧扣教学目标、符合学情特点和学科特点,有利于发展学生智力,可行性强。

2. 理论联系实际原则

说课必须要有理论指导,将教学目的、方法等上升到理论的高度来分析,并要将理论与教学的实际联系起来,避免空谈理论。

3. 实效性原则

说课针对性强,能针对不同的教学目的进行说课,如一节课的教法分析,教学难点的分析与处理等。说课教师应对某一方面的教学问题进行仔细分析和研究,评说要有科学性并具有指导性。

4. 创新性原则

首先是教学方式的创新,说课教师能依据学生的特点提出创造性的教学模式,并具有可行性;其次是问题情境的创新,对学生的思维具有启发,能调动学生学习的积极性;最后教师对教材理解的创新,对教材有自己独特的理解和认识,能在知识教学安排中体现创新。

二、听课与评课

学校工作以教学为中心,课堂教学是关键。看似平常,并不平常的课堂教学,蕴含着众多的教学规律。教与学、讲与练、主导与主体、学知识与学做人、学知识与提高能力、全面要求与因材施教等这都需要在课堂教学中引出,在课堂教学中展开,又在课堂教学中运行。它以何种形式来组合,又以何种形式来优化就可能带来不同的教学效果。怎样来认识课堂教学规律和评价课堂教学质量呢?听课、评课就是一种有效研究课堂教学的重要方法和手段。

考点 1　听课的步骤

教师听课应该按下面三个步骤来进行。

1. 课前要有一定的准备工作

打算听谁的课,应该事先问问他教什么内容,把课本找来预习一下,看看课本写的是什么,是怎样写的,有没有难点、疑点;同时自己设想一下,假如让我教这样的课,准备怎样教,以便听课时有个对比。如果听课不做准备,匆忙走进教室,不理解上课教师的教学意图,不熟悉教材,就不会有较大的收获。

2. 听课中要认真观察和记录

教师在课堂上不仅要听,还要看,要仔细捕捉教者的语言和表情,记下他每个教学环节和教学方法。教师要一边听,一边观察思考,既要看教,又要看学,二者兼顾。教师要看教者对教材的钻研,重点的处理,难点的突破,教法学法的设计,教学基本功的展示;要看学生的学,学生的课堂表现,学生参与的情绪,学习的习惯等。总而言之,教师要看教师主导作用和学生主体地位的有机结合。

3. 听课后要思考和整理

俗话说,思之,思之,鬼神通之。教师听完课后不能一听了之,应对课堂实况过几遍"电影",应进行反复的琢磨。思考的办法有很多,或翻翻听课记录,或与执教者交谈,或将几节"互相牵连"的课做比较,或写一篇"听课体会",或干脆将他人执教的内容拿到自己班上试试等。在分析总结他人课时,要注意比较、研究,取长补短。每个教师在长期教学活动中都可能形成自己独特的教学风格,不同的教师会有不同的教法。听课的老师就要善于进行比较、研究,准确地评价各种教学方法的长处和短处,并结合自己教学实际,吸收他人有益经验,改进自己的教学。

考点2　一节课的评析方法

1. 从教学目标上分析

首先,从教学目标制定来看,要看是否全面、具体、适宜。全面指从知识、能力、思想情感等几个方面来确定;具体指知识目标要有量化要求,能力、思想情感目标要有明确要求,体现学科特点;适宜指确定的教学目标能以大纲为指导,体现学段、年级、单元教材特点,符合学生年龄实际和认知规律,难易适度。其次,从目标达成来看,要看教学目标是不是明确地体现在每一个教学环节中,教学手段是否都紧密地围绕目标,为实现目标服务;要看课堂上是否尽快地接触重点内容,重点内容的教学时间是否得到保证,重点知识和技能是否得到巩固和强化。

◆◆ 知识拓展 ◆◆

教学目标是教学的出发点和归宿,它的正确制定和达成,是衡量一节课好坏的主要尺度。

2. 从处理教材上分析

评析教师一节课上得好与坏,不仅要看教学目标的制定和落实,还要看教者对教材的组织和处理。我们在评析教师一节课时,既要看教师知识教授是否准确科学,更要注意分析教师在教材处理和教法选择上是否突出了重点,突破了难点,抓住了关键点。

3. 从教学程序上分析

教学目标要在教学程序中完成,教学目标能不能实现要看教师教学程序的设计和运作。因此,评课就必须要对教学程序做出评析。教学程序评析包括以下几个主要方面。

(1)看教学思路设计。教师课堂上的教学思路设计是多种多样的。为此,评课者评教学思路,首先是看教学思路设计符不符合教学内容实际,符不符合学生实际;其次是看教学思路的设计是不是有一定的独创性,给学生以新鲜的感受;再次是看教学思路的层次、脉络是不是清晰;最后是看教师在课堂上教学思路实际运作效果。评课必须注重对教学思路的评析。

◆◆ 知识拓展 ◆◆

教学思路是教师上课的脉络和主线,它是根据教学内容和学生水平两个方面的实际情况设计出来的。它反映了教师的一系列教学措施怎样编排组合,怎样衔接过渡,怎样安排详略,怎样安排讲练等。

(2)看课堂结构安排。教学思路与课堂结构既有区别又有联系。教学思路侧重教材处理,反映教师课堂教学纵向教学脉络,而课堂结构侧重教法设计,反映教学横向的层次和环节。课堂结构是指一节课的教学过程各部分的确立以及它们之间的联系、顺序和时间分配。课堂结构也称为教学环节或步骤,课堂结构的不同,也会产生不同的课堂效果。可见课堂结构设计是十分重要的。通常一节好课的结构安排严谨,环环相扣,过渡自然,时间分配合理,密度适中,效率高。

（3）看教学时间设计。计算授课者的教学时间,能较好地了解授课者授课重点和结构安排。

4. 从教学方法上分析

教学方法是指教师在教学过程中为完成教学目标、任务而采取的活动方式的总称。它包括教师教学活动方式及学生在教师指导下"学"的方式,是"教"的方法与"学"的方法的统一。评析教学方法主要从以下几个方面入手。

（1）看是不是因材施教,优选活用。我们知道,教学有法,但无定法,贵在得法。一种好的教学方法总是相对而言的,它总是因课程、学生、教师自身特点而相应变化的,也就是说教学方法的选择要因材施教,灵活运用。

（2）看教学方法是否多样化。教学方法最忌单调死板,再好的方法天天照搬,也会成为僵化的模式。教学活动的复杂性决定了教学方法的多样性。评课既看教师是否能够面向实际恰当地选择教学方法,同时还要看教师能否在教学方法多样性上下一番功夫,使课堂教学超凡脱俗,常教常新,富有艺术性。

（3）看教学方法是否有创新。评析教师的教学方法既要评常规,还要看有没有创新。尤其是评析一些素质好的骨干教师的课。要看课堂上的思维训练的设计,看创新能力的培养,看主体活动的发挥,看新的课堂教学模式的构建,看教学艺术风格的形成等。

（4）看现代化教学手段的运用。看教师教学手段的运用主要看教师是否适时、恰当地运用了投影仪、录音机、计算机、电视、电影、电脑等现代化教学手段。

5. 从教师教学基本功上分析

教学基本功是教师上好课的一个重要方面,所以评析教师的教学基本功,通常从以下几个方面入手。

（1）看板书。板书设计是否科学合理,依纲扣本;是否言简意赅,有艺术性、条理性;是否字迹工整美观。

（2）看教态。看教师教态是否明朗、快活、庄重,富有感染力;仪表是否端庄,举止从容;态度是否热情,师生情感是否融洽。

（3）看语言。看教师是否说普通话,语言是否准确清楚,精明简练,生动形象而富有启发性;看教学语言的语调是否高低适宜,快慢适度,抑扬顿挫,富于变化。

（4）看操作。看教师运用教具,操作投影仪、录音机、微机等是否熟练。

6. 从教学效果上分析

课堂教学要讲效果。课堂教学效果是评价课堂教学的重要依据,课堂效果评析包括以下几个方面。

（1）看教学是否效率高,学生思维是否活跃,气氛是否热烈。

（2）看学生受益面是否大,不同程度的学生在原有基础上是否都有进步,知识、能力、思想感情目标是否达成。

（3）看是否有效利用40分钟，学生学习是否轻松愉快，积极性高不高，是否当堂问题当堂解决。

强化练习

一、选择题

1. 新授课最常用的一种课型是（　　）。

A. 探究研讨课　　　　　　　　　　B. 讲练课

C. 自学辅导课　　　　　　　　　　D. 引导发现课

2. 义务教育阶段的数学教育是一种（　　）。

A. 公民教育　　　　　　　　　　　B. 基础教育

C. 精英教育　　　　　　　　　　　D. 以上都不是

3. 对教师的课堂教学效果进行评价，一般应采用（　　）。

A. 宏观分析与微观分析相结合的方法

B. 动态分析与静态分析相结合的方法

C. 定性分析与定量分析相结合的方法

D. 理论研究与实验研究相结合的方法

二、简答题

简述钻研教材和处理教材应具体解决哪些问题？

参考答案及解析

一、选择题

1.【答案】B。

2.【答案】A。

3.【答案】C。

二、简答题

【参考答案】钻研教材和处理教材具体解决如下问题：① 弄清教材的基本要求；② 沟通知识联系，把握教材知识体系；③ 确定重点、难点、关键点；④ 为学生提供思维训练的材料；⑤ 备好习题，正确组织练习。

第五章　数学教学评价能力

第一节　评价概述

数学教育评价是全面收集和处理数学课程与教学的设计、实施过程中的信息,从而做出价值判断、改进教育决策的过程。数学教育评价包括课程评价,也包括教学评价;课程与教学的实施过程是以师生为主体展开的,因此,课堂教学评价、学生评价和教师评价都是数学教育评价的主要对象。数学教育评价就是收集上述各个评价对象发展信息,进而了解教育工作的进展,发现问题,做出价值判断和进一步改进的决策,以便更好地促进教育中的人的发展的过程。这是评价的主要功能和宗旨,也是有效开展评价工作的指导方向。

数学教育评价工作要解决的几个基本问题是评价目的与功能、评价对象和目标、评价方式。随着人们对教育问题的研究和认识的深化,数学教育评价的目的、内容、主体、方式方法和评价关系都发生了变化。评价的目的由原来的甄别与选拔转向"以人为本",强调关注评价过程;评价的内容开始调整为注重学生综合素质的考查,而不再是以成绩为唯一目标;评价的主体也开始多元化,除了教育行政机关、学校、教师层面的评价,还鼓励家长参与评价,更好地促进了家庭教育与学校教育的合作;评价的方式方法开始提倡量化与质性评价方式的有机结合来实现对学生数学学习的全面的、真实的评价;评价关系也开始向注重发挥被评价者的主动性方向转变,强调评价者与被评价者的沟通、协商,以达到对评价结果的认同。

> ◆━━━━◆▶ **知识拓展** ◀◆━━━━◆
>
> **中学数学教育评价的标准**
>
> 　　确定评价标准是评价所有活动的核心工作,它决定着评价的方向和目的。在新理念下的数学教育评价中,考虑到被评价对象的不同,以及评价目的各异,确立评价标准往往需要考虑多方面因素,以体现多元化的价值取向。
>
> 　　例如,如果从"学生学习的状态、获得数学发展的状况、教师教学的行为"三个基本维度来评价中学数学课堂教学,那么,在每个基本维度上,就需要进一步明确对师生发展有价值的若干观察标志(如学习状态可以细化为参与状态、交往状态、思维状态、情绪状态、生成状态等),并对各标志进一步明确评价的若干标准,最后构建出数学课堂教学评价体系。

一、数学教育评价的功能

近几十年来,随着世界范围内基础教育课程改革的深入,作为基础教育重要组成部分的数学教育,在观念、目标、方法、评价等方面都获得了长足的进展。在这个发展的进程中,评价一直是人们关注和亟待解决的问题。只有正确认识了评价的重要价值,才能使它在更广阔的领域里全面发挥其作用,显示出评价的巨大功能。

数学教育评价是教育评价的子系统,因此,把数学教育评价的功能置于教育评价功能之中,将两者联系起来进行探讨。

数学教育评价以国家数学课程标准为基准,评价的目的是实现国家数学课程标准的各项要求,达到教育目的。大量事实表明,只有科学的数学教育评价,才能有效地对数学教育过程进行科学的管理。

数学教育评价充分发挥管理、检查、指导、鉴别、强化和反馈等功能,构成坚实的管理系统。一般说来,在宏观上,包括数学教学的宗旨、课程、计划、方法、手段、设备等,都可以进行目标控制;在微观上,包括对每一个学生数学学习上的要求,学生对每一部分数学知识、技能和数学思想、能力等掌握的程度,对数学教师的备课、上课、批改作业、课外辅导和个别化教育的常规要求等。

数学教育评价的导向功能实质是数学教育和教学上的指导意向作用。有什么样的评价,就有什么样的导向,就会导致什么样的结果。

数学教育评价的导向功能在宏观上表现为:

① 解决数学教育现状与市场经济发展不协调的矛盾;

② 解决未来数学在更广泛领域里发挥巨大作用与当前的为学数学而进行数学教育的狭隘的数学教育观的矛盾;

③ 解决按国家数学课程标准的要求全面提高学生的素质与只追求升学、片面的人才观的矛盾。

在微观上表现为:

① 解决数学教学面向全体学生,使每一个学生学好数学的基础知识和基本技能与只抓少数"尖子"学生而忽视大多数学生的英才教育的矛盾;

② 解决减轻学生的学习负担和为开发智力、培养能力而学好数学与追求高密度、高难度、高速度的教学而加重学生负担的矛盾。

所谓调控功能是指调节与控制教学的功能。在数学教育评价的过程中,要收集大量的教育信息,并通过信息反馈,调节教学,控制教学,使之尽快地达到目标要求,这样可以成功地获得教育或教学的理想效果,这就是教育评价的调控功能。

调控主要是调节教学内容、控制教学速度、教学节奏、教学密度、教学难度等。将收集到的原始信息,经过分析、比较、选择、加工、纠正后,使其成为符合一定目标要求的信息。如果经过加工的信息与设定的目标还存在一定的偏差,就需要进行再次纠正,直至完全符合目标要求。

另外,调控功能对教师的素质提高和教学能力的强化都是不可缺少的。在一所学校里,对全体数学教师做调查,了解不同教龄、不同学历的教师具有的不同的教学能力,各有不同的教学效果。为使各类教师能在自己原有的水平上都得到提高,学校可以制定各类评价教师素质、水平、能力的标准,用这个标准调控教师的努力方向,提高数学教师的教学水平。

从数学教育的角度而言,中学数学教育评价的对象包括中学数学教师(如教师个人素质、在数学教学中的行为表现等),中学生(如学生个人在数学学习中的态度、兴趣及个性、相关能力、学业表现等),数学学习资源(如课程标准、教材、教学辅导材料、多媒体技术等),数学学习环境(如课堂氛围,师生教与学的交流,校园、社会或文化背景等)。其中,教师、学生和教学效果是重点研究对象。

考点4　数学教育评价具有激发功能

数学教育评价的激发功能建立在调控功能的基础之上。调节与控制的目的在于激发学生学习数学的积极性,培养学生的数学学习意识,使学生热爱数学,这是学好数学的重要前提。

激发性的数学教学活动的外在表现是,学生情绪高昂,善于向教师提出问题。爱因斯坦说过:"提出一个问题往往比解决一个问题更重要。"一个学生能够连续不断地向教师发问,说明这个学生具有较强的数学能力。我们的评价应促使学生敢于对教师的教学提出怀疑和质问,评价者应善于对被评价的个体进行激发。欲使外在激发的行为、状态保持与发展,关键在于内在激发。通过反馈信息的调节与控制,使学生明确学习动机,激发他们高昂的学习情绪、强烈的求知欲望、积极的学习态度,主动探索新知识的学习方式,以使他们获取最佳的学习效果。

考点5　数学教育评价具有诊断功能

数学教育评价的诊断功能是由教育评价自身所决定的,这种诊断功能常常为教育决策提供相应的资料。通过对数学教育的各种形式的检测,把所有可提供的教育信息都集中起来进行综合分析,最后,就其结果的价值进行评断,得到科学的结论,这个过程就是教育诊断。教育诊断不是最终的,诊断后对每一个学生进行有针对性的教育,使之达到教育目标的要求才是我们教育评价的目的。

概括地说,数学教育评价的诊断功能,是为了补救和改善。论断的结论不是评价的归宿,而是教学过程的一部分,是完成后继学习内容的起点。通过教育上的诊断,可以为改进和提高下一阶段的学习提供依据;通过诊断及时了解存在问题的症结和弊端,以便有针对性地改变策略和方法,促进学生的发展。这就是把诊断和治疗统一起来,也可以称之为教育诊治。

数学教育评价的功能在教育评价的过程中显示,它可以把知识、能力、情感有机地融为一体,并借助它有效地改善教学活动,保持教学平衡。同时,它又是破坏这个平衡的手段,在破坏中调动师生教学的积极性和主动性,推动数学教学的发展,从而又建立了新的平衡。这就是数学教育评价促使数学教学遵循"不平衡 — 平衡 — 不平衡 — 平衡"的规律,在不断地完善与发展。

二、数学教育评价的类型

数学教育评价按照不同的分类标准,可以有不同的形式,当然这些分类之间可能会存在交叉。

考点1　按评价目的或时机分类

根据评价在何时进行以及通过评价达到怎样的目的,可以把评价分为诊断性评价、形成性评价和终结性评价。

诊断性评价通常用在教育活动开始之前,如学期、学年初或采用某种新的教学策略、教学计划之前,用来了解学生目前的数学学习基础、学生在数学学习上存在的主要问题、可能的原因、不同学生间的差异、以前的学习目标是否达到、是否有能力开始新的学习等。通过这些评价信息,教师可以把握学生数学学科的基本学力状况,及时发现存在的问题,有针对性地调整教学计划,加强个别指导的有效性。

形成性评价是指在教育活动运行过程之中所进行的阶段性、过程性的评价,目的在于了解教育过程中存在的问题和改进的方向,及时修正和调整计划。布鲁姆第一次将形成性评价应用于教学活动中,提出了形成性评价的任务:调整学习活动、强化学生的学习、发现存在的问题、提供学习的矫正处方。形成性评价的重要价值是提供多种评价方式以促进学生在数学学习过程中不断取得各方面的进步。同时,形成性评价的信息对及时改进教学、调整教学目标、内容、计划有着十分重要的意义。

终结性评价也称为总结性评价,是在某一阶段的教学与学习结束之后为检验效果而进行的评价,一般在学期、学年或某一门课程结束之后进行,如期末考试、结业考试、毕业考试,都属于这种评价。这种评价的信息不单是呈现给学生,而且呈现给家长、学校或上一级教育机构或教育行政部门,带有评估性质。它对于改进教师、学生的教与学没有太大的意义,更多的是用于一定层次的教育决策,如是否毕业,是否给予升学资格等。

◆◇◆ 知识拓展 ◆◇◆

布卢姆认为,"终结性评价的首要目标是给学生评定成绩,或为学生作证明,或者是评定教学方法的有效性"。他指出,终结性评价有三个基本点:在目标上,是对整个教程或某个重要部分上所取得的较大效果进行全面的评定,并给学生评定成绩;在内容分量上,着眼于学生对某门课程整个内容的掌握,常常分量大而频率低;在测试内容的概括性上,概括性水平较高,题目多为知识、技能、能力等多种因素的结合体。因而,概括地说,终结性评价是在学完某门课程或某个重要部分之后进行的、旨在评价学生是否达到教学目标要求的概括性水平较高的测试和成绩评定。

考点2　按评价的价值标准分类

根据评价的价值标准,评价可分为相对性评价、绝对性评价、个体内差异评价。

相对性评价是一种依据评价对象的集合来确定评价标准,然后利用这一标准来评定每个评价对象在集合中的相对位置的评价。其基本特征在于比较,比较标准取决于特定的群体,也只适用于该群体。相对性评价主要应用于学业成绩评价,能使评价对象明确自己在群体中的位置,提高学习的动力,促进和改进教学。

绝对性评价是在评价对象群体之外,预定客观的或理想的标准,并利用此固定标准去评价每一个对象,主要用于评价既定学习目标达成情况。此评价标准不受评价对象所在群体状况影响,其结果的好坏只与被评价对象自身水平有关,要求评价项目必须能够全面反映学习目标,具有一定的代表性和综合性。

个体内差异评价即自我评价,是把每个评价对象的过去与现在进行比较,或者把个人的有关侧面进行横向比较。纵向比较使学生了解数学学习的进步情况,横向比较可以让学生看到自己的优点与不足,树立学生学习数学的信心,这对数学学习困难的学生尤其重要。

考点3 按评价人员分类

根据评价人员的不同,评价可分为内部评价和外部评价。

评价对象依据评价标准对自身做出的评价,叫作内部评价。内部评价的目的在于能充分调动评价对象自身的能动性,通过自我检查和自我分析,获得自我反馈信息,强化了评价对自身的目标意识,强化了个体实现目标的内驱力,通过自我调节、自我改进,实现自我完善,充分发挥评价的激励和改进功能。

外部评价又称他人评价,是指由评价对象以外的组织或个人对评价对象做出的评价。外部评价包括国家评价、督导评价、专家评价、同行评价及社会评价等。国家评价是各级教育行政部门及行政领导的视导评价,包括检查性评价、认可性评价及鉴定性评价等。督导评价是督导系统的评价。社会评价则指机关、团体、企业用人单位等非教育部门对教育的评价。外部评价的评价人员,应有较高的素质要求,不仅具备必要的评价知识和评价技术,而且要有端正的评价态度,能够克服各种偏见,尊重事实,采用多方位、多层次的信息渠道,进行实际有效的评价。

现代教育评价主张把内部评价和外部评价相结合,强调以自我评价为主,充分发挥评价对象的主体性作用的同时,要重视外部评价,二者取长补短,以保证评价结果的客观和公正。此外,通过对各教育单位外部评价结果的横向比较,更有利于发挥评价的激励和改进功能。

考点4 按教育对象分类

按数学教育系统中的对象可分为对教师教学工作的评价、对学生学习的评价、对数学教材的评价和对数学教学手段的评价。

对教师教学的评价以教学效果评价为主。评价教学效果的关键是确定评价教学效果的指标,首先是以课程标准为依据,不仅看教师在传授知识、发展能力上所做的工作,而且还要看其对非智力因素发展的影响。评价指标一般包括以下几个方面:教学目标的确切性;学生学习积极性的促进性;对学生数学能力培养的全面性;教学方法的有效性;语言表达的流畅性;传授知识的系统性;寻找重点难点的准确性。

对学生学习的评价包括成绩评价、数学能力发展评价、非智力发展因素评价。这种评价一般是通过考试或测验进行,并根据测验分数对学生学习成绩做出评价。非智力发展因素的评价一般通过"问卷法"进行。

对数学教材的评价的关键是要确定评价教材的指标系统。指标系统越科学、越全面,评价得到的结果就越科学、准确。

对数学教学手段的评价一般通过教学手段的对比来进行。

在实际数学教育评价中,往往是多种形式的评价结合使用,以利于获得更全面的评价信息。

考点5 按照评价分析方法分类

定量评价,也叫量化评价。其认识论基础是科学实证主义,认为只有定量的研究和量化的数据才是科学的,得到的结论才具有可信度。定量评价是与教育对于科学化的追求联系在一起的,一直占据着评价领域的主导地位。定量评价通过精确的数据,如集中量数(含算术平均数、中位数、众数、倒数平均数、几何平均数等)和差异量数(如四分位差、百分位差、平均差、方差与标准差等)来描述数据的集中趋势或离散趋势,从而揭露数学教育中所存在的问题。但是数学教育是一个非常复杂的系统,单纯依靠数字来刻画教育现象,完成完整的教育评价是不可能的。这是因为单纯依靠定量评价有着自身无法克服的缺陷。

第一,定量评价运用分析的方法,把那些能够量化的因素作为评价对象,从而忽视了教育中那些不可量化的重要方面;学生在学习过程中有很多因素是无法量化的,如学习的抱负、态度以及成就等;学生的学习经验是最重要的,而它的不可量化性,恰恰是量化评价所忽视的。

第二,定量评价往往以预定目标为评价标准,把教学看成是一成不变的,排斥了教育中的可持续性发展。

第三,定量评价信奉一元的评价标准,忽视了价值的多元性;没有从完整统一的观点来看待教学,把教学活动的整体性转化为局部性。

那么,什么样的评价才可以克服上面的缺陷,能够客观而详实地去评价学生的学习状况,让学生真正地了解自己,从而建立起有效的生活、学习方式呢? 于是,在这种背景下,质性评价便被提了出来,而且得到越来越广泛的应用。

质性评价,就是力图通过自然的调查,全面充分地揭示和描述评价对象的各种特质,以彰显其中的意义,达成理解。质性评价也叫定性评价或自然主义评价,它主张评价应全面反映教育现象的真实情况,为改进教育提供真实可靠的依据。也就是说,评价应该关注学生的学习过程,及时发现问题并加以纠正,应该"防患于未然",而不是像量化评价那样做"事后诸葛亮"。而且,通过评价可以使被评价者感受到关怀,充满希望,并有明确的改进方向。在定性评价中,评价的主体发生了变化,除了教师之外,学生可以加入评价的过程中来,进行自我评价;家长、其他同学、其他教师、社区人员也可以参与对学生的评价。

在新的教育理念下,主张定性评价与定量评价相结合。学校和教师要对学生的学习档案资料和考试结果进行分析,客观地描述学生数学学习的进步与不足,并提出建议,用等级性评价加激励性评语加找数学特长的方式来评定学生的数学成绩。在评价的技巧上,应注重生命的活力,富有人情味,尽量减少同类评价结果的比较,减轻学生横向比较的心理负担。对测试中出现的知识缺陷,应在评语栏中提出,以便及时补救;对出现的不及格现象,应以鼓励为主,不使学生受到伤害。要让学生有一种曙光在前头的希望及非及格不可的紧迫感,允许学生重测、补测,把学生觉得最满意的成绩作为记录。对学生的日常表现,应以鼓励、表扬等积极的评价为主,采用激励性的评语,尽量对学生从正面加以引导。评价要关注学生的个性差异,保护学生的自尊和自信心、激励学生的学习热情,促进学生全面发展。教师要善于利用评价所提供的大量信息,反思和改进教学,适时调整和改善教学过程。

知识拓展

赫尔曼(Herman)、阿斯科贝克(Aschbacher)和温特(Winters)认为,任何一种高质量的评价模式,都应当满足下面 10 个关键条件:

① 评价必须与教学目标一致;

② 评价应该包括对学习过程和结果的测查;

③ 表现性评价活动不是评价本身;

④ 认知学习理论及其知识习得的建构方法都认为,应该将评价方法与教学结果、课程内容整合到一起;

⑤ 学生学习的整合和活动观要求评价综合化和复杂化;

⑥ 评价方案的设计取决于评价的目的,用于评分和监控学生进步的方案与用于诊断和提高的方案之间存在一定区别;

⑦ 一次有效评价的关键是任务和预期的学生学习结果之间的匹配;

⑧ 评价学生表现的标准很重要,没有了标准,评价仍将是孤立的、插曲式的活动;

⑨ 良好的评价能够为学生的学习情况提供大量的反馈信息,教师可以根据这些信息做出决策;

⑩ 最能反馈学生情况的评价系统包括过去一直使用的多种方法。

值得一提的是,没有绝对有效的评价方法,只有把各种方法结合使用才能取得更为理想的评价效果。

第二节　教师课堂教学评价

课堂是教育教学的主阵地。教育改革目标的真正实现,在很大程度上依赖于课堂教学的变革。随着世界范围内数学教育改革的发展,各国都纷纷提出了新的数学教育理念。数学课堂教学评价是落实新数学理念的一个至关重要的因素,它在一定程度上制约与引导着数学课堂教学发展的走向。

课堂教学评价是指任课教师在教学过程中,为促进学生学习和改善教师教学而实施的,对学生学习过程与结果的评价。此评价指向学生的学习和发展,既关注学习的结果,又重视学习的过程,将评价与教师的教和学生的学有机结合起来。

◆◆━━━━━▶◆ 知识拓展 ◆◀━━━━━◆◆

课堂教学评价应把握的原则:

1. 评价的发展性原则;

2. 评价的民主性原则;

3. 评价的主体性原则。

一、数学课堂教学评价要素

与传统数学教学相比较,现代数学课堂教学存在以下几个方面的转向:由关注书本转向关注学生的年龄特征和认知特点;由单一的知识目标转向关注学生的全面发展;由单纯的教师讲授转向重视引导学生自主探索与合作交流,培养创新精神;由远离生活转向生动具体的教学情境的营造;由传统、单一的教学手段转向丰富的现代信息技术的运用;由教师的独白转向师生间的对话与交流。这样,教师成为课堂教学活动的引导者、组织者与合作者,而学生由课堂的后台走向前台,成为真正的学习活动的主体。

课堂教学由教师、学生、教学内容三部分构成。在具体的课堂教学中,各部分只有综合发挥作用,才能形成高质量的课堂教学。课堂教学评价要素应包括以下几个方面:教学目标、教学内容、教学方法、教学心理环境、教师行为、学生行为、教学效果。在这些要素中,教师行为与学生行为是评价的核心要素。

1. 教学目标

教学目标是教学的出发点和归宿,也是预先要达到的结果。教学目标对教师和学生具有规范与约束作用。教学目标既包括知识与技能方面的要求,也包括数学思考、问题解决以及学生对数学的情感与态度。

2. 教学内容

教师对教学内容的选择不仅包括教材呈现的内容,还包括教师把生活中与教学目标相关的事物纳入课程教学中构成的教学资源,以及教师创造性地使用教材,把教材及相关内容变为学生易于理解和接受的教学内容,另外还包括数学思想方法的合理渗透。

3. 教学方法

教学方法的选择更重视各种方法的有机结合,讲求实际效果。无论何种方法,都要有利于学生的思维能力、动手操作能力、语言表达能力以及解决实际问题能力的培养;要充分发扬民主,为学生的质疑提供条件;另外,设计练习要有针对性、层次性;坚持面向全体又因材施教。

4. 教学心理环境

教学心理环境包括课堂气氛和师生关系,形成于教学活动开始以后,并对师生行为产生持久和广泛的影响,进而影响其他要素。

5. 教学行为

教师是课堂教学活动的策划者和组织者,其他要素必须以教师具体教学行为为中介。在课堂教学中,教师通过合理确定教学目标,选择适当的教学方法,组织教学内容,恰当组织学生学习活动,机智处理课堂上的突发事件等系列教学活动,保证课堂教学的质量。

【例题】汪洋是一名中学生,成绩一直不好。在数学课上他不认真听讲,所以老师经常在课堂上用教鞭抽打他。因此,汪洋一想到数学课,就感到害怕。

请问:我们应该怎样评价这位教师?

【参考答案】

根据《中华人民共和国未成年人保护法》的规定,学校的教职工应尊重未成年人的人格尊严,不得对未成年学生实施体罚、变相体罚或者其他侮辱人格尊严的行为。由此可见,教师应当尊重学生的人格尊严,如果因为学习成绩不好,上课不认真听讲而体罚学生,无疑会对他的身心健康造成很大的伤害,影响他健全人格的形成,这也是法律所不允许的。

对于老师的违法行为,汪洋可以通过他的监护人或者校领导,要求纠正教师体罚学生的错误做法。如果老师坚持不改的话,也可以要求给予其行政处分,或者直接向人民法院提起诉讼,以维护学生自己的合法权益。

6. 学生行为

课堂教学中,学生是学习的主体,是整个教学活动的出发点和归宿。对学生来讲,课堂教学活动是认知活动、情感活动与人际交流的融合。学生行为评价主要包括是否参与提出目标;是否积极发展各种思考策略和学习策略;在解决问题中学习,是否积极参与他人的合作;是否在学习过程中有情感的投入;是否在学习过程中进行自我监控并参与评价的过程。

评价学生时,要注重多种评价方式方法的运用,要把形成性评价与综合性评价相结合,学生自评与互评相结合,力求公正、全面地开展课堂教学评价。

7. 教学效果

教学效果即教学目标达到的程度,包括基本知识、基本技能是否有所提高、情感态度的教育是否恰当、学生参与活动的深度和广度、信息交流是否多向、学生回答问题的质量如何、学生思维是否活跃、课堂整体效果是否良好等。

表3-5-1是基于新课程标准的数学教学评价表,评价对象为一堂课,可供教学评价参考。

表3-5-1 高中数学课堂教学评价表

A. 执教教师的基本情况					
姓名		性别		专业工作年限	专业技术职称

B. 课堂教学的基本环境条件				
学校		班级	时间	
课题				课时

C. 评价的主要维度、评价指标和评价等级

评价维度:课堂观察的主要视角;评价指标:评价过程中的主要参考标准;

评价等级:用 A,B,C,D,E 等级判定

教学目标	符合新课标和教材的基本要求,目标明确、具体、多元	
教学内容	注意联系学生生活、社会实际和学生已有的数学知识,重点突出,难易适度	
教学策略与方法	围绕目标创设灵活的、有助于学生数学学习的情境,营造民主、平等、互动、开放的学习氛围	
	根据教学内容选用恰当的教法,设置的问题有启发性,解决难点的方法独特、有效,指导具有针对性、启发性、实效性,善于引导学生自主学习、合作学习和探究学习,激发学生的学习兴趣	
	为学生的学习设计、提供、利用合理的学习资源,并促成新的学习资源的生成	
教学效果	学生获得的数学基础知识扎实,在学会学习和解决问题方面形成一些基本策略	
	学生在学习数学知识中有积极的情感体验,表现为好学、乐学、会学有关数学知识,并形成正确的价值观	
	学生认真参与课堂教学评价活动,积极思考,敢于表达和质疑	
教师素养	正确把握数学知识、思想和方法,重视数学资源的开发与整合	
	有较为丰富的组织和协调能力,有教改创新精神,有独特良好的教学风格	
	教学语言准确、精确、精练,有感染力,解题和画图能力较强,板书工整、合理	
	数学技术手段设计应用适时适度,操作规范熟练	

D. 综合评价意见	
总体评价	改进建议

E. 评价人（执教教师、同行、专家）的基本情况			
姓名	专业工作年限	专业技术职称	联系方式

使用建议：

制定本方案的目的，是为任课教师、教学管理人员和教研人员实施课堂教学评价提供基本依据和工具。本方案主要适用于对日常教学的形成性评价，评价对象为一堂课。

1. 本评价表的使用，旨在促进教师的自我反思和专业成长，使每位教师明确评价目标和内容，引导教师改进课堂教学。

2. 评价过程中，力求实事求是，宽严适度，重在激励，重在引导，评出方向，评出动力。

3. 评价过程中，五个评价维度分别打分，各个栏目确定等级（A,B,C,D,E）。

4. 综合评价意见要求评价人以简洁明了的语言，具体地表述对这堂课的意见，要充分肯定成绩，帮助总结经验，也要指出缺点甚至错误，帮助被评价人矫正教学行为，以利于提高课堂教学质量。

5. 评课者要明确本次听课的目的，对评价指标标准进行全面把握。此外，课堂教学的一些基本常规是听课不可忽视的评课指标，有时也要根据每次听课的重点来确定听课评课的侧重点。比如，如果某次听课主要是围绕教师组织学生主动参与学习活动为侧重点的话，就可以从以下方面入手：教师教学目标是否转化为学生的学习目标；教师是否创设了有利于学生学习的教学民主氛围；教师是否提出了有利于学生积极思维的问题；教师是否组织了各种形式的活动让学生广泛参与；学生参与活动的时间是多少；学生参与活动的频率怎样；学生参与活动的实际效果如何等。评课者就要把这些问题确定为本次听课观察的重要指标。

二、数学教学评价指标体系

数学教学评价指标是对数学教学总目标的某一方面的规定，它是具体的、可测量的、可操作的，即它所规定的内容必须是看得见、摸得着的，可以通过对教师或学生的实际教学情况的测量获得明确结论。建立一个评价指标体系时，要考虑到各评价指标的目的性，指标之间的独立性，整个指标体系的完备性、可测性，指标体系的权值等问题。

三、数学课堂教学评价方法

考点1 观察法

观察法是指研究者或观察者带着明确的目的，凭借自身感官及有关辅助工具，直接或间接从课堂情境中收集资料,并作相应研究的一种科学研究方法。实施这一方法应注意:观察者要确定观察目的和规划,保证观察不偏离主题;观察中对教学准备、教学内容、教学活动组织、教学评价运用、课堂气氛、教学效果等综合考查,形成总体印象;观察后最好在近期对所收集资料加以整理分析,避免时过境迁发生偏差;另外,要尽量克服观察者自身的偏见,了解误差来源。

◆ 知识拓展 ◆

观察法的主要优点:

1. 可以观察到被观察者在自然状态下的行为表现,获得的结果比较真实;

2. 可以在当时实地观察到行为的发生和发展,能够把握当时的全面情况、特殊的气氛和情境。

在观察前,应该根据观察的目的和背景选择一种最为适当的记录方式或观察表。例如,对教师表扬技能的评价,可以使用表3-5-2。

表3-5-2 教师表扬技能观察表

序数	时间	表扬方式			表扬类型				
		口头	身体语言	书面	中立肯定	语气惊喜	价值判断	延伸挖掘	其他

通过这个观察表,可以记录课堂上老师进行了几次表扬,每一次表扬发生的时间,其中不同的表扬方式各发生了几次,以及不同的表扬类型各有几次。再辅以其他的记录方式,来记录学生对教师表扬的反映,教师针对不同学生的表扬语气等,对教师的表扬技能进行全面的评价。

例如,要评价课堂中的互动行为,可以通过表3-5-3进行记录。

表3-5-3 课堂交流时间构成表

学校	班级	课类	总时间	师生交流								生生交流								无交流	
				合计		师个		师组		师班		合计		个个		组组		个班		合计	
				时间	%	时间	%	时间	%	时间	%	时间	%	时间	%	时间	%	时间	%	时间	%

例如,要观察教师教学的基本情况,可以借鉴表3-5-4。

表 3-5-4　课堂教学观察记录表

课堂环境				
班级人数			教学设备	
教学环境草图				
教学内容	学科	单元	具体内容	
使用教材				
教学过程	时间	活动内容		点评
课后访谈				
任课教师对本节课的反思				
对课堂中重要问题的询问				

考点2　访谈法

访谈法是评价者与被评价者通过面对面的交谈来收集资料、了解情况的一种方法,一般运用于课后讨论中,作为一种信息反馈的手段。访谈的目的主要有以下几个:了解教师的教学设计、教学目的、自己对本节课的评价、教学背景、教师和学生的基本情况等。访谈时要注意:时间安排在听课后的当天,一般在 30 分钟左右;访谈地点应保持适当的安静,不受外界干扰;访谈气氛应和谐、轻松、愉快;访谈应围绕主题进行;访谈要注意谈话技巧。

【示例】下面是在听完一位教师的数学课后,研究者针对课堂上不清楚的问题,向老师进行的一次简短访谈的记录和分析。

研究者:老师,有的同学不愿意回答问题,不积极怎么办?

师:可能是同学和我不熟悉,感情不是很深,所以有的同学不愿意回答问题。我不太强调这个,没有必要让每个学生都回答问题。学生不回答问题通常有两种情况,一种是不会,去听别人说,就明白了;另一种是会了,但不愿意说,只愿意自己想。想了,明白了,就可以了,不用非得站起来说,不必每个人都一样,我的课堂是不过分要求的。(注重个体差异)

研究者:这节课是练习课吗?

师:不是。是应用两个定律做题。内容说新不新,说不新也新。

研究者:都是在以前的知识积累基础上进行的,对吗?

师:对。以前学过,两个定律昨天学的。别的老师是把两个定律放在一起讲,我是分开讲的。今天的内容就是不仅会做,还得知道为什么这么做。(关注元认知)

考点3　问卷法

对教师和学生进行调查一般采用问卷调查的方法,在问卷上列出问题的清单,由教师本人、学生等根据他们对课堂教学过程和效果的主观印象来回答。教师自评内容可以包括基本教学能力、教学过程中的创新、对教学内容的熟练程度、是否注重学法培养、课堂气氛、学生参与的积极性等；学生问卷的内容包括对自己掌握情况的反馈、对教师行为的评价等。如表 3 - 5 - 5,3 - 5 - 6。

表 3 - 5 - 5　课堂听课自我评价表(供教师用)

此表帮助你在课后讨论中确定本节课的优点与缺点。在每一个标题下列出几个题目供你参考。你也可以自己增加几个题目。	
题目	答案
1. 你如何确保学生能够把握教学进度 (1) 你是否准备了教学参考资料并将资料发放给学生？ (2) 你的讲解清楚吗？　学生是否能够充分理解？	
2. 你如何鼓励学生取得好成绩 (1) 你是否正确地对待所有的学生？ (2) 你是否花时间关心学生个人或每个学生小组？ (3) 作业是否适合不同能力水平的学生？	
3. 你如何鼓励学生了解自己的水平 (1) 下课前,你是否做了小结或者做了讲评？ (2) 你对这节课的收尾工作满意吗？ (3) 学生对这节课感兴趣吗？ (4) 你对这节课感兴趣吗？	
4. 你对下一节课是否有了进一步的考虑？	

表 3 - 5 - 6　课堂教学调查表(供学生用)

为了改进教学、提高教学质量并取得客观的评价,请你根据任课老师的教学和你自己的学习情况认真回答下列问题。	
题目	答案
1. 老师的讲解你都能听懂,完全明白吗？ 2. 老师所讲的内容能使你举一反三,具有启发性吗？ 3. 老师的讲课很有趣味吗？ 4. 上课时老师让你参加了一些有趣的活动吗？ 5. 上课时老师让你去解决一些比较复杂的问题吗？ 6. 在课堂上,你和其他同学认真讨论、交流过意见吗？　你是否从同学的观点中得到启发？ 7. 下课后,你还有兴趣思考老师在这节课中讲到的内容或题目吗？ 8. 你能独立完成老师这节课布置的作业吗？　你能说出这节课的内容与实际生活的联系吗？	

　　总之,课堂评价的最终目的在于促进课堂教学质量的提高。在评价方法上应注意评价方法与评价目的的契合。因此,课堂教学评价应采用多种方法收集课堂教学活动信息,同时要对各种评价方法的效果进行分析和比较,以提高评价的有用性和有效性,促进课堂教学评价功能的正常发挥。

第三节 学生学习评价

一、数学学习评价概述

考点1 数学学习评价概念

数学学习评价是指有计划有目的地收集有关学生在数学知识、使用数学的能力和对数学的情感、态度与价值观等方面的材料,并根据这些材料对学生的数学学习状况或某个课程或教学做出结论的过程。数学学习测量是指通过测验获得学生的数学学习成绩的方法。测量是对数学教学状况的一种数量上的描述,评价是依据某种标准对数学教学过程做出的价值判断。测量与评价是紧密相连、相辅相成的。测量是评价的基础与手段,评价是测量的继续与深化。事实上,为测量而测量是没有意义的;但没有测量,所做的评价是不可靠的。

考点2 数学学习评价目的

数学学习评价的目的是全面了解学生的学习历程,促进学生在数学上获得更大的发展;提供反馈信息,帮助学生发现学习策略、思维或习惯上的不足,有效地改善教师的教和学生的学;改善学生对数学的学习态度、情感和价值观等。

考点3 对不同类型的数学学习目标的评价

1. 数学四基

数学"四基"是对数学基础知识、基本技能、基本思想、基本活动经验的简称。对"四基"的评价重要的是评价学生是否真正对知识本身的意义有所理解和在理解的基础上对知识的应用和创新有所领悟。大多数学生学习概念最好的途径是通过自己动手操作或应用,而不是从一个定义开始。概念的形成需要一定时间,需要学生与其他概念、事实和原理相联系,以形成一个复杂的彼此相联系的命题网络,因此评价的题目要设计的足够精细以考虑并反映出学生的这一发展过程。同时知识技能也需要在规则与具体操作间建立起实际的联系,使学生会操作并明白其中的道理。一个按规则执行的技能的掌握情况很容易通过传统题目测试出来,但与之联系的数学意义却需要开发出不同性质的测试题。知识与技能只注重了记忆和训练,而忽视了学生在探究这些数学事实过程中所取得的经验和方法。基本思想和基本活动经验更加关注过程,以学生为本,以学生的发展为最终目标,这样才有助于创新人才的培养。因此评价的题目要具有创新性和探究性,要能够反映出学生是否获得适应社会生活和进一步发展所必需的数学知识。

正确评价学生"四基"的掌握情况要注重对基础知识和基本技能的评价要结合实际背景和解决问题的过程,强调学生获得的现实意义和长远意义。

2. 数学学习过程和方法

日常评价要关注学生成长和发展的过程,关注学生在学习过程中的发展和变化。学生的知识掌握、数学理解、学习自信、独立思考等是随着学习过程而变化和发展的,只有通过观察学生的学习行为和思维过程,才能发现学生思维活动的特征及教学中的问题,及时调整学与教的行为,改进学生的学习方法和思维习惯。

数学学习过程和方法,包括解决问题、数学推理和交流的能力等。学生在数学学习过程中需要经历探索、推测或猜想以及有效的推论去解决有关数学问题,针对这些学习过程和方法可以单独进行测量和观察,考查可以定量与定性相结合。

对问题解决能力的评价可以借助波利亚框架做指导:考查学生是如何理解这个问题的?是否有解题计划?答案是否正确合理?每一步是否正确?是否对解法进行了检查和概括或者确认是否符合问题条件?并对每一个指标赋予分值。如理解 3 分,计划 3 分,步骤 2 分,答案 2 分等。也可以基于对问题解决性质的理解,如期望学生在哪些方面得到发展,教师根据学生在这些方面的表现,给予定性评价。

对数学的推理能力的考查,包括使用归纳推理发现事物间或事物内部的规律、模式,并建立联系;能使用推理得到可靠的推论;使用比例推论和空间推理解决问题;感受证明的必要性,并能使用演绎推理证明结论,判断命题的正确性或推导出正确的命题;对具体情境加以分析确定共同的性质和结构。

对数学交流的考查应关注以下几个方面:学生能否通过说、写、形象演示和描述表达数学观点;能否理解、解释和评价以书面、口头或直观形式呈现数学观念,初步形成评价和反思的意识;能否正确使用数学知识术语、概念、结构表达数学观点,描述关系以及模拟现实情境。

相对于结果,过程更能反映每个学生的发展变化,体现出学生成长的历程。因此,数学学习的评价既要重视结果,也要重视过程。对学生数学学习过程的评价,包括学生参与数学活动的兴趣和态度、数学学习的自信、独立思考的习惯、合作交流的意识、数学认知的发展水平等方面。

3. 情感态度和价值观

研究表明,学生数学学习的效果和创造能力与其对数学的认识、态度和情感有着密切的关系,二者相互影响和促进。对这方面的评价最有效的方法是鼓励学生写数学日记,记录自己数学学习时的感受,从中了解学生的表现:

（1）是否具有运用数学解决问题、交流观点和推理的信息;

（2）是否具有探索数学观念的灵活性,愿意尝试各种解决问题的方法;

（3）面对富有挑战的数学任务时是否坚持不懈的意志;是否对从事数学活动具有好奇心、探索欲,并富有一定的创造性;

（4）是否具有调节和反思自己思维过程和行为的意识,是否敢于提出质疑;

（5）是否有实事求是的态度和独立思考的习惯;

（6）是否体会到数学在解决其他领域及实际生活中的问题的应用价值;

（7）能否欣赏数学在促进社会进步和文化中的作用及作为工具和语言的价值。

二、数学学习评价方法

考点 1　书面测验法

不管我们如何将教学与评价整合在一起,考试始终是评价中一个重要的组成部分。一套有效的考试试卷不是测试题的简单组合,而是能反映教学目的,考查学生拥有的数学观念以及观念之间相互联系的程度。

试题类型一般分为客观题和主观题两大类。客观题包括选择题、是非题、填空题,具有评分客观的优点;主观题包括解答题、证明题、作图题等,这种题的优点是允许学生自由组织答案,较能反映学生知识运用等较高层次的思维能力,但受评卷人主观判断影响,给分标准难以做到客观一致。

如何形成一套有效的考试试卷?首先,试卷要有一定的客观试题。但要增大主观试题的比例,尤其是增大需要学生给出解释、举例、联系、推论的试题的比例,以考查学生对数学知识理解的情况。其次,鼓励学生用多种方式进行分析和表达,借助数学语言(数字、图标、图像等方式)有效表达数量关系和空间形式。另外,考试的核心在于考查学生分析问题和解决问题、进行推理论证以及利用计算器完成数学实验、探索数学规律等方面的能力,而不是学生机械的计算能力。最后,试卷中要体现对学生情感、态度与价值观的关注。

数学测验的统计指标有效度、信度、难度和区分度。

1. 效度

效度表示的是一个测验有效性的指标,也是该测验正确性的反映,它说明测验的结果在多大程度上反映了该测验所要达到的测验目的。

数学测验的效度一般是指内容效度,所谓内容效度指的是测验内容或材料在多大程度上可以反映测验目的所规定的应试者的某些能力,这和设计的测试题有极大关系。

2. 信度

信度是表示对同一群体被试在同一测验上经数次测验结果的同一性和稳定性程度。

信度和效度既有区别又有联系。信度不涉及测验是否正确地反映测验目的的问题,它反映的只是测验结果是否稳定和一致。它们之间的联系可以说信度是效度的一个必要条件,即对一个测验来说,如果没有相当的信度(即不可靠),那就无效度可言了。但若有信度,那也未必有效度。因为信度高的测验并不一定能表示测验结果是正确的。

3. 难度

难度即试题对被试者的难易程度的数量指标,一般记为 P。难度的计算公式为 $P = \dfrac{R}{N}$(其中 R 为答对该题的人数,N 为被试学生总数)。

对于分步记分的试题(如计算题、证明题、解答题等),难度计算公式为 $P = \dfrac{\overline{X}}{W}$(其中 $\overline{X}$ 为被试学生该题目得分的平均数,W 为该题的满分值)。

若求整个试卷的难度,可由各部分试题的难度值 $P_1, P_2, \cdots, P_n$(当该部分试题不只是一道题时,可取试题的平均难度值),分别乘以它们占试卷总分数的百分比 $C_1, C_2, \cdots, C_n$,然后相加,即:

$$P = P_1 C_1 + P_2 C_2 + \cdots + P_n C_n。$$

需要说明的是,上述难度 P 的值越大,表示试题越容易;P 值越小,表明试题越难,这和通常意义下的"难度"正相反。一般考试的难度选取以 $0.6 \sim 0.8$ 为宜。

4. 区分度

区分度又叫鉴别度,是考核被试者作答反应的鉴别程度,反映试题对不同水平被试者进行区分的特征,是区分被试者对试题回答程度的数量指标。

考点2　课堂观察法

课堂观察由于既不加重学生的负担,也便于教师及时了解学生,因此是一种很好的考评形式。在进行课堂观察时,教师不仅要关注学生知识、技能掌握的情况,而且应关注学生的其他方面。建议可以从表3-5-7课堂观察检核表所提供的几个方面进行观察。

表3-5-7　课堂观察检核表

项目	因素	1	2	3	说明
观察学生知识、技能掌握情况	数与计算				1＝参与有关的活动 2＝初步理解 3＝真正理解并掌握
	空间与图形				
	统计与概率				
	解决问题				
观察学生是否认真	听讲				1＝认真 2＝一般 3＝不认真
	作业				
观察学生是否积极	举手发言				1＝积极 2＝一般 3＝不积极
	提出问题并询问				
	讨论与交流				
	阅读课外读物				
观察学生是否自信	提出和别人不一样的问题				1＝经常 2＝一般 3＝很少
	大胆尝试并表达自己的想法				
观察学生是否善于与人合作	听别人的意见				1＝能 2＝一般 3＝很少
	积极表达自己的意见				
观察学生思维的条理性	能有条理地表达自己的意见				1＝强 2＝一般 3＝不足
	解决问题的过程清楚				
	做事有计划				
观察学生思维的创造性	善于用不同的方法解决问题				1＝能 2＝一般 3＝很少
	独立思考				
总评					

当学生在回答提问或进行练习时,通过课堂观察,教师便能及时地了解学生学习的情况,从而做出积极反馈,正确的给予鼓励和强化,错误的给予指导与矫正,我们称之为"瞬时性评价"。所谓

瞬时性评价是指在教育教学过程中,教师随时随地以语言或态度对学生学习状况进行的评价,它贯穿于教育教学的始终,是加强形成性评价的一个重要体现,这也正是课堂观察的意义所在。它的最终目的不是要记录学生日常的表现,而是及时地给予反馈。当然,能有计划地记录下学生的日常表现则更可取,这些资料能使教师在期末综合地评价学生的数学学习状况时更有据可依,从而保证评价的科学性。

考点3　课堂口头评价

课堂口头评价指对在课堂教学实施过程中出现的客体对象所进行的评价活动,在课堂上,口头评价作为师生之间一种有效的交流方式贯穿于整堂课。数学课堂教学中恰当的口头评价起到了直接的导向作用、积极的激励作用、及时的诊断作用、互动的交流作用,同时也对学生认识自我、树立自信起着很好的促进作用。课堂上恰当的口头评价还可以拉近师生间的距离。

课堂口头评价要把握评价的艺术性,巧妙地运用评价,让学生在评价中体验成功的喜悦。

口头评价时要注意适时评价,把握激励时机。即时评价,捕捉学生的闪光点;延缓评价,给学生思维发展的空间。在数学课堂教学中,针对不同程度学生的学习态度、学习习惯、学习方法、学习能力等进行口头评价时,不能简单地给予肯定或否定,而是要注意学生自身的发展情况,这样有利于学生进行自我评价反思,调整心态,不断进步。

课堂口头评价时应多角度评价,给学生成功的体验。教师应从多角度去评价学生,用欣赏和发现的眼光去激励学生,让不同程度的学生都能积极地参与到教学活动中。

考点4　对学生在开放式活动中的表现的评价

《普通高中数学课程标准(2017年版2020年修订)》对学生在开放式活动中的表现的评价有明确阐述,"在数学建模活动与数学探究活动的教学评价中,应引导每个学生都积极参加,可以是个体活动,也可以是小组活动。教学活动包括,对于给出的问题情境,经历发现数学关联、提出数学问题、构建数学模型、完善数学模型、得到数学结论、说明结论意义的全过程;也包括根据现实情境,反复修改模型或者结论,最终提交研究报告或者小论文。无论是研究报告还是小论文,都要阐明提出问题的依据、解决问题的思路、得到结论的意义,遵循学术规范,坚守诚信底线。可以召开小型报告会,除了教师和学生之外,还可以邀请家长、有关方面的专家,对研究报告或者小论文做出评价。可以把学生完成的研究报告或者小论文以及各方评价存入学生个人档案,为大学招生提供参考"。

在教学活动中,教师对学生的鼓励和赞扬一定要发自内心,让学生从心底里感觉到老师是真心欣赏。同时教师的评价应因人而异,因时而异,因课而异,因发生的情况而异,因活动而异,创造性地对学生进行评价,使学生在评价中获得成功的满足与喜悦,从而提高学习的兴趣与积极性,提升自主学习的信心,确保课堂教学的有效性。

考点5　数学日记

数学日记不仅用于评价学生的数学知识,而且用于评价学生的数学思维方式。因为通过日记的方式,学生可以对他所学的数学内容进行总结,可以像和自己谈心一样地写出他们的情感、态度或者困难之处和感兴趣之处。数学教育的目的之一就是要发展学生数学交流的能力,而写数学日记无疑提供了一个让学生用数学的语言或自己的语言表达数学思想、方法和情感的机会。而且,数学日记还可以发展成为一个自我报告,评价自己的能力或反思自己的问题解决的策略。从这个意义上说,数学日记有助于教师培养和评价学生的反省认知的能力。

一般来说,大多数学生会发现这种形式的写作十分困难。所以刚开始的时候可以要求学生写一些他们是如何解决某一个问题或记录某一天的问题解决的活动。比如,可以要求学生假想给一个朋友写信,谈谈自己所在的数学课堂上的活动;或者假想一个比自己年级低的同学,想办法用比较简单易懂的语言向他解释如何去解决某一个问题等等。教师们还可以给学生提供一些指导语,以促进学生产生写数学日记的愿望。

另外还可以给学生提供一个数学日记的规格,规定一些他们写的内容,见表3-5-8。

表 3 - 5 - 8　日记表

日期:
姓名:
今天数学课的课题:
所涉及的重要数学概念:
你理解的最好的地方:
你不明白或还需要进一步理解的地方:
所学的内容能否应用在日常生活中,举例说明:

考点6　成长记录袋

成长记录袋是从国外引进的一种新兴评价方式,是根据教育教学目标,有意识地将各科有关学生表现的作品及其他证据收集起来,通过合理地分析与解析,反映学生在学习与发展过程中的优势与不足,反映学生在达到目标的过程中付出的努力与进步,并通过学生的反思与改进,激励学生取得更高的成就。

成长记录袋的四个特征:

① 成长记录袋的基本成分是学生的作品;

② 作品的收集是有目标的,不是随意的;

③ 成长记录袋应留有学生发表意见与反省的空间;

④ 教师要对成长记录袋里的内容进行合理的分析与解释。

许多时候,一学期的数学内容常常被看作是分离的、不相关的概念、规则和技能的组合,通过成长记录袋可以为学生创设一个整合的情境,让他们从整体上看到数学各部分知识间的联系以及这一册数学书的全貌。到学期结束时,学生的成长记录袋中至少需要包含以下作品:3份教师布置的家庭作业;3份数学日记;2份测验;2份课堂笔记;1份个人完成的项目(调查、制作等);1份小组合作完成的项目(调查、实践活动、制作等)。当然,在指导学生收集和建立成长记录袋时可以不局限于以上所要求的作品的数量和范围,尽量体现学生在数学方面的个性特点。到学期结束时,要求学生从中选出5份作品代表他(她)这学期的学习情况,并最终保留在他们的成长记录袋中。

研究表明,成长记录袋作为一种物质化的资料在显示学生学习成果,尤其是显示关于学生持续进步的信息方面具有不可代替的作用。它不只是收集学生作品的档案夹,而是更有意义地收集学生迈向课程目标的、与成长和发展相关的作品样本。

到此,我们已经介绍了几种评价的方式。每种评价方式都有自己的特点,评价时应结合评价内容与学生学习的特点加以选择。比如,教师可以选择课堂观察的方式,从学习数学的认真程度,基础知识和基本技能的掌握情况,解决问题和合作交流四个方面对学生进行考查。教师还可以从学生成长记录袋中了解学生提出问题和解决问题能力的发展等。另外,值得提醒大家的是,这里提供的评价方式是有限的,其操作性和实用性也有待在实践中不断探索,它只是起到一个抛砖引玉的作用,提供的只是一个思路、一个线索,教师不能照抄照搬,在实施的过程中一定要与所教学生的特点、所处社会环境的特点相适应,不断加以调控,只有这样才能使得多样化的评价方式既为我们服务,又不束缚我们的手脚。

强 化 练 习

对数学基础知识的评价,要变侧重于对知识单纯的形式化背记为侧重于理解基础上的认识和记忆,评价学生能否利用概念来分析和说明问题。请举例说明这一点。

参考答案

【参考答案】

在评价学生对函数概念的学习时,可以通过他能否举出是函数或不是函数的实例,能否正确判断所给出实例哪些是函数、哪些不是函数等行为评价他对函数概念的认识和理解程度。在评价学生对概率的学习时,可以通过他对问题"扔一枚均匀的硬币时,出现正面的概率是 0.5,你扔了两次,是否一定会出现正面?为什么?"或"在一个口袋中放了 99 个白球和 1 个红球,有 100 个人排队去摸球,是否第一个人摸到红球的机会比最后一个人摸到红球的机会要大?"的回答,评价他对概率的认识和理解程度。

中公教育·全国分部一览表

分部	地址	联系方式
中公教育总部	北京市海淀区学清路 23 号汉华世纪大厦 B 座	400-6300-999 / http://www.offcn.com
北京中公教育	北京市海淀区学清路 38 号金码大厦 B 座 910 室	010-51657188 / http://bj.offcn.com
上海中公教育	上海市杨浦区锦建路 99 号	021-35322220 / http://sh.offcn.com
天津中公教育	天津市和平区卫津路云琅大厦底商	022-23520328 / http://tj.offcn.com
重庆中公教育	重庆市江北区观音桥步行街未来国际大厦 7 楼	023-67121699 / http://cq.offcn.com
辽宁中公教育	沈阳市沈河区北顺城路 129 号(招商银行西侧)	024-23241320 / http://ln.offcn.com
吉林中公教育	长春市朝阳区辽宁路 2338 号中公教育大厦	0431-81239600 / http://jl.offcn.com
黑龙江中公教育	哈尔滨市南岗区西大直街 374-2 号	0451-85957080 / http://hlj.offcn.com
内蒙古中公教育	呼和浩特市赛罕区呼伦贝尔南路东达广场写字楼 702 室	0471-6532264 / http://nm.offcn.com
河北中公教育	石家庄市建设大街与范西路交叉口众鑫大厦中公教育	0311-87031886 / http://hb.offcn.com
山西中公教育	太原市坞城路师范街交叉口龙珠大厦 5 层(山西大学对面)	0351-8330622 / http://sx.offcn.com
山东中公教育	济南市工业南路 61 号 9 号楼	0531-86557088 / http://sd.offcn.com
江苏中公教育	南京市秦淮区中山东路 532-2 号金蝶软件园 E 栋 2 楼	025-86992955 / http://js.offcn.com
浙江中公教育	杭州市石祥路 71-8 号杭州新天地商务中心望座东侧 4 幢 4 楼	0571-86483577 / http://zj.offcn.com
江西中公教育	南昌市东湖区阳明东路 66 号央央春天 1 号楼投资大厦 9 楼	0791-86823131 / http://jx.offcn.com
安徽中公教育	合肥市南一环路与肥西路交叉口汇金大厦 7 层	0551-66181890 / http://ah.offcn.com
福建中公教育	福州市八一七北路东百大厦 19 层	0591-87515125 / http://fj.offcn.com
河南中公教育	郑州市经三路丰产路向南 150 米路西 融丰花苑 C 座(河南省财政厅对面)	0371-86010911 / http://he.offcn.com
湖南中公教育	长沙市芙蓉区五一大道 800 号中隆国际大厦 4、5 层	0731-84883717 / http://hn.offcn.com
湖北中公教育	武汉市洪山区鲁磨路中公教育大厦(原盈龙科技创业大厦)9、10 层	027-87596637 / http://hu.offcn.com
广东中公教育	广州市天河区五山路 371 号中公教育大厦 9 楼	020-35641330 / http://gd.offcn.com
广西中公教育	南宁市青秀区民族大道 12 号丽原天际 4 楼	0771-2616188 / http://gx.offcn.com
海南中公教育	海口市大同路 24 号万国大都会写字楼 17 楼 (从西侧万国大都会酒店招牌和工行附近的入口上电梯)	0898-66736021 / http://hi.offcn.com
四川中公教育	成都市武侯区科华北路 62 号力宝大厦北区 3 楼	028-87018758 / http://sc.offcn.com
贵州中公教育	贵阳市云岩区延安东路 230 号贵盐大厦 8 楼(荣和酒店楼上)	0851-85805808 / http://gz.offcn.com
云南中公教育	昆明市东风西路 121 号中公大楼(三合营路口,艺术剧院对面)	0871-65177700 / http://yn.offcn.com
陕西中公教育	西安市新城区东五路 48 号江西大厦 1 楼(五路口十字向东 100 米路南)	029-87448899 / http://sa.offcn.com
青海中公教育	西宁市城西区胜利路 1 号招银大厦 6 楼	0971-4292555 / http://qh.offcn.com
甘肃中公教育	兰州市城关区静宁路十字西北大厦副楼 2 层	0931-8470788 / http://gs.offcn.com
宁夏中公教育	银川市兴庆区清和北街 149 号(清和街与湖滨路交汇处)	0951-5155560 / http://nx.offcn.com
新疆中公教育	乌鲁木齐市沙依巴克区西北路 731 号中公教育	0991-4531093 / http://xj.offcn.com
西藏中公教育	拉萨市城关区藏大中路市外事办东侧嘎玛商务楼二楼	0891-6349972 / http://xz.offcn.com